Dylan Thomas

Unter dem Milchwald
Ganz früh eines Morgens
Ein Blick aufs Meer

Aus dem Englischen übersetzt
von Erich Fried

Carl Hanser Verlag

ISBN 3 446 11774 1

Alle Rechte vorbehalten
© 1973 The Trustees of the Copyright
of the Late Dylan Thomas
© 1973 Carl Hanser Verlag, München
Die Aufführungs- und Funkrechte für
»Unter dem Milchwald« liegen bei der
Mohrbooks Literary Agency, Zürich
Gesetzt aus der Sabon-Antiqua
Umschlagentwurf: Claus J. Seitz
unter Verwendung eines Photos
von Rollie McKenna
Gesamtherstellung:
Druck- und Buchbinderei-Werkstätten
May & Co Nachf., Darmstadt
Printed in Germany

Unter dem Milchwald

Ein Spiel für Stimmen

Die englische Originalausgabe
»UNDER MILK WOOD«
erschien 1954 bei J. M. Dent & Sons Ltd. London

[Stille, dann:]

ERSTE STIMME *(sehr leise)*
Anfangen, wo es anfängt:
Es ist Frühling, mondlose Nacht in der kleinen Stadt, sternlos und bibelschwarz, die Kopfpflasterstraßen still, und der geduckte Liebespärchen- und Kaninchenwald humpelt unsichtbar hinab zur schlehenschwarzen, zähen, schwarzen, krähenschwarzen, fischerbootschaukelnden See. Die Häuser sind blind wie Maulwürfe (aber die Maulwürfe sehen gut heut nacht in den schnuppernden samtigen Waldtälern) oder blind wie Kapitän Cat in der eingemummelten Mitte der Stadt, beim Brunnen und bei der Stadtuhr, bei den Läden in Trauer, beim Wohlfahrtshaus im Witwenschleier. Und alle Leute in der eingelullten umstummten Stadt liegen und schlafen.
Sst! Die Babies schlafen, die Bauern, die Fischer, die Händler und Rentner, der Schuster, Schullehrer, Schenkwirt und Briefträger, der Leichenbestatter und das leichte Liebchen, Säufer und Schneider, Pfarrer und Polizist, die schwimmfüßigen Muschelweiber und reinlichen Hausfrauen. Junge Mädchen liegen weich gebettet oder gleiten in ihren Träumen, mit Ringen und Ausstattung, von Glühwürmchen brautumjungfert, durch die gewölbten Schiffe des orgelspielenden Waldes. Die Burschen haben polternde Abendträume von den bockstößigen Viehhöfen der Nacht und der fröhlichen seeräubergrölenden See. Und die Kohlenstatuen der Pferde schlafen auf dem Feld und die Kühe im Stall und die Hunde im naßdurchschnauzten Hof, und die Katzen dösen in schiefen Winkeln oder springen schlau und stricheln und sticheln auf der einen einzigen Wolke der Dächer.
Du kannst den Tau fallen hören und die eingewiegte Stadt atmen. Nur deine Augen sind aufgeschlossen und sehen die schwarze gefaltete Stadt fest und gelöst im Schlaf. Und nur du allein hörst den unsichtbaren Sternfall, das Dunkelste vor der Dämmerung, die winzige tauversengte Regung der schwarzen klieschenerfüllten See, wo alle Boote, die *Arethusa*, die *Schnepfe* und die *Lerche*, *Zanzibar* und *Rhiannon*, der *Freibeuter*, der *Kormoran* und der *Stern von Wales* auf den Wellen schaukeln und reiten.
Horch. Es ist Nacht. Sie zieht durch die Straßen, der wallfahrtend langsame, salzig singende Wind in der Krönungsstraße und

Muschelzeile; es ist das Gras, das auf dem Llareggub-Berg wächst, Taufall, Sternfall, der Schlaf der Vögel im Milchwald.

Horch. Es ist Nacht im kalten, vierschrötigen Bethaus. Sie singt ihre Hymnen in Haube und Spange, in Bombasinschwarz, mit Schmetterlingsbinde und Schnürsenkelschleife, hustet wie Ziegen, lutscht Pfefferminzzucker, gönnt sich ein Nickerchen Hallelujah; Nacht in der Schenkstube, still wie ein Domino; in Ocky Milchmanns Dachkammer wie eine Maus mit Handschuhen; in Dai Brots Backstube fliegt sie wie schwarzes Mehl. Es ist heut Nacht in der Eselsstraße, die zottelt schweigend, mit Seetang an den Hufen, über das muschelig gerillte Pflaster, vorbei am Vorhang vor dem Blumentopf mit Farnen, an Wandspruch und Nippsachen, Harmonium und heiligem Anrichtetisch, handgemalten Aquarellen, Porzellanhund und blechrosiger Teebüchse. Es ist Nacht, die schnickt und schnackt ihr Iah in den Schnuckelnestern der Babies.

Sieh. Es ist Nacht, sie windet sich stumm und königlich durch die Kronjubiläums-Kirschbaumallee, sie geht durch den Friedhof von Bethesda, mit Handschuhen an den gefalteten Winden, mit abgenommenem Tau, und torkelt zur Seefahrerschenke.

Die Zeit vergeht. Horch, die Zeit vergeht.

Komm nur her.

Nur du kannst die Häuser schlafen hören in den Straßen in der langsamen, tiefen, salzigen, schweigenden, schwarzen, bindenumhüllten Nacht. Nur du kannst in den vorhangblinden Schlafzimmern die Kämme sehen, die Unterröcke über den Stuhllehnen, die Krüge und Becken, die Gläser mit falschen Gebissen, an der Wand das »Du sollst nicht« und die vergilbenden Bitte-rechtfreundlich-Bilder der Toten. Nur du kannst hören und sehen, hinter den Augen der Schläfer: die Fahrten und Länder, Labyrinthe und Farben, Bestürzungen und Regenbogen, Melodien und Wünsche; und Flug und Fall und Verzweiflungen und die großen Seen ihrer Träume.

Kapitän Cat, pensionierter blinder Schiffskapitän, schläft in seiner Koje in der meermuschelig flaschenschifflotten, tipptoppen besten Kajüte von *Schonerhaus* und träumt von

ZWEITE STIMME

nie noch solchen Seen wie die, die die Deckplanken seines Dampfers *Kidwelly* spülten, die quellen über die Bettücher auf und saugen ihn quallenschlüpfrig hinab, salztief in die Klabauternacht, und die Fische schwimmen beißend herbei und nagen ihn ab bis aufs Gabelbein, und die längst Ertrunkenen nuscheln sich an ihn an.

ERSTER ERTRUNKENER
Denkst noch an mich, Kapitän?

KAPITÄN CAT
Du bist Williams, der Tänzer!

ERSTER ERTRUNKENER
Hab in Nantucket 'nen falschen Schritt getan.

ZWEITER ERTRUNKENER
Siehst du mich, Käpten? Den redenden weißen Knochen? Ich bin Tom-Fred, der Hilfsmaschinist ... Wir haben mal beide dasselbe Mädel geteilt ... Sie hieß Mrs. Probert ...

FRAUENSTIMME
Rosie Probert, Entengäßchen 33. Kommt nur rauf, Jungens, ich bin tot.

DRITTER ERTRUNKENER
Halt mich, Kapitän! Ich bin Jonah Jarvis, hab ein böses Ende genommen, sehr vergnüglich ...

VIERTER ERTRUNKENER
Alfred Pomeroy Jones, Zwischendecksadvokat, geboren in Mumbles, gesungen wie 'n Zeisig, gekrönt hab ich dich mit 'ner Kruke; tätowiert mit Seejungfrauen, durstig wie 'n Löffelbagger, gestorben an den Karbunkeln ...

ERSTER ERTRUNKENER
Dieser Knochenschädel an deinem Ohr ist ...

FÜNFTER ERTRUNKENER
Wuschelkopf Bevan. Sag meiner Tante: der die Kaminuhr mit den Goldarabesken versetzt hat, das war ich ...

KAPITÄN CAT
Aye, Aye, Wuschelkopf!

ZWEITER ERTRUNKENER
Sag meiner Alten, nein, ich hab niemals nicht...

DRITTER ERTRUNKENER
Ich hab das nie getan, was sie gesagt hat, daß ich... nie!

VIERTER ERTRUNKENER
Doch. Die haben es getan.

FÜNFTER ERTRUNKENER
Und wer bringt meiner Gwen jetzt Kokosnüsse und Schals und Papageien?

ERSTER ERTRUNKENER
Wie gehts bei euch oben?

ZWEITER ERTRUNKENER
Gibts noch Rum zu trinken und Tang zu essen?

DRITTER ERTRUNKENER
Brüste und Rotkehlchen?

VIERTER ERTRUNKENER
Ziehharmonikas?

FÜNFTER ERTRUNKENER
Ebenezers Glocke?

ERSTER ERTRUNKENER
Keilereien und Zwiebeln?

ZWEITER ERTRUNKENER
Und Spatzen und Gänseblümchen?

DRITTER ERTRUNKENER
Stichlinge im Einmachglas?

VIERTER ERTRUNKENER
Buttermilch und Windhunde?

FÜNFTER ERTRUNKENER
Baby zum Schaukeln?

ERSTER ERTRUNKENER
Wäsche an der Leine?

ZWEITER ERTRUNKENER
Und alte Schachteln hinterm Ofen in der Kneipe?

DRITTER ERTRUNKENER
Wie sind die Tenöre in Dowlais?

VIERTER ERTRUNKENER
Wer melkt die Kühe in Maesgwyn?

FÜNFTER ERTRUNKENER
Wenn sie lacht, sieht man Grübchen?

ERSTER ERTRUNKENER
Wie riecht noch Petersilie?

KAPITÄN CAT
Ach, meine toten Lieben!

ERSTE STIMME
Von dort, wo du bist, kannst du in der Muschelzeile in der mondlosen Frühlingsnacht Miß Price hören, Damenschneiderin und Inhaberin des Schokoladenladens, sie träumt von

ZWEITE STIMME
ihrem Herzallerliebsten, der aufragt, stattlich wie der Stadtglockenturm, mit Simsons sirupgoldener Mähne, gewaltigen Lenden und siedeheiß; mit Donnerkeilbaß und muschelbewachsener Brust, mit Augen wie Lötlampen peitscht er die Herzmuscheln auf und schwebt nieder und streicht dicht über ihren einsam liegenden, wärmflaschenliebenden Leib...

MR. EDWARDS

Myfanwy Price!

MISS PRICE

Mr. Mog Edwards!

MR. EDWARDS

Ein Tuchhändler bin ich, und liebestoll! Ich liebe dich mehr als alles Flanell und Kaliko, Steppfutter, Barchent, Drell und Merino, Rohseide, Kretonne, Krepp, Musselin, Popelin, Drilch und Zwilch in der ganzen Tuchmarkthalle der Welt. Ich bin gekommen, um dich mitzunehmen, fort von hier, in meinen Basar am Berghang, wo das Wechselgeld durch die Rohrpost flutscht. Wirf deine kleinen Bettsocken weg und deine walisische Wollstrickjacke! Ich will dir selber die Bettücher heizen wie ein elektrischer Toaströster. Ich will dir zur Seite liegen, heiß wie der Sonntagsbraten.

MISS PRICE

Und ich will dir eine Brieftasche stricken, vergißmeinnichtblau, daß das Geld sich drin wohlfühlt. Ich will dein Herz am Feuer anwärmen, daß du es unters Leibchen schieben kannst, nach Ladenschluß.

MR. EDWARDS

Myfanwy, Myfanwy, bevor noch die Mäuse an deiner Hamstertasche nagen, sollst du mir sagen...

MISS PRICE

Ja, Mog! ja, Mog! ja, ja, ja...!

MR. EDWARDS

Und alle Glocken von allen Ladenkassen der Stadt sollen zu unsrer Hochzeit läuten.

[Läuten von Ladenkassen und Kirchenglocken.]

ERSTE STIMME

Komm, weh' hinauf durch die Finsternis, komm hinauf durch die wehende meerfinstere Straße, nun, in der dunklen Nacht, auf dem Weg, der sich auf- und abbewegt wie die See, zur bibelschwarzen, luftlosen Bodenkammer über dem Laden Jack Blacks, des Schusters. Dort liegt einsam und ingrimmig Jack Black und schläft im Nachthemd, das er sich mit Gummi an die Knöchel gebunden hat, und träumt, er

ZWEITE STIMME
verjagt die unanständigen Pärchen aus dem grasgrünen, johannisbeerstrauchelnden Doppelbett des Waldes und geißelt die Saufbolde und vertreibt die bloßen, losen, schamlosen Mädchen aus den Fünfgroschentänzen seiner schweren Träume.

JACK BLACK *(laut)*
Pfuideibel!
Pfuideibel!

ERSTE STIMME
Toten-Evans, der Leichenbestatter,

ZWEITE STIMME
lacht schrill und laut aus dem Schlaf und ballt die Zehen, denn er wacht vor fünfzig Jahren auf und sieht, daß auf dem Gänsefeld hinter dem schlafenden Haus tiefer Schnee liegt. Und er rennt hinaus aufs Feld, wo die Mutter im Schnee Waliser Kuchen bäckt, und stiehlt eine Faust voll Schneeflocken und Korinthen, und klettert ins Bett zurück, um sie zu essen, kalt und süß unter den warmen weißen Laken, und die Mutter tanzt in der Schneeküche und klagt um ihre verlorenen Korinthen.

ERSTE STIMME
Und im kleinen, rosaäugigen Häuschen neben Evans Leichenbestatter liegen allein die hundertundzehn schnarchenden sanften Kilogramm von Mr. Waldo, Kaninchenfänger, Barbier, Kräuterarzt, Katzendoktor, Quacksalber. Seine fetten, rosigen Hände ruhen, Teller nach oben, auf der bunten Flickendecke. Die schwarzen Stiefel stehen nett und säuberlich im Waschbecken, der Melonenhut hängt am Nagel über dem Bett, unter dem Kopfkissen ein Vollbier und eine Scheibe kalter Brotpudding; und triefend in der Dunkelheit träumt er:

MUTTER

Dieses kleine Schweinchen ging zu Markte,
dieses kleine Schweinchen blieb daheim,
dieses kleine Schweinchen aß Roastbeef,
und dieses kleine Schweinchen hatte keins.
Und dieses kleine Schweinchen ging

KLEINER JUNGE

Pi-pi pi-pi pi-pi!

MUTTER

den ganzen langen Weg heim zu   .

MRS. WALDO *(schreiend)*

Waldo, Wal-do!

MR. WALDO

Ja, Blodwen, mein Lieb?

MRS. WALDO

Du meine Güte, was werden bloß die Nachbarinnen sagen, was werden die Nachbarinnen...

ERSTE NACHBARIN

Arme Mrs. Waldo.

ZWEITE NACHBARIN

Was die sich gefallen läßt.

ERSTE NACHBARIN

Hätt ihn nie heiraten sollen.

ZWEITE NACHBARIN

Wenn sie bloß nicht hätt müssen.

ERSTE NACHBARIN

Ganz wie ihre Mutter.

ZWEITE NACHBARIN

Ein sauberer Mann.

ERSTE NACHBARIN
Genau wie sein Vater.

ZWEITE NACHBARIN
Und man weiß ja, wo der geendet hat.

ERSTE NACHBARIN
Oben im Narrenhaus

ZWEITE NACHBARIN
und schrie nach seiner Mutter.

ERSTE NACHBARIN
Und jeden Sonnabend

ZWEITE NACHBARIN
weiß er nicht, wo er steht

ERSTE NACHBARIN
und treibt es immerzu

ZWEITE NACHBARIN
mit dieser Mrs. Beattie Morris

ERSTE NACHBARIN
oben im Steinbruch.

ZWEITE NACHBARIN
Und habt ihr ihr Baby gesehn?

ERSTE NACHBARIN
Das hat seine Nase.

ZWEITE NACHBARIN
Ach mir blutet das Herz.

ERSTE NACHBARIN
Und zu allem bereit, um zu trinken.

ZWEITE NACHBARIN
Er hats Pianola verkauft

ERSTE NACHBARIN
und ihre Nähmaschine.

ZWEITE NACHBARIN
Fällt in die Gosse

ERSTE NACHBARIN
redet mit der Laterne

ZWEITE NACHBARIN
und was für Ausdrücke

ERSTE NACHBARIN
und singt laut auf dem Lokus.

ZWEITE NACHBARIN
Arme Mrs. Waldo.

MRS. WALDO *(in Tränen)*
Ach, Waldo, Waldo!

MR. WALDO
Still, Liebste, still! Ich bin jetzt Waldo, der Witwer.

MUTTER *(schreiend)*
Waldo – Wal-do!

KLEINER JUNGE
Ja, Muttilein?

MUTTER
Du meine Güte, was werden bloß die Nachbarinnen sagen, was werden die Nachbarinnen ...

DRITTE NACHBARIN
Schwarz wie ein Schornstein.

VIERTE NACHBARIN
Schellt an den Türen.

DRITTE NACHBARIN
Zerbricht die Fenster.

VIERTE NACHBARIN
Macht Kuchen aus Lehmpampe.

DRITTE NACHBARIN
Stiehlt Korinthen.

VIERTE NACHBARIN
Und was er an die Wand schreibt.

DRITTE NACHBARIN
Hab ihn gesehen in den Büschen.

VIERTE NACHBARIN
Rumtreiber! nicht zu erwischen.

DRITTE NACHBARIN
Ohne Abendbrot zu Bett schicken.

VIERTE NACHBARIN
Sennaschoten eingeben und im Dunkeln einsperren.

DRITTE NACHBARIN
Fort in die Besserungsanstalt.

VIERTE NACHBARIN
Fort in die Besserungsanstalt.

BEIDE
Zeigts ihm mit dem Pantoffel auf dem Hintern.

ANDERE MUTTER *(schreiend)*
Waldo, Wal-do! Was tust du mit unserer Matti?

KLEINER JUNGE

Gib mir einen Kuß, Matti Richards.

KLEINES MÄDCHEN

Gib mir 'n Penny dafür.

MR. WALDO

Ich hab nur 'n halben Penny.

ERSTE FRAU

Lippen kost 'n Penny.

PREDIGER

Willst du also diese Jungfrau Matti Richards

ZWEITE FRAU

Dulcie Prothero

DRITTE FRAU

Effie Bevan

VIERTE FRAU

Leimsieders Lil

FÜNFTE FRAU

Mrs. Flusher

MRS. WALDO

Blodwen Bowen

PREDIGER

heimführen als dein entsetzlich angetrautes Eheweib?

KLEINER JUNGE *(schreiend)*

Nein, nein, nein!

ERSTE STIMME

Nun schläft Mrs. Ogmore-Pritchard in ihrem eisbergweißen heilig gewaschenen Krinolinennachthemd unter tugendhaft arktischen Bettüchern im geputzten und geleckten stäubchenlosen Schlafgemach in ihrem blitzblanken *Haus Seeblick*, Pension für zahlende Gäste am oberen Ende der Stadt. Mrs. Ogmore-Pritchard, zweimal verwitwet, nach Mr. Ogmore, Linoleum im Ruhestand, und nach Mr. Pritchard, verkrachtem Toto-Buchmacher, der, zum Wahnsinn getrieben durch Fegen, Scheuern und Schrubben, durch die Stimme des Staubsaugers und den Duft der Bodenwichse, ironischerweise ein Desinfektionsmittel trank. Mrs. Ogmore-Pritchard also zappelt in ihrem keimfreien Schlaf, wacht im Traum auf und stößt beide in die Rippen, den toten Mr. Ogmore, den toten Mr. Pritchard, gespenstig zu ihrer Rechten und Linken.

MRS. OGMORE-PRITCHARD

Mr. Ogmore!
Mr. Pritchard!
Es ist Zeit, daß ihr euren Balsam inhaliert!

MR. OGMORE

Ach, Mrs. Ogmore!

MR. PRITCHARD

Ach, Mrs. Pritchard!

MRS. OGMORE-PRITCHARD

Bald wird es Zeit sein, daß ihr aufsteht. Zählt eure Aufgaben auf, der Reihe nach!

MR. OGMORE

Ich muß meine Pyjamas ins Schubfach legen, auf dem steht Pyjamas.

MR. PRITCHARD

Ich muß mein kaltes Bad nehmen, das für mich gut ist.

MR. OGMORE

Ich muß mein Katzenfell tragen, gegen Ischias.

MR. PRITCHARD

Ich muß mich hinter dem Vorhang anziehen und meine Schürze umbinden.

MR. OGMORE

Ich muß mir die Nase schnauben.

MRS. OGMORE-PRITCHARD

Im Garten gefälligst!

MR. OGMORE

In ein Stück Seidenpapier, das ich nachher verbrenne.

MR. PRITCHARD

Ich muß mein Salz einnehmen, das kommt der Natur zu Hilfe.

MR. OGMORE

Ich muß das Trinkwasser abkochen, wegen der Bazillen.

MR. PRITCHARD

Ich muß meinen Kräutertee kochen, der frei von Tannin ist.

MR. OGMORE

Und ich muß ein Tierkohlekeks essen, das für mich gut ist.

MR. PRITCHARD

Ich darf eine Pfeife Asthmamischung rauchen.

MRS. OGMORE-PRITCHARD

Im Schuppen, gefälligst!

MR. PRITCHARD

Und die gute Stube abstauben und den Kanarienvogel mit Insektenpulver einstäuben.

MR. OGMORE

Ich muß Gummihandschuhe anziehn und den Pekinesen nach Flöhen untersuchen.

MR. PRITCHARD

Ich muß die Jalousien abstauben und dann muß ich sie hochziehen.

MRS. OGMORE-PRITCHARD

Und bevor du die Sonne einläßt, sieh zu, daß sie sich die Schuhe abputzt!

ERSTE STIMME

Bei Metzger Beynons liegt tief im Traum die Tochter, Gossamer Beynon, Schullehrerin, räkelt sich zierlich unter einem flatternden Federbett aus Hühnerfedern, in einem Schlachthaus, das Zitzvorhänge hat und eine dreiteilige Garnitur, und findet ohne zu staunen in einer Papiertüte einen kleinen fix und fertigen Mann mit buschigem Schweif, der ihr zuzwinkert.

GOSSAMER BEYNON

Endlich, Geliebter,

ERSTE STIMME

seufzt Gossamer Beynon. Und der buschige Schweif wedelt derb und fuchsrot.

ORGEL-MORGAN

Hilfe!

ZWEITE STIMME

ruft Orgel-Morgan, der Organist, denn er hört im Traum

ORGEL-MORGAN

Unruhe und Musik in der Krönungsstraße! Alle Gattinnen hupen wie Gänse, und die Babies singen Oper. Polizeiwachtmeister Attila Rees schwingt seinen Knüttel und spielt am Brunnen Kadenzen. Die Kühe von der Sonntagsweide läuten wie Rentiere, und sieh nur, auf dem Dach der Händel-Villa trampelt die Frauenwohlfahrt in Schlüpfern im Mondschein.

ERSTE STIMME

Am Meerende der Stadt schlafen Mr. und Mrs. Floyd, die Muschelfischer, still wie der Tod, Seite an runzliger Seite, zahnlos, salzig und braun wie zwei alte magere Bücklinge in einer Kiste. Und hoch oben am Hang, auf der Salzseefarm, zählt Mr. Utah Watkins die ganze Nacht lang die eheweibgesichtigen Schafe, wie sie über die Hürden am Hügel springen, lächelnd und strickend und blökend, ganz wie Mrs. Utah Watkins.

MR. WATKINS *(gähnend)*
Vierunddreißig, Fünfunddreißig, Sechsunddreißig, Achtundvierzig, Neunundachtzig ...

                    MRS. WATKINS
            Eine stricken,
            eine aufheben,
            zwei zusammenstricken,
            die abgehobene überziehen ...

                    ERSTE STIMME
Ocky Milchmann, schlafertrunken oben in der Muschelstraße, schüttet seine Kannen in den Fluß Dewi

                    OCKY MILCHMANN *(flüsternd)*
Ohne Rücksicht auf die Kosten.

                    ERSTE STIMME
und weint dabei wie ein Leichenbegängnis.

                    ZWEITE STIMME
Cherry Owen, im Nebenhaus, hebt einen Humpen an die Lippen, aber kein Tropfen kommt heraus. Er rüttelt den Humpen. Der verwandelt sich in einen Fisch. Er trinkt den Fisch aus.

                    ERSTE STIMME
Polizeiwachtmeister Attila Rees plumpst aus dem Bett, blind für die Finsternis, immer noch schnarchend wie ein Nebelhorn, und zieht seinen Helm unter dem Bett hervor. Aber tief in einem Verschlag im Hinterhof seines Schlafes flüstert eine nörgelnde Stimme

                    EINE STIMME
das wird dir aber morgen früh leid tun!

                    ERSTE STIMME
Und er hievt sich mit einem Ho ruck zurück ins Bett. Sein Helm schwappt in der Finsternis.

                    ZWEITE STIMME
Willy Nilly, der Briefträger, schläft am oberen Ende der Straße und geht wie jeden Tag seiner Nächte seine zwanzig Kilometer,

die Briefe austragen; dabei klopft er vor jeder Haustür an Mrs. Willy Nilly, daß es kracht.

MRS. WILLY NILLY
Bitte, bitte, nicht schlagen, Herr Lehrer!

ZWEITE STIMME
jammert seine Frau neben ihm, aber noch jede Nacht ihrer Ehe ist sie zu spät in die Schule gekommen.

ERSTE STIMME
Sindbad Seefahrer schläft über der Schenkstube der Seefahrerschenke und hält sein feuchtes Kissen umschlungen, das heimlich den Namen Gossamer Beynon trägt.
 Ein Kobold kriegt Lily Smalls im Waschhaus zu fassen.

LILY SMALLS
Autsch, du alter Kobold!

ZWEITE STIMME
Mrs. Rose Cottages Älteste, Mae, streift ihre rosigweiße Haut ab, in einem Feuerofen in einem Turm in einer Höhle in einem Wasserfall in einem Wald, und wartet roh wie eine Zwiebel, daß Herr Geraderecht mit einem einzigen Satz durch die brennenden hohen hohlen Fälle von Waldlaub zu ihr heraufspringt, wie eine geölte Forelle.

MAE ROSE COTTAGE *(schmachtend, mit gezogener Stimme)*
 Nenn mich Dolores,
 so heißen sie in den Stories!

ERSTE STIMME
Einsam und allein bis an ihr Ende schnarcht Bessy Großkopf, billige Stallmagd, geboren im Armenhaus, nach Kuhdung riechend, laut und rasselnd auf einer Streu von Stroh in einer Bodenkammer der Salzseefarm und pflückt einen Strauß Gänseblümchen auf der Sonntagsweide, um sie auf Gomer Owens Grab zu legen. Denn Gomer Owen hat sie einmal hinter dem Schweinestall geküßt, als sie nicht schaute, und dann nie wieder, obwohl sie die ganze Zeit schaute.

Und die Tierschutzinspektoren fliegen hinab in Frau Metzger Beynons Traum, um Mr. Beynon gerichtlich zu verfolgen, denn er verkauft

METZGER BEYNON
Eulenfleisch, Hundeaugen, Menschenrippchen.

ZWEITE STIMME
Mr. Beynon rast in seiner blutigen Metzgerschürze die Krönungsstraße hinunter, einen Finger im Mund, aber nicht seinen eigenen. Ohne in seinem schlauen Schlaf eine Miene zu verziehen, führt er seine Träume an der Nase herum und

METZGER BEYNON *(deklamiert singend)*
reitet zur Jagd aus
hoch auf dem Schweinsrücken
und schießt das wilde
Gänseklein tot!

ORGEL-MORGAN *(hoch und leise)*
Hilfe!

GOSSAMER BEYNON *(leise)*
Mein fuchsiger Geliebter!

ERSTE STIMME
Nun sieh hinter den Augen und Geheimnissen der Träumer, in den Straßen, die die See in Schlaf gewiegt hat, die

ZWEITE STIMME
Leckerbissen und Kuddelmuddel, Kringel und Knöpfe, Gepäck und Gebein, Asche, Schorf, Schuppen und abgeschnittenen Nägel, Speichel und Schneeflocken und gemauserten Federn von Träumen, die Wracke und Sprotten und Muscheln und Fischgräten, Walfischtran und Mondschein und salzigen Kleinfische, ausgeworfen und aufgetischt von der verborgenen See.

ERSTE STIMME
Die Käuzchen jagen. Sieh, über den Grabsteinen von Bethesda

kreischt eines, stößt nieder und fängt eine Maus, dicht bei Hannah Rees, unvergeßliche Gattin. Und in der Krönungsstraße, die nur du allein sehen kannst, weil es so dunkel ist unter dem Bethaus in den Himmeln, dreht sich Ehrwürden Eli Jenkins, Dichter und Prediger, im tiefen Morgendämmerschlaf auf die andere Seite und träumt vom

ELI JENKINS

Eisteddfodau *(dem großen, alljährlichen Sängerkrieg der Barden von Wales).*

ZWEITE STIMME

Er schmiedet die ganze Nacht lang in seinem fleckigen Druidennachthemd verschlungene Reime zur Musik des Crwth und des Pibgorn, in einem großen Bierzelt, das schwarz ist von geistlichen Herren.

ERSTE STIMME

Mr. Pugh, der Schulmeister, schläft viele Faden tief und stellt sich im Schlaf schlafend, schielt füchsisch aus dem Augenwinkel unter dem Rand seiner Nachtmütze hervor und zischt, pst:

MR. PUGH

Mord!

ERSTE STIMME

Mrs. Orgel-Morgan, Ladeninhaberin, zusammengerollt und grau wie ein Murmeltier, mit den Pfoten an den Ohren, erträumt sich

MRS. ORGEL-MORGAN

Stille.

ZWEITE STIMME

Wohllautend schläft sie in einem Nest aus Wolle, und der trompetende Orgel-Morgan an ihrer Seite schnarcht nicht lauter als eine Spinne.

ERSTE STIMME

Mary Ann Seefahrer träumt vom

MARY ANN SEEFAHRER
Garten Eden.

ERSTE STIMME
Sie geht in Arbeitskittel und Holzschuhen

MARY ANN SEEFAHRER
fort von der kühlen, gescheuerten Steinfliesenküche mit den Sonntagsschulbildern an der weißgetünchten Wand und dem Bauernkalender über der Ruhebank und den Speckseiten an den Räucherhaken, und geht die muschelumrandeten Wege jenes wunderbar angelegten Küchengartens hinunter, schlüpft unter den Zigeunerwäscheklammern durch und verfängt sich mit der Schürze in den Johannisbeerbüschen; vorbei an den Bohnenspalieren, am Zwiebelbeet und an den Tomaten, die an der Mauer reifen, zu dem alten Mann hin, der im Obstgarten das Harmonium spielt, und setzt sich neben ihn ins Gras und entschotet die grünen Erbsen, die durch den Schoß ihres Rockes wachsen, der den Tau streift.

ERSTE STIMME
In der Eselsstraße, eingehüllt in ein Fell von Schlaf, seufzen Dai Brot, Polly Garter, Boyo Nichtsnutz und Lord Kristallglas vor dem nahen Morgengrauen und träumen von

MR. DAI BROT
Harems.

POLLY GARTER
Babies.

BOYO NICHTSNUTZ
Gar nichts.

LORD KRISTALLGLAS
Tick-tack, tick-tack, tick-tack, tick-tack ...

ERSTE STIMME
Die Zeit vergeht. Horch. Die Zeit vergeht.
Ein Käuzchen fliegt heim, an Bethesda vorbei, in ein Bethaus in einer Eiche. Und das Morgengrau kriecht herauf.
[Ein einziger ferner Glockenton, der leise nachklingt.]

ERSTE STIMME

Steh hier auf diesem Berg. Das ist der Llareggub-Berg, so alt wie die Berge, und hoch, kühl und grün. Und von diesem kleinen Kreis von Steinen aus, den nicht die Druiden gelegt haben, sondern Mrs. Beynons Billy, kannst du unter dir im ersten Morgengrauen die ganze Stadt schlafen sehen. Du kannst die liebeskranken Holztauben im Bett gurren hören. Ein Hund bellt im Schlaf, viele Farmhöfe weit. Im erwachenden Dunst schlägt die Stadt Wellenkräusel, wie ein See.

STIMME EINES REISEFÜHRERS

Nicht ganz fünfhundert Seelen bewohnen die drei altmodischen Straßen und wenigen engen Nebengassen und verstreuten Gehöfte, aus denen dieses kleine heruntergekommene Seebad besteht. Man kann es in der Tat als einen Nebenarm des dahinströmenden Lebens bezeichnen, ohne dabei den Bewohnern zu nahe treten zu wollen, welche sich bis auf den heutigen Tag ihre eigene gesalzene Art erhalten haben. Die Hauptstraße, Krönungsstraße genannt, besteht vorwiegend aus bescheidenen zweistöckigen Häusern, von denen viele versuchen, ein einigermaßen fröhliches Aussehen zu gewinnen, indem sie mit grellen Farben herausgeputzt und verschwenderisch rosa getüncht sind. Andererseits hat der Ort auch einige wenige anspruchsvollere Häuser aus dem 18. Jahrhundert aufzuweisen, die sich aber im großen und ganzen in einem traurigen Zustand des Verfalls befinden. Gibt es hier auch wenig, was den Bergsteiger, den Erholungsbeflissenen, den Sportsmann oder den Wochenend-Autofahrer anziehen könnte, so kann doch der besinnliche Gast, falls er sich hinlänglich angezogen fühlt, um einige Mußestunden zu erübrigen, in diesen Kopfpflasterstraßen und im kleinen Fischerhafen, in den verschiedenen merkwürdigen örtlichen Sitten und Gebräuchen und in den Gesprächen der Einheimischen einiges von jenem pittoresken Gefühl für die Vergangenheit finden, das in Städten und Dörfern, die mehr mit der Zeit gegangen sind, so häufig fehlt. Der Fluß Dewi soll reich an Forellen sein, die aber von den Ortsansässigen oft auf unsportliche Art gefangen werden. Das einzige Gotteshaus mit seinem vernachlässigten Friedhof ist baulich nicht von Interesse.

[Ein Hahn kräht.]

ERSTE STIMME
Nun erhellt sich das Himmelreich über unserem grünen Hügel zu einem Frühlingsmorgen, durchschmettert von Lerchen, durchkräht und von Glocken durchläutet.

[Langsames Läuten.]

ERSTE STIMME
Wer sonst zieht am Strang der Rathausglocke als der alte blinde Kapitän Cat? Einer nach dem anderen werden die Schläfer aus dem Schlaf geläutet, an diesem Morgen wie jeden Morgen. Und bald wirst du den langsam hochfliegenden Schnee der Schornsteine sehen, nun da Kapitän Cat in Matrosenmütze und Seestiefeln mit seiner lauten Raus-aus-den-Betten-Glocke den heutigen Tag verkündet.

ZWEITE STIMME
Ehrwürden Eli Jenkins im Bethesda-Haus tappt sich aus dem Bett und in seinen schwarzen Predigerrock, kämmt sein weißes Bardenhaar zurück, vergißt sich zu waschen, stapft barfuß die Treppen hinunter, öffnet die Haustür, steht im Hausflur, und wie er hinausblickt auf den neuen Tag und hinauf zum ewigen Berg, und das Meer branden hört und die Vögel kreischen, fallen ihm seine eigenen Verse ein, und er deklamiert sie leise der leeren Krönungsstraße vor, die aufsteht und ihre Jalousien hochzieht.

ELI JENKINS
Lieb Heimatland Wales, ich weiß, du hast
weit schönere Städte als meine
und höhere Berge in Wolkenlast
und blumenreichere Haine

Und lauschigre Wälder, drin heller erklingt
im Lenz der Vögelein Schlag,
und manch süßerer Barde als ich wohl singt
dein Lob in den jungen Tag.

Neben Cader Idris, sturmumtobt
und Moel yr Wyddfas Glanze,
Carnedd Llewelyn hochgelobt,
Plinlimmon im Sagenkranze,

Neben Bergen, in denen altersgrau
König Artus liegt, schlafgebannt,
ist der Llareggub-Berg nur ein Maulwurfsbau,
ein Zwerg in der Riesen Land.

Neben Senny, Dovey, Dee, Sawdde,
Edw, Eden, den Flüssen all,
neben Taff und Towy breit und frei,
Llyfnant mit dem Wasserfall,

Neben Claerwen, Cleddau und manchem Fluß mehr,
neben Ely, Gwili und Nedd
ist unser Fluß Dewi nur klein, o Herr,
ein Kindlein im Binsenbett.

Neben Carreg Cennen, dem König der Zeit
ist unser Reiherkopf bloß
ein Fleck, wo die einsame Möwe schreit,
ein Felsstück, bewachsen mit Moos.

Unser Milchwald ist nur ein winziger Hain,
von ganz anderen künden die Sänger,
doch dürfte ich wählen, so wollte ich mein
ganzes Leben und länger

unter unseren Bäumen wandeln im Hag
und durch unsere Gäßchen und Gassen,
dem Fluß Dewi lauschen den ganzen Tag
und nie unsre Stadt verlassen.

ZWEITE STIMME
Ehrwürden Eli Jenkins macht die Haustüre wieder zu. Seine Morgenandacht ist zu Ende.
[Langsames Läuten.]

ERSTE STIMME
Nun, endlich aufgeweckt von der Raus-aus-dem-Bett-(du Schlafmütze Polly setz den Kessel auf)-Rathausglocke, kommt Lily Smalls, Mrs. Beynons Perle, die Treppen herunter, mitten aus

einem Traum von einer königlichen Persönlichkeit, die sich mit ihr die ganze Nacht lang keck in der Milchwaldfinsternis amüsiert hat, setzt den Kessel auf den Spirituskocher in Mrs. Beynons Küche, sieht sich in Mr. Beynons Rasierspiegel über dem Ausguß an und erblickt

LILY SMALLS
Was für eine Visage!
Wo hast du dein Haar her?
Von einem alten Kater.
Gibs zurück, Schatz!
Was für eine Dauerwelle!

Lily, woher hast du deine Nase?
Dummchen, hab ich von meinem Vater!
Hast sie aber verkehrt an,
was für eine Gurke!

Guck deinen Teint an.
Nein, guck du!
Braucht ein bißchen Puder,
braucht einen Schleier,
du mein, was für eine Schönheit!

Was grinst du so, Lil?
Geht dich nichts an, sei still.
Niemand hat dich lieb! Gib Ruh! –
Glaubst vielleicht *du*!

Wer ist's denn, der dich liebt?
Sag ich nicht.
Geh, sag doch, Lily!
Großes Ehrenwort also?
Großes Ehrenwort.

ERSTE STIMME
Und ganz leise, daß ihre Lippen fast ihr Spiegelbild berühren, haucht sie den Namen, und der Rasierspiegel wird trüb.

MRS. BEYNON *(laut, von oben)*
Lily?!

LILY SMALLS *(laut)*
Jawohl, Ma'am!

MRS. BEYNON
Wo bleibt denn mein Tee, Mädel?

LILY SMALLS
(leise) Wo glauben Sie? In der Katzenkiste?
(laut) Kommt schon rauf, Ma'am!

ERSTE STIMME
Mr. Pugh im Schulhaus gegenüber trägt Mrs. Pugh den Frühstückstee hinauf und flüstert auf der Treppe

MR. PUGH
Da ist dein Arsenik, meine Liebe,
und deine Kekse mit Unkrauttöter.
Ich habe deinen Sittich erdrosselt,
ich habe in die Vasen gespuckt,
ich habe Käse in die Mauselöcher getan.
Da ist dein...
[Tür knarrt auf.]
... guter Frühstückstee, meine Liebe!

MRS. PUGH
Zuviel Zucker.

MR. PUGH
Du hast noch gar nicht gekostet, meine Liebe.

MRS. PUGH
Also dann zuviel Milch! Hat Mr. Jenkins schon sein Gedicht aufgesagt?

MR. PUGH
Ja, meine Liebe.

MRS. PUGH
Dann ist es Zeit aufzustehen. Gib mir die Brille. Nein, nicht die *Lese*brille. Ich will *hinaus*sehen. Ich will sehen, wie

ZWEITE STIMME
Lily Smalls, die Perle, unten auf der Straße auf ihren roten Knien die Stufe vor der Haustüre schrubbt.

MRS. PUGH
Sie hat sich das Kleid in die Schlüpfer gestopft – nein, so eine Schlampe!

ZWEITE STIMME
Den Polizeiwachtmeister Attila Rees, der, breit wie ein Ochse, in wahren Flußkähnen von Stiefeln aus der Tür von Handschellenhaus gestapft kommt, rot wie ein Beefsteak und schwer aufgebracht, mit schwarz zusammengezogenen Brauen unter dem feuchten Helm, ...

MRS. PUGH
Ich sage dir, der geht jetzt Polly Garter verhaften.

MR. PUGH
Warum denn, meine Liebe?

MRS. PUGH
Weil sie immer Babies kriegt.

ZWEITE STIMME
... und hinunterpoltert zum Strand, um nachzusehen, ob die See noch da ist.

ERSTE STIMME
Mary Ann Seefahrer, die ihr Schlafzimmerfenster über der Schenkstube öffnet und zum Himmel hinaufruft,

MARY ANN SEEFAHRER
Ich bin fünfundachtzig Jahre alt, drei Monate und einen Tag!

MRS. PUGH

Das eine muß man ihr lassen, sie irrt sich niemals.

ERSTE STIMME

Orgel-Morgan, der auf dem Sims seines Schlafzimmerfensters Orgelakkorde für die frühmorgendlichen Fischweibermöwen spielt, die über der Eselsstraße kreischen und sehen, wie

DAI BROT

ich, Dai Brot, ins Backhaus laufe, meine Hemdzipfel in die Hosen stopfe und meine Weste zuknöpfe. Päng, einer ist ab. Warum können sie keine Knöpfe annähen?! Keine Zeit zum Frühstück, nichts fertig zum Frühstück, dazu hat man Frauen!

MRS. DAI BROT EINS *(singende Stimme)*

Mich, Mrs. Dai Brot Eins, mit Häubchen und Schal, ohne garstiges Korsett! Nett, bequem zu sein; nett, nett zu sein. Ich klappere nur übers Pflaster, die Nachbarin wecken. Ach, Mrs. Sarah, Dai Brot hat das Brot vergessen. Haben sie für mich einen Laib, Liebe? Schöner Morgen, was? Was machen die Furunkel heut früh? Na, das hört man ja gern, nicht wahr? Doch was anderes, sich wieder setzen zu können. Dank auch schön, Mrs. Sarah!

MRS. DAI BROT ZWEI

Und mich, Mrs. Dai Brot Zwei, zigeunermäßig geputzt, unwiderstehlich im seidigen scharlachroten Unterrock, der die Knie freiläßt; schmuddlige, hübsche Knie; seht ihr mich, durch meinen Unterrock, braun wie eine Beere?! Schuhe mit hohen Absätzen, und der eine Absatz fehlt, Schildpattkamm in meinem glänzend schwarzen strähligen Haar, und sonst gar nichts an, nur einen Tropfen Parfüm, und ich räkle mich geputzt in der Haustür, sag euch eure Zukunft aus Teeblättern, schneide der Sonne ein Gesicht und zünde mir meine Pfeife an.

LORD KRISTALLGLAS

Mich, Lord Kristallglas, in einem alten Gehrock, der Eli Jenkins gehört hat, und alten Briefträgerhosen aus dem Wohlfahrtsbasar von Bethesda. Ich laufe heraus, das Schmutzwasser ausgießen – marsch, aus dem Weg, Rolf! – und dann lauf ich wieder hinein, tick-tack!

BOYO
Und mich, Boyo Nichtsnutz, ich mach mich nichtsnutz im Waschhaus.

MISS PRICE
Mich, Miß Price, in meinem hübschen bedruckten Hausrock, flink an der Wäscheleine, schmuck wie eine Zaunkönigin, dann tripp-trapp, zurück zu meinem Ei in seinem gestrickten Eiwärmer, zu meinem braungebackenen Toast, zu den selbsteingemachten Pflaumen und meinem Klümpchen Butter.

POLLY GARTER
Und mich, Polly Garter, unter der Wäscheleine. Ich gebe im Garten meinem neuen süßen Baby die Brust. Nichts wächst in unserem Garten, bloß Wäsche. Und Babies. Und wo ihre Väter leben, meine Lieben? »Über die Berge und Fluren weit.« Nun guckst du mich an, Kleines; ich weiß, was du dir denkst, du armes kleines Milchwurm! Du denkst dir: »Du bist auch nicht besser als du eben bist, Polly, und das ist gut genug für mich.« Ach, ist das Leben nicht wirklich schrecklich? Gott sei Dank!
[Ein einziger hoher Saitenakkord.]

ERSTE STIMME
Nun spucken Bratpfannen und Kessel, und Katzen schnurren in der Küche. Die ganze Stadt riecht nach Seetang und Frühstück, von oben, von Haus Seeblick, wo Mrs. Ogmore-Pritchard in Ärmelschürze und Turban, besenbewehrt zum Kampfe gegen den Staub, an ihrem stärkelosen Brot knabbert und Zitronenschalentee nippt, bis hinunter zur unteren Hütte, wo Mr. Waldo in Melonenhut und Sabberlatz seine Bücklinge mit Hoppelpoppel hinunterschlingt und dazu scharfe Soße aus der Flasche schlürft. Mary Ann Seefahrer

MARY ANN SEEFAHRER
lobt den Herrn, der den Porridge erschaffen hat.

ERSTE STIMME
Mr. Pugh

MR. PUGH
jongliert den Eierkuchen und denkt dabei an zerstoßenes Glas.

ERSTE STIMME
Mrs. Pugh

MRS. PUGH
mißhandelt das Salzfaß.

ERSTE STIMME
Willy Nilly, der Briefträger

WILLY NILLY
gießt seinen letzten Eimer schwarzen, brackigen Tee hinunter, stößt auf und steht auf und poltert O-beinig auf den gluckenden Hinterhof hinaus, wo die Hennen zucken und picken und sich um ihre in Tee aufgeweichten Brotrinden zanken.

ERSTE STIMME
Mrs. Willy Nilly

MRS. WILLY NILLY
voll von Tee bis zu ihrem Doppelkinnrand, schlägt Blasen und brütet über ihrem Nest von Kesseln auf dem zischend heißen Herd, die immer bereitstehen, die Briefe aufzudämpfen.

ERSTE STIMME
Ehrwürden Eli Jenkins

ELI JENKINS
findet einen Reim und tunkt seine Feder in den Kakao.

ERSTE STIMME
Lord Kristallglas in seiner tickenden Küche

LORD KRISTALLGLAS
hüpft von Uhr zu Uhr, einen Bund Uhrschlüssel in der einen Hand, einen Fischkopf in der andern.

ERSTE STIMME

Kapitän Cat in seiner Kombüse

KAPITÄN CAT

blind und mit feinfühligen Fingerspitzen, kostet seine Kleinfische.

ERSTE STIMME

Mr. und Mrs. Cherry Owen, in ihrem Zimmer in der Eselsstraße, das Schlafkammer, gute Stube, Küche und Spülraum zugleich ist, setzen sich zum gestrigen Abendbrot aus in der Schale gekochten Zwiebeln und Kartoffelsuppe mit Speckrinde und Lauch und Markknochen.

MRS. CHERRY OWEN

Siehst du den Fleck an der Wand neben dem Bild der seligen Tante Blütchen. Dort hast du den Sago geworfen.

[Cherry Owen lacht vor Freude.]

MRS. CHERRY OWEN

Du hast mich nur um Haaresbreite verfehlt.

CHERRY OWEN

Auch Tante Blütchen verfehle ich immer!

MRS. CHERRY OWEN

Weißt du noch, gestern abend?! Reingetorkelt kamst du, Junge, betrunken wie ein Abt, mit einem großen nassen Eimer und einem Fischkorb voll Schwarzbier. Und dann hast du mich angesehen und gesagt: »Der liebe Gott ist heimgekommen!« hast du gesagt. Und dann bist du – wupp – über den Eimer gefallen und hast dagelegen und geschrien, und der ganze Fußboden war voller Flaschen und Aale.

CHERRY OWEN

Hab ich mich verletzt?

MRS. CHERRY OWEN

Und dann hast du dir die Hosen ausgezogen, und dann hast du gefragt: »Will vielleicht jemand mit mir raufen?!« Ach, du alter Pavian!

CHERRY OWEN

Gib mir einen Kuß.

MRS. CHERRY OWEN

Und dann hast du gesungen *Brot des Himmels*, Tenor und Baß zugleich.

CHERRY OWEN

Ich singe i m m e r *Brot des Himmels*.

MRS. CHERRY OWEN

Und dann bist du auf den Tisch gestiegen und hast ein wenig getanzt.

CHERRY OWEN

Wirklich?

MRS. CHERRY OWEN

Geh zum Kuckuck!

CHERRY OWEN

Und was habe ich dann weiter getan?

MRS. CHERRY OWEN

Dann hast du geweint wie ein Säugling und hast gesagt, du bist ein armes betrunkenes Waisenkind und hast nirgendwo hinzugehen als nur ins Grab.

CHERRY OWEN

Und was habe ich dann weiter getan, mein Schatz?

MRS. CHERRY OWEN

Dann hast du nochmals auf dem Tisch getanzt und hast gesagt, du bist König Salomon Owen, und ich bin deine Mrs. Saba.

CHERRY OWEN *(leise)*

Und dann?

MRS. CHERRY OWEN

Dann kriegte ich dich endlich ins Bett, und du hast die ganze Nacht lang geschnarcht wie eine Brauerei.

[Mrs. und Mr. Cherry Owen lachen.]

ERSTE STIMME

Aus Metzger Beynons Haus in der Krönungsstraße stiehlt sich ein Duft nach gebratener Leber, und sein Atem riecht nach Zwiebeln. Und, hörst du?, im finsteren Frühstückszimmer hinter dem Laden genießen Mr. und Mrs. Beynon, bedient von ihrer Perle Lily Smalls, in den Pausen, wenn sie nicht gerade kauen, ihr allmorgendliches Gekabbel. Mrs. Beynon schiebt unter den Tischtuchfransen die knorpeligen Stücke ihrer dicken Katze zu.

[Katze schnurrt.]

MRS. BEYNON
Die Leber schmeckt ihr, Ben.

MR. BEYNON
Wundert mich gar nicht, Beß, die ist doch von ihrem Bruder.

MRS. BEYNON *(kreischt)*
Du meine Güte! Hörst du das, Lily?

LILY SMALLS
Jawohl Ma'am.

MRS. BEYNON
Wir essen Mietzekatze!

LILY SMALLS
Jawohl Ma'am.

MRS. BEYNON
Ach, du Katzenschlächter, du!

MR. BEYNON
Der Kater war doch verschnitten.

MRS. BEYNON *(hysterisch)*
Was macht denn das für'n Unterschied?

MR. BEYNON
Gestern hatten wir Maulwurfsbraten.

MRS. BEYNON
Ach, Lily, Lily!

MR. BEYNON
Am Montag Otter, am Dienstag Feldmäuse.
[Mrs. Beynon kreischt.]

LILY SMALLS
Aber Mrs. Beynon, er ist doch der größte Lügner in der ganzen Stadt!

MRS. BEYNON
Untersteh dich nicht, über Mr. Beynon so etwas zu sagen.

LILY SMALLS
Das weiß doch jeder, Ma'am.

MRS. BEYNON
Mr. Beynon lügt niemals! Nicht wahr, nein, Ben? Du tust doch sowas nicht?

MR. BEYNON
Nein, Beß, tu ich nicht. So, und jetzt nehme ich mein kleines Schlachtbeil und hol' mir ein paar Corgihunde.

MRS. BEYNON
Ach, Lily, Lily!

ERSTE STIMME
Am oberen Ende der Straße, in der Seefahrerschenke, schenkt sich Sindbad Seefahrer, Enkel von Mary Ann Seefahrer, am sonnenbeschienenen Schenktisch ein Seidel ein. Das Schiffschronometer zeigt auf halb zwölf. Halb zwölf, da machen die Wirtshäuser auf. Die Zeiger des Chronometers zeigen schon seit fünfzig Jahren unverrückt auf halb zwölf. In der Seefahrerschenke ist es immer Zeit aufzumachen.

SINDBAD
Auf mein Wohl, Sindbad!

ERSTE STIMME
Überall in der Stadt werden Babies und alte Männer gewaschen, in ihre zerbrochenen Kinderwagen gesetzt und hinausgeschoben auf das sonnenbeschienene, gerillte Kopfpflaster, oder hinaus in die Hinterhöfe unter die tanzende Unterwäsche, und allein gelassen. Ein Baby schreit.

ALTER MANN
Ich will meine Pfeife, und er will seine Flasche.
[Schulglocke klingelt.]

ERSTE STIMME
Nasen sind geputzt, Nissen gesucht, Haare gekämmt, Pfoten geschrubbt, Ohren gefeigt und die Kinder weggekreischt in die Schule.
[Kinderstimmen laut und wieder verklingend.]

ZWEITE STIMME
Die Fischersleute brummen zu ihren Netzen hin. Boyo Nichtsnutz rudert das Boot *Zanzibar* hinaus, zieht die Ruder ein, treibt langsam dahin auf der kliesschen-erfüllten Bucht, liegt auf dem Rücken im unausgeschöpften Wasser, zwischen Krabbenbeinen und verfitzten Leinen, und schaut hinauf zum Frühlingshimmel.

BOYO *(leise, faul)*
Ich weiß nicht, *wer* dort oben ist, und ich mach mir auch nichts draus.

ERSTE STIMME
Er wendet den Kopf, schaut hinauf zum Llareggub-Berg und sieht zwischen grünledernen Bäumen die weißen Häuser und verstreuten Farmen, wo Farmjungen pfeifen, Hunde schreien, Kühe brüllen. Aber alle zu weit, als daß er oder du es hören könnten. Und in der Stadt quieken die Ladentüren auf. In der Tür von Manchesterhaus nimmt Mr. Edwards in Schmetterlingskragen und Strohhut den Vorbeischlendernden Augenmaß zu gestreiften Flanellhemden und Leichentüchern und geblümten Blusen, und in der Dunkelheit hinter seinem Auge röhrt er sich zu

MR. EDWARDS *(flüstert)*
Ich liebe Miß Price.

ERSTE STIMME
Im Postamt wird Sirup verkauft. Ein Auto fährt zu Markte, beladen mit Geflügel und einem Farmer: Milchkannen stehen an der Krönungsecke wie untersetzte silberne Polizisten. Und der blinde Kapitän Cat sitzt am offenen Fenster von Schonerhaus und hört den ganzen Vormittag der Stadt:
[Schulglocke im Hintergrund. Kinderstimmen. Klappern von Kinderschuhen auf dem Pflaster.]

KAPITÄN CAT *(leise, für sich)*
Maggie Richards, Ricky Rhys, Tommy Powell, unsere Sal, der kleine Gerwain, Billy Swansea mit der Hundestimme, einer von Mr. Waldos Jungen; Humphrey das Ekel, Jackie, der immer hochzieht... Wo bleibt Dickies Albie? und die Jungen von Ty-Pant? Ob sie wieder Ausschlag haben?
[Plötzlich ein Schrei unter den Kinderstimmen.]

KAPITÄN CAT
Jemand hat Maggie Richards geboxt. Zwei gegen eins, das war Billy Swansea. Einem Jungen, der bellt, ist nie zu trauen.
[Lautes Schreien wie Hundejaulen.]

KAPITÄN CAT
Na, was hab ich gesagt: Billy.

ERSTE STIMME
Und das Schreien und Weinen der Kinderstimmen verklingt.
[Briefträger klopft laut an eine Tür. Fern.]

KAPITÄN CAT *(leise, für sich)*
Das ist Willy Nilly, er klopft an die Haustür von Seeblick. Klopf, klopf, nur ganz leise. Der Klopfer hat einen Glacéhandschuh an. Wer hat denn Mrs. Ogmore-Pritchard einen Brief geschrieben?
[Wieder fernes Klopfen.]

KAPITÄN CAT
Vorsicht, die schrubbt vor der Tür eisglatt. Jede Stufe glitschig wie

eine Stange Seife. Gib acht auf deine Sechsundvierziger! Alt-Bessie möchte am liebsten noch die Wiese im Vorgarten bohnern, damit die Vögel ausrutschen.

WILLY NILLY

Morgen, Mrs. Ogmore-Pritchard!

MRS. OGMORE-PRITCHARD

Guten Morgen, Briefträger.

WILLY NILLY

Ein Brief für Sie, die bezahlte Rückantwort ist drinnen, und wissen Sie, wo der herkommt, den ganzen weiten Weg von Builth Wells. Von einem Herrn, der Vögel studieren will, und ob er zwei Wochen bei Ihnen wohnen kann, mit Bad, Vegetarier.

MRS. OGMORE-PRITCHARD

Nein.

WILLY NILLY *(überredend)*

Aber Sie würden doch gar nicht wissen, daß Sie ihn im Haus haben, Mrs. Ogmore-Pritchard. Kaum wird es Tag, wupp, wär' er doch aus dem Haus mit seinem Sack voller Brotkrumen und seinem kleinen Fernrohr...

MRS. OGMORE

Und zu jeder Tages- und Nachtzeit kommt er dann heim, eingetunkt in Federn! In meinen ordentlichen sauberen Zimmern möchte ich keine Menschen haben, die auf meine Stühle atmen...

WILLY NILLY

Meiner Treu, er wird nicht atmen...

MRS. OGMORE

... und mit ihren Füßen auf meine Teppiche treten, und auf mein Porzellan niesen, und in meinen Bettüchern schlafen...

WILLY NILLY

Er will doch nur ein *Einzel*bett, Mrs. Ogmore-Pritchard!

[Tür schlägt zu.]

KAPITÄN CAT *(leise)*
Da geht sie zurück in die Küche, die Kartoffeln polieren.
[Schritte auf dem Pflaster.]

ERSTE STIMME
Kapitän Cat hört Willy Nillys schwere Schuhe auf den fernen Pflastersteinen.

KAPITÄN CAT
Eins, zwei, drei, vier, fünf. Das ist Mrs. Rose Cottage. Was ist denn heute? Heute kriegt sie den Brief von ihrer Schwester in Gorslas.
Was machen die Zähne der Zwillinge?
Jetzt bleibt er vor dem Schulhaus stehen.

WILLY NILLY
Morgen, Mrs. Pugh. Mrs. Ogmore-Pritchard will einen Herrn von Builth Wells nicht bei sich wohnen lassen, denn er schläft sonst in ihren Bettüchern. Mrs. Rose Cottages Schwester ihre Zwillinge in Gorslas müssen sie sich ziehen lassen ...

MRS. PUGH
Gib mir das Paket.

WILLY NILLY
Das ist aber für *Mr.* Pugh, Mrs. Pugh.

MRS. PUGH
Das laß nur meine Sorge sein. Was ist drin?

WILLY NILLY
Ein Buch: »*Das Leben der großen Giftmörder*«.

KAPITÄN CAT
Und das ist *Manchesterhaus*.

WILLY NILLY
Morgen, Mr. Edwards, gar nicht viel Neues heut.
Mrs. Ogmore-Pritchard will keine Vögel im Haus haben und

Mr. Pugh hat jetzt ein Buch gekauft, wo drin steht, wie er Mrs. Pugh umbringen kann.

MR. EDWARDS
Hast du einen Brief von *ihr*?

WILLY NILLY
Miß Price liebt Sie von ganzem Herzen. Heut riecht er nach Lavendel. Der Holunderwein ist beinahe zu Ende, aber die Quittenmarmelade wird gut, und sie stickt Rosen auf die kleinen Deckchen. Vorige Woche hat sie verkauft: drei Büchsen saure Drops, ein Pfund Malzzucker, eine halbe Schachtel Gummibonbons und sechs farbige Photos von Llareggub. Ewig Dein. Und dann einundzwanzig Kreuzchen.

MR. EDWARDS
Ach, Willy Nilly, sie ist ein Rubin! Da hast du meinen Brief, bring du ihn zu ihr, ja?!
[Langsame Schritte auf dem Pflaster. Schnellere Schritte nähern sich.]

KAPITÄN CAT
Mr. Waldo läuft in die Seefahrerschenke. Glas Vollbier mit 'm Ei drin.
[Schritte hören auf.]

KAPITÄN CAT *(leise)*
Der kriegt auch einen Brief.

WILLY NILLY
Wieder eine Vaterschaftsklage, Mr. Waldo.

ERSTE STIMME
Die schnellen Schritte eilen weiter über das Pflaster, und die drei Stufen hinauf in die Seefahrerschenke.

MR. WALDO *(laut)*
Rasch, Sindbad! Glas Vollbier, und *kein* Ei drin.

ERSTE STIMME

Nun gehen Leute auf und ab über das holprige Kopfpflaster.

KAPITÄN CAT

Die Frauen sind heut vormittag alle draußen in der Sonne. Da merkt man, daß Frühling ist. Dort geht Mrs. Cherry, man erkennt sie an den Trippelbeinen. Auf und davon trippelt sie, frisch wie ein Gänseblümchen. Wer sind die, die dort am Brunnen reden? Mrs. Floyd und Boyo, reden von Flundern. Wie kann man bloß von Flundern reden? Und dort geht Mrs. Dai Brot Eins, wälzt sich die Straße hinauf wie Wackelpudding. Jedesmal, wenn sie schlenkert, machts: Schwapp, schwapp, schwapp! Wer ist denn das? Frau Metzger Beynon mit ihrer schwarzen Lieblingskatze, geht ihr überall nach, miau und pff! und so weiter. Dort geht Mrs. Dreiundzwanzig, ein wichtiges, wichtiges Wesen. Die Sonne geht auf und geht unter in ihrer Wamme. Wenn sie die Augen zumacht, ists Nacht. Jetzt hohe Absätze, noch dazu am Vormittag. Mrs. Rose Cottages Älteste, Mae, süße Siebzehn und noch niemals geküßt, – ho-ho! Geht jung und auf Milch aus unter meinem Fenster vorbei aufs Feld mit den Ziegen. Die erinnert mich immerzu ... Kann nicht hören, was die Weiber da klatschen am Brunnen. Immer das gleiche. Wer ein Baby kriegt, wer wem ein blaues Auge geschlagen hat. Habt ihr gesehen? Polly Garter führt ihren Bauch ins Freie. Da sollte es doch ein Gesetz geben! Habt ihr Mrs. Beynons neuen lila Pullover schon gesehen, das ist ihr alter grauer, bloß neu aufgefärbt! Wer tot ist, wer stirbt, schönes Wetter heut, und wie teuer die Seifenflocken!

[Ferne Orgelmusik.]

KAPITÄN CAT

Orgel-Morgan hält sich zeitig dran; da merkt man, daß Frühling ist.

ERSTE STIMME

Und er hört die Milchkannen klappern.

KAPITÄN CAT

Ocky Milchmann macht seine Runde. Das muß man ihm lassen: seine Milch ist frisch wie der Tau. Zur Hälfte ist sie ja Tau. Flenn nur weiter, Ocky, wässere die Stadt... Jemand kommt. Jetzt können die Stimmen am Brunnen jemand kommen sehen. Still, jetzt sind sie still. Man kanns an der Stille hören, das muß Polly Garter sein. *(Lauter.)* Hallo Polly, wer ist da?

POLLY GARTER *(von ferne)*

Ich, Schatz.

KAPITÄN CAT

Wirklich, Polly Garter. *(Leise.)* Hallo, Polly, mein Schatz, kannst du das stumme Gänsezischen der Weiber hören, wie sie beisammenstecken und pecken oder sich aufplustern und wegwatscheln. Wer hat dich wann liebkost, welches von ihren Gänsemännchen hat im Milchwald nach deinen schlimmen bemutternden Armen geseufzt, mein Schatz? Nach deinem Leib wie ein Schrank? Schrubbe nur im Wohlfahrtshaus den Boden für den Tanzabend des Mütterverbandes. Du bist eine Mutter, die nicht dabeisein wird, wenn die anderen ihre Rollschinkenhintern, ihre kuchenbreiten Butterfüßchen heute an diesem eheberingten ehrbaren Abend schwenken, unbekümmert, ob die tanzenden Brotverdiener, die sie aus dem gemütlichen Rauch der Seefahrerschenke zerren, alt und grau werden vor Langeweile.

[Ein Hahn kräht.]

KAPITÄN CAT

Zu spät, Hahn, zu spät,

ZWEITE STIMME

denn die Stadt ist halb fertig mit ihrem Morgen. Und der Morgen ist fleißig wie Bienen.

ERSTE STIMME

Nun das Klipp-klapp der Pferde auf dem Sonnenhonigpflaster der summenden Straße, Hämmern von Hufen, Schlucken, Quaken und Schnattern, Zeisigzwitschern von den vogelleicht gebogenen Zweigen, Iah auf der Eselswiese. Brot wird gebacken, Schweine grunzen, hacke-hacke Metzger, Milchkannen läuten, Kassen klingeln, Schafe husten, Hunde schreien, Sägen singen. Oh, das Frühlingswiehern und Morgenmuhen von den holzschuhtanzenden Farmen, das Möwenkreischen und Gekrächze auf dem booteschaukelnden Fluß und Meer, und die Kräuselmuscheln wie Blasen im Sand, das Strandläuferstelzen, Schnepfenschreien, Krähenkrächzen, Taubengurren, Glockenschallen, Stierbrüllen, und das schnickschnackende Klatschen der Bärenzwingerschule, und die Frauen, die scharren und gackeln in Mrs. Orgel-Morgans Kramladen, der alles führt, Vanillesoße, Eimer, Henna, Rattenfallen, Garnelennetze, Zucker, Briefmarken, Konfetti, Petroleum, Äxte, Pfeifen.

ERSTE FRAU

Mrs. Ogmore-Pritchard

ZWEITE FRAU

Hui, ganz oben hinaus!

ERSTE FRAU

hat einen Mann in Builth Wells,

DRITTE FRAU

und er hat ein kleines Fernrohr, mit dem er die Vöglein beobachtet,

ZWEITE FRAU

hat Willy Nilly gesagt.

DRITTE FRAU

Könnt ihr euch noch an ihren ersten Mann erinnern? Der hat gar kein Fernrohr gebraucht,

ERSTE FRAU

der hat durchs Schlüsselloch geschaut, wie sie sich ausgezogen haben,

DRITTE FRAU

und dann hat er Halali gerufen.

ZWEITE FRAU

Aber Mr. Ogmore war doch wirklich ein Gentleman.

ERSTE FRAU
Wenn er auch seinen Colliehund aufgehängt hat.

DRITTE FRAU
Habt ihr Frau Metzger Beynon gesehen?

ZWEITE FRAU
Sie hat gesagt, Metzger Beynon dreht Hunde durch den Wolf.

ERSTE FRAU
Aber wo, er führt sie doch nur an der Nase herum;

DRITTE FRAU
Sagt ihr das ja nicht, sonst ist es aus mit der Freundschaft!

ZWEITE FRAU
Oder sie glaubt gar, er will ihr auch noch die Nase abreißen und essen!

VIERTE FRAU
Eigentlich gibts hier im Ort ganz eklige Leute, wenn man sich's so überlegt.

ERSTE FRAU
Zum Beispiel nur dieser Boyo-Nichtsnutz.

ZWEITE FRAU
Zu faul, sich die Nase zu putzen!

DRITTE FRAU
Und jeden Tag fährt er hinaus fischen, und alles, was er je heimgebracht hat, war eine Mrs. Samuels,

ERSTE FRAU
und die hat schon eine Woche im Wasser gelegen.

ZWEITE FRAU
Und wie ist denn das mit Ocky Milchmanns Frau, die hat noch nie jemand gesehen?

ERSTE FRAU
Er hebt sie im Wandschrank auf, bei seinen leeren Flaschen.

DRITTE FRAU
Oder denkt nur an Dai Brot mit seinen zwei Frauen!

ZWEITE FRAU
Eine für den Tag und eine für die Nacht.

VIERTE FRAU
Männer sind schon Biester, unter uns gesagt.

DRITTE FRAU
Und was macht denn Orgel-Morgan, Mrs. Morgan?

ERSTE FRAU
Sie sehen aber todmüde aus.

ZWEITE FRAU
Für ihn gibts die ganze Zeit nur Orgel, Orgel und wieder Orgel.

DRITTE FRAU
Jede Nacht ist er bis Mitternacht auf und spielt Orgel.

MRS. ORGEL-MORGAN
Ja, ich bin eine Märtyrerin der Musik.

ERSTE STIMME
Draußen strömt die Sonne nieder auf die holterdipolternde Stadt. Sie läuft durch die Hecken der Stachelbeergasse und stößt die Vögel, daß sie singen. Der Frühling schwingt seine grüne Peitsche in der Muschelzeile, daß die Muscheln erklingen. An diesem Prachtstück von Morgen ist Llareggub eine warme, wilde Frucht. Die Straßen, Felder, Watten und Wasser lenzen und glänzen in der jungen Sonne.

ZWEITE STIMME
Evans Leichenbestatter drückt mit seinen schwarzen Handschuhen fest auf den Sarg seiner Brust, damit ja nicht das Herz herausspringt.

EVANS *(streng)*
Wo bleibt deine Würde? Leg dich nieder!

ZWEITE STIMME
Der Frühling rührt Gossamer Beynon, Schullehrerin, um und um wie ein Löffel.

GOSSAMER BEYNON *(weinerlich)*
Ach, was kann ich bloß tun? Ich werde *nie* eine Dame sein, wenn ich so zucken muß.

ZWEITE STIMME
Der Frühling schäumt an diesem kräftigen Morgen als gewaltige Flamme im Eingeweide von Jack Black, der sich einen Schuh mit hohem Absatz für Mrs. Dai Brot Zwei, die Zigeunerin, vorgenommen hat. Aber Jack Black treibt ihn unerbittlich mit seinem Hammer aus.

JACK BLACK *(im Takt des Hämmerns)*
Zum Fuß, der zu diesem Schuh gehört, gehört *kein* Frauenbein!

ZWEITE STIMME
Die Sonne und die grüne Brise machen Kapitän Cats Meererinnerungen wieder flott.

KAPITÄN CAT
Nein, *ich* werde die Mulattin nehmen! Herrgottsakra, wer ist hier Kapitän? Parlez-vous jig-jig, Madame?

ZWEITE STIMME
Mary Ann Seefahrer sieht aus dem Fenster ihres Schlafzimmers, in dem sie geboren ist, hinauf zum Llareggub-Berg und sagt ganz leise zu sich:

MARY ANN SEEFAHRER *(laut)*
Es ist Frühling in Llareggub, in der Sonne in meinem hohen Alter, und dies ist das Gelobte Land.
[Ein Chor von Kinderstimmen singt plötzlich ganz laut einen einzigen hohen, frohen, langgezogenen, seufzenden Ton.]

ERSTE STIMME

Und in Willy Nillys, des Briefträgers, finsterer, brodelnder, feuchter, teebeschlagener, nebelschwarzer Gnomenküche, wo die fauchenden Katzen der Kessel auf dem Herd sich lüpfen und hüpfen, dämpft Mrs. Willy Nilly mit dem Kessel den Brief von Mr. Mog Edwards an Miß Myfanwy Price auf und liest ihn beim blinzelnden Scheine der Frühlingssonne durch das eine verrammelte, tränennasse Fenster laut Willy Nilly vor, und die halb benommenen, bekleckerten Hennen an der Hintertür winseln und jammern nach dem leckrig-lakritzigen, moorschwarzen Tee.

MRS. WILLY NILLY

Von Manchesterhaus, Llareggub. Alleiniger Besitzer Mr. Mog Edwards (vormals in Twll), Leinen- und Schnittwarenhändler, Herrenschneider, Kostümier. Feines Negligé, Unterwäsche, Nachmittags- und Abendkleider, Brautausstattungen, Windeln und Babywäsche. Fertigkleidung für alle Anlässe. Billige Ausstattung für landwirtschaftliche Arbeiten unsere Spezialität. Ankauf gebrauchter Kleidung. Zu unseren zufriedenen Kundschaften zählen geistliche Herren und Friedensrichter. Anproben nach Vereinbarung. Wöchentliche Inserate im Anzeigenteil der »Posaune von Twll«.
– Innigstgeliebte Myfanwy Price, meine himmlische Braut.

MOG EDWARDS

Ich liebe Dich, bis der Tod uns voneinander scheidet, und dann werden wir auf immer und ewig vereint sein. Ein neues Paket Bänder ist heute aus Carmarthen angekommen, in allen Regenbogenfarben. Ich wünschte, ich könnte ein Band in Dein Haar binden, ein weißes, aber es kann ja nicht sein. Vergangene Nacht habe ich geträumt, daß Du ganz tropfnaß auf meinem Schoß saßest, und Ehrwürden Eli Jenkins ging die Straße entlang an uns vorbei. Ach, ich sehe, Sie haben eine Meerjungfrau auf dem Schoß, sagte er und nahm den Hut ab. Er ist wirklich ein wahrer Christ. Nicht wie Cherry Owen, der sagte, hättest sie wieder ins Meer werfen sollen, sagte er. Die Geschäfte gehen sehr schlecht.

Polly Garter hat zwei Strumpfbänder mit Rosen gekauft, aber sie hat doch nie Strümpfe, also frage ich mich, wozu? Mr. Waldo hat versucht, mir ein Frauennachthemd, Übergröße, zu verkaufen. Er sagt, er hat es gefunden, na, wir wissen ja, wo. Ich habe einen

Brief Stecknadeln an Tom Seefahrer verkauft, als Zahnstocher. Wenn die Geschäfte so weitergehen, komme ich noch ins Armenhaus. Mein Herz ist in Deinem Busen, und Deines in meinem. Gott sei immer mit Dir, Myfanwy Price, und erhalte Dich lieblich für mich in Seinem Himmlischen Hause. Ich muß jetzt schließen und bleibe ewig Dein

             Mog Edwards.

MRS. WILLY NILLY
Und dann kommt noch ein Gummistempel, auf dem steht: Kauft nur bei Mog. Drei Rufzeichen.

ERSTE STIMME
Und Willy Nilly stößt auf und steht auf und schlürft wieder hinaus in den Hinterhof, zum Holzhäuschen mit drei Sitzen, genannt das Unterhaus, wo die Hennen weinen, und sieht im jähen Frühlingslicht

ZWEITE STIMME
Heringsmöwen, die hinunter zum Hafen kreischen, wo die Fischer spucken, schwer an dem Morgen tragen und das glatte fischige Meer bis an sein stillblaues Ende absuchen. Grüngoldenes Geld, Tabak, Lachskonserven, Federhüte, Tiegel mit Fischpaste, Wärme für den kommenden Winter weben und hüpfen reich und schlüpfrig in Gestalt von blitzenden blanken Fischen in den kalten Meerstraßen. Aber mit blauen, faulen Augen starren die Fischer aufs milchmädchenflüsternde Wasser, auf dem keine Falte oder Welle zu sehen ist, als wehte es große Kanonen und Schlangen und einen Taifun auf die Stadt.

DIE FISCHER
Zu wild heut, um zu fischen.

ZWEITE STIMME
Und sie danken Gott und spucken nach einer Möwe, denn das bringt Glück, und langsam und still wie Moos machen sie sich auf den Weg, den Strand hinauf, vom stillen, stillen Meer zur Seefahrer-Schenke, während die Kinder

             [Schulglocke.]

singend und wild zur Schule hinaus im Schmutzfinkenschulhof ausschlagen und tollen.

ERSTE STIMME

Und Kapitän Cat sitzt am Fenster und wiederholt leise für sich, was die Kinder singen.

[Kinder singen.]

KAPITÄN CAT *(im Takt ihres Gesangs)*
Johnnie Stück und Flossie Schleimer
hielten ihr Baby in der Kuh ihrem Eimer.
Flossie Schleimer und Johnnie Stück,
Einer holts raus und der andre tuts zurück.

Oh, jetzt bin *ich* dran, sagt Flossie Schleimer,
ich nehm das Baby aus der Kuh ihrem Eimer.
Und jetzt bin *ich* dran, sagt Johnnie Stück,
ich haus auf den Kopf und tus wieder zurück.

Johnnie Stück und Flossie Schleimer
hielten ihr Baby in der Kuh ihrem Eimer.
Eins tuts zurück und eins tuts heraus,
Und zu trinken kriegts Bier in Saus und Braus.
Denn Johnnie Stück und Flossie Schleimer
sagten immer: Was Bessres weiß keiner
als Bier für ein Baby in der Kuh ihrem Eimer.

[Lange Pause.]

ERSTE STIMME

Über dem Milchwald ist die Sphärenmusik deutlich vernehmbar. Und zwar der *Frühlingsstimmenwalzer*.

ZWEITE STIMME

Ein Gesangverein singt auf dem Friedhof von Bethesda, fröhlich aber gedämpft.

ERSTE STIMME

Die grünen Gräser feiern Hochzeit über den Tenören.

ZWEITE STIMME
Und Hunde bellen, bis sie blau im Gesicht sind.

ERSTE STIMME
Mrs. Ogmore-Pritchard rülpst in ein winziges Taschentüchlein und jagt den Sonnenschein mit einer Fliegenpatsche. Doch nicht einmal sie kann den Frühling vertreiben. Aus ihrer Fingerschale wächst eine Primel.

ZWEITE STIMME
Mrs. Dai Brot Eins und Mrs. Dai Brot Zwei sitzen vor ihrem Haus im Eselsgäßchen, und die eine blüht dunkel, die andre blüht rundlich in der springlebendigen tauigen Sonne. Mrs. Dai Brot Zwei blickt in eine Kristallkugel, die sie im Schoß ihres schmutziggelben Unterrocks an ihre festen braunen Lenden preßt.

MRS. DAI BROT ZWEI
Daß dir Künftiges wird bekannt,
leg mir Silber in die Hand.
Aus unsrem Haushaltsgeld. – Aah!

MRS. DAI BROT EINS
Was siehst du denn im Kristall, Liebste?

MRS. DAI BROT ZWEI
Ich sehe... ein Federbett. Mit drei Kissen drauf. Und ein Spruch hängt über dem Bett. Ich kann nicht lesen, was da steht, denn es wehen wilde Wolken durch meinen Kristall. Jetzt sind sie weggeweht. »Gott ist die Liebe«, steht da.

MRS. DAI BROT EINS
Das ist *unser* Bett.

MRS. DAI BROT ZWEI
Nun ists verschwunden. Die Sonne dreht sich wie ein Kreisel. Wer ist denn das, der da aus der Sonne kommt? Ein haariger, kleiner Mann mit dicken rosigen Lippen. Er hat ein Glasauge.

MRS. DAI BROT EINS
Das ist Dai! Das ist Dai Brot!

MRS. DAI BROT ZWEI

Sst, das Federbett treibt auf der Wolke wieder zurück, und jetzt zieht der kleine Mann die Schuhe aus, er zieht das Hemd über den Kopf, er trommelt mit den Fäusten auf seine Brust. Er klettert ins Bett.

MRS. DAI BROT EINS

Weiter, weiter!

MRS. DAI BROT ZWEI

Da liegen zwei Frauen im Bett. Er wendet den Kopf hin und her und sieht sie beide an. Er pfeift durch die Zähne; und jetzt schlingt er die kurzen Arme ganz fest um die eine Frau.

MRS. DAI BROT EINS

Welche denn, welche?

MRS. DAI BROT ZWEI

Ich kann nichts mehr sehen. Es wehen wieder wilde Wolken!

MRS. DAI BROT EINS

Ach, nichts gönnen sie einem, die ekligen ollen Wolken!
[Pause. Kindersingen verklingt.]

ERSTE STIMME

Der Morgen ist voller Singen. Ehrwürden Eli Jenkins macht seine Morgenbesuche als Seelenhirte, er bleibt vor dem Wohlfahrtshaus stehen, um Polly Garter zu hören; die schrubbt den Boden für den Tanz des Mütterverbandes heute abend und singt dabei:

POLLY GARTER

Ich liebt' einen Mann, und sein Name war Tom,
der war zwei Meter lang, und der hat mich so genomm',
ich liebt' einen Mann, und sein Name war Dick,
der war breit wie 'ne Tonne und 'nen Meter dick.
Und ich liebt' einen Mann, und sein Name war Harry,
sechs Fuß hoch und süß wie Sherry,
doch am allermeisten liebt' ich, ob ich wachte oder schlief,
den kleinen Willi Winzig, der ist sechs Fuß tief.

Ja, Tom, Dick und Harry, das waren drei Feine,
und so wie die mich liebten, so lieben sonst keine,
doch der kleine Willi Wie, der nahm mich aufs Knie;
den kleinen Willi Wiesel liebt' ich mehr als sie.

Die Männer von jedem Kirchspiel in der Rund,
die rennen mir nun nach und die rollen mich am Grund,
doch mit wem ichs auch treibe, gemütvoll oder keck,
Johnny vom Hügel oder Ozean-Jack,
wenn die tun, was sie wollen, dann lieg' ich nur und träume
von Tom, Dick und Harry, die so groß war'n wie die Bäume,
doch am allermeisten denk ich, wenn mich wieder einer warb,
an den kleinen Willi Wie, der sich legte und starb.

Ja, Tom, Dick und Harry, das waren drei Feine,
und so wie die mich liebten, so lieben sonst keine,
doch der kleine Willi Wie, der nahm mich aufs Knie,
den kleinen Willi Wiesel liebt' ich mehr als sie.

ELI JENKINS
Gott sei Lob und Dank! Wir sind eine musikalische Nation

ZWEITE STIMME
sagt Ehrwürden Eli Jenkins und eilt weiter durch die Stadt, um seine Kranken zu besuchen, mit Wackelpudding und mit Gedichten.

ERSTE STIMME
Die Stadt ist so voll wie das Ei einer verliebten Taube.

MR. WALDO
Dort geht Ehrwürden Eli Jenkins,

ERSTE STIMME
sagt Mr. Waldo am bücklingbraunen Fenster der ungewaschenen Seefahrerschenke

MR. WALDO
mit seinem Regenschirm und mit seinen Oden. Schenk nur voll, Sindbad, ich gönn mir mal was!

ZWEITE STIMME
Die schweigenden Fischer gießen ihr Bier hinunter.

SINDBAD
Ach, Mr. Waldo

ERSTE STIMME
seufzt Sindbad Seefahrer

SINDBAD
ich bin vernarrt in diese Gossamer Beynon.

ZWEITE STIMME
»Liebe« singt der Frühling. Das Gras ist ein Federbett, das federt unter den Vogelsteißen und Lämmern.

ERSTE STIMME
Und Gossamer Beynon, Schullehrerin, vom Löffel des Frühlings gerührt und bebend, unterrichtet ihre Kuddelschmuddelklasse.

KINDERSTIMMEN
Es wor a Knobe und sei Lieb
mit A und O und A-Nonnino...

GOSSAMER BEYNON *(mit übertrieben sorgfältiger Aussprache)*
Aber nain, Kinder, nain, eure Aussprache!
Es war ain Knabe und sain Lieb
mit hai und ho und hai nonino...

SINDBAD
Ach, Mr. Waldo

ERSTE STIMME
sagt Sindbad Seefahrer

SINDBAD
sie ist eine Dame vom Scheitel bis zur Sohle!

ERSTE STIMME
Und Mr. Waldo, der sich eine Frau vorstellt, sanft wie Eva und

scharf wie Ischias, die sein Brotpuddingbett mit ihm teilen soll, antwortet:

              MR. WALDO
Keine Dame, die *ich* kenne, ist Dame vom Scheitel bis zur Sohle.

              SINDBAD
Und wenn bloß Großmutter sterben wollte, so wahr ich lebe, ich würde niederknien vor ihr und sagen, Miß Gossamer, würde ich sagen

              KINDERSTIMMEN
    wenn Vögel singen kling, kling, kling,
    wer liebt, der liebt den Früh-hü-ling.

              ZWEITE STIMME
Polly Garter liegt immer noch auf den Knien und singt:

              POLLY GARTER
    Ja, Tom, Dick und Harry, das waren drei Feine,
    und so wie die mich liebten, so ...

              KINDERSTIMMEN
    Kling, kling!

              POLLY GARTER
    ... mich keine!

              ERSTE STIMME
Und der Vormittagsunterricht ist vorbei. Und Kapitän Cat an seiner vorhangverhängten Schonerstückpforte, die für die Gezeiten der Frühlingssonne offensteht, hört die schlimmen Kinder mit ihren Liebespfänderspielen auf dem Kopfpflaster klappern und reimen.

              MÄDCHENSTIMME
    Gwennie, ruf die Jungs,
    die machen so'n Gesums!

MÄDCHEN

Jungen, Jungen, seid froh!
Kommt alle her zu mir; so!

MÄDCHENSTIMMEN

Jungen, Jungen, seid froh!
Küßt Gwennie, sie sagt euch wo.
Oder gebt ihr einen Penny. –
Mach weiter, Gwennie.

MÄDCHEN

Küß mich bei der Tenne,
oder gib mir einen Penny.
Sag deinen Namen.

ERSTER JUNGE

Roy.

MÄDCHEN

Küß mich bei der Tenne, Roy.
Oder gib mir einen Penny, Boy!

ERSTER JUNGE

Gwennie, Gwennie,
ich küß dich bei der Tenne,
jetzt schuld ich dir keinen Penny.

MÄDCHENSTIMME

Jungen, Jungen, seid froh!
Küßt Gwennie, sie sagt euch wo.
Oder gebt ihr einen Penny! –
Mach weiter, Gwennie!

MÄDCHEN

Küß mich auf dem Llareggub-Berg,
oder gib mir einen Penny.
Sag deinen Namen.

ZWEITER JUNGE

Johnnie Christo.

MÄDCHEN
Küß mich auf'm Llareggub-Berg, Johnnie Christo,
oder gib mir einen Penny, Mister!

ZWEITER JUNGE
Gwennie, Gwennie,
ich küß dich auf'm Llareggub-Berg,
jetzt schuld ich dir keinen Penny.

MÄDCHENSTIMMEN
Jungen, Jungen, seid froh!
Küßt Gwennie, sie sagt euch wo.
Oder gebt ihr einen Penny. –
Mach weiter, Gwennie!

MÄDCHEN
Küß mich im Milchwald,
oder gib mir einen Penny.
Sag deinen Namen!

DRITTER JUNGE
Dicky Bell.

MÄDCHEN
Küß mich im Milchwald, Dicky Bell,
oder gib mir einen Penny, schnell.

DRITTER JUNGE
Gwennie, Gwennie,
ich kann dich im Milchwald nicht küssen!

MÄDCHENSTIMMEN
Gwennie, frag ihn, warum nicht.

MÄDCHEN
Warum nicht?

DRITTER JUNGE
Weil meine Mutter sagt, ich darf nicht.

MÄDCHENSTIMMEN
Feigling, Feigling, Schafsgesicht,
gib Gwennie einen Penny!

MÄDCHEN
Gib mir einen Penny.

DRITTER JUNGE
Ich habe keinen Penny.

MÄDCHENSTIMMEN
Werft ihn in den Fluß,
daß er saufen muß!
Schnell, schnell, Schmutzfink Dicky Bell!
Mit einem Rhabarberstecken
versohlt ihm das Fell!
Hopp, los, auf!

ERSTE STIMME
Und die schrillen Mädchen kichern und herrschen ihn an und quieken und packen und schlagen drein, und er plärrt davon, den Hügel hinunter, und verliert seine geflickte Hose, und sein tränenfleckiges Hochrot brennt den ganzen Weg entlang, denn die siegesjohlenden Schwestern kreischen wie Krähen mit Knöpfen in den Krallen, und ihre Rabenbrüder schreien ihm seinen Kleinkinderspitznamen nach und seiner Mutter Schande und seines Vaters böses Treiben mit den losen wilden barfüßigen Weibern von den niedrigen Hütten hoch in den Bergen. Das alles hat gar nichts zu bedeuten, aber er heult nach seiner Milchmutti, nach ihrer Buttermilch und ihrem Porree und Kuhgeruch und Waliser Kuchen, und dem dicken geburtenduftenden Bett und der mondhellen Küche ihrer Arme; und er wird es niemals vergessen, wie er nun tränenblind heimwatet durchs weinende Ende der Welt.

Dann balgen sich seine Quälgeister und laufen in die Muschelzeile, in den Schokoladenladen, mit ihren Pennies, klebrig wie Honig, um von Miß Myfanwy Price, die sich geputzt brüstet wie ein aufgeplustertes Rotkehlchen, mit kleinen runden Hinterbacken prall wie Zecken, Lutschkugeln groß wie Beulen zu kaufen, die in allen Regenbogenfarben leuchten, wenn man leckt, und Likörkugeln, Weinbonbons, Hunderte und Tausende, Lakritzenstangen, so süß, daß dir schlecht wird, Nougat, das man dehnen kann, in Streifen wie eine zweite rote Zunge aus Kautschuk, Kaugummi, der klebt gut in Mädchenlocken, hochrote Hustenpastillen, um Blut zu spucken, Eistüten, Löwenzahn- und Klettensaft, damit das Geld alle wird, Zitronenlimonade, Kirschen- und Himbeerbrause, und Sodawasserknall und Schaum und Wind.

ZWEITE STIMME
Gossamer Beynon stelzt hoch zu Absatz zur Schule hinaus. Die Sonne summt nieder, durch die Baumwollblumen auf ihrem Kleid schnurstracks in ihre Herzglocke, und summt im Honig dort drinnen und küßt und schmiegt sich träge liebend und trunken in ihre Brust mit den roten Beeren. Augen laufen von den Bäumen und Straßenfenstern, in deren heißem Hauch das Wort »Gossamer« steht, und ziehen sie aus bis auf die Beeren und Bienen. Sie lodert nackt vorbei an der Seefahrerschenke, die einzige Frau auf dem Adamsapfel des Erdballs. Sindbad Seefahrer legt seine andächtig ziegenbärtigen Hände auf ihre Lenden, die immer noch taufeucht sind vom ersten Hahnenschreigarten, wo Manna und Männertreu wachsen.

GOSSAMER BEYNON
Und wenn er auch gewöhnlich ist, das macht mir gar nichts aus!

ZWEITE STIMME
flüstert sie ihrem unschuldstiefen Ich zu.

GOSSAMER BEYNON
Ich will ihn auffressen, mit Stumpf und Stiel! Und wenn er auch Dialekt spricht!

ZWEITE STIMME
sagt sie zum weltmutter-splitternackten, starkknochig evahüftigen Springbrunnen ihres Ich

GOSSAMER BEYNON
solange er nur ganz aus Gurke und Hufen besteht!

ZWEITE STIMME

Sindbad Seefahrer sieht sie vorbeigehen, sittsam und stolz und ganz Lehrerin, in ihrem gestärkten geblümten Kleid, im Schatten ihres Hutes und ohne sich nur ein einziges Mal umzusehen oder sich zu wiegen und zu schlenkern, des Metzgers nie schmelzende Eisjungfrautochter, auf immer verschleiert vor der hungrigen Umarmung seiner Augen.

SINDBAD SEEFAHRER

Oh, schöne, schöne Gossamer Be,
ich wollte, ich wollte, ich hätt dich zur Eh.
Ich wollte, du wärst nicht so studiert!

ZWEITE STIMME

Sie fühlt, wie sein Geißbockbart sie in der Mitte der Welt kitzelt wie eine Strähne von drahtigem Feuer, und sie wendet sich wonneschauernd ab von seinem Geißbart und den Geißeln seiner feurigen Brunst und setzt sich in die Küche an einen Teller voll Bratkartoffeln und Lämmernieren.

ERSTE STIMME

Im jalousienblinden, dunkel verhangenen Eßzimmer des Schulhauses, das staubt und hallt wie ein Eßzimmer in einer Gruft, schweigen Mr. und Mrs. Pugh über ihrem zerlaufenen Auflauf aus kaltem grauem Fleisch. Mr. Pugh gabelt einen leblosen Bissen auf und liest dabei *Das Leben der großen Giftmörder*. Er hat das Buch in undurchsichtiges braunes Packpapier eingeschlagen. Zwischen unlustigen Bissen schielt er listig hinüber zu Mrs. Pugh; er vergiftet sie mit giftigen Blicken. Dann liest er weiter. Er unterstreicht manche Absätze und lächelt still vor sich hin.

MRS. PUGH

Leute mit Kinderstube lesen nicht bei Tische,

ERSTE STIMME

sagt Mrs. Pugh. Sie schluckt eine Verdauungstablette, so groß wie eine Pferdepille, und trinkt trübes Erbsensuppenwasser nach.

[Pause.]

MRS. PUGH

Manche Leute sind in Schweineställen aufgewachsen.

MR. PUGH

Schweine lesen nicht bei Tisch, meine Liebe.

ERSTE STIMME

Verbittert schnippt sie den Staub vom zerbrochenen Salzfaß. Er fällt auf den Auflauf wie Nieselregen.

MR. PUGH

Schweine können nicht lesen, meine Liebe.

MRS. PUGH

Ich kenne eines, das kann.

ERSTE STIMME

Allein im zischenden Laboratorium seiner Wünsche, schleicht Mr. Pugh zwischen argen Kufen und Retorten umher, geht auf Zehenspitzen durch Dickichte von mörderischen Kräutern; Todeskrämpfe tanzen in seinen Schmelztiegeln, und er mischt eigens für Mrs. Pugh einen giftigen Haferbrei, unbekannt allen Gerichtsmedizinern; der wird durch ihre Adern sengen und schlangen: ihre Ohren fallen dann ab wie Feigen, ihre Zehen schwellen wie schwarze Ballons, und Dampf sprüht kreischend aus ihrem Nabel.

MR. PUGH

Du mußt es ja am besten wissen, meine Liebe,

ERSTE STIMME

sagt Mr. Pugh, und taucht sie blitzschnell in Rattengiftsuppe.

MRS. PUGH

Was ist das für ein Buch neben deinem Trog, Pugh?

MR. PUGH

Ein theologisches Werk, meine Liebe. *Das Leben der großen Heiligen*.

ERSTE STIMME

Mrs. Pugh lächelt. Ein Eiszapfen entsteht in der kalten Luft der Eßgruft.

MRS. PUGH

Ich habe dich heute früh mit einer Heiligen sprechen sehen. Mit der heiligen Polly Garter. Sie hat gestern nacht wieder das Martyrium erlitten. Mrs. Orgel-Morgan hat sie mit Mr. Waldo gesehen.

MRS. ORGEL-MORGAN

Und wie sie mich gesehen haben, da taten sie, als ob sie Vogelnester suchten,

ZWEITE STIMME

sagt Mrs. Orgel-Morgan zu ihrem Mann, den Mund voller Fische wie ein Pelikanschnabel.

MRS. ORGEL-MORGAN

Aber wer sucht schon Vogelnester in langen Unterhosen wie Mr. Waldo, oder mit den Kleidern fast über dem Kopf, wie Polly Garter. Nein, mir können sie nichts vormachen.

ZWEITE STIMME

Ein Pelikanschluck und die Flunder ist runter.
Sie leckt sich die Lippen und stichelt wieder munter.

MRS. ORGEL-MORGAN

Und wenn du bedenkst, wieviel Kinder sie schon hat, dann kann ich nur sagen, sie sollte lieber aufhören, Vogelnester zu suchen, das ist alles, was ich sagen kann. Das ist nicht die rechte Art Unterhaltung für eine, die nicht nein sagen kann, nicht einmal zu Zwergen. Kannst du dich noch an den winzigen Bob Spit erinnern? Der war selber nicht größer als ein Baby, und doch hat sie zwei von ihm. Aber es sind zwei nette Jungen, alles was recht ist, Fred Spit und Arthur. Manchmal mag ich Fred lieber und manchmal Arthur. Welcher ist denn dir der liebste, Orgel-Morgan?

ORGEL-MORGAN

Mir der liebste? Bach natürlich, gar kein Zweifel. Johann Sebastian Bach allemal!

MRS. ORGEL-MORGAN

Du, Orgel-Morgan, du hast nicht ein Wort von dem gehört, was ich gesagt hab! Für dich gibts immer nur Orgel, Orgel, nichts als Orgel...

ERSTE STIMME

Und sie bricht in Tränen aus. Mitten in ihrer Salzflut gabelt sie einen kleinen Fisch auf und pelikant ihn mit *einem* Schluck hinunter.

ORGEL-MORGAN

Und dann Palestrina,

ZWEITE STIMME

sagt Orgel-Morgan.

ERSTE STIMME

Lord Kristallglas in seiner Küche voll Zeit hockt sich allein zu einer Hundeschüssel, auf der »Pluto« steht, mit gepfefferten Fischresten, und lauscht den Stimmen seiner sechsundsechzig Uhren – eine für jedes Jahr seines überdrehten Alters – und sieht voller Liebe ihre schwarz-weißen Mondgesichter mit lauten Lippen, die die Welt von hinnen nach dannen ticken: langsame Uhren, zu schnelle Uhren, pendelschwingende Herzschlagwerke, Porzellanuhren, Weckuhren, Großvateruhren und Kuckucksuhren; Uhren in Gestalt von Noahs summender Arche, Uhren, die rasseln in Marmorschiffen, Uhren im Schoß von Frauen aus Glas, stundenglasklingende Glockenuhren, Käuzchenuhren, Spieluhren, Vesuvuhren mit Lava und schwarzen Glocken, Niagarauhren mit Ticktackkatarakten, alte-Zeit-beklagende Uhren mit elfenbeinbärtigem Chronos, Uhren ohne Zeiger, die früh und spät die Zeit nur austrommeln und nie wissen, wie spät es ist.

Seine sechsundsechzig Sänger sind alle verschieden gestellt. Lord Kristallglas lebt in einem belagerten Haus und wohnt in einem belagerten Leben. Jede Minute oder jeden dunklen Tag kann nun der unbekannte Feind den Hügel herab sengen und rauben, aber ihn werden sie nicht im Schlaf überraschen. Sechsundsechzig verschiedene Zeiten in seiner fischschleimigen Küche halten Wache. Kling und Schlag, und Tick und Klang und Tack.

ZWEITE STIMME
Die Lust und das Lied und der Schaum und die smaragdene Brise und das Schnattern des Vogeljauchzens und der Leib des leibhaftigen Frühlings mit Brüsten voll flußfließender Maimilch, all das bedeutet für diesen Lord Fischkopfabnager nichts als wieder größere Nähe der Stämme und Flotten des letzten, schwarzen Tages, die sengen und brennen den Götterdämmerungshügel herab gegen seine doppelt versperrte fensterverrammelte ticktackstaubverkritzelte Bruchbude unten am Ende der Stadt, die Hals über Glocken verliebt ist.

POLLY GARTER
Und so wie die mich liebten, so lieben sonst keine,

ZWEITE STIMME
summt Schön-Polly voller Sehnsucht.

POLLY GARTER *(singt)*
Wenn ein Junge von der Farm am ersten schönen Tag
vom Hügel kommt und trinkt, und treibt es, wie er mag,
noch eh die Sonne sinkt, lieg ich in seinem Arm.
Ach, die guten bösen Jungen von der einsamen Farm!
Doch ich denk jedes Mal, wenn die Liebe in uns loht,
an den kleinen Willi Winzig, der ist tot, tot, tot.

[Stille.]

ERSTE STIMME
Der sonnige, langsam lullende Nachmittag geht gähnend durch die nickende Stadt. Die See leckt und läppert und flutet träge, mit schlafenden Fischen in ihrem Schoß. Die Weiden sind still wie Sonntag; die Stiere mit geschlossenen Augen und Troddeln, die Waldtäler mit Ziegen und Gänseblümchen halten wohlig und ruhig ihr träges Schläfchen. Die stummen Enteneiche dösen. Wolken senken sich als weiche Kissen auf den Llareggub-Berg.

Schweine grunzen im nassen Suhlebad und lächeln im nuschelnden Traum. Sie träumen vom Eichelfreßtrog der Welt, vom Wurzelwühlen nach Schweineobst, von den Dudelsackzitzen der Muttersau und dem Quieken und Schnüffeln der jasagenden Schweineweibchen zur Brunstzeit. Sie suhlen sich und schnauzen in der schweineliebenden Sonne; ihre Schwänze ringeln sich, sie rollen und seibern und schnarchen sich ein, in den tiefen behaglichen Schlaf nach dem Fraß. Und Esel auf der Eselweide nicken wie Engel ein.

MRS. PUGH
Leute mit Manieren,

ZWEITE STIMME
bleckt kalt Mrs. Pugh,

MRS. PUGH
nicken bei Tisch nicht ein.

ERSTE STIMME
Mr. Pugh windet sich unterwürfig wach. Er setzt ein süßliches Lächeln auf, traurig und grau unter seinem nikotineigelben, trübselig niederhangenden viktorianischen Walroßschnurrbart, den er lang und dick trägt, zur Erinnerung an den Giftmörder Dr. Crippen.

MRS. PUGH
Du solltest warten, bis du dich in deinen Stall zurückziehst,

ZWEITE STIMME
sagt Mrs. Pugh rasiermessersüß. Sein schmeichelndes, schmächtiges Viertellächeln friert ein. Schlau und schweigend schleicht er füchsisch in seinen Laboratoriumsbau, und dort, in einem Zischen und blausauren Kreis von Kesseln und Phiolen, randvoll von Pocken und Schwarzem Tod, kocht er ein Ragout aus tödlichem Nachtschatten, Nikotin, heißen Kröten, Zyankali und Fledermausspeichel für seine stichelnde Tropfsteinhexe von schürhakenbuckligem Bettdrachen und Nußknackerweib.

MR. PUGH
Bitte vielmals um Verzeihung, meine Liebe,

ZWEITE STIMME
flüstert er liebedienernd.

ERSTE STIMME
Kapitän Cat an seinem Fenster, das weit offen steht für die Sonne und die Segelschiffsee, die er vor langer Zeit befahren hat, als seine Augen blau und blank waren, schlummert und ist auf großer Fahrt. Schlingernd und mit Ringen in den Ohren, mit den Worten *Ich liebe dich, Rosie Probert!* auf seinen Bauch tätowiert, rauft er mit zerbrochenen Flaschen im Rauch und Babel der dunklen Hafenkneipen, treibt sich mit einer Herde von flotten und hühotten Kühen in jedem niedrigen, trächtigen Hafen umher, und spleißt und trinkt mit den Ertrunkenen, und salzt sich ein mit den Toten mit struppiger Brust. Und im Schlummer kommt ihm der Kummer, er weint und fährt.

ZWEITE STIMME
E i n e Stimme vor allen steigt ihm aus dem Herzensgrund, wenn seine Traumeimer tiefer schöpfen. Die träge, frühe Rosie mit dem flachsblonden Strohdach, die er mit Tom-Fred, dem Hilfsmaschinisten, und manchem anderen Seemann geteilt hat, spricht zu ihm deutlich und nah aus der Schlafkammer ihres Staubes. In diesem Golf und Hafen haben haufenweise Flotten geankert, sie kamen weither aus allen Reichen ins enge Himmelreich ihrer Nacht. Aber *sie* spricht jetzt nur zu *einem*, zum eingenickten Kapitän Cat. Denn Mrs. Probert...

ROSIE PROBERT
aus dem Entengäßchen, Jack. Mußt zweimal quaken, und nach Rosie fragen,

ZWEITE STIMME
...ist die einzige Liebe seines Seelebens, das sardinenvoll von Frauen war.

ROSIE PROBERT *(sanft)*
Was für Seen hast du gesehn,
  mein Tom Kater, Tom Cat,
    in deinen Seefahrertagen
      vor langer Zeit?

Was für Seetiere waren
im welligen Grün,
als du mein Käptn warst?

    KAPITÄN CAT
Ich sag dir die Wahrheit.
Ich hab Seen gesehn,
die bellten wie Seehunde,
blau und grün,
Seen voll Aalen,
Meermännern und Walen.

    ROSIE PROBERT
Was für Seen hast du befahren,
alter Walfänger du,
in deinen walfetten Jahren
zwischen Wales und Peru,
als du mein Maat warst?

    KAPITÄN CAT
So wahr ich hier steh,
du, Tom Cats liebste Nutte,
du Landratte Rosie,
du Lose, du Gute,
meine leichteste Prise,
mehr wahrer Schatz,
Seen, grün wie Bohnen,
Seen gischtweiß von Schwänen
im Mondlicht, wo die Seehunde wohnen!

    ROSIE PROBERT
Welche Seen wiegten dich,
mein kleiner Schiffsjunge,
mein Lieblingsmann
voller Seelöwenhunger?
Mein gestiefelter Entrich,
mein Walfischfänger,
mein Süßer, mein Pappchen!
Mein Zuckerschnutseemann,

auf dem Bauch meinen Namen,
als du noch ein Boy warst? –
Lang, lang ists her.

KAPITÄN CAT

Ich will dich nicht belügen,
ich sah nur *ein* Meer:
das *Immermehr*,
und *du* reitest die Wogen!
Leg dich nieder, laß mich landen,
laß mich scheitern in deinen Lenden.

ROSIE PROBERT

Klopf zweimal, Jack,
an die Tür von meinem Grab,
und frag nach Rosie.

KAPITÄN CAT

Rosie Probert.

ROSIE PROBERT

Denk an sie.
Sie vergißt.
Die Erde, die ihren Mund füllte,
entschwindet ihr.
Denk an mich.
Ich habe dich vergessen.
Ich gehe ins Dunkel des ewigen Dunkels.
Ich habe vergessen, daß ich jemals geboren war.

KIND

Guck!

ERSTE STIMME

sagt ein kleines Mädchen zu ihrer Mutter, mit der sie am Fenster von Schonerhaus vorüberkommt,

KIND

Kapitän Cat weint.

ERSTE STIMME

Kapitän Cat weint

KAPITÄN CAT

Komm zurück, komm zurück!

ERSTE STIMME

hinauf durch die stillen Stellen und durch das Echohallen in allen steilen Stollen der ewigen Nacht.

KIND

Er weint, daß es ihm über die ganze Nase rinnt,

ERSTE STIMME

sagt das Kind. Mutter und Kind gehen weiter die Straße hinab.

KIND

Er hat eine Nase wie Erdbeeren,

ERSTE STIMME

sagt das kleine Mädchen. Und dann vergißt auch sie ihn. Sie sieht in der stillen Mitte der blaubauschigen Bucht Boyo-Nichtsnutz im Boot *Zanzibar* fischen.

KIND

Boyo-Nichtsnutz hat mir gestern drei Pennies gegeben, aber ich wollte nicht,

ERSTE STIMME

sagt das Kind zur Mutter.

ZWEITE STIMME

Boyo fängt ein Fischbeinkorsett. Das ist alles, was er den ganzen Tag gefangen hat.

BOYO

Verflucht komischer Fisch!

ZWEITE STIMME

Mrs. Dai Brot Zwei zigeunert vor seinem langsamen geistigen Auge herauf; sie ist nur mit einem Armreifen bekleidet.

BOYO

Sie hat schon ihr Nachthemd an. *(Flehentlich.)* Wollen Sie nicht dieses schöne nasse Korsett haben, Mrs. Dai Brot Zwei?

MRS. DAI BROT ZWEI

Nein, ich will *nicht*!

BOYO

Oder einen Bissen von meinem kleinen Äpfelchen?

ZWEITE STIMME

bietet er ihr ohne Hoffnung an.

ERSTE STIMME

Aber sie schüttelt klappernd ihr Nachthemd aus Messing, und er verjagt sie aus seinen Sinnen.

Und wie ihm das Verlangen in die Segel fährt und ihn zurücktreibt, verneigt sich mitten im blutdurchschossenen Bullauge seines Auges ein lächelndes Geishamädchen in einem Kimono aus Reispapier.

BOYO

Ich will der *gute* Boyo sein, aber es läßt mich ja niemand,

ERSTE STIMME

seufzt er, während sie sich höflich krümmt. Das Land verblaßt, die See entschwindet schweigend; durch die warme, weiße Wolke, in der er liegt, dringt seidige, klingelnde, aufreizende östliche Musik, und in einer einzigen japanischen Minute ist es um ihn geschehen.

ZWEITE STIMME

Der Nachmittag summt wie träge Bienen rund um die Blumen, die rund um Mae Rose Cottage blühen. Sie liegt halbschlafend im Feld, wo die Ziegen brummen und sachte die Sonne mit Hörnern stoßen, und sie bläst ihre Liebe auf eine Pusteblume.

MAE ROSE COTTAGE *(träge)*
Er liebt mich,
er liebt mich nicht.

Er liebt mich,
er liebt mich nicht.
Er liebt mich! – der alte Schweinehund.

ZWEITE STIMME

Träge liegt sie allein in Wicken und Klee, siebzehn Jahre, und noch nie süß im Gras gewesen; ho, ho.

ERSTE STIMME

Ehrwürden Eli Jenkins, tintenbekleckst in seiner kühlen Vorderstube, auch genannt Gedichtzimmer, berichtet in seinem Lebenswerk einzig und allein die Wahrheit: Einwohnerzahl, wichtigste Industrien, Schiffahrt, Geschichte, Topographie, Flora und Fauna der Stadt, in der er dem Herrn dient; er schreibt die Chronik, das *Weiße Buch von Llareggub*. Bilder berühmter Barden und Prediger, von den schielenden Augen bis hinunter zu den Kniescheiben ganz in Pelz und Wolle gehüllt, hängen über ihm an der Wand, schwer wie Schafe, neben zarten Damenaquarellen des blaßgrünen Milchwaldes, der darauf aussieht wie ein sterbender Salatkopf. Seine Mutter leidet in ihrem Korsett, an einen Palmentopf gelehnt, mit Eheringtaille und einer Büste wie ein mit schwarzem Tischtuch gedeckter Eßtisch.

ELI JENKINS

Oh, ihr Engel, seid vorsichtig dort mit euren Messern und Gabeln,

ERSTE STIMME

betet er. Soweit bekannt ist, besteht kein Bild seines Vaters Esau, der, wegen seiner kleinen Schwäche des Predigerrockes entkleidet, eines Tages zur Erntezeit aus Versehen mit der Sense bis auf den Knochen entzweigeschnitten wurde, als er eben mit seiner kleinen Schwäche im Korn lag und mit ihr schlief. Darauf verlor er allen Ehrgeiz und starb als Einbeiniger.

ELI JENKINS

Armer Papa,

ZWEITE STIMME

trauert Ehrwürden Eli Jenkins,

ELI JENKINS
so am Trinken und an der Landwirtschaft zu sterben!

ZWEITE STIMME
Farmer Watkins auf der Salzseefarm haßt sein Vieh auf dem Hügel, das er jetzt mit Hott und Hüh den Hügel hinuntertreibt zum Melken.

UTAH WATKINS *(wütend)*
Verdammt sollt ihr sein, ihr verdammtes Milchzeug!

ZWEITE STIMME
Eine Kuh küßt ihn.

UTAH WATKINS
Beiß sie tot!

ZWEITE STIMME
brüllt er seinem alten tauben Hund zu, der lächelt und ihm die Hände leckt.

UTAH WATKINS
Spieß ihn auf! Setz dich auf ihn, Daisy!

ZWEITE STIMME
fährt er die Kuh an, die ihn mit ihrer Zunge aufgerauht hat, und sie muht zarte Worte, während er tobend unter seinen sommeratmenden Sklaven umherrast, die sachte der Farm zuschreiten. Das nahe Ende des Frühlingstages spiegelt sich schon in den tiefen Teichen ihrer großen Augen. Bessie Großkopf grüßt die Kühe mit den Namen, die sie ihnen gegeben hat, als sie noch Jungfrauen waren:

BESSIE GROSSKOPF
Peg, Meg, Butterblume, Moll,
Fan vom Schloß,
Theodosia und Daisy.

ZWEITE STIMME
Sie neigen die Köpfe.

ERSTE STIMME

Schlage Bessie Großkopf im *Weißen Buch von Llareggub* nach, und du wirst die wenigen dürftigen Lappen und den einen armen glitzernden Faden ihrer Geschichte dort in den Blättern dieses Buches mit soviel Liebe und Sorgfalt aufbewahrt finden, wie die Haarlocke einer ersten verlorenen Liebe. Empfangen im Milchwald, geboren in einer Scheune, in Papier gehüllt, auf eine Schwelle gelegt. Mit großem Kopf und tiefer rauher Stimme wuchs sie in der Finsternis auf, bis der längstverstorbene Gomer Owen sie eines Tages küßte, als sie nicht schaute, weil er mit anderen Burschen gewettet hatte. Und nun steht sie im Licht und wird arbeiten, singen und melken, die lieben Namen der Kühe nennen und schlafen, bis die Nacht ihr die Seele aussaugt und in den Himmel speit. Im lebenslänglichen Licht ihrer Liebe melkt Bessie gottergeben die einfältigen teichäugigen Kühe, während die Dämmerung langsam niederrieselt auf Kuhstall, Meer und Stadt. Utah Watkins flucht sich auf einem Karrengaul laut durch die ganze Farm.

[Karrengaul trabt in langsamem Tempo.]

UTAH WATKINS

Galoppier! du verdammter elender Krüppel!

ERSTE STIMME

Und das große Pferd wiehert leise, als ob er ihm ein Stück Zucker gegeben hätte.

Nun dämmert die Stadt. Jeder Pflasterstein, jeder Esel, jede Gänse- und Gänseblümchengasse ist ein Torweg der Dämmerung. Und das Abendgrau und der feierliche Staub und erste dunkelnde Schnee der Nacht und der Schlaf der Vögel wehen tief durch die lebende Dämmerung dieser Ortschaft der Liebe. Llareggub ist die Hauptstadt der Dämmerung.

Mrs. Ogmore-Pritchard verrammelt beim ersten Niederrieseln des Dämmerns alle Türen ihres Hauses Seeblick, zieht die keimfreien Vorhänge vor, setzt sich steif wie ein trockener Traum auf einen gesundheitsfördernden Stuhl mit hoher Lehne und stellt sich energisch darauf ein, kühl und schnell einzuschlafen. Und auf einmal zweimal kommen Mr. Ogmore und Mr. Pritchard, die den ganzen toten Tag lang nach Geisterart im Holzverschlag geflüstert und gespukt und die lieblose Vernichtung ihrer peinlichen, reinlichen Witwe geplant haben. Nun kehren sie widerwillig und seufzend zurück in ihr reinliches Haus.

MR. PRITCHARD

Nach Ihnen, Mr. Ogmore!

MR. OGMORE

Nach Ihnen, Mr. Pritchard!

MR. PRITCHARD

Nein, nein, Mr. Ogmore, Sie haben sie doch als erster zu Ihrer Witwe gemacht!

ERSTE STIMME

Und sie sickern unter Tränen hinein durchs Schlüsselloch, wo einst ihre Augen waren.

MRS. OGMORE-PRITCHARD

Gatten!

ERSTE STIMME

sagt sie im Schlaf. In ihrer Stimme liegt saure Liebe für einen der beiden schlotternden Schatten. Mr. Ogmore hofft, daß nicht er gemeint ist. Mr. Pritchard hofft das gleiche.

MRS. OGMORE-PRITCHARD

Ich liebe euch beide.

MR. OGMORE *(erschrocken)*

Oh, Mrs. Ogmore!

MR. PRITCHARD *(entsetzt)*

Oh, Mrs. Pritchard!

MRS. OGMORE-PRITCHARD

Bald wird es Zeit sein, daß ihr zu Bett geht. Zählt eure Aufgaben auf, der Reihe nach.

MR. OGMORE UND MR. PRITCHARD
Wir müssen unsere Pyjamas aus dem Schubfach nehmen, auf dem steht Pyjamas, und müssen sie anziehen.

MRS. OGMORE-PRITCHARD *(kalt)*
Und dann müßt ihr sie ausziehen.

ZWEITE STIMME
Unten in der dämmernden Stadt liegt Mae Rose Cottage immer noch im Kleefeld, hört zu, wie die Ziegen kauen und malt sich mit Lippenstift Kreise auf ihre Brüste.

MAE ROSE COTTAGE
Ich bin leichtfertig! Ich bin ein schlechtes Ding. Gott wird mich mit einem Blitz erschlagen. Ich bin siebzehn, ich komme in die Hölle,

ZWEITE STIMME
erzählt sie den Ziegen.

MAE ROSE COTTAGE
Wartet nur, ich werde sündigen, bis ich in Stücke zerspringe!

ZWEITE STIMME
Sie liegt im Klee, ganz tief, und wartet auf das Schlimmste. Die Ziegen käuen und meckern.

ERSTE STIMME
Und in der Tür von Bethesdahaus rezitiert Ehrwürden Eli Jenkins dem Llareggub-Berg sein Abendgedicht.

ELI JENKINS
Wenn ich erwache an jedem Tage,
lieber Gott, ein kleines Gebet ich sage,
daß vor Deinem Auge Gnade erwerben
alle armen Geschöpfe, die da leben und sterben.

Und an jedem Abend, wenn die Sonne geht,
mein Gebet für die Stadt Deinen Segen erfleht.

Denn ob wir die Nacht überleben, fürwahr,
das hängt gewiß nur an einem Haar.

Unsre Stadt, die hier unterm Milchwald ruht,
die ist nicht ganz schlecht, und auch nicht ganz gut.
Und Du, o Herr, ich weiß, bist der erste,
der es leicht für uns macht, und nicht prüft uns aufs schwerste.

Oh, laß uns den morgenden Tag noch sehen,
ich bitte Dich, laß uns die Nacht überstehen,
und wir neigen uns vor Deiner Sonne Pracht
und sagen Lebwohl, aber nur für heut nacht!

ERSTE STIMME

Jack Black, der Schuster, bereitet sich abermals darauf vor, im Walde seinem Satan zu begegnen. Er schärft seine Nachtzähne, schließt die Augen, steigt in seine frommen Hosen, deren Schlitz mit Schustergarn fest vernäht ist, und stapft hinaus, mit Fackel und Bibel bewehrt, grimmig und freudig in die Dunkelheit, die schon zu sündigen begonnen hat.

JACK BLACK

Auf nach Gomorrah!

ZWEITE STIMME

Und Lily Smalls macht sich mit Boyo-Nichtsnutz im Waschhaus nichtsnutz.

ERSTE STIMME

Und Cherry Owen, der jeden Wochentag den ganzen Tag lang nüchtern wie der Sonntag ist, geht lustig wie der Samstag ins Wirtshaus, um sich zu betrinken wie ein Loch, denn das tut er jeden Abend.

CHERRY OWEN

Ich sag immer, sie hat zwei Männer,

ERSTE STIMME

sagt Cherry Owen,

CHERRY OWEN

einen Betrunkenen und einen Nüchternen.

ERSTE STIMME

Und Mrs. Cherry sagt einfach

MRS. CHERRY OWEN

Und bin ich nicht eine glückliche Frau?! Denn ich hab sie alle beide lieb!

SINDBAD

N'Abend, Cherry!

MRS. CHERRY OWEN

N'Abend, Sindbad!

SINDBAD

Was solls denn sein?

CHERRY OWEN

Mehr als gut für mich ist!

SINDBAD

Die Seefahrerschenke ist immer offen.

ERSTE STIMME

Sindbad leidet still vor sich hin und sagt mit gebrochenem Herzen

SINDBAD

O Gossamer, warum ist nicht auch dein *Herz* offen?

ERSTE STIMME

Nun ist die Dämmerung ertrunken, für immer vorüber bis morgen. Mit einem Male ist es Nacht. Die finstere Stadt ist ein Hügel von Fenstern, und von den wundgeschlagenen Wellen herauf rufen die Lichter der Lampen in den Fenstern den Tag zurück und die Toten, die hinausgefahren sind auf die See. Und überall in der rufenden Nacht werden Kinder und alte Männer ins Bett gelockt und schlafen gelegt.

ERSTE FRAUENSTIMME
Schlaf schön, Baby, der Sandmann, der kommt!

ZWEITE FRAUENSTIMME
Schlaf schön, Großvater, oben im Baum,
wenn der Wind weht, bläst er Federn und Flaum,
wenn der Ast bricht, macht die Wiege Bumms,
Großpapa mit dem Schnurrbart macht einen Plumps!

ERSTE STIMME
Oder die alten starräugigen Männer werden von ihren Töchtern zugedeckt wie Papageien und bleiben in ihrer kleinen Finsternis in den hellen springlebendigen jungen Küchenecken die ganze Nacht lang wach, mit glasigen Augen, damit der Tod sie nicht im Schlaf überrascht.

ZWEITE STIMME
Unverheiratete Mädchen allein in ihren heimlichen Brautkammern denken an Puder und Locken für den lockenden Tanz der Welt.
[Leise Harmonikamusik.]
Sie ziehen vor ihren Spiegeln hochnasige Gesichter oder machen Komm-nur-her-Augen für die jungen Männer draußen auf der Straße an den laternenbeschienenen Stehecken, an denen sie lehnen und im plötzlichen Wind warten, um dann durch die Zähne zu pfeifen.
[Harmonika klingt auf und verklingt fast völlig.]

ERSTE STIMME
Die Trinker in der Seefahrerschenke trinken auf den Mißerfolg des Tanzes.

ERSTER TRINKER
Nieder mit dem Walzertanzen und Hüpfen!

CHERRY OWEN
Tanzen geht gegen die Natur,

ERSTE STIMME
sagt im Brustton der Überzeugung Cherry Owen, der eben sieb-

zehn Glas schales warmes dünnes walisisches bitteres Bier hinuntergegossen hat.

ZWEITE STIMME

Eines Farmers Laterne glitzert als ferner Funke am Hang, hoch am Llareggub-Berg.

ERSTE STIMME

Der Llareggub-Berg, schreibt Ehrwürden Eli Jenkins in seinem Gedichtzimmer,

ELI JENKINS

Der Llareggub-Berg, jener mystische Tumulus, das Mahnmal von Völkern, die in der Gegend von Llareggub gewohnt haben, noch ehe die Kelten das Land des Sommers verließen; der Berg, auf dem die alten Hexenmeister sich aus Blumen eine Frau machten...

[Harmonikamusik hört auf.]

ZWEITE STIMME

Mr. Waldo in seinem Winkel in der Seefahrerschenke singt:

MR. WALDO

Als Junge, da wohnt' ich in Pembroke am Turm,
da hatt' ich ein schwarzes Fell,
da hatt' ich sechs Pennies Wochenlohn
als des Schornsteinfegers Gesell.
Sechs kalte Pennies, die gab er mir,
und sonst keinen Bissen zu essen.
Und ich lebte von nichts als von Rübenschnaps,
und dazu kaut' ich Brunnenkressen.
Da braucht' ich kein Messer und Gabel nicht
und keine Serviette fürs Kinn,
denn mein Mahl war ja nur ein Glas Rübenschnaps
und Kresse mit gar nichts drin.
Hat man je gehört, daß ein Junge, der wächst,
kein besseres Essen kennt,
nur Grünzeug ganz ohne Knochen und Fleisch,
und Schnaps, der brennt, daß man flennt?

»Feg, Schornsteinfeger, feg!«
So weint' ich zu Pembroke, der Stadt,
barfuß im Schnee, bis 'ne junge Frau
sich meiner erbarmet hat.
»Armer kleiner Schornsteinfeger, du,
du bist schwarz wie's Pik-As« sie sprach,
»seit mein Mann von mir fort ist,
sieht keiner meinen Schornstein nach.
Komm und feg meinen Schornstein!
Komm und feg meinen Schornstein!«
so seufzte sie und ward rot.
»Komm und feg meinen Schornstein!
Komm und feg meinen Schornstein!
Dein Besen, der tut mir not!«

ERSTE STIMME

Der blinde Kapitän Cat klettert in seine Koje. Wie ein Kater sieht er nur im Dunkeln. Durch die großen Fahrten seiner Tränen hindurch segelt er hin, seine Toten zu sehen.

KAPITÄN CAT

Williams, der Tänzer!

ERSTER ERTRUNKENER

tanzt immer noch.

KAPITÄN CAT

Jonah Jarvis!

DRITTER ERTRUNKENER

Immer noch.

ERSTE STIMME

Wuschelkopf Bevans Schädel.

ROSIE PROBERT

Rosie, mit Gott. Sie hat das Sterben vergessen.

ERSTE STIMME

Die Toten kommen heraus in ihren besten Sonntagskleidern.

ZWEITE STIMME

Horch, wie die Nacht anbricht.

ERSTE STIMME

Orgel-Morgan, der Organist, geht ins Bethaus, Orgel spielen. Er spielt allein in der Nacht, für alle, die hören wollen: die Liebenden und die Trunkenbolde, die stillen Toten, die Vagabunden und die Schafe. Er sieht Bach auf einem Grabstein liegen.

ORGEL-MORGAN

Johann Sebastian!

CHERRY OWEN *(bezecht)*

Wer?

ORGEL-MORGAN

Johann Sebastian, hinreißender Bach! Ach, Bach, Bach!

CHERRY OWEN

Äh, geh zum Teufel!

ERSTE STIMME

sagt Cherry Owen, der sich auf dem Heimweg auf einem Grabstein ausgeruht hat.

Mr. Mog Edwards und Miß Myfanwy Price, glücklich voneinander getrennt, am Bergende und am See-Ende der Stadt, schreiben sich ihre allnächtlichen Briefe voll Liebe und Verlangen. Im warmen *Weißen Buch von Llareggub* wirst du die kleinen Landkarten ihrer Inseln der Seligkeit finden.

MYFANWY PRICE

Oh, du mein Mog, ich bin dein auf immerdar!

ERSTE STIMME

Und sie sieht sich zufrieden in ihrem eigenen, netten, nie langweiligen Zimmer um, das Mr. Mog Edwards niemals betreten wird.

MOG EDWARDS

Komm in meine Arme, Myfanwy!

ERSTE STIMME

Und er drückt sein eigenes schönes Geld an sein eigenes Herz.

Und Mr. Waldo hält trunken im nächtigen Wald seine süße Polly Garter an sich gedrückt, unter den Augen und rasselnden Zungen der Nachbarn und der Vögel, und er macht sich nichts daraus. Er schmatzt mit lebendig roten Lippen.

Aber nicht *sein* Name ist es, den Polly Garter flüstert, nun, da sie unter der Eiche liegt und seine Liebe erwidert. Sechs Fuß tief singt ein Name in der kalten Erde.

POLLY GARTER

Doch ich denk immerzu, wenn die Liebe in uns loht,
an den kleinen Willi Winzig, der ist tot, tot, tot.

ERSTE STIMME

Die dünne Nacht wird dunkler. Eine Brise vom gekräuselten Wasser her seufzt durch die Gassen dicht unter dem milchwachen Wald, dem Wald, in dem jede Baumwurzel ein gespaltener Huf ist im schwarzen, lauernden Auge der Jäger der Liebenden. Das ist der Wald, der ein von Gott erbauter Garten ist für Mary Ann Seefahrer, die weiß, daß der Himmel auf Erden ist, und das auserwählte Volk seines liebenden Feuers im Llareggubland; der Wald, für die Farmknechte am Kirmesabend das wollüstig unbedachte Bethaus voller Brautbetten, und für Ehrwürden Eli Jenkins eine grünbelaubte Predigt von der Unschuld des Menschengeschlechtes – der plötzlich vom Wind gerüttelte Wald erwacht zum zweiten dunklen Male an diesem einen Frühlingstag.

ENDE

Ganz früh eines Morgens

Die englische Originalausgabe
»QUITE EARLY ONE MORNING«
erschien 1954 bei J. M. Dent & Sons Ltd. London

Erster Teil

Erinnerungen an die Kindheit

Ich bin in einer großen walisischen Industriestadt geboren, am Anfang des großen Krieges: eine häßliche, liebenswerte Stadt (oder wenigstens schien oder scheint sie mir noch immer so), die sich dehnte und weitete, in Slums, ungeplant, von Polierhäusern übersät und gemütlich vorbestadtet, an einer langen, großartig geschwungenen Küste, wo schuleschwänzende Jungen und Sandfelderjungen und alte namenlose Männer in den Fetzen und Katzenjammern von Hunderten Mildtätigkeitsanzügen nach Strandgut suchten, faulenzten und paddelten, den Booten zusahen, die hafenwärts fuhren, für die bellenden herrenlosen Hunde Steine in die See warfen und an Sommersamstagnachmittagen der kriegerischen Musik von himmlischer Erlösung und höllischem Feuer lauschten, die von einer Seifenkiste herab gepredigt wurden.

Diese Seestadt war meine Welt. Außerhalb ging ein *fremdes* Wales, kohlenzergraben, gebirgig, flußdurchlaufen und meines Wissens voll von Chören und Schafen und hohen Geschichtenbuchhüten, seinen Geschäften nach, die mich nichts angingen. Hinter diesem unbekannten Wales lag England, das London war, und außerdem ein Land, das hieß »die Front«, aus dem viele unserer Nachbarn nicht mehr zurückkamen. Im Anfang war die einzige »Front«, die ich kannte, die Front unseres Hauses, zu der man hinaufsehen konnte, wenn man durch den kleinen Gang zur Haustür hinaustrat. Ich konnte nicht verstehen, wieso so viele Leute von dort nie mehr zurückkamen. Aber später wurde ich größer und wußte mehr, wenn ich es auch noch immer nicht verstand, und trug im Cwmdonkin-Park ein hölzernes Schießgewehr und schoß den unsichtbaren, unbekannten Feind nieder wie eine Schar von wilden Vögeln. Und der Park selbst war eine Welt in der Welt der Seestadt, ganz nahe bei dem Haus, wo ich wohnte; so nahe, daß ich an Sommerabenden im Bett die Stimmen anderer Kinder hören konnte, die auf der abfallenden, papierabfallbedeckten Böschung Ball spielten. Der Park war voll von Schrecken und voll von Schätzen. Das Gesicht eines alten Mannes, der im Sommer und im Winter auf der gleichen Bank saß und auf das schwänebedeckte Wasserreservoir hinausstarrte, kann ich deutlicher vor mir sehen als die Stadtstraßengesichter, die ich erst vor einer Stunde gesehen habe. Und Jahre nachher habe ich ein Gedicht geschrieben, über diesen und für diesen für mich unvergeßlichen Mann, das ich nannte:

Der Bucklige im Park

Der Bucklige im Park
Ein Mister den man alleinließ
Eingepfropft zwischen Bäumen und Wasser
Vom Öffnen der Gartenschleuse
Die Bäume und Wasser einließ
Bis zum Ruf der Abendglocke den Park zu verlassen

Aß Brot aus einer Zeitung
Trank Wasser aus dem Becher an der Kette
Den die Kinder mit Sand vollschütten
Im Brunnenbecken wo mein Schiff schwamm um die Wette
Er schlief bei Nacht in einer Hundehütte
Doch niemand der ihn angekettet hätte.

Wie die Parkvögel kam er zeitig
Wie das Wasser setzte er sich hin
Und *Mister – He Mister* riefen
Die Stadtschulschwänzer ihn
Um dann weiter geschmeidig
Außer Rufweite zu fliehn

Zwischen Teich und Felsengrotte.
Drohte er mit der Zeitung gabs Gelächter
Sie liefen bucklig zum Spotte
Durch den Zoo-Lärm der Weidenalleen
Um dem Stock mit dem der Parkwächter
Blätter aufspießt zu entgehn.

Und der alte Hundeübernächter
Allein zwischen Bonnen und Schwänen
Und Jungen in den Weiden die die losen
Tiger aus ihren Augen springen ließen
Um zu brüllen auf Ufersteinen –
Und abseits der Alleen blau von Matrosen

Machte den ganzen Tag bis zum Glockenzeichen
Einen Frauenleib, frei von Fehlern
Aufrecht wie ein junger Baum
Aufrecht und schlank aus seinen krummen Knochen
Daß sie die Nacht lang stünde ununterbrochen –
Nach den Schleusenschlössern und Ketten und Quälern

Die ganze Nacht im ungemachten Park
Nachdem die Gitter und Sträucher efeuumschlungen
Die Vögel Steine Gräser die er barg
Und die wie Erdbeeren unschuldig wilden Jungen
Dem Buckligen nachgefolgt waren
Zu seiner Hundehütte dunklem Sarg

Und dieser Park wuchs mit mir heran; diese kleine Welt in mir wurde weiter, als ich ihre Namen und ihre Grenzen lernte, als ich neue Zuflucht und Hinterhalte in ihren Miniaturwäldern und Tropendickichten entdeckte, den verborgenen Heimstätten und Lagern für die Scharen der Jungen, für Trapper und Indianer und für die Unheimlichsten von allen, die ferne Rasse der Mormonen, ein Volk, das allnächtlich auf Nachtmahren durch mein Schlafzimmer ritt. In diesem kleinen, von Eisengittern begrenzten Weltall von Felsengarten, Kiesweg, Spielböschung, Kegelbahnrasen, Kapellenpavillon, Wasserreservoir und Chrysanthemengarten, wo ein uralter, Knastermaul genannter Parkwächter die tyrannische und schnauzbärtige Schlange im Gras war, das man nicht betreten durfte, erduldete ich mit Wonne die ersten Qualen der unerwiderten Liebe, das erste langsame Kochen im Bauch, wenn ein schlechtes Gedicht entstand, das streunende und rabenlockige Selbstdramatisieren dessen, was damals unheilbare Halbflüggheit schien. Um die Zeit schrieb ich in einem nie veröffentlichten Gedicht:

> Sieh, auf Kieswegen unter den harfentönenden Bäumen
> Den Sommerwind spürend, die Schwäne hörend
> Aus Fenstern geneigt über die Weite der Rasen
> Auf steilabfallenden Hügeln die See bewundernd,
> Bin ich allein, klag mein Alleinsein den Sternen.
> Wer sind seine Freunde? Der Wind ist ihm freundlich gesinnt,
> Das Glühwürmchen leuchtet in seinem Dunkel, und
> Die Schnecke kündigt kommenden Regen an.

Aber sogar schon einige Jahre vor diesen Zeilen hatte ich geschrieben:

> Wo könnt ich jemals lauschen dem Rauschen des Meeres im Schlaf
> Oder dem kalten geschliffnen Gesang des Schwans, der stirbt und erwacht?
> Wo könnt ich jemals hören was raunt die Zypresse im Schlaf,
> Besingen unnahbare Seen und der Blumen männliche Macht?

Ich muß gestehen, die Antwort war: im Park (den Schwan hatte ich damals ständig im Kopf). Die Antwort also war: im Park. Ein bißchen Gebüsch und Blumenbeete und Rasen in einer selbstgefälligen, behaglichen, säuberlichen, mittelmäßig wohlhabenden Vorstadt meiner mich ganz und gar umzingelnden Umwelt, jener großartig häßlichen Seestadt, wo ich an schulfreien Nachmittagen mit meinen Freunden am Strand herumstrich, an der Bucht, die nach Devon hinübersah, und auf Wasserleichen hoffte, oder auf goldene Uhren, oder auf den Schädel eines Schafes, oder auf Flaschenpost, die mit dem Treibgut angeschwemmt werden würde. Oder wo wir wanderten und pfiffen und zu Fremden ungezogen waren, durch die dichtgedrängten Straßen, die altbacken wie Bahnhofsbrötchen waren, um die ehrfurchtgebietenden Gaswerke herum, und ums Schlachthaus, vorbei an den geschwärzten Monumenten des Bürgerstolzes und am Museum, das in ein Museum gehört hätte; jener Seestadt, wo wir auf dem kahlen, schlackenbestreuten Spielplatz eine Art Kricket zusammenkratzten oder auf der Promenade den unnahbar alten Mädchen von Fünfzehn oder Sechzehn auf der anderen Seite zuzwinkerten; wo wir eine Tramway nahmen, die wie ein Eisengelee wackelte und von unseren säuberlichen Elternwohnungen auf die klapperdürre Mole hinausfuhren, um dort u n t e r der Mole herumzuklettern und an ihren Skelettbeinen hängend in Gefahr zu schweben, oder bis ans Ende der Mole zu laufen, wo geduldige Männer mit den meerwärts gekehrten Augen arbeitsloser Hafenarbeiter mit Mütze und Schal und mit Pfeifen, die ihnen noch aus dem Mund hingen, aber schon längst ausgegangen waren, nach unangenehm schmeckenden Fischen angelten. So eine Stadt wie unsere hat es wirklich noch nie gegeben, dachte ich, als wir auf den Sandhügeln mit Jungen spielten, die unsere Mütter Gassenjungen genannt hätten, oder als wir uns gegenseitig herausforderten, auf die Gerüste halbgebauter Häuser zu klettern, die bald »Heimtraut« oder »Die Buchen« genannt werden würden, und die in der Nähe der besseren Wohnviertel standen, wo die gewichtigeren Familien der Geschäftsleute um halb acht Uhr *dinierten* und nie ihre Vorhänge vorzogen.

So eine Stadt hat es wirklich noch nie gegeben, dachte ich, mit so einem Geruch nach Fischen und Bratkartoffeln an Samstagabenden, mit solchen Samstagnachmittagsvorstellungen im Kino, wo wir unsere drei Groschen verjohlten und verzichteten, mit solchen Menschenmengen auf den Straßen, die an Abenden, an denen ein internationaler Fußballkampf stattfand, den walisischen Lauch trugen; eine Stadt mit solchem Singen, das aus den rauchigen Eingängen der Wirtshäuser hervorspritzte, in Stadtvierteln, die wir eigentlich gar nicht besuchen durften; und mit so einem Park, dem unerschöpflich lächerlichen und geheimnisvollen, dem buschigen, rothäuteversteckenden; wo der Bucklige allein saß mit Bildern der Vollkommenheit in seinem Kopf, und der Weiden »blau von Matrosen«.

Die Erinnerungen an die Kindheit haben keine Ordnung. Von all diesen in allen Farben schillernden, bewegten, duftenden Untiefen, die im Augenblick der Erinnerung unter die Oberfläche verschwinden, schießen ein oder zwei wahllos heraus aus ihren quirlenden Wassern in die Luft der Gegenwart, unsterbliche Fliegende Fische.

So erinnere ich mich, daß es nie so eine Abc-Schule gegeben hat wie unsere; so entschieden und freundlich und so nach Galoschen duftend, mit dem süßen verwischten Klang der Klavierstunden, der vom oberen Stockwerk herunterwehte ins einsame Klassenzimmer, wo nur die manchmal tränenüberströmten Schlimmen über den unberechenbaren Rechnungen saßen, weil sie ein kleines

Verbrechen abzubüßen hatten, das Reißen am Haar eines Mädchens in der Geographiestunde, oder den geschickten Tritt ans Schienbein unter dem Tisch während des Betens. Hinter der Schule war ein enger Weg, wo die Ältesten und Tollkühnsten Kiesel gegen die Fenster warfen und rauften und prahlten und Lügen über ihre Familien erzählten –

»Mein Vater hat einen Chauffeur.«
»Wozu hat er einen Chauffeur? Er hat doch kein Auto!«
»Mein Vater ist der reichste Mann in Swansea!«
»Mein Vater ist der reichste Mann in Wales!«
»Mein Vater ist der reichste Mann der Welt!«

und Zigarettenstummel rauchten und grün im Gesicht wurden und heimgingen und wenig Appetit zum Tee hatten.

Der Weg hinter der Schule war der Ort, wo man sich Geheimnisse erzählte. Wenn man keine hatte, dann erfand man welche; ich hatte nur wenige. Heutzutage träume ich manchmal, daß ich nach der Schule in die Gasse mit den Geheimnissen einbiege und den Kindern aus meiner Klasse sage: »Endlich habe ich ein Geheimnis!«

»Was denn?«

»Ich kann fliegen!«

Und wenn sie mir dann nicht glauben, flattere ich mit den Armen wie ein großer dicker Vogel und erhebe mich langsam vom Boden, zuerst nur wenige Zentimeter hoch; dann aber gewinne ich Luftraum, bis ich dahinfliege wie der Vampir Dracula, mit meiner Schülermütze, in gleicher Höhe mit den Schulfenstern des ersten Stockwerks, und hineinspähe, bis die Lehrerin am Klavier aufkreischt und das Metronom krachend zu Boden fällt und stehenbleibt, so daß es keine Zeit mehr gibt. Und ich fliege über die Bäume und Schornsteine meiner Stadt, über die Werften und Hafenanlagen und streife die Masten und Schiffsschornsteine, über die Inkermanstraße und Sebastopolstraße und über die Straße, wo die Frauen in Männermützen mit einem Korb voll leerer Flaschen in die *Kanne und Flasche* laufen; über die Bäume des ewigen Parks hin, wo eine Militärkapelle die Blätter rüttelt und auf die Kindermädchen und Kinder niederregnen läßt, auf die Krüppel und auf die Arbeitslosen. Das ist nur ein Traum. Aber die häßliche und wenigstens für mich liebenswerte Stadt lebt und ist aufregend und wirklich genug, obwohl der Krieg ein häßliches Loch in sie gerissen hat. Ich brauche mich an keinen Traum zu erinnern. Die Wirklichkeit ist da, die echten lebendigen Menschen, der Geist von Wales selbst.

Ganz früh eines Morgens

Ganz früh eines Morgens im Winter in Wales, an der See, die still und grün wie Gras dalag, nach einer Nacht von teerschwarzem Heulen und Rollen.

Ich ging hinaus aus dem Haus, in das ich gekommen war, um kalte Ferien außerhalb der Saison zu verbringen, denn ich wollte nachsehen, ob es noch regne, ob der Vorbau des Hauses weggeweht worden sei, ob Kartoffeln, Scheren, Rattengift, Krabbennetze und Büchsen mit rostigen Nägeln samt und sonders im Winde davongeflogen seien und ob die Klippen an der Küste noch alle da seien. Es war eine so wilde Nacht gewesen, daß jemand im rauchigen, mit Schiffsbildern geschmückten Wirtshaus gesagt hatte, er könne spüren, wie sein Grabstein wackle, obwohl er doch gar nicht tot sei oder sich wenigstens doch noch bewege. Aber der Morgen leuchtete so klar und still, wie man sich immer vorstellt, daß der nächste Tag leuchten wird.

Die Sonne beleuchtete die Seestadt, aber nicht ganz und gar, von der höchsten Düne herab, von der naserümpfenden zinkbedachten Kapelle bis zum leeren, nur von Ratten und Geflüster bewohnten, grauen Lagerhaus am Hafen, sondern in einzelnen hellen Flecken. Dort stemmte der Kai seine Schulter gegen das offene Meer, und dort war niemand, nur die Möwen, und die Winden standen da wie kleine Männer in röhrenförmigen Hosen. Da leuchtete das Dach der Polizeistation, schwarz wie ein Helm, trocken wie eine Vorladung, nüchtern wie der Sonntag; dort die bekleckerte Kirche, und über ihr eine Wolke in Gestalt einer Glocke, bereit dahinzutreiben und zu läuten; hier die Schornsteine des rosagetünchten Wirtshauses, jenes Wirtshauses, das auf den Samstagabend wartete wie ein allzu lustiges Mädchen auf Matrosen.

Die Stadt war noch nicht wach. Der Milchmann lag noch verloren in Lärm und Musik seiner walisischsprechenden Träume, die wunscherfüllten Tenorstimmen ertönten mächtiger als Caruso, süsser als Ben Davies, vorbei am Kleiderbasar und am Manchester-Haus, hinauf zu den frostigen Hügeln. Die Stadt war noch nicht wach. Babies in den Schlafzimmern im ersten Stockwerk der salzweissen Häuser, die über dem Wasser baumelten, oder der rundfensterigen Villen, die säuberlich in ordentlich baumbestandenen aber unebenen Hügelstrassen dasassen, plagten das Licht mit ihrem halb aus dem Schlaf kommenden Schreien. Verschiedentliche pensionierte Schiffskapitäne tauchten für eine Sekunde aus tieferen Wogen, als je ihre Schiffe gewiegt hatten, auf, ertranken dann wieder, sanken hinab, hinab in eine vielleicht mittelmeerblaue Schlafkajüte, gewiegt im Meeresrauschen ihrer Ohren. Hauswirtinnen, eingehüllt in Schal und Bluse und Schürze aus Schlaf in der vorhangverhängnisvollen Bombasinschwärze ihrer einstmals zu vermietenden Gastzimmer, erinnerten sich an ihre Liebhaber, an ihre Rechnungen, an ihre Besucher – tot, davongegangen, begraben in englischen Wüsten, bis die Posaune des nächsten kostspieligen Augusts sie wieder auferstehen lassen würde in eine Welt von Ferienregen, unglücklichen Küstenklippen und Sand, gesehen aus den weinenden Trauerfenstern der Guten Stuben; eine Welt von gefransten Tischtüchern, ausgestopften Fasanen, Farnen in Blumentöpfen, verblassenden Photographien der bärtigen und kritisch dreinschauenden Toten, Autographenalben mit einer Locke von schlaffen und farblosen bebänderten Haaren, die zwischen den dicken schwarzen Deckeln hervorhängt.

Die Stadt war noch nicht wach. Vögel sangen auf dem Dachgiebel, in Büschen, Bäumen, auf Telegraphendrähten, Schienen, Zäunen, Sparren und nassen Masten. Weder aus Liebe noch vor Freude, sondern einfach um andere Vögel fernzuhalten. Die Hausherren in Federn machten selbst dem fliegenden Licht das Recht streitig, sich niederzulassen und zu rasten.

Die Stadt war noch nicht wach, und ich ging durch die Strassen wie ein Fremder, der aus dem Meer gestiegen ist und mit jedem Schritt Holz und Wellenschlag und Dunkelheit abschüttelt, oder wie ein neugieriger Schatten, der entschlossen ist, sich nichts entgehen zu lassen, nicht das erste Beben in der Kehle des morgenkrähenden Hahnes, und auch nicht das erste schwirrende Anstossen der festgesetzten Zeit im Bauch der Weckeruhr auf der mit Familienandenken bedeckten Kommode unterhalb des gestickten Bibeltextes und der echt handgemalten Wasserfarbenbilder von Porthcawl oder Trinidad.

Ich ging vorbei an den kleinen Fenstern, die auf das Meer spähten und hinter deren ordentlichen Vorhängen Männer und Frauen von sanften Sitten lagen, noch nicht erwacht, und vielleicht, wer weiß, furchtbar und gewalttätig in ihren Träumen. Im Kopf von Miß Hughes, »Zum stillen Winkel«, dröhnten die Zimbeln eines orientalischen Hofes, Eunuchen schlugen Gongs, so groß wie die Kapelle von Bethesda. Sultane mit Stimmen, feuriger als die von Wanderpredigern, verlangten einen höchst unwalisischen Tanz. Überall glühten und strahlten die Farben der Träume der kleinen schiefergrauen Frau, purpurn, magenta, rubinrot, saphirfarben, smaragdgrün, knallrot, honiggolden. Aber nein, ich konnte es nicht glauben! Sie strickte sicher in ihrer ordentlichen Schlafwelt ein beigefarbenes wollenes Leichentuch mit den Worten »*Du sollst nicht*« am Busen.

Ich konnte mir Cadwallader Davies, den Krämer, in seinem Morgentraum vor dem Erwachen nicht hoch zu Roß vorstellen, mit zwei Pistolen wildwesttapfer durch die Kapktusprärien reitend. Nein, er addierte, er subtrahierte, er schrieb Empfangsbestätigungen aus und buchte eine üppige Rechnung mit einer Kerze, die er in Trockenei tauchte.

Welche großen Ozeane von Träumen fluteten im Schlaf des Kapitäns? Über welche Wogen, blau von Walen, segelte er durch einen Regenbogenhagel fliegender Fische zur Musik von Kirkes schweinischer Insel? Laßt ihn nicht von Dividenden und Bierflaschen und Zwiebeln träumen!

Jemand schnarchte in einem der Häuser. Ich zählte zehn wilde und empörte Grunzer und Schnarcher, wie die eines Schweines auf einem unratlosen Mustergut, und sie endeten mit einem Laut, der die Fenster schüttelte, die Waschbecken rüttelte, die Zahnputzgläser erzittern und die Murmeltiere aufwachen ließ. Das Schnarchen donnerte mit mir ans Gitter der Kapelle und verschwand dann messingdröhnend.

Die Kapelle stand da, grimmig grau, und teilte dem Tag mit, daß es heute keinen Unsinn zu geben habe. Die Kapelle schlummerte nicht. Nie nickte sie ein oder legte sich auf die Seite, nie schloß sich ihr langes kaltes Auge. Ich ließ sie stehen, sie sagte dem

Morgen immer noch ihre Meinung, und die Seemöwe flog abgekanzelt über sie hin.

Und als ich wieder hinunterkletterte und hinauf und zur Stadt hinaus, hörte ich die Hähne von den versteckten Höfen her krähen, von alten Hühnersprossen über den Wogen, wo vielleicht sagenhafte Seevögel sitzen und schreien »Neptun!«. Und eine weitentfernte Uhr schlug von einer anderen Kirche, von einem anderen Dorf, von einer anderen Welt her, wenn auch der Wind die Zeit davonwehte. Und ich ging am zeitlosen Morgen an einer Zeile von weißen Hütten vorbei, und fast erwartete ich, daß ein uralter Mann mit einem großen Bart und einem Stundenglas und einer Sense unter dem Schlafrockärmel sich aus dem Fenster beugen und mich fragen würde, wie spät es sei. Ich hätte ihm gesagt: »Steh auf, du alter Zähler der Herzschläge aller Albatrosse, und wecke die höhligen Schläfer der Stadt zu einem blendenden neuen Morgen!« Ich hätte ihm gesagt: »Du unglaublicher Vater von Eva und Hans Adam, komm heraus, du altes Huhn, und scharre den Wintermorgen auf mit deinem Sensenlöffel!« Ich hätte ihm gesagt... Ach, was! Davongerannt wäre ich wie ein verbrühter Geist, über die Klippenküste hinunter ins zweisprachige Meer.

Wer wohnte in diesen Hütten? Ich war ein Fremder in dieser Seestadt, frisch oder altbacken aus der Großstadt, wo ich für mein Brot und die Butter drauf arbeitete und wünschte, es wäre walisisches Tangbrot und salzige Landbutter, dottergelb. Fischer wohnten dort. Sicherlich. Kein Maler, außer, daß sie Boote bemalten. Keine wie Männer angezogenen Weiber mit Klappstühlen und Skizzenbüchern und Stimmen wie Fischmöwen, die die widerwilligen Häupter von kritischen und stämmigen Einheimischen malten, die ihnen nach dem Maß Bier Modell saßen, gegen den Hintergrund der kapellendunklen See, die dann blauer gemalt werden würde als die Bucht von Neapel, bloß seichter.

Ich ging wieder den Klippenpfad entlang; die Stadt hinter und unter mir wachte ganz langsam auf. Ich blieb stehen und drehte mich um und schaute. Rauch aus einem Schornstein, vom Schuhmacher, dachte ich, aber aus dieser Entfernung hätte es auch der Schornstein des in Ruhestand getretenen Irrenhauswärters sein können, der sich nach vielen Jahren erfolgreicher Ringkämpfe mit den wahnsinnigen Reichen von Südengland hier in Wales niedergelassen hatte. Er war nicht beliebt. Auf den ersten Blick nahm er einem sorgsam Augenmaß für eine Zwangsjacke. Er sah einen wie einen Ball elastisch von Gummizellenwänden abprallen. Nichts, was man tat, überraschte ihn. Viele Leute in der Stadt fanden es schwer, ihn nicht plötzlich um die Ecke herum anzustieren oder ihm etwas vorzutanzen, krampfhaft, oder lachend und mit teuflisch guter Laune auf Raufereien unsichtbarer Hunde zu zeigen, bloß um ihm zu beweisen, daß sie normal seien.

Nun auch Rauch aus einem zweiten Schornstein. Sie verbrannten ihre Nachtträume. Aus dem Rauch erhob sich ein Geist mit langen Haaren, wie ein alter Politiker: Jemand hatte von der Liberalen Partei geträumt. Aber nein, die rauchige Gestalt verwob und verdünnte sich zu einem eleganten und präzisen grauen Beistrich. Also hatte jemand davon geträumt, Charles Morgan zu lesen. Ach, die Stadt erwachte jetzt, und ich hörte ihre Stimmen deutlich und beständig über die langsam sprechende See hin zu mir herauf wehen. Und einige von diesen Stimmen sagten:

Ich bin Miß May Hughes, »Stiller Winkel«, eine einsame Lady,
Und warte in meinem Hause am schlimmen Meer:
Ich warte auf einen Gatten und auf mein niedliches Baby,
Vielleicht kommen die endlich doch von irgendwo her.

Ich bin Käptn Winzig-Evans, und mein Schiff war die *Kidwelly*,
Und Mrs. Winzig-Evans ist schon tot und längst verblaßt.
»Armer Käptn Winzig, ganz allein!« heißts bei den Nachbarn,
Aber ich bin gern allein, und sie hab ich gehaßt.

Clara Tawe Jenkins, ›Madam‹ genannt, alte Altstimme;
Ich sitz im Schlafrock am Fenster und sing hinaus aufs Meer.
Das ist ganz recht so für eine alte Sängerin,
Denn das Meer merkt das nicht: ich hab keine Stimme mehr.

Thomas Evans, Pfarrer; man darf kein Blättchen vergeuden!
Ohnehin schwach, der Tee; ich mache ihn jeden Morgen
In meinem Haus, hier am Meer, und ich trink ihn mit Freuden,
Einzig allein mein Glaube, der macht mir oft Sorgen.

Vorhänge auf, und einheizen! Ich – ja, ich will noch gähnen.
Ich, Mrs. Ogmore-Pritchard! – Dienstboten muß man benutzen!

Abstauben das Porzellan, den Kanari füttern, und bohnern!
Und bevor ihr die Sonne einlaßt, soll die sich die Schuhe putzen!

Ich bin bloß Mr. Griffith, stark kurzsichtig, Magister. Mein Ei
Schluck ich noch schnell, dann zur Schule, die Schulglocke droht!
Schutzheiliger der Lehrer, lehr mich Ruhe halten, steh mir bei
Zu vergessen den Satz an der Tafel: »Griffith Blindschleiche ist
              cin Idiot!«

Hört ihrs pfeifen? Ja, das bin ich! Ich bin Phoebe! Das Mädchen
Im Gasthaus zum Königskopf; heut gibts was wieder einmal:
Irgendwer hat ein Päckchen Pfeffer in'n Tee geschmissen.
Zwanzig Gäste zum Frühstück. Ich pfeif drauf, mir ists egal!

 So zogen einige von den Stimmen einer auf die Klippen gebauten Stadt am äußersten Ende von Wales aus dem Schlaf und aus der Dunkelheit aus, in den neugeborenen uralten alterslosen Morgen hinaus, zogen aus und gingen verloren.

Weihnachtserinnerungen

Ein Weihnachten war dem anderen so gleich in jenen Jahren, die nun um die Meerecke der Stadt entschwunden und außer aller Hörweite sind, bloß daß ich manchmal einen Augenblick lang vor dem Einschlafen noch das ferne Gespräch ihrer Stimmen höre, daß ich jetzt nie mehr sagen kann, ob es sechs Tage und sechs Nächte lang geschneit hat, als ich zwölf war, oder ob es zwölf Tage und zwölf Nächte lang geschneit hat, als ich sechs war. Oder damals, als das Eis brach und der Schlittschuh laufende Schnittwarenhändler wie ein Schneemann durch eine weiße Falltüre verschwand, ob das derselbe Weihnachtstag war, an dem die Rosinenkuchen Onkel Arnold fertigmachten und wir den seeseitigen Hügel hinunterrodelten, den ganzen Nachmittag lang, auf dem besten Teetablett; und Mrs. Griffith beschwerte sich, und wir warfen einen Schneeball nach ihrer Nichte, und als ich die Hände vors Feuer hielt, da brannten sie vor Kälte und Hitze so sehr, daß ich zwanzig Minuten lang weinte; und dann aß ich Wackelpudding.

Alle Weihnachten rollen den Hügel hinunter zum walisischsprechenden Meer, wie ein Schneeball, der immer weißer und größer und runder wird, wie ein kalter kopfüber kollernder Mond, der den Himmel hinunterbollert, der unsere Straße war; und alle Weihnachten machen halt am Ufer der eisgeränderten, fischefrierenden Wellen, und ich fahre mit den Händen tief in den Schnee und hole alles heraus, was ich finden kann: Tannenzweige und Weihnachtssingvögel, oder Pudding, Gezänk und Gesänge, und Orangen und blecherne Pfeifchen, und das Kaminfeuer in der Guten Stube, und Bums die Knallbonbons, und Heilig, Heilig, Heilig läuten die Glocken und die Glasglocken beben am Baum, und Mutter Graugans aus der Weihnachtspantomime, und der Struwwelpeter – ach, die paulinchenverbrennenden Flammen und der klappernde Scherenmann. Und Billy Bunter aus dem bunten Groschenheft und die Schwarze Schönheit, und Goldelse, und die kleine Frau; und Jungen, die drei Portionen essen, und Alice im Wunderland, und Mrs. Potters Dachse, und Federmesser und Teddybären – benannt nach einem Mr. Theodor Bär, ihrem Erfinder oder Vater, der vor kurzem in den Vereinigten Staaten starb –, Mundharmonikas, Bleisoldaten, und Milchpudding, und Tante Bessy, die auf dem ungestimmten Piano in der Guten Stube »Ein Männlein steht im Walde« und »Orangen und Lemonen« spielt, den ganzen Pfänder und Blindekuh spielenden Abend lang am Ende des unvergeßlichen Tages am Ende des nicht mehr erinnerten Jahres.

Tief taucht meine Hand in jenen watteweißen glockenklingenden Ball von Festtagen, der am Rande des lobliedersingenden Meeres ruht, und heraus kommen Mrs. Prothero und die Feuerwehrmänner.

Es war am Nachmittag des Weihnachtsabends, und ich war in Mrs. Protheros Garten und wartete mit ihrem Sohn Jim auf Katzen. Es schneite. Zu Weihnachten schneite es immer. Der Dezember ist in meinen Erinnerungen weiß wie Lappland, nur Rentiere waren keine da. Aber dafür waren Katzen da. Geduldig, mit eiskalten Fingern und eiskaltem Herzen, unsere Hände in Socken gehüllt, warteten wir, um Schneebälle nach den Katzen zu werfen. Geschmeidig und lang wie Jaguare und mit furchtbaren Schnurrbärten, spuckend und fauchend würden sie über die weißen Mauern am unteren Ende der Gärten huschen und jagen, und die luchsäugigen Jäger, Jim und ich, Trapper von der Hudson Bay gleich hinter der Gasthausstraße, in Pelzmützen und Mokassins, würden unsere tödlichen Schneebälle gerade ins Grüne ihrer Augen schleudern. Die klugen Katzen ließen sich niemals blicken. Wir waren so still – eskimofüßige arktische Scharfschützen im alles erstickenden Schweigen des ewigen Schnees, der schon seit Mittwoch lag –, daß wir Mrs. Protheros ersten Schrei aus ihrem Schneehaus am unteren Ende des Gartens nicht einmal hörten. Oder wenn wir ihn hörten, so war er für uns nur wie der weitentfernte Kriegsruf unseres Feindes und unserer Beute, des Nachbars Polarkatze. Aber bald wurde die Stimme lauter. »Feuer!« schrie Mrs. Prothero, und sie schlug den Gong, der sonst zum Essen rief. Und wir liefen den Garten hinunter, den Arm voller Schneebälle, auf das Haus zu, und, heißa!, da kam wirklich Rauch aus dem Speisezimmer, und der Gong bummerte und Mrs. Prothero rief die Katastrophe aus, wie ein Stadtschreier in Pompeji. Das war besser als alle Katzen in ganz Wales, auch wenn sie in einer Reihe auf der Mauer gestanden hätten. Wir stürzten ins Haus, beladen mit Schneebällen, und machten an der offenen Türe des raucherfüllten Zimmers halt. Ja, etwas brannte ganz tüchtig. Vielleicht war es Mr. Prothero, der nach dem Mittagessen immer in diesem Zimmer schlief, mit einer Zeitung auf dem Gesicht. Aber nein, der stand mitten im Zimmer und sagte: »Feine Weihnachten, das!« und schlug mit einem Hausschuh auf den Rauch los.

»Ruft die Feuerwehr!« schrie Mrs. Prothero und schlug weiter den Gong.

»Die werden nicht da sein«, sagte Mr. Prothero, »es ist doch Weihnachten.«

Es war kein Feuer zu sehen, nur dichte Rauchwolken, und mittendrin Mr. Prothero, der mit seinem Hausschuh dem Rauch winkte, als dirigiere er ein Konzert.

»Tut doch was!« sagte er.

Und wir warfen alle unsere Schneebälle in den Rauch – ich glaube aber, wir verfehlten Mr. Prothero – und liefen hinaus aus dem Haus zur Telephonzelle.

»Rufen wir doch auch die Polizei an«, sagte Jim.

»Und die Erste Hilfe.«

»Und Ernie Jenkins, der mag Feuer so gern.«

Aber wir riefen nur die Feuerwehr an, und bald kam auch das

Feuerwehrauto, und drei große Männer mit Helmen brachten einen Schlauch ins Haus, und Mr. Prothero ging gerade noch rechtzeitig aus dem Wege, ehe sie den Wasserstrahl andrehten. Kein Mensch hätte einen Weihnachtsabend mit mehr Krach haben können, und als die Feuerwehrmänner den Wasserstrahl wieder abstellten und im nassen, rauchigen Zimmer herumstanden, da kam Jims Tante, Miß Prothero, die Treppe herunter, steckte den Kopf herein und sah sie an. Jim und ich warteten, ganz still, um zu hören, was sie zu ihnen sagen würde. Denn sie wußte immer das richtige Wort. Sie sah die drei großen Feuerwehrmänner mit ihren glitzernden Helmen an, wie sie dastanden, umgeben von Rauch und verbranntem Holz und halbgeschmolzenen Schneebällen, und dann sagte sie: »Möchten Sie vielleicht etwas zu lesen haben?«

Und nun kommt aus diesem gleißendweißen Schneeball der verflossenen Weihnachten der Strumpf hervor, der Strumpf aller Strümpfe, der am Fußende des Bettes hing, so daß der Arm einer wuschellockigen Negerpuppe oben hervorbaumelte und unten in den Zehen kleine Glocken läuteten. Da war auch eine ganze Kompanie Soldaten drin, tapfer und scharlachrot, nur daß sie niemals gut schmeckte, obwohl ich sie immer zu kosten versuchte, als ich noch ganz klein war: Bleisoldaten mit Gurt und Bärenfellmützen und Musketen, Schulter an Schulter, die nur allzubald ihre Köpfe und Beine verlieren sollten, in den Kriegen auf dem Küchentisch, wenn das Teegeschirr, die Kekse und die Rosinenkuchen weggeräumt waren, die ich immer backen half, indem ich die Rosinen entkernte und aufaß. Und da war ein Säckchen mit feuchten, vielfarbigen Geleebonbons, die wie kleine Kinder aussahen, und eine eingerollte Flagge, und eine falsche Nase, und eine Straßenbahnschaffnermütze, und eine Maschine, die Fahrscheine lochte und dabei klingelte... Aber niemals eine richtige Schleuder; einmal, durch einen Irrtum, den niemand erklären konnte, eine kleine Axt und ein Gummibüffel, oder vielleicht war es auch ein Pferd, mit gelbem Kopf und aufs Geratewohl herumschlenkernden Beinen; und eine Zelluloidente, die, wenn man sie drückte, einen ganz unentenhaften Ton von sich gab, ein miauendes Muhen, wie es vielleicht eine ehrgeizige Katze fertiggekriegt hätte, die als Kuh gelten will; und ein Malbuch, in dem ich das Gras, die Bäume, das Meer und die Tiere in jeder Farbe malen konnte, die mir recht war; und bis zum heutigen Tag grasen die blendendhimmelblauen Schafe auf der roten Weide unter einer Schar von regenbogenschnäbeligen und erbsengrünen Vögeln.

Der Weihnachtsmorgen war immer vorüber, noch ehe man Zeit hatte, Hans Schneemann zu sagen. Und, sieh da, auf einmal brannte der Pudding. Soll man nicht wieder den Gong schlagen und die Feuerwehr anrufen, und die bücherliebenden Feuerwehrmänner? Jemand fand im Kuchen das eingebackene silberne Dreipennystück mit einer Korinthe dran; und dieser Jemand war immer Onkel Arnold. Das Sprüchlein, das aus seinem Knallbonbon fiel, lautete:

>Lasset uns alle jubeln, denn Weihnacht ist da,
>Laßt uns spielen und singen und rufen hurra!

Und die Erwachsenen blickten dann immer zur Zimmerdecke hinauf, und Tante Bessy, die schon zweimal von einer automatischen Maus mit einem Uhrwerk erschreckt worden war, wimmerte am Büfett und trank ein wenig Holunderwein.

Und jemand stellte eine Glasschüssel voller Nüsse auf den überhäuften Tisch, und mein Onkel sagte ganz genau wie jedes Jahr: »Ich habe da eine Schuhnuß erwischt, hol mir einen Schuhlöffel, Junge, daß ich sie öffnen kann!« Und dann war das Essen vorüber.

Und ich erinnere mich, am Nachmittag des Weihnachtstages, wenn die anderen ums Feuer saßen und einander erzählten, daß dies gar nichts sei, nein, rein gar nichts, verglichen mit den großen, schneeverwehten, bratgans- und truthahnstolzen, julscheitknisternden, tannenreisigen und unter dem Mistelzweig küssenden Weihnachtsfesten, als *sie* noch Kinder waren, daß ich hinausging in Schulmütze und Schal und Handschuhen, mit meinen funkelnagelneuen, knarrenden Stiefeln; in die weiße Welt hinaus, auf den seeseitigen Hügel, um Jim und Dan und Jack zu besuchen und mit ihnen durch die schweigende Schneelandschaft unseres Städtchens zu wandern.

Wir gingen stapfenden Schrittes durch die Straßen und hinterließen gewaltige, tiefe Fußstapfen im Schnee, auf den verborgenen Gehsteigen.

»Ich wette, die Leute werden glauben, da sind Nilpferde gegangen.«

»Was würdest du tun, wenn du ein Nilpferd die Krönungsstraße herunterkommen sähst?«

»Ich? Ich würde so machen, bums! Ich würde das Nilpferd übers Geländer schmeißen und den Hügel hinunterrollen. Und dann würde ich es unter dem Ohr kitzeln, bis es mit dem Schweif wedelt.«

»Aber was würdest du tun, wenn du *zwei* Nilpferde sehen würdest?«

Eisengepanzerte brüllende Nilpferdhengste klapperten, polterten und dröhnten durch den aufspritzenden Schnee auf uns zu, als wir an Mr. Daniels Haus vorbeikamen.

»Werfen wir Mr. Daniel einen Schneeball als Brief in den Briefkasten.«

»Schreiben wir etwas in den Schnee.«

»Schreiben wir: ›Mr. Daniel sieht aus wie ein Spaniel‹ groß über seinen ganzen Rasen.«

»Seht her«, sagte Jack, »ich esse Schneekuchen.«

»Wie schmeckts denn?«

»Wie Schneekuchen.«

Oder wir gingen die weiße Küste entlang.

»Können die Fische sehen, daß es schneit?«

»Natürlich, die glauben, der Himmel fällt runter.«

Die schweigenden Himmel, die aus einer einzigen Wolke bestanden, trieben hinaus aufs Meer.

»Alle Hunde sind weg.«

Im Sommer jappten am Ufer Hunde von hundert vermengten Rassen und verbellten die zudringlichen Wogenkämme.

»Ich wette, für Bernhardiner wäre dieses Wetter jetzt aber gerade recht.«

Und wir waren schneeblinde Reisende, verloren auf den Bergen des Nordens, und die großen Hunde mit ihren Schwartenhälsen und Kognakflaschen sprangen auf uns zu und scharrten uns aus und bellten laut: »Branntwein! Marke Excelsior!«

Wir gingen heim, durch die verlassenen, armen Gassen, die zum Meer hinunterführten, wo nur wenige Kinder mit bloßen roten Fingern im tiefen, karrengleiszerfurchten Schnee herumscharrten und hinter uns eine Katzenmusik erhoben, mit Stimmen, die verhallten, als wir hügelan stapften und die Schreie der Hafenvögel laut wurden, und die Sirenen der Schiffe draußen in der weißen flockenwirbelnden Bucht.

Holt die großen alten Geschichten hervor, die wir am Feuer

erzählten, als wir Kastanien rösteten und die kleingestellten Gaslichter rundum summten! Gespenster mit dem Kopf unter dem Arm schleppten ihre Ketten nach und sagten: »Huhhh« wie Eulen in den langen Nächten, wenn ich es nicht wagte, über die Schulter zu sehen; wilde Tiere lauerten im Verschlag unter der Treppe, wo die Gasuhr tickte. »Vor vielen Jahren einmal«, sagte Jim, »waren drei Jungen, genau wie wir, die bei Nacht im Schnee ihren Weg verloren, hinter dem Bethaus auf dem Friedhof von Bethesda, und hört, was ihnen geschah...«

Es war die schauderhafteste Geschichte, die ich je gehört habe.

Und ich erinnere mich auch, wie wir einmal von Haus zu Haus Weihnachtslieder singen gingen, ein, zwei Nächte vor dem Heiligen Abend, als auch nicht der leiseste Schimmer von Mondschein die geheimnisvollen, weiß durchwehten Gassen erhellte. Am Ende einer langen Straße war ein Weg, der zu einem großen Haus führte, und wir stolperten in jener Nacht durch die Finsternis hinaus, jeder einzelne von uns voll Angst, jeder für alle Fälle mit einem Stein in der Hand, aber wir alle zu tapfer, um auch nur ein Wort davon zu sagen. Durch die Alleebäume des Weges blies der Wind mit Stimmen wie von alten unheimlichen Männern, die vielleicht Schwimmhäute an den Füßen hatten und in Höhlen ächzten und keuchten. Wir erreichten den schwarzen gewaltigen Klotz des Hauses.

»Was sollen wir ihnen singen?« flüsterte Dan.

»Hört, die Engel singen schon? Weihnachten kommt nur einmal im Jahr?«

»Nein«, sagte Jack, »wir singen ›Der gute König Wenzeslaus‹. Ich zähle bis drei.«

»Eins, zwei, drei«, und wir begannen zu singen, mit Stimmen, die hoch und weit entfernt klangen in der schneegetünchten Finsternis rund um das Haus, in dem niemand wohnte, den wir kannten. Wir standen eng nebeneinander, dicht vor der dunklen Türe.

> Der gute König Wenzeslaus
> sah am St.-Stephans-Feste...

Und dann kam eine kleine trockene Stimme, wie die Stimme von jemand, der schon lange nicht gesprochen hat, und stimmte plötzlich in unseren Gesang ein: eine kleine trockene Stimme von der anderen Seite der Türe: eine kleine trockene Stimme durch das Schlüsselloch. Und als wir wieder aufhörten zu rennen, da waren wir vor unserem eigenen Haus. Die große Vorderstube war einladend und hell. Das Grammophon spielte. Wir sahen die roten und weißen Ballons am Arm der Gaslampe hängen. Onkel und Tante saßen ums Feuer. Es war mir, als könne ich unser Abendessen riechen, das in der Küche gebraten wurde. Alles war wieder gut, und Weihnachten leuchtete durch die ganze vertraute Stadt.

»Vielleicht war das ein Geist«, sagte Jim.

»Vielleicht waren es Trolle«, sagte Dan, der immer Bücher las.

»Gehen wir hinein, und sehen wir, ob noch Wackelpudding übrig ist«, sagte Jack. Und das taten wir.

Erinnerung an einen Feiertag

Bankfeiertag im August. Eine Melodie auf einer Waffeltrompete mit Gefrorenem. Ein Schlag von Meer und ein Kitzel von Sand. Eine Fanfare von aufgehenden Sonnenschirmen. Ein Winseln und Jaulen von Badenden, die ins trügerische Wasser hineintanzen. Ein Schürzen von Röcken. Ein Hochrollen von Hosen. Ein Kompromiß von Paddlern. Ein Sonnenbrand von Mädchen und ein Lerchenstrich von Jungen. Ein schweigendes Holterdiepolter von Ballons.

Ich erinnere mich, wie mir das Meer Lügen erzählte, in einer Muschel, die eine volle harmonische hohle Minute lang an mein Ohr gehalten wurde, von einem kleinen nassen Mädchen, das ein enormes Badetrikot mit dem Stempel *Städtisches Eigentum* trug.

Ich erinnere mich, wie ich das letzte meiner feuchten Rosinenbrötchen mit einem Jungen und mit einem Löwen geteilt habe. Bräunlich und wild, mit grausamen Nägeln und gierigem Rachen biß und schlang der kleine Junge. Wild wie ein Mohnkuchen, wütend wie eine Matte vor dem Kamin nippte und nagte der deprimierte ungeziefergeplagte Löwe an seinem halben Brötchen wie eine Maus und rülpste in der traurigen Dämmerung seines Käfigs.

Ich erinnere mich an einen Mann, der aussah wie ein Ratsherr oder ein Büttel, rundhütig und kragenlos, einen Sack Erdnüsse in der Hand, und immer wieder und wieder schrie: »Hühott, Cowboy!« und dabei hoch in seinem Sitzkarussell schwindlig über die aufblickenden lachenden Gesichter der klirrend kecken Stadtmädchen hinwirbelte, und über die Gesichter der Jungen mit auswattierten Schultern und messerscharfen Schuhen. Und die Erdnüsse flogen durch die Luft wie gesalzener Hagel.

Kinder purzelten oder kreischten den ganzen Tag lang am Rande des glattglasierten oder dreinschlagenden Meeres, und die Dampforgel keuchte ihre Walzer auf dem fadenscheinigen Rummelplatz und auf dem leeren Baugelände hinter der Essiggemüsefabrik, wo im Autodrom die gummiumringten Rennwagen voneinander abprallten.

Die Mütter warnten laut ihre stolzen rosiggekleideten Töchter oder Söhne, diese Qualle da augenblicklich wieder loszulassen; und Väter breiteten Zeitungen über ihre Gesichter aus; und Sandflöhe hüpften auf den Picknicksalat, und irgendwer hatte das Salz vergessen.

Aus diesen immer sonnenstrahlenden, regenlosen, träge lärmenden und himmelblau verflossenen Sommern fällt mir dieser freie Augustmontag ein, vom Sonnenaufgang über der fleckigen, königlichen Stadt bis zum heiseren Leiserwerden der Karussellmusik und zum Verlöschen der Karbidlichter des Strandjahrmarkts, vom ersten aufgewärmten Kartoffelkohl bis zum letzten sandbedeckten Sandwich.

An diesem Ferienmorgen war es nicht nötig, die langschläfrigen Jungen zum Frühstück herunterzuschreien. Sie stürzten aus ihren verdrückten Betten hervor, fuhren in ihre verknüllten Kleider, leckten im Becken des Badezimmers Hände und Gesichter nur hastig ab, vergaßen dabei aber nie, das Wasser lang und laut anhaltend laufen zu lassen, als wüschen sie sich wie Grubenarbeiter. Vor dem rings mit Zigarettenbildern besteckten zerbrochenen Spiegel in ihrem Schatzkammerschlafzimmer flitzten sie mit einem zahnlückigen Kamm durch ihr säuerliches Haar, und mit leuchtenden Wangen und Nasen und mit Wasserstandszeichen am Hals stürmten sie die Treppe hinab, drei Stufen zugleich.

Aber sosehr sie fuhrwerkten und hasteten, auf dem Treppenabsatz schrien, am Waschbecken nur leckten und mit der Zahnbürste nur einen einzigen Strich führten, das Haar durchflitzten und die Stufen übersprangen, ihre Schwestern waren doch immer schon vor ihnen unten. Sie waren mit Frau Lerche aufgestanden, sie hatten sich geputzt und verschönt und geplättet und herausgemausert; und selbstzufrieden in ihren blühenden Kleidern, bebändert für die Sonne, in Tennisschuhen so weiß wie eigens geputzter Schnee, sauber und töricht, halfen sie in der übervölkerten Küche mit Untertassen und Tomaten. Sie waren ruhig, sie waren tugendhaft, sie hatten gewaschene Hälse, sie rückten nicht hin und her, sie zappelten nicht, und nur die kleinste Schwester streckte den lärmenden Jungen die Zunge heraus.

Und die Frau, die nebenan wohnte, kam in die Küche und sagte, ihre Mutter, ein uraltes ungewisses Wesen, das einen Hut mit Kirschen trug, habe wieder »einen von ihren Tagen« und habe ausgerechnet an diesem selben Feiertagsmorgen darauf bestanden, ein Photoalbum und die Obstschale aus Kristallglas aus der Guten Stube den ganzen langen Weg bis zur Tramwayhaltestelle zu tragen.

Das war der Morgen, an dem Vater ein Loch in der Thermosflasche flickte und dabei drei neue machte; an dem die Sonne der Butter den Krieg erklärte und die Butter davonlief; an dem die Hunde, die doch alle Hinterhöfe mit ihren großartig süß duftenden Mülleimern zur Verfügung gehabt hätten, um mit den Schwänzen zu wedeln und sich zu beschnuppern und zu zanken, in der bedrängten Küche ihrem eigenen Schwanz nachzulaufen begannen, die Badeschuhe schüttelten, nach Fliegen schnappten, zwischen Beinen durchschlüpften, unter den Handtüchern zu scharren begannen und sich lächelnd auf Picknickkörbe setzten.

Und wenn man an einigen der offenen Haustore vor einigen der Häuser in unserer Straße gelauscht hätte, so hätte man vielleicht hören können:

»Onkel Owen sagt, er kann den Flaschenöffner nicht finden...«

»Hat er schon unter dem Schirmständer auf dem Flur nachgesehen?«

»Willi hat sich in den Finger geschnitten...«

»Hast du deinen Spaten?«

»Wenn nicht bald irgendwer diesen Hund umbringt...!«

»Onkel Owen sagt, warum soll denn der Flaschenöffner unter dem Schirmständer sein?«

»Nie wieder! Nie wieder...!«
»Ich weiß doch, ich hab den Pfeffer doch eben erst irgendwo hingetan...«
»Willi blutet...«
»Schau, da ist ein Schnürsenkel in meinem Eimer.«
»Ach mach schon, mach schon endlich...!«
»Ja? Sehen wir uns doch den Schnürsenkel in deinem Eimer mal an...«
»Wenn ich diesen Hund zu fassen krieg...!«
»Onkel Owen hat den Flaschenöffner schon gefunden.«
»Willi blutet auf den Käse.«
Und die Tramways, die wie Gänse zischten, brachten uns alle hinunter an den herrlichen Strand.

Da gab es Kricket im Sand und Sand im Kuchen, Sandfliegen in der Brunnenkresse und faule maultierfromme Esel, die sich unwillig reiten ließen. Mädchen zogen sich in hinfälligen Zelten aus Wohlanständigkeit aus; unter unsichtbaren Schirmen rüsteten sich wohlbeleibte Damen für das männliche unmoralische Meer. Winzige nackte Erdarbeiter gruben Kanäle, Kinder mit Spaten ohne Ehrgeiz bauten vergängliche Burgen. Flederwische von jungen Männern pfiffen draußen vor den Badehütten beträchtlichen jungen Damen zu, oder auch Hunden, die sich inniger nach geworfenen Steinen sehnten als nach Elefantenknochen. Störrische Onkel versammelten sich bei lauwarmem Bier unter tigergestreiften Sonnendächern. Mütter in Schwarz keuchten wie wackelnde Berge unter den abgelegten Kleidern von Töchtern, die mit kreischender Tapferkeit die koboldhaften Wellen herausforderten. Und Väter gönnten sich in der alljährlich einmaligen Sonne ein ausgiebiges Nickerchen. Ach, all die Nickerchen längs des papiertütigen Strandes!

Lakritze und walisische Herzen schmolzen, und die harten Zuckerstangen, an denen wir alle sogen, sahen aus wie buntlackierte Grenzpfähle aus Rhabarber.

Und die Wogen rollten heran und trugen Gummienten und Büroangestellte. Ich erinnere mich an den geduldigen, mühsamen und liebenswürdigen Zeitvertrieb oder Beruf, nahe Angehörige im Sand zu begraben.

Ich erinnere mich an das fürstliche Vergnügen, Sand aus Eimern oder aus der hohlen Hand in Kragen oder Kleiderausschnitte rieseln zu lassen; an das Kreischen und Schütteln und an den Klaps.

Ich kann mich an den alleinstehenden Jungen erinnern, an den einsamen Strandwolf, der am Rande einer Familienkricketpartie hungrig herumstrich, an den ohne Freunde im Gelände Verlorenen, der weder zum Kricket noch zum Tee eingeladen wurde.

Ich erinnere mich an den Geruch von See und Seetang, von nasser Haut, nassem Haar, nassen Schwimmtrikots, an den warmen Geruch eines Kaninchenfells nach dem Regen, den Geruch von Sodawasserlimonade und bekleckerten Sonnenschirmen und Karamellbonbons, an den Stall- und Streugeruch von heißem, hin und her geworfenem durchwühltem zergrabenem und zertretenem Sand, und an den Alkohol- und Gaslampengeruch, diesen Samstagabendgeruch, der aus dem bauchigen Bierzelt kam, wenn auch jetzt die helle Sonne schien, an den Essiggeruch auf den ausgelösten Meerschnecken, an Muschelgeruch und Krebsgeruch, an den öligtröpfelnden Hintergassenwintergeruch von Bratkartoffeln in Zeitungspapier, an den Geruch der Schiffe an den sonnenbetäubten Werften im Winkel hinter den Sandhügeln, an den Geruch der bekannten und durchpaddelten See, die sich dahinwälzte, voll von Ertrunkenen und Heringen, hinaus und weit weit weg, und immer noch weiter, bis zu den Antipoden, die ihre Koala-Bären und Maoris, ihre Känguruhs und Bumerangs verkehrt über die Rückseite der Sterne hingen.

Und der Lärm des strampelnden Kasperle und des fallenden Krokodils; und eine Uhr, die schlug, aber in der menschenleeren Stadt keine Zeit verkündete, und dann und wann eine Glocke von einem verlorenen Turm. Oder ein Zug räusperte sich auf der Bahnstrecke hinter uns; und immerzu das hoffnungslose hungergierige Fluchen und Zureden der Möwen; Eselschrei und Händlerruf, Harmonikas und Spielzeugtrompeten, Brüllen und Lachen und Singen, das Tuten der Schlepperboote und Frachtdampfer, das Klicken des Platzkartenlochers des Strandsesselwärters, das Husten des Motorboots draußen in der Bucht, und das gleiche Loblied und das gleiche Waschen des Meeres, das schon in der Bibel zu hören war.

»Könnte es doch nur, könnte es doch nur...!« haben deine Lippen gesagt, wieder und wieder, als du im kaminheißen Sand Verliese grubst, Garagen, Folterkammern, Eisenbahntunnels, Ar-

senale, Hangars für Zeppeline, Hexenküchen, Vampirwohnungen, Schmugglerkeller, Trollkneipen und Kanäle, alles unter einem gewichtigen und rissigen Sandschloß, »Könnte es doch nur immer und ewig so bleiben! Amen«. Der Augustmontag auf der ganzen Welt, von Mumbles, wo die Tantchen wuchsen wie Damen auf einem Uferbaum, bis zum braunbärenumarmten Hentyland und den schildgeköteten Ballantyneinseln.
»Ob Esel aufs Eis gehen könnten?«
»Nur wenn sie Schlittschuhe tragen!«
Wir schnallten einem sanften, leise klagenden Esel Schlittschuhe an und galoppierten auf ihm davon, hinter den drei Meter langen kanadischen Polizeireitern mit Muskeln wie der Riese Atlas, mit ihren Gewehren und ihrem Pemmikan, die in den Weißen Wüsten, wo der Goldrausch stattfand, ihren schwarzbärtigen schwarzflüchigen Verbrecher jedes Mal zu fassen kriegten.
»Gibt es Esel auf Wüsteninseln?«
»Nur so eine Art Esel.«
»Was heißt das, so eine Art Esel?«
»Eingeborenenesel. Auf denen jagen sie irgendwas!«
»Was?«
»Walrosse und Robben, und so Zeugs.«
»Esel können nicht schwimmen!«
»Diese Esel können aber schwimmen. Sie schwimmen wie Wale. Sie schwimmen wie nur was, sie schwimmen wie...«
»Lügner!«
»Selber Lügner!«
Und die zwei kleinen Jungen rauften und balgten sich feurig und lautlos im Sand und rollten sich zu einer Kugel aus lauter Beinen und Gesäßen. Dann gingen sie und sahen die Pierrots oder kauften Vanilleeis.
Diese unverdorbene, ungebrochene, kochende Schönheit eines gemeinsamen Tages durchstrolchten und durchstrahlten große Götter, mit Hosenträgern über den Westen, spuckten Kerne aus, bliesen Rauch nach Westen, schluckten und äugten, vergaßen ihre Miete, umarmten sich, standen Schlange um ein Bitte-recht-freundlich-Bild, waren grob, hatten regenbogenfarbene Achselhöhlen, blinzelten Mädchen zu, rülpsten, gaben den Rettichen die Schuld, sahen nach Ilfracombe hinüber, spielten Hymnen auf Seidenpapier und einem Kamm, schälten Bananen, kratzten sich, fanden

Seetang in ihren Panamahüten, bliesen Papiertüten auf und zerknallten sie und waren wunschlos.

Aber mehr als an den ganzen herrlichen Strand erinnere ich mich an die Kinder, die spielten, an die Jungen und Mädchen, die purzelten, springlebendige Edelsteine, so glücklich, wie sie vielleicht nie wieder sein würden. Und ›glücklich wie ein Junge im Sand‹ ist ein Wort, das so wahr ist wie die Hitze der Sonne.

Die Abenddämmerung senkte sich nieder oder wuchs auf, aus dem Sand und aus der See, oder sie ringelte sich um uns aus den rufenden Werften her, und aus der blutigroten rauchenden Sonne. Der Tag war vorüber, der Strandsand wurde plötzlich gefegt und aufgerührt von einem Seebesen aus kaltem Wind.

Und wir sammelten alle Spaten und Eimer und Tanten und leeren Eßkörbe und Flaschen, Regenschirme und Fischnetze, Schläger und Bälle und Strickzeug, und gingen – hör doch, Vati! – zur Kirmes in der Dämmerung auf dem kahlen Feld am Ufer.

Rummelplätze hießen nichts bei Tag; da waren sie bloß schäbig und müde, und die Stimmen der Hopplamädchen waren gepreßt, wie von Rädern, die Sprachstunden genommen haben. Keine Kanonenkugel konnte die schlafenden Kokosnüsse aus ihrem Nest werfen. Die Gondeln wiederholten nur mechanisch ihr nüchternes Schlingern. Die Todeswand war so sicher wie ein Kinderwagen, die hölzernen Tiere warteten auf die Nacht.

Aber in der Nacht krächzten die Hopplamädchen wie Opernraben den aufsteigenden Mond an, da gab es ein Schwirren und Wirbeln und Zehn für fünf Groschen! Die Kokosnüsse regneten aus ihrem Sägemehl wie Birkhühner aus einem schottischen Hochlandshimmel, und betrunken schwankten die greisenköpfigen Gondeln auf schwindligen Schienen, und die Todeswand mit ihren waagrecht fahrenden Motorrädern war ein wirbelnder Rand des kreisenden Untergangs, und die wiehernden Holzpferde setzten zu einer gespenstigen Wilden Jagdmusik über tausend Wildbäche hinweg, leicht und frei wie hufbeschlagene Schwalben.

Wenn wir uns in der Dämmerung von der Küste her dem Rummelplatz näherten, hörten wir sonnenverbrannten sandkörnerhaarigen Jungen über dem Singsang der schwimmerlosen See die Sirenenstimmen der rauhen pferdewiehernden Budenmänner:

»Hereinspaziert, hereinspaziert!«

»Alles hereinspaziert!«

In ihrem Zelt und in ihren Wülsten von Fleisch saß die dickste Frau der Welt, nähte an ihrem Winterkostüm, das ein zweites Zelt war, und starrte mit ihren kleinen Äuglein, Schwarzbeeren in kaltem Pudding, nach den Skeletten, die da vorbeizogen und vorbeikicherten.

»Hereinspaziert! hereinspaziert! Alles hereinspaziert! Hier sehen Sie die größte Ratte der Welt! Den Kolossus oder Goliath aller Ungeziefer!«

Da trieb sich auch das kleinste Pony herum, eine Art Shetlandmaus. Und da galoppierten »die intelligentesten Flöhe«, dressiert, gezäumt, gezügelt, zierlich in ihrer Glasarena umher.

Runde Galerien, Schießbuden, Stände; die Groschen brannten Löcher in Hunderte Taschen.

Bleiche junge Männer mit eingefettetem Haar und valentinoschwarzen Backenbärten, mit an die Unterlippe geklebten Zigaretten, schielten an schiefkörnigen Gewehren entlang und zielten auf Pingpongbälle, die auf Springbrunnen tanzten.

In messerscharfen silbergrauen rockähnlichen Oxfordhosen und ärmellosem scharlachrotem zippverschlossenem Hemd mit gelben waagrechten Streifen spuckte ein Bergarbeiter sich vor dem Kraftmesser in die Hände, hob den Hammer hoch und schlug damit einen richtigen Thorschlag auf die Maschine. Die Glocke läutete Götterdämmerung.

Vor seiner Bude stand ein Boxer mit zerkauten Ohren und einer Brust wie ein Scheunentor, mit einer Nase wie eine drehwüchsige Rübe mit Haaren, die schon bei den Augenbrauen begannen, und mit drei Zähnen, gelb wie Kamelzähne, und lud jeden Sportsmann zu einem raschen und lebensgefährlichen Boxkampf im sandigen Ring ein, und zu einem Pfund Belohnung, wenn er es eine Runde lang aushalten könne. Und sehnig, hahnensicher, breitbeinig, kohlengrubennarbig oder besoffen stolzierten Sportsmänner dutzendweise hinein und kamen schwankend wieder heraus, und diese drei Zähne blieben immer noch übrig, angeknabbert und kamelgelb im rissigen Treibholzgesicht.

Bekleckerte und schwarzbierdurstige Mütter mit irgendwelchen Hüten, feindseligen Hutnadeln, aus der Form gegangenen Haarknoten, platzenden Einholtaschen und Kindern, die an ihren Rockschößen hingen wie sodawassergefüllte marmeladebeschmierte Saugmuscheln, kreischten vor Zerrspiegeln, als sie ihre plötzlich spitz zulaufenden oder röhrenförmigen Leiber und riesigen Luftballonköpfe sahen, und die Kinder jaulten lustig ihren eigenen Schreckspiegelbildern zu, die im Glas aufquollen oder einschrumpften.

Alte Männer, die rochen wie der Hafen von Milford bei Regenwetter, schoben sich bettelnd und überredend an den Rändern der lebenslustigen Schar herum und hatten nichts zu verkaufen als eine Handvoll feuchtes Konfetti.

Ein waghalsiges Wegelager von Schuljungen, die sich sicherheitshalber Schulter an Schulter hielten, die Trilbyhüte ihrer Väter verzweifelt schief über dem einen Auge, zwinkerte und pfiff der Prozession immer zu zweit Arm in Arm an den Schaukeln vorüberziehender Mädchen zu. Eine war immer adrett und hübsch, und die andere trug immer Brillen.

Mädchen in Geisterbahntunnels voller Schädel und gekreuzter Knochen kreischten und wurden getröstet.

Junge Männer, die aus einem oder mehreren Biergläsern Heldentum getrunken hatten, standen auf den Sitzen der fliegenden Sesselkarussele, zerzaust, dunkelrot im Gesicht und völlig vorschriftswidrig.

Übermütige Mädchen gaben Matrosen die entsprechenden Antworten.

Die ganze Jahrmarktslustigkeit in der heißen, blasenwerfenden Nacht. Der Mann im samtgelben Mond über dem Tohu-heißawabohu. Die Schaukelboote, die hin- und herschwammen wie aus dem Mond geschnittene Scheiben. Drachen und Greifenpferde am Bugspriet der Gondeln spien Feuer und Pökelbrühe. Mitternachtskarussellfahrer, die unter den Karbidlampen dahingaloppierten. Reiter und Wilde Jäger auf Ziegenböcken und Zebras mit Halali unter einem Lichtkreis von Glühwürmchen.

Und als wir den gaslaternenerleuchteten Hügel hinaufstiegen, heimwärts zu den stillen Häusern über der murmelnden Bucht, hörten wir die Musik sterben und die Stimmen zu Sand verwehen. Und wir sahen die Rummelplatzlichter ersterben, verbleichen; und weit am anderen Ende des Uferfeldes zündeten sie in den Zirkuswagen die Lichter an, eines nach dem anderen.

Wie man eine Geschichte anfängt

Wie man eine Geschichte anfängt, hängt nicht so sehr davon ab, was man unter einer Geschichte versteht, wie von der Geschichte selbst und von dem Publikum, für das sie bestimmt ist. Daß sich das von selbst versteht, muß mich keineswegs davon abhalten, es zu sagen: denn was ich hier sage, sind nur Randglossen zu einem Traktat, zu einer Abhandlung, die nie geschrieben werden wird, und sind so frei wie die Londoner Luft, wenn auch nicht so dreckig.

Es wäre zum Beispiel falsch, wenn auch noch so angenehm, eine Geschichte für KLEIN-TIMMIS WOCHENBLÄTTCHEN im Stil eines sentimental wilden, ungehobelt abgebrühten amerikanischen Unterweltromans anzufangen, gesalzen mit Sex-Slang, gepfeffert mit Blei, gezuckert mit steifen Leichnamen und randvoll von Zigarren und Zuckerpüppchen: das ist die Art Roman, unter dessen harter und bösartiger Hülle kein embryonischer Raubvogel lauert, weder der große Chikago-Alk, noch der sagenhafte Vogel Rock von Brooklyn, sondern ein zurückgebliebener scheuer und schäbiger Hinterwäldlerspatz, der nach Krumen und Kumpels tschilpt. Diese schneidigen, schneidenden, zigarrenkauenden Barmädchenschinderschänder und antisozialen bösen Lebesäuglinge, die in Gangsterfilmen aus jüngster Zeit in irgendeinem ufalichten Augenblick im Schlachthaus, auf dem Rangierbahnhof oder in der Todeszelle gestehen, daß sie sich leider schon immer so irgendwie allein gefühlt haben, und daß niemand sie liebgehabt hat, sogar schon ganz im Anfang nicht, im kleinen idyllischen alten Nest Blutville im Wilden Westen, und daß es alles angefangen hat, als ihre quartalssaufenden zweiten Stiefmütter sie auf das offene Feuer gesetzt haben, weil sie ihre Gebete gesagt hatten... Nein, diese psychopathischen Gorillas, die bis über die Kiemen mit Kokain vollgestopft sind, haben keinen Raum im Kosmos des kleinen Timmi, sosehr der kleine Timmi selbst davon begeistert wäre.

Der Verfasser von Kindergeschichten sollte auch eigentlich nie, unter keinerlei Umständen, gefühlsmäßig oder atomzeitgemäß, mit einer fluchstrotzenden urlauten Beschreibung einer Razzia der Sittenpolizei in einer halsabschneiderischen Lasterhöhle für in Ruhestand getretene alte Schießprügelknaben beginnen. Es geht ganz in Ordnung, eine Kindergeschichte mit einem Gespräch zwischen Ratten zu beginnen; aber es sind immerhin nur ganz bestimmte Arten von Ratten erlaubt.

Noch auch sollte der Verfasser einer Geschichte, die für einen gesicherten, sensationsunlustigen Markt in der Provinz bestimmt ist und die Geburt, die Erziehung, das finanzielle Auf und Ab, die Hochzeiten, Ehezerwürfnisse und Tode von fünf Generationen einer Familie von baumwollwebenden Lancashireleuten schildert, beispielsweise mit dem James Joyceschen Inneren Monolog eines idiotischen Schnittwarenhändlers anfangen, der in einem Aufzug voller Motten steckengeblieben ist, und auch nicht mit einer niedlichen Szene in Hoppski-Hupfsprungstadt oder im Eiderdaunenland, die Brüllum, den Löwen darstellt, und Haltet, den Tiger. Der Mann, der eine Geschichte für ein populäres Magazin für Mädchen, *Myrtles Blatt* oder *Pamelas* (oder vielleicht heißt es heute schon *Gretas* oder *Ingrids*), mit einer subtilen Analyse des Seelenzustandes eines neurotischen jungen Schriftstellers beginnt, der in einer leerstehenden Armeehütte ein Stelldichein mit einer Phobie hat, wird seine Geschichte nie an die Frau bringen. Er ist verurteilt zu ewiger Einmauerung in Zeitschriften mit einem Leserkreis von siebzehn Dichtern und einer Dame, die einmal die Tante Franz Kafkas gekannt hat.

Nun wollen wir in aller Kürze doch wenigstens einige wenige der vielen besonders beliebten Anfänge für Geschichten ins Auge fassen und sehen, ob wir ihnen ein wenig neues Leben einflößen können.

Also zunächst einmal Schulgeschichten: Nicht die langweiligen von den Hemmungen und Triebregungen sensitiver Pflänzchen und zurückgebliebener Söhne und vom ersten Morgendämmern der Liebe und Shelleys im erwachenden Geist, sondern die guten oder schlechten alten Geschichten, die von Tee und Milchbrot im gemütlichen Studierzimmer handeln, von mitternächtigen Freßorgien bei Kerzenschein im Schlafsaal der Schule, wo der Lehrer auf dem Rundgang nicht hingekommen ist, von aufregenden Fluchtabenteuern mit aneinandergeknoteten Bettüchern zu Zirkussen und Rummelplätzen, deren Besuch verboten ist, von den unbarmherzigen Streichen und Foltern, denen unbeliebte Lehrer und unbegüterte komische Neulinge unterzogen werden, von der Austreibung lasterhafter Mitschüler, die dabei ertappt wurden, wie sie unten auf dem abgelegenen kleinen Spielplatz rauchten – arme kleine verderbte Maltraverse, die unter ihren späteren Wüstlingsaugen schon die dunklen Ringe haben – und von all den Skandalen und banalen Pennälerkriegs- und -schachzügen phantastischer altersloser Jungen.

Die lautmalerischen, juwelenbesetzten, magnetischen, altehrwürdigen Anfangszeilen sind unübertrefflich:

»Uuiiiiiiih!«

»Laß los!«

»Aauuutsch!«

Und dann natürlich:

»Diese Rufe erklangen mit Stentorstimme auf dem Korridor der Oberen Kruste.«

Der Neuling sollte jede Schulgeschichte ohne Ausnahme getreulich mit diesen Worten beginnen.

Im nächsten Satz muß er dann seine Hauptpersonen einführen, eine Bande kühner, atemloser, zu lauten Ausrufen neigender, tintenbekleckerter, ekliger, mit Zunamen von Charles Dickens versehener Jungen mit schiefsitzenden Schulmützen, ungemachten Hausarbeiten, Feldmäusen und Meerschweinchen in ihren Schulpulten, Papiergeschossen in den Taschen, und mit barbarischen, dabei aber harmlosen Flüchen auf den unrasierten Lippen.

Aber wir wollen ein neues Element einführen:

»Uuiiiiiiih!«

»Laß los!«

»Aauuutsch!«

Diese Rufe erklangen mit Stentorstimme auf dem Korridor der Oberen Kruste, als Tom Lustig und seine unzertrennlichen Gefährten, die im ganzen Eulenhorst als die »Fünf Schmutzfinken« bekannt waren, Arm in Arm aus Mrs. Motherwells Freßladen unweit der Schule hervorstürzten.

Da haben wir nun einen Anfang, der konventionell ist, dabei aber doch gebieterisch Interesse fordert. Der Leser ist uns auf Gnade oder Ungnade ausgeliefert, und wir können innerhalb des festgesetzten Rahmens und bloß auf die lautesten, nichtssagendsten und gebräuchlichsten Worte gestützt, spannende Ereignisse beschreiben, wie etwa die Gründung des Selbstmörderklubs von Eulenhorst durch Tom Lustig, oder die Konstruktion einer persischen Wasserpfeife im Stiefelputzloch.

Dann gibt es natürlich die Geschichte, die das Landleben schildert. Ich meine selbstverständlich nicht die deprimierende Erzählung, die vier endlose Jahreszeiten hindurch weitergeht und von schwerer Arbeit und wetterfester Liebe auf einer abgelegenen Farm in jenem Teil der Grafschaft Sussex handelt, wo man vor lauter Schreibmaschinengeklapper nicht die Drosseln singen hören kann. Ich meine auch nicht den erdschweren düngergehäuften Bericht, ausgestopft mit landwirtschaftlichem Wissen und Naturkunde, gepaart, wenn das das richtige Wort ist, mit nur allzu genauen Beobachtungen tierischen Verhaltens, mit einem Backenbart von Charakterfiguren versehen und durchsetzt mit unverständlichen Fetzen von Volksliedern, alles in allem so lustig wie ein Stiefel; nicht so eine Beschreibung, wie ein Literat mittleren Alters das wirkliche ländliche Land und zugleich seine Seele entdeckte, Preis achteinhalb Shilling. Nein, ich meine *die* Art Geschichte, die in einem kleinen irrsinnigen Gebiet von Wessex spielt, voll von heiligen oder tadelnswerten Landpredigern, zügellosen Jungfrauen, bibelfesten Totengräbern und alten Männern namens Petersilie oder Tobacksrest. Stellen wir uns einmal einen typischen Anfang dafür vor:

»Mr. Runkelrübe stand auf einem Hügel, der einen Ausblick auf das Dorf Oberstübchen gewährte, und sah, daß irgend etwas in dem Dorf nicht stimmte. Mr. Runkelrübe war ein Maulwurfsfänger im Ruhestand. Er war in den Ruhestand getreten, weil er alle Maulwürfe gefangen hatte. Es war ein herrlicher Wintermorgen, und im Himmel schwebten kleine Wolken wie Maulwurfshaufen. Mr. Runkelrübe fing ein Kaninchen, brachte ihm das Abc bei, ließ es wieder laufen und spazierte langsam den Hügel hinab.«

Da haben wir den Schauplatz und die Stimmung der Geschichte schon untrüglich festgelegt und haben in aller Kürze schon gründlich Bekanntschaft mit Mr. Runkelrübe geschlossen, einem Freund und Erzieher der Tiere.

Der Durchschnittsleser – jener sagenhafte Kretin – weiß nun, was ihm bevorsteht: Mr. Runkelrübe, dieses angeknackste, dabei aber kosmische Symbol für irgend etwas, wird in diesem verrückten Dorf mit seiner ländlichen Mundart, seinen Dorftrotteln und nach Maß angefertigten Predigten seine Untersuchung des unwirklichen Landlebens vornehmen.

Jeder einzelne in dieser überlegt komponierten bukolischen erbaulichen Geschichte hat seine – oder ihre – fixe Idee. Minnie Wurzel will nur den Prediger haben; der Prediger, Pastor Rappel, will nur den Geist des Dichters William Cowper haben; der soll in sein braunes Studierzimmer kommen und ihm das Gedicht *Die Aufgabe* vorlesen. Der Totengräber will Würmer haben, die Würmer wollen den Pastor haben. Junge Lämmer tollen auf diesen unmöglichen Hügeln frohlockend umher und benehmen sich schafsmäßig, unter dem allsehenden Auge Onkel Teekessels, des himmlischen Kesselflickers. Grausame Bauern verfolgen alte Kuhhirten namens Landbrot, die den ganzen Tag lang zu den Kühen reden. Kühe, die das Gerede von Kuhpockenimpfung, an dem sie nicht teilnehmen können, satt haben, spießen auf echt weibliche Art die bejahrten Verwandten der grausamen Bauern auf ihre Hörner auf. Es ist alles sehr gemütlich im Dorfe Oberstübchen. Wenigstens denkt so jene schwachsinnige Sagengestalt, der Durchschnittsleser.

Der Anfänger, der eine Geschichte dieser Art zu schreiben anfängt, würde gut daran tun, zu...

Ich sehe aber, daß ich wenig oder gar keine Zeit mehr habe, diese Anweisung »*Wie man eine Geschichte anfängt*« fortzusetzen. Wie man eine Geschichte zu Ende bringt, das ist natürlich etwas ganz anderes, aber *eine* Art, eine Geschichte zu Ende zu bringen, lautet etwa:

Ansager: das war Dylan Thomas, der erzählte: »Wie man eine Geschichte anfängt«.

Die Krumen von eines Mannes Jahr

Schaukelnd wie in einer Hängematte oder in einer Windstille zwischen einem für immer vergangenen Weihnachtsfest und einem nahen neuen Jahr voll unerbittlicher Überraschungen, spähe ich launisch und fröhlich zurück auf diese runzelziehenden zwölf Monate und sehe nur einen tanzenden Zipfel der schwipsüber kopfstehenden Zeiten, ein Blinken von Aussichten, ein irres Lichtern von sonderbaren Schwärmern, und Flicken und Flecken aus der Singvogelperspektive.

Von dem, was im neuen Jahr kommt, weiß ich nichts, außer, daß alles, was kommen muß, kommen wird wie Donnerschläge, oder wie Kometen in Gestalt vierblättriger Kleeblätter, und daß alles Unvorhergesehene mit der Sicherheit der Sonne erscheinen wird, die jeden Morgen im Himmel ein Tanzbein schwingt; und von dem, was vergangen ist, kenne ich nur tändelnden Tand, nichtsnutzige Flicken und sommersprossige Decken, Flecken und Schecken, Blendwerk und Schaum; eine einfache Sekunde, gefangen im jagenden Schneelicht, einen Augenblick, lustig oder traurig, und nun reglos in der Kurve seines Fluges festgehalten wie ein Vogel oder wie eine Sichel; nur das Wellenschaumblatt und den verwischten Papierwirbelwind, und Trab und Trubel und Menschenrennen der Rennbahn von jedermanns Straße; und wie der groteske Wind an einer Ecke die Kleider einer Passantin zerschneidet und gefrieren läßt, so daß sie in der Erinnerung stehenbleibt, kalt und still, bis die Welt verlischt wie ein Nachtlicht in einem Kinderzimmer; und ein paar watschelnde kleine Ereignisse, komisch wie Enten, die ihren Weg durch unsere verhängnisvollen Tage schnattern; Strichelchen, Pünktchen und Tüttelchen.

»Blick zurück, blick zurück«, schmettern die großen Stimmen, »blick zurück auf das schwarze, gewaltige Jahr.« Und dazwischen hör ich die volle Musik fanfaren und totenmarschieren.

Ich kann euch nur ein paar Krumen von eines Mannes Jahr streuen, und die Musik der Groschenpfeifen.

Jede Erinnerung aus dem langen kreisenden Jahr ist gut genug, um anzufangen. Ich ging an einem Nachmittag im August an einem Flußufer entlang und dachte dieselben Gedanken, die ich immer denke, wenn ich im August an einem Flußufer entlanggehe. Ich ging und dachte: Jetzt ist es August und ich gehe an einem Flußufer entlang. Ich denke nicht, daß ich noch an irgend etwas sonst dachte. Ich hätte eigentlich daran denken sollen, was ich eigentlich hätte tun sollen. Aber ich dachte nur an das, was ich im Augenblick tat, und das war recht so: Es war gut und einfach und langsam und träge und alt und sicher, und was ich tat, das hätte ich tausend Jahre zuvor auch tun können, wenn ich damals gelebt hätte und ich selbst oder irgendein anderer Mensch gewesen wäre. Man hätte denken können, der Fluß läutere – fast hätte man die grünen hastigen Glocken in ihm singen gehört: Es hätte der Fluß Elusina sein können, »der tanzet zum Schalle der Musik, denn nach der Musik schlägt er Blasen, tanzet und wird wieder sandig, und so geht es weiter, bis daß die Musik aufhört...« Oder es hätte der Fluß sein können, »in Judäa, der da eilends dahinfließt alle sechs Tage der Woche, aber stillesteht und rastet an ihrem Sabbattag«. Dort blühten Bäume und standen und wuchsen und wußten, und ich wußte nicht einmal ihre Namen. (Einmal habe ich sogar mit einem Freund ein Gedicht geschrieben, das fing an: »Alle Bäume sind Eichen, nur nicht die Föhren.«) Dort machten sich Vögel zu schaffen oder schlaf-flatterten im Himmel. (Das Gedicht ging weiter: »Alle Vögel sind Rotkehlchen, nur nicht die Krähen und Raben.«) Die Natur tat, was sie eben tat, und genau das dachte sie nun auch. Und ich ging und dachte, daß ich ging, und für August war der Tag gar nicht so kalt. Und dann sah ich auf dem Wasser ein Stück Papier treiben. Und ich dachte: »Vielleicht steht auf diesem Papier etwas Wunderbares.« Ich war allein auf der Welteilandmutter Erde, oder allein im Umkreis von zwei grünen Meilen, und eine Botschaft trieb auch mich zu, auf dem katzenscheckigen Wasser, das mitten durch die kuhfleckigen, muhenden Felder floß. Es war eine Botschaft aus dem vielfältigen Nirgends an mein einsames Ich. Ich streckte meinen Stock aus und fischte das Papier und hielt es dicht ans Ufer. Es war ein Blatt aus einer sehr alten Zeitschrift. Soviel konnte ich sehen. Ich beugte mich vor und las unter Wasser die Botschaft auf dem wellenschlagenden Blatt. Ich entzifferte mit Mühe nur einen Satz. Er verzeichnete die Tatsache, daß vor über hundert Jahren ein Mann in Worcester um einer Wette willen auf einen Sitz zweiundfünfzig Pfund Pflaumen gegessen hatte.

Und jede Erinnerung aus dem langen kreisenden Jahr ist gut genug, um fortzufahren.

Hier in meiner Erinnerung kommt nun der friedliche Blitzkrieg, und es kommen die Brandstücke des 5. November, des Feuerwerktages zum Andenken an Guy Fawkes, den Blitzkerl, und Kerle auf den Straßen und Blitze im Himmel, als Feuerräder und Hänschen-hüpf-mal-Knallfrösche und freundliche Bomben an bombenverwüsteten Stellen platzten. Die steilen Raketen sind nur wenige, aber sie sternen zwischen den Dächern hin und auf zur Wand der windlosen, krieglosen Nacht. »Einen Groschen für den Strohmann?« – »Ach wo, Mann! Das ist mein Vater.« Der große Spaß brenzelt und brutzelt. Der Hundsstern explodiert im Hinterhof beim Bunker. Furchtsame Damen sitzen in ihren Hinterstübchen vor dem Radio und hören ganz laut das schwärzeste Mitternachtsprogramm. Scheue Männer knirschen unter der Bettdecke. In den ungekämmten Gärten der Schwerreichen entzündet der Zweite Kammerdiener einen Schwärmer. In jedermanns Straße schreien die unerschrockenen Kinder unter den kleinen anheimelnden Luftangriffen. Aber ich stand auf einem feuerzeichenspeienden Berg draußen auf dem Land, wo sie einem hungrigen Strohmann Reisig und Äste und Knallerbsen zu fressen gaben, und der feurige Strohmann keuchte nach mehr. Kleine schweflige Kuchen rumpelten in seinem feuersbrünstigen Bauch, und sein dorniges Haar lichterte und lohte. Er taumelte und machte gemeine Geräusche. Er brauchte lange Zeit zum Sterben, dort auf dem Berg über den sternhellen Feldern, wo der katzenscheckige Fluß ohne Botschaft weiterfloß, mit seinen Glocken und Forellen und Büchsen und Armspangen und Literatur und Katzen ins immer in Hörweite rauschende Meer.

Und ich weiß noch, einmal in diesem langen zerfließenden Jahr stieg ich in einen Londoner Bus ein, aus einem Viertel, das ich vergessen habe und wo ich sicher nichts Gutes im Schild geführt hatte, zu einem Stelldichein, zu dem ich mich gar nicht einstellen wollte.

Es war ein grün aufschießender Frühlingsmorgen voller Zärtlichkeit und Krokus, und all die jungen Frauen gingen auf nackten Blumenstielen, dem Städtischen Rasen, und schwangen ihre Milcheimerhandtäschchen, zart und unbeständig und einladend und zugänglich, und verziehen jede markig selbstvergessene Gebärde der Begrüßung, noch ehe sie gemacht oder gedacht war, und sagten in ihrem Bacchantinnenfrühzug in den Manikürsalon oder ins Tippbüro Ja zu all den brennenden unausgesprochenen Schmeichelworten der zottigen Fremden und zu den zwinkernden Pfiffen der wandelnden Plakate mit Hufen und Schwänzen. Die Sonne kreischte, die Omnibusse machten große Sprünge, Polizisten und Narzissen neigten sich in der buttermilchduftenden Brise. Zarter Frühtrunk platschte und patschte aus den Kneipen, die noch nicht offen waren. Ich fühlte mich wie ein junger Gott. Ich entfernte meine Kragenknöpfe und öffnete mein Hemd. Ich warf das Haar zurück. Es stand ein großes Vogelhaus in meinem Herzen, doch ohne Eulen oder Adler drin. Meine Wangen waren kirschenwarm, und ich duftete, dachte ich, nach Grasnelken. Zum Klang von Madrigalen, gesungen von schlanken Sopranen in wasserfallvollen Tälern, wo ich der einzige Tenor war, sprang ich auf einen Bus. Der Bus war voll. Sorglos, offenen Hemdkragens, leuchtenden Auges, mit Adern so voll Frühling, wie einer Tänzerin Schuhe voll Champagner sein sollen, stand ich verliebt und leicht und ewigjung auf dem dichtgedrängten unteren Verdeck. Und ein Mann, der genau so alt war wie ich – oder vielleicht war er ein wenig älter – stand auf und bot mir seinen Platz an. Er sagte mit respektvoller Stimme wie zu einem altehrwürdigen Friedensrichter: »Bitte, wollen Sie nicht meinen Sitz haben?« Und dann fügte er hinzu: »Mein Herr?!«

Wie viele Spielarten unbeträchtlicher Niederlagen und Enttäuschungen habe ich vergessen! Wie viele Schattierungen und Formen des vielfarbigen Zebrahauses! Wie viele Josephsröcke habe ich unabgeholt in den Herrengarderoben des Jahres hinterlassen!

Und eines Mannes Jahr ist wie das Land einer Wolke auf der Karte des Himmels verzeichnet, das bald in die wässerigen geordneten Wüsten und Leeren entschwinden wird, in die immerzu kreisende Regel, ins Dunkel, das Licht ist. Nun fliegt die Wolke ganz langsam außer Sicht, und von all der dahinziehenden Geographie fallen mir keine palastgekrönten Morgenhügel ein, keine großen Plüschtäler in der sinkenden Sonne, keine vogelwimmelnden Wälder, hirschwilden Moore, legendenfrohen Auen und stiergehörnten Ebenen, sondern nur:

Die Straße in der Nähe des Waterloo-Bahnhofs, wo ein kleiner Junge, in einer zurechtgeschneiderten alten Khakiuniform und mit einem Stahlhelm auf dem Kopf, einen Kinderwagen voll Brennholz dahinrollte und mit leidenschaftsloser Stimme jedem Vorbeigehenden nachrief: »Wo hast du deinen Schweif?«

Der Teich an der Flußmündung unterhalb der eingestürzten Burg, wo die Julikinder miteinander im Urschlamm rollten und kreischten und jappten, und niederes Leben, noch lange vor den Kaulquappen, an ihren Händen zuckte.

Der knirschende Weg durch das Feld im Dezemberschnee, im tiefen Dunkel, wo wir auf begrabenes Gras traten wie Geister auf trockenen Zwieback.

Die schmale Wegspur längs des frühlingsgrünen Flußufers, wo die Wasserwühlmäuse im Gänsemarsch an die Arbeit gingen und die jungen ungeduldigen Wühlmäuse, die es immer eilig hatten, in ihren glatten Westen über die fadenscheinigen Rücken der alten hinweghüpften.

Die rasiermessernarbige Hintergassen-Kaffeebude, wo sich ein Mann mit zerschnittenen Wangen und abgekauten Ohren über seinem teerigen Tee heiser und wütend beschwerte, daß das neue Panda-Baby im Zoo nicht von Scheinwerfern angestrahlt wird.

Die Möwensandbuchten im März unter den windzerschlagenen und ausschlagenden Klippenrandbäumen, wenn der Wind mit mir Kürdchen spielte und in weiter Ferne Kormorane wie Motorboote über die Bucht jagten, während ich unterwegs war zur windschiefen Stadt und zum brüllenden *Schwarzen Löwen*, wo die Katze, die wie ein Feuer fauchte, aus zwei glühenden Kohlen den sanft saufenden pensionierten Schiffskapitänen zusah, die wohlig-warm wie eine Laus im Pelz in der hinteren Kneipstube saßen.

Und die Küche in der Kellerwohnung im beißenden Februar, mit Windeln auf der Leine, die von der Tür zur vollgepfropften Ecke reichte, und vor der Speisekammer ein Fahrrad, das auf seinen letzten Reifen stand, und Hüte und Spielzeuglokomotiven und Flaschen und Schraubenschlüssel auf dem zerbrochenen Schaukelstuhl, und Wogen von Zeitungen und halbfertigen Kreuzworträtseln auf dem Radio aufgestapelt, das immer aus Leibeskräften spielte, und rauchendes Kaminfeuer und Zwiebeln, die geschält wurden, und Bratkartoffelwürfel, die auf dem Herd immerzu spuckten, und untersetzte Männer in Überröcken, die von Selbstdisziplin und von asketischem Leben redeten, bis die Luft zigarettenblau wurde und die Uhr erstickte und der Betrieb erstarb.

Und dann der Augenblick einer Nacht, in jenem umhertreibenden Frühling, selten und unvergeßlich wie eine mitten in der Wüste gefundene Fahrradklammer. Lang und durchweicht und dunkel war der Weg, der zum Hause führte, das ich füllen und bekleckern half.

»Wer hat denn das hier in der Ecke liegen lassen?«
»Was, wo?«
»Hier, das!«

Den Arm einer Puppe, die Eingeweide einer Uhr und eine Bratpfanne voll Hutbändern.

Der Weg war zerfurcht wie von betrunkenen Wasserkarren,

und so schwarz, daß man die Hand nicht vor den Augen sehen konnte. Regen fiel tonnenweise. Auf der einen Seite konnte man die Rehe nicht hören, die dort lebten, und auf der anderen Seite, eingehüllt in den Mitternachtssack, begannen Stimmen zu flüstern. Eine Männerstimme und eine Frauenstimme. »Ein Liebespaar«, sagte ich mir. Denn in der Nacht kommt das Herz heraus wie eine Katze auf den Dachfirst. Unhöflich knipste ich meine Taschenlampe an. Da standen sie, mitten im Regen, ein junger Mann und eine junge Frau, dicht beisammen, nahe der Hecke, die im Wind schwirrte. Und einen Meter weiter saß gelassen ein zweiter junger Mann auf der Rasenböschung und hielt ein offenes Buch, in dem er zu lesen schien. Und mitten auf dem Weg, zwischen den Furchen und Pfützen, rauften zwei Hunde mit bestialischer Konzentration und völlig lautlos.

Die Festausstellung 1951

Das Ausstellungsgelände am Südufer der Themse im Herzen von London umfaßt 180 Ar. Die Ausstellung enthält 22 Pavillons und 13 Restaurants, Kaffeehäuser, Bars und Büfette.

Manche Leute besuchen zuerst die 22 Pavillons und stolpern dann, starräugig und verkrüppelt, atem- und steuerlos und ein wenig verrückt im Kopfe, weinend auf eines der 13 Restaurants, Kaffeehäuser, Barlokale oder Büfette zu, nur um alles voll zu finden, bis zu den blendend bemalten und möglicherweise gegen alle Gesetze der Schwerkraft vom Boden aufschwebenden Türen hinaus. Andere Leute besuchen alle 13 Restaurants, Kaffeehäuser, Bars und Büfette, ehe sie zum Angriff auf die Pavillons übergehen, und kommen kaum weiter als bis zur Kuppel der Entdeckungen, die sie verwirrend finden, voll von Totempfählen, wirklichen Hunden im Schnee, Heuschrecken, Sternen, Sonne und Mond, Dingen, die Blasen werfen, Donner- und Blitzmaschinen, chemischen und physikalischen Überraschungen. Und manche kommen nie mehr wieder heraus.

Die meisten Leute, die wenigstens im Anfang versuchen wollen, die Ausstellung zu verstehen, folgen dem Kurs, der im offiziellen

Ausstellungsführer angezeigt ist – eine Reihe einander widersprechender Pfeile, die viele Besucher, die so etwas nicht verstehen, mit Klatsch und Patsch geradewegs in die Themse führen, und bahnen sich ihren Weg pflichteifrigst quer durch ›Die englische Landschaft‹, die Gletscher von vor zwanzigtausend Jahren und die Hölle von Wüstentreibsand, die jetzt Birmingham ist, bis sie schließlich in den offenen Pavillon der Gesundheit hinaustreten, wo sie vielleicht einen sehnsüchtigen Augenblick lang vor dem Zeichen stehenbleiben, auf dem steht »Euthanasie« – und weiter, an den mit Netzen und Winden, mit Pfählen und Bojen, Seemuscheln und Kies besäten, herrlichen Strand der vergangenen Sommerkindheit.

Und andere beginnen natürlich am Ende. Das sind die Leute, ohne die weder die Ausstellung bestehen könnte, noch das Land, in dem sie trompetet und dahintreibt, mit ihren Löwen und Einhörnern, die aus Weizenähren gemacht sind, mit ihren Vögeln, die singen, wenn man auf einen Knopf drückt, mit ihrem brennenden Wasser und mit ihren Himbeersaftspringbrunnen. Das sind die mißtrauischen Leute, denen man keinen festlich blaugefärbten Dunst vormachen kann, die großen Uneinwickelbaren; das sind die Frauen, die »um keinen Preis der Welt Schlange stehen werden« und die Hunde mit Verdauungsstörungen in die Ausstellung einschmuggeln; die eigenartig berechnenden Männer, die denken, daß der letzte Pavillon der erste sein muß, weil er doch Nummer 22 hat, die Leute, die glauben, daß sie überhaupt irgendwo anders sind, und die nie herausfinden, daß das gar nicht stimmt. Das sind intelligente Leute, die schon vorher da waren, die alle Schliche kennen und die nun ihren Vettern vom Lande schmunzelnd erklären: »Auf diese Weise kriegst du für dein Geld doppelt soviel zu sehen!«

Da gibt es irgendwie verfolgte Leute, die immer ihre Handschuhe verlieren, und die wissen, daß die einzige Art, wie sie überhaupt das Ganze sehen könnten, ist, am Ende anzufangen, was sie aber eigentlich gar nicht wollen. Dann sind da Leute mit militantem Individualismus, die es als ihr Recht als Engländer betrachten, sich diesen unsinnigen Rummel verflucht nochmal so anzusehen, wie sie selbst es wollen; ferner Leute, die bei allen derartigen Anlässen nervös werden und nur wissen wollen: »Wo geht man da eigentlich hin?« Ängstliche Leute gibts, die vom

Skylon, der himmelstürmenden Riesenzigarre aus Stahl und Licht, die nur auf Drahtseilen balanciert, möglichst weit entfernt sein wollen, »denn man kann doch nie wissen«. Ausländer gibts, die von einer Schule unverantwortlicher Witzbolde auf den verkehrten Weg geschickt worden sind; glasige, im Dunkel tappende Männer, die versuchen, daran zu denken, daß sie irgend etwas von der Ausstellung sehen müssen, damit sie sich daran erinnern können, ehe sie heimgehen und versuchen, es ihren Familien zu beschreiben; junge Leute mit ineinander eingehängten Herzen, die es sich nicht nehmen lassen, bei allem zu kichern, was sie sehen, ob es nun ein Goldfisch in einem Teich ist, ein Modell der *Queen Elizabeth*, oder ein Feuersteinhammer; Leute, zu gelangweilt um auch nur zu gähnen, lang und reich wie russische Windspiele, die schon, ehe sie hergekommen sind, bessere Ausstellungen in Kopenhagen und San Francisco gesehen haben; exzentrische Leute: Männer, die ihre Jägermützen mit einem Strick an den Rockkragen gebunden haben, die trockene Nußsandwiches und kleine Joghurtbehälter in haarigen grünen Ranzen tragen, auf denen steht: »Vorsicht! Glas!«; dicke aufgeregte Frauen in so vielen Mäntelschichten wie eine Zwiebel oder ein Chauffeur, die fieberhaft Jagd durch 50 futzelige Taschen auf ein verlorenes Päckchen Vogelfutter machen, das sie den Papageien geben wollen, die gar nicht da sind; alte schuppige niesende Männer, die von Eidechsen in einer Schnupftabaksdose geboren wurden und, ganz gleich wohin sie gehen, in winzig kleingedruckten Büchern nachlesen und niemals aufblicken, nicht einmal auf den Terrinendeckel der nur mit knapper Not an den Erdboden gefesselten Kuppel der Entdeckungen, und auch nicht auf den leuchtenden Skylon, den himmelstürmenden Pylon aus Nylon, das zylindrische, wohlgeformte Bein der Zukunft, das hochgehoben ist, fast bis zur Ausstellung der Sterne hinauf. Und dann die wirklich Exzentrischen, jene Leute, die ans Südufer, in die Ausstellung, gekommen sind, um tatsächlich das Wachstum und die Entwicklung Englands von der Eisenzeit bis heute zu studieren. Hier finden sie keine wiehernden Truppenparaden, kein Museum von Kulturdickhäutern, keine kalten, hallenden, unmenschlichen, hygienischen Baracken voll technischer Information, kein schäbig einladendes Riesenkaufhaus geschmackloser Kolonialwaren, sondern etwas, was wirklich sehr sonderbar ist, magisch und zugleich wie aus einem alten Dorf:

ein Dorfbrunnen aus fliegendem Glas und männertreuleichtem, ganz dünnem Stahl, ein runder Geleekuchen voll von leuchtenden melodischen Glocken, Rädern, Federn, Maschinen und Orgeln, Kolben und Retorten in einem Palast im Donnerland, der überkocht und dampft und stampft von wissenschaftlichen Hexenköchen und -küchen! Ein Ort voll von Eisenbahnen, Gebeinen, Aeroplanen, Schiffen, Schafen, schiefen Ebenen, gerade eben gebauten beweglichen Skulpturen, Steinkugeln, Glaskegeln, Blechkonzerten und Käse, ein Ort, der aufs Teufelholen bemalt ist, natürlich mit der Hand.

Vielleicht werden Sie denken, daß ich etwas dick auftrage. Das tue ich auch, aber ich bin sozusagen berauscht von starkem Rosa. (Und was für eine Menge von Rosas – rosig, erdbeer- und himbeerfarben, pfirsichrosa, fleischrosa, errötendrosa, krebsrosa, lachsrosa, halali! – Da haben wirs, vergipst und bemalt, die ganzen 180 Ar dieser lustigen und morgen verschwundenen Feststadt mitten im nach allen Seiten zerfließenden London!) London: für viele von uns, die draußen auf dem Land leben, die Haupt- und Stadtaktion, die Großstadttodesstrafe. Vielleicht gehen Sie sich das alles an einem kühlen, trüben Tag ansehen, vernünftig und nüchtern wie ein Stück Zwieback, und finden, daß die Ausstellung wirklich, wie es im Katalog heißt, »die Geschichte des Beitrages Großbritanniens zur Weltkultur, namentlich zu den Künsten des Friedens« erzählt, und sonst nichts. Aber ich habe meine Freude daran, das nicht zu glauben. Natürlich ist die Ausstellung lehrreich, und natürlich liegt ihr auch ein wohldefinierter allumfassender Plan zugrunde; sie kann einem zum Beispiel, wenn man kein Sachverständiger ist, mehr von Mineralogie oder auch mehr von der Ionosphäre zeigen, als man je wissen will. Sie platzt sozusagen vor lauter Wissen aus allen ihren Nähten und Knopflöchern, wohlgemerkt, ohne dabei die Sittlichkeit zu verletzen. Aber was alle, die ich kenne oder beobachtet habe, an der Ausstellung am liebsten zu haben scheinen, ist die lustige, absurde, nicht zur Sache gehörige, aufheiternde Einbildungskraft und Phantasie; die fliegt und bollert und spritzt und tropft immer wieder aus der ganzen bunten schäumenden wirbelnden Wäsche heraus. Zum Beispiel die kleine Seltsamkeit aus Stein, die einen um irgendeine scharfe buntgetünchte Ecke herum anschielt; die geschlechtslosen abstrakten Skulpturen, die heimlich und heiter außerhalb der Zeit ihre eigenen alten kalten Welten bewohnen, an Stellen, die zunächst, aber nur eine verdutzte Sekunde lang, wirklich nicht dazu geeignet scheinen; Mann und Frau aus Terrakotta, Arm in Arm, die der Schwerkraft eine Nase drehen und elegant eine Klosettmauer hinauflaufen. Und auf einer anderen Wand plötzlich das Muster von Händen, als hätte der Maler gesagt: »Ach was, soll doch der Teufel die Arbeit da holen!« und einfach kltisch-klatsch seine ausgespreizten Finger und Daumen über die ganze ockerfarbene Wand hingeschlagen, zehn stumpfe Pfeile; oder als wären große Kerkervögel, wenn es so etwas wie Kerkervögel gibt, die Wand hinaufgewatschelt und hätten sie mit ihren Schwimmhäuten gezeichnet. Man sieht Menschen, die entschlossen und unaufhaltsam durch die weiten weißen Alleen dem Pavillon ihrer Wunschziele zusteuern – »Wissen Sie, unser Hubert kann es schon gar nicht mehr erwarten, die Milchzentrifugen zu sehen!« – Und plötzlich bleiben sie stehen: wieder ein neues unglaubliches Phantasiegebilde schlägt Blasen oder schaukelt vor ihren Augen. Was sehen sie? Indigofarbenes Wasser, das im Walzertakt der Musik tanzt. Reihe um Reihe von rosigen rotblonden Bällen, die auf hohen Schirmen ausgebreitet sind, wie die Rechenperlen von H.-G.-Wells-Kindern, die nur mit göttlichem Nektar und Ambrosia gefüttert werden. Asbesttafeln, die an nichts und mit nichts angebunden sind, nur einfach angebunden, im Nichts, denn nichts ist hier verankert, und wenn man in die Hände klatscht, dann kann der ganze Gallimatthiashering in die Luft hinaufschwimmen und nach Susa abfliegen, quer durch alle Flaggen des flackernden, fackelnden Ausstellungshimmels. Kleine kinderbilderbuchbemalte Windräder längs der Brückengeländer, die beim leisesten Fingerschnippen des Windes zu Windmühlen werden und in der Nacht herum und rundum schrummen und brummen wie Regenbogen mit Armen. Oder die stählerne Platinfigur – eine Schöpfung des walisischen Ingenieurs und Architekten Richard Huws –, die vielleicht eine Meerjungfrau ist, die da mitten im bogenlampenhellen Wasser steht oder aus ihm herauswächst; sie weint, und es wird auf sie geweint. Und erst beginnt sich ihre glitzernde Brust zu bewegen, und dann ein Arm, oder ein Bein; beginnt sich zu bewegen, kippt über, gleitet, schießt, schaukelt und plätschert herab, nimmt aus dem Wasser, aus dem sie geboren ist, zum Klang von Händels Wassermusik mit einem Schluck eine Tonne Wasser, läßt es verschwinden, atmet es durch tröpfelnden Stahl ein und wirft und schäumt und braust es wieder heraus und weit fort. Oder sogar die Hunderte von kleinen lebhaften Stahlstühlen, die aussehen wie Hunderte von kleinen lebhaften Stahlleuten, die sich gesetzt haben.

Und im Pavillon, der den Namen »Die Naturlandschaft« trägt, muß man die Seehunde und Adler sehen, die Füchse und Wildkatzen dieser immer noch wilden Inseln, und die Naturgeschichte dieses geotterten, geeulten, gekuckuckten, unglaublichen London. Ein großer nackter Baum steigt mittendrin auf, mit zahllosen Schmetterlingen und Käfern bedeckt. Eine Amsel beginnt zu leuchten, und das ganze Vogelhaus ist voll von ihrem Gesang, und dann eine Drossel, ein Brachvogel, eine Lerche.

Und im Pavillon »Landleben« muß man alle die modellierten und geflochtenen Brotlaibe ansehen, die wie Weizengarben aussehen, oder wie Locken, oder die Zöpfe und Schleifen sind. Und da gibt es auch Männer, die die Dächer von Bauernhäusern mit Stroh decken, und – was könnte selbstverständlicher sein? – diese Männer sind selbst aus Stroh. Und welche Herzensfreude von Körben! Tragkörbe, Flaschenkörbe, Einholkörbe, Blumenkörbe, Brotkörbe, Frühstückskörbe, Picknickkörbe, Katzenkörbe, Strandkörbe. Und wenn das nicht die richtigen Namen für die Körbe sind, so sollten sie es doch wenigstens sein.

Und dann der Pavillon »Der Löwe und das Einhorn«, der unter einer Schar auf Draht gezogener Zugvögel den »Britischen Charakter« feiert, dieses hartnäckige, dumme, meerverbundene, lyrische, paradox dunkle Gewirr von Hochnäsigkeit, Waghalsigkeit und Hochsommermondscheinwahnsinn, das Ganze hochtönend, behaglich und mit solidem kupfernem Hinterteil. Die Gerechtigkeit steht aus irgendeinem Grund mitten in dieser Halle, ihre zwei großen Perücken mit den Hinterköpfen aneinandergelehnt, ihre schwarzen und scharlachroten Talare fallen in Falten zu Boden. Der Körper der Gerechtigkeit besteht aus Reihen um Reihen von Gesetzbüchern. Die schwarzen Öffnungen unter den weißen Perücken sehen aus wie Profile von Adlern. Hier reitet auch der Weiße Ritter, aber er kommt mir zu donquichottisch vor, um in Alices Spiegelland zu passen, und außerdem ist er sehr topf- und pfannenlos. Eine Bravohand klopft ihm mit Hilfe einer Maschine auf den Gipsrücken und sagt ihm gute Nacht. Hier gibt es auch eine Maschine, mit der man Rauch feinmahlen kann, und ein Teeservice aus Lachsknochen, das ich aber nicht finden konnte. Aber in dieser ganzen betont exzentrischen Ausstellung ist ausgerechnet der Winkel der Exzentriker am langweiligsten. Einige der uninteressantesten Ausstellungsobjekte werden von den Ausgefallenheiten, die sie auf allen Seiten umgeben, gerettet. Aber die Abteilung, die eigens den rhapsodischen Inspirationen der Extravaganz gewidmet ist, ist weitaus die trübseligste. Warum haben sich die Veranstalter der Festausstellung nicht des erlesenen Talents jenes Hexenmeisters bedient, der ihnen seine Dienste anbot und sich erbötig machte, auf Bestellung einen Regenbogen über die Themse zu werfen? Ich wünschte, er würde einen Regenbogen über mich werfen, wenn ich durch die grauen Tage gehe. »Ja, dort kommt er, man kann ihn schon von weitem erkennen«, würden die neidischen Nachbarn sagen, »an seinem Regenbogen.« Und auf der Galerie gibt es eine Reihe von winzigen Theatern. Jede Modellbühne zeigt ein Shakespearestück, und aus dem Theater, in dem gerade das Licht aufblinkt, kommen die Worte der Schauspieler. Wenn du Glück hast, geht etwas mit dem Mechanismus schief und Hamlet rast im Wald von Dunsinan.

Im Pavillon »Heim und Garten« muß man blinzelnden Auges von den betrüblichen Möbeln wegsehen; sie sind häßlich wie die Sünde, aber viel weniger behaglich.

In den Verkehrspavillons glotze man die Hexenmeister von Dieselmotoren und die herrlichen, gar nicht pustenden Stromlinien an, und die Märchenmodelleisenbahn für Zwergmillionäre.

Und wenn man dann noch immer keine Punkte und Sterne vor den Augen tanzen sieht, muß man nur ins dreidimensionale Telekino gehen, und sofort sieht man sie von allen Seiten kommen: Punkte mit scharlachroten Kaulquappenschwänzen, und punktierte sinnliche Reißnägel, die mit gestreiften Zebraköpfen tanzen, die sich auflösen, und Kleckse und Klümpchen und Gummischlingen, die zum Klang der Blech- und Messingmilitärmusik im Zickzack durch häßliche vielfarbige Gänge davonrennen, ein St.-Veits-Tanz von abstrakten Formen und Farben an einem St.-Medardus-Tag von wolkenbrechenden blendenden Stopfnadelregentropfen. Man muß stillsitzen in diesem verblüffenden Kino und sich von einer Giraffe küssen lassen, die ihren langen Hals eigens für einen aus der Leinwand herausreckt. Man muß dem dichterisch buntgefärbten Lauf der Themse, des königlichen Flusses, folgen. Das flüsternde Wasser ist mehr wie Wasser als Wasser selbst jemals war. Immer näher und näher kommt der langsame Reiher – blaues Wasser, und plötzlich besabbert es dich über und über. Wie schön wird das sein, wenn die Filmstars das auch tun werden.

Die Ausstellung muß man sich zum ersten Mal am Tag ansehen, dann aber immer nachts. Man muß an einem Kaffeehaustisch sitzen, in der Nacht voll musikalischer Lichter, am leuchtenden Fluß, unter dem glitzernden Himmelsturm, der auf und davon fliegen will, zwischen den erleuchteten Pavillons, im Weiß und Schwarz und Silber des Schwunges aus Stein und gefiedertem Stahl, der einen durchsichtig umschimmert und umfängt, während man sitzt und trinkt und sich denkt:

Das ist das erste Mal, daß ich wirklich und wahrhaftig jenes London gesehen habe, dessen süße Themse sachte dahinfließt, jene minnesingende Wassernixe von Stadt, das achtmillionenköpfige Dorf mit seinen Wasserstraßen aus lichterlohem Glanz. *Das* ist London, und nicht der ungeheure, kleinliche, verkrüppelte Albtraum, den ich sonst immer gekannt habe, wenn ich durch Nebel und Rauch seine reizlosen Straßen entlangtrauerte, vorbei an den namenlosen unglückseligen Geschöpfen, die so lebhaft waren wie nasse Regenschirme. Dieses Fest ist London. Die Bogen der Brücken springen hinauf ins Licht, die Monduhren leuchten, der Fluß singt. Die harmonischen Pavillons sind glücklich. Und so müßte London immer sein, bis die St.-Pauls-Kathedrale niederfällt und das Meer über dem Strand zusammenschlägt.

Das Internationale Eisteddfod

Llangollen. Eine Stadt in einem Tal im grün dahinrollenden Nordwales an einem windigen Julimorgen. Die Sonne schielt hervor und wird wieder zurückgestoßen in die grauen Wolken, die, bis an ihre zerfetzten Ränder voll von Regen, über die Berwyn-Hügel ziehen. Der Fluß Dee mit seinen weißen Pferden zischt und trabt über die Hügel seiner Steine und unter der graubärtigen

Brücke durch. Der Wind schlägt auf den Fluß los und auf dich: es ist ein kalter knackender Morgen. Vögel hängen und knarren über dem gepeitschten Fluß, wider Willen, wie festgefroren in der Luft, oder sie werden vom Wind hochgeworfen und gegen die zerzausten Bäume ausgestreut. Und wenn du die Schloßstraße hinuntertreibst, mit fliegendem Haar, daß dein Hut oder dein Regenschirm tanzt und sich aufmacht den Himmel zu erobern, siehst du und hörst du rundum die ehrenhaften, nüchtern gekleideten, kopfbedeckten, stillen und keineswegs lächelnden Bewohner der zahmen Stadt. Du könntest in jeder walisischen Stadt sein, an jedem windigen Morgen, an dem nur die Vögel und der Fluß fauchen und pusten und die einzige leuchtende Farbe das zahllose Grün und hohe Purpur und Lila der umliegenden Hügel ist. Alles ist sehr alltäglich in Llangollen; alles ist hübsch langweilig, bis auf die Sommerwelt von Wind und Federn, Blättern und Wasser. Es gibt da, wenn du taub, stumm und blind bist und ein Herz wie ein kaltgewordener Brotpudding hast, weiter nichts Bemerkenswertes oder Erstaunliches. Aber reibe dir mit deinen schwarzen Handschuhen die Augen. Hier über die Brücke kommen drei Javaner mit Flügeln, Brustpanzern, Helmen, und sie tragen Gongs und Blasen aus Stahl. Und mit Kilt und Sporran, tartanumweht und dolchbewehrt taumeln und springen und tanzen Schotten eine Seitengasse hinauf und pfeifen dir eins, daß dir das Feuer aus den Ohren spritzt. Burgundische Mädchen mit sanften Vogelkäfigen auf den Köpfen fahren plötzlich auf dem Gehsteig zu einem buntscheckigen Tanz zusammen. Ein Wikinger geht in eine Kneipe. In Federhüten aus schwarzem Filz und kurzen krachledernen Hosen jodeln riesige Österreicher mit Schenkeln so groß wie die Leiber von Walisern, aber viel brauner von der Sonne, und fiedeln und zerreißen den Regen mit ihrem Lächeln. Spitzenbesetzt und bebändert, mit Schärpe, Fez und weißem Turban, in blaugepuderten *sharavári* und zerquetschten roten Stiefeln tanzen Ukrainer mit einer englischen Aussprache, die an Manchester erinnert, hangaufwärts den Gopak. Alles in Llangollen ist seltsam. Du wünschst, du hättest einen scharlachroten Hut und Armspangen und womöglich auch noch deinen eigenen kleinen Dudelsack, aber es kommt nicht drauf an.

Die Glockentänzer, die sich auf die Schenkel klopfen, die Schäfer und Gemsenjäger, Fiedler und Flötenspieler, und die Spieler all der anderen Instrumente, Gongs und Mandolinen, Gitarren, Harfen und Trompeten, die schönen blitzblanken Burschen und Mädchen aus zwanzig oder noch mehr singenden Ländern in allen Farben des internationalen Regenbogens haben gar nichts dagegen, daß du mit deinem Mausbraun unter ihnen wandelst. Obwohl du dich die ganze lange Eisteddfod-Woche nach einem Mantel wie ein blaues Meer sehnst, oder wie ein Lagerfeuer, das im Wind lodert und dahinfegt, und nach einer Schellenkappe und nach einer bunten Weste, und nach einem großen Alphorn, um von den Ruinen von Dinas Brân aus über ganz Wales zu blasen.

Nun geh nur deiner Nase nach, und dem Geräusch der Gitarren und den fliegenden Farben und Flügelschlägen jener großen Singvögel in Holzpantoffeln und Schürzen und Hauben, von Schleiern und Blumen und noch mehr Blumen und Spitzen umhüllt, geh vorbei an den selbstbewußten kleinen Kunstgewerbeläden, schlag dich durch das Babel der Brücke hindurch, vorbei an dem sehr weißen Polizisten, der von seinem Podium aus den Verkehr dirigiert, geh die Flut des Hügels hinauf an Röstkorn und Himbeerwasser vorüber, zum zeltbewachsenen Felde des Wettkampfes!

Grüne dichtgedrängte Uferhänge laufen wimmelnd bis dort hinab zur riesigen Markise, die ächzt und sich wirft und in plötzlichen Böen aufsingt wie ein Luftschiff mit einer dichtgedrängten Mannschaft von Chören. Musik schwappt aus den Mikrophonen über, über das ganze summende Feld hin. Aus dem windzerzausten Feld erhebt sie sich in einer einzigen Stimme. Die Menge draußen ist weggezaubert nach Spanien. In einem entfernten Winkel des Feldes fangen aus jedem erdenklichen Grund der Welt junge Männer und Frauen zu tanzen an. Aus einer Wolkenherde hervor schwimmt die Sonne. Die Spanielohren der kleineren Zelte schwingen hin und her. Kinder sammeln Autogramme von holländischen Bauern. Du hörst einen ganzen Schwarm Sommerhornissen: das ist die burgundische Vielle, eine Mandoline mit einem Henkel. Palestrina erhebt sein Lob von Bologna bis zu dem Chor, der Picknick hält. Ein bretonischer Feiertag singt im Wind zum Trampeln von Holzpantoffeln und *biniou*.

Da kommen sie her, zu dieser Schale und zu diesem Echo in den Bergen. Leute, die gern Musik machen, aus Frankreich, Irland, Norwegen, Italien, der Schweiz, Spanien, Java und Wales: großartige Sänger und schlechte, gewandte Tänzer und eingerostete,

Pfeifer, die die Toten tanzen machen können, oder Chorsänger, denen die Krähen in den Kehlen sitzen: alle Länder, Formen, Alter und Farben; Schwerttänzer, Hoftänzer, Kreuztänzer, Holzpantoffeltänzer, Taltänzer, Morristänzer, Hochlandtanz und Ceilidhe, Bolero und Flamenco, Ferse und Zeh'. Und aus vollem Herzen verleihen sie der Musik Bewegung. Was für ein Andrang des Tanzens fließt in die Adern von Llangollens Beinen! Und, ach, das Durcheinander von Zungen und Zähnen in dunklen Kapellen, wo jeder Morgen ein so leuchtender Lärm ist, daß du glauben würdest, daß er die sonntägliche Schwere für immer aus ihrem Katzenjammer vertreibt.

Unter der großen Markise, die an ihren Ankern zerrt, finden sich 8 000 Menschen, und du mittendrunter, vor einem Meer von Blumen, Begonien, Magnolien, Lupinen, Lobelien, die alle in den Gärten der Stadt für diese tanzenden Tage herangezogen wurden. Ufer und Wellen von Blumen und Pflanzen strömen zur Bühne hin, wo eine Gruppe aus Holland, acht verheiratete Paare, die Ältesten Ende Fünfzig, die Jüngsten um die Zwanzig, in ehrsam gewichtigem Schwarz einen Bauerntanz vollführen, der heißt »Wirf dein Weib fort«. Darauf folgt, wie es sich gebührt, ein wenig später ein Tanz namens »Du kannst mich nicht fangen«. Die Bewegungen des humorvollen einfachen Tanzes sind frisch und lustig, die Männer der Tanzgruppe tanzen wie traurige englische Lokomotivführer in weißen Holzpantoffeln. Unter ihren schwarzen Schirmmützen sind ihre Gesichter streng, verwittert und zucken mit keiner Wimper. Je rascher die Musik wird, desto trauriger klippern und klappern sie auf dem unsichtbaren Kopfpflaster kalter, sauberer, gescheuerter Küchen. Die wildgewordene Flöte und Fiedel peitschen sie zu perlschwarzer Wollust auf, und sie hüpfen wie Leichenbestatter. Lange niederländische Winternächte hüllen sie ein. Brueghel hat sie gemalt. Sie sind nüchtern wie Kartoffeln, ihre Lippen bewegen sich, während sie stampfen und sich verneigen. Vielleicht singen sie sogar. Sicher sind sie überglücklich.

Dann singen die Österreicher, von Fiedel und Gitarre begleitet, ein Lied von den Wildheuern auf den Alpenwiesen. Beschwertete Ukrainer – ich meine Ukrainer mit Schwertern – hüpfen und schlagen aus, hoch über den Wogen des blumigen Meeres. Leute aus Tournas im Burgunderland tanzen zur Ziehharmonika und zur Cabretta den Tanz der Winzer nach der Weinlese. Sie pflanzen die Reben, sie heften das Laub an die Ranken, sie hängen die Trauben auf, pflücken die Trauben und keltern den Wein. »Gott gab uns Wein«, singen sie beim Tanz, und der Wein wird in Gläser gefüllt, und die Tänzer trinken. (Aber der Wein ist nicht so echt wie das heimliche Anstoßen und neidische Getuschel unter den Zuschauern.)

Den ganzen Tag lang spielt die Musik. Mit Glocken ausstaffiert, geschmückt und betreßt tanzen jene anderen Ausländer in Wales, die Engländer, feurig aus der Vergangenheit hervor, und manche haben Bärte, Spatenbärte, Goldbärte, weiße und schwarze Bärte, die ebenfalls mittanzen und taumeln.

Und spanische Damen singen im Chor volltönend und schön in ihren Nachtgewändern.

Und kleine Mädchen aus Obernkirchen singen wie Englein mit Rattenschwänzchen.

Den ganzen Tag lang singt und tanzt man in diesem verwandelten Tal, in dieser grünen Schale von Ländern im Lande Wales, und das geht hoch und geht über, bis die Sonne untergeht. Dann werden in der Arche des Zeltes unter den windgeschwellten Segeln die Zuhörer und Zuschauer immer langsamer und schließen sich zu einer einzigen Schattenwolke zusammen. Sie starren aus ihrem tiefeingelullten Dunkel auf das erleuchtete Deck, wo die Volkstänzer sich in wehenden bunten Ernten von Licht zu Figuren verweben.

Und dann steigst du wieder in müder Ebbe den Hügel hinab und kommst über den scheinwerferhellen Fluß Dee zurück in die Stadt, die eine ganze melodische Woche lang nicht schlafen wird, oder aber doch im Traum die ganze Nacht die Hügel fiedeln und Laute spielen hören und die Straßen mit Liedern bemalt sehen wird.

Die Wirtshäuser sind offen, als könnten sie gar nicht zumachen, und als könnte der Sonntag sich nicht auf die flötespielende Stadt niederfallen lassen wie ein Nebel oder wie ein Rollbalken. Aus allen guten Gründen der Welt füllt eine Woge von Tanz die laute Hauptstraße. Eine Fiedel in einem Winkel heißt dich tanzen, und so tanzt du im Mondschein, obwohl du eigentlich keinen Schritt tanzen kannst, und bekämst du dafür auch alle Ukrainer von Llangollen. Der Friede spielt auf einer Ziehharmonika. Er spielt auf der stämmigen, sternigen Straße, und niemand ist überrascht.

Wenn du die letzten Stimmen und Takte der lieblichtönenden walzertanzenden Straße verläßt, den Klang und Wellenschlag des hüpfenden Flusses Dee und das Licht der Nacht, um dich niederzulegen, und wenn die menschenbesäte Stadt sich niederlegt, um zwischen ihren Hügeln zu schlafen und ihr Echo nachzuhallen, dann wirst du dich erinnern, daß niemand überrascht war, wie sich die Stadt verwandelt hat und welches Leben sie eine Woche des langen Jahres lang getanzt hat. Die Stadt hat gesungen und getanzt, als wäre es nur recht und billig, wie der Regenbogen oder die seltene Sonne diese alte, glänzende, verdrehte Erde und ihre Menschen zu feiern, denen man auf dem Kopf herumtanzt. Bist du überrascht, daß Menschen in einer kopfstehenden Welt immer noch tanzen und singen können? Das einzig Überraschende an Wundern, auch an den kleinsten, ist, daß sie manchmal wirklich geschehen.

Zu Besuch in Amerika

Quer durch die Vereinigten Staaten von Amerika, viele Monate des Jahres, von New York nach Kalifornien und mit glasigen Augen wieder zurück, strömt und singt für ihr liebes zu Kopfe steigendes Abendbrot eine verdutzte und voreingenommene Prozession von europäischen Dozenten, Gelehrten, Soziologen, Ökonomen, Schriftstellern und Autoritäten für dieses und jenes, ja theoretisch sogar für die Vereinigten Staaten von Amerika. Und atemlos, zwischen Ansprachen und Empfängen, in Flugzeugen, Zügen und kochenden Hotelschlafzimmeröfen, versuchen viele von ihnen Aufzeichnungen zu machen oder Tagebücher zu führen. Zuerst, verwirrt und entsetzt vom schamlosen Überfluß, fast beschämt von Großzügigkeit, ungewohnt der Wichtigkeit, die ihre Gastgeber ihnen beimessen, und erschlagen von dem Hindernis einer gemeinsamen Sprache, machen sie Notizen wie Dämonen und verallgemeinern frisch drauflos, über den Charakter und die Kultur und das politische Landschaftsbild Amerikas. Aber so um die Mitte ihrer im mittleren Lebensalter unternommenen Spritzfahrt durch die Klubs und Universitäten des mittleren Westens flaut die Wut ihrer Aufzeichnungen ab ... Ihr Geist ist wie von einem hohen Grat hinuntergestürzt und durchtränkt von den geistigen Getränken, mit denen sie überall gewaltig willkommen geheißen wurden, und die sie in immer höherem Grad selbst hinuntergestürzt haben. Und sie beginnen mißtrauisch zu werden, gegen sich selbst und ihren Ruf, denn sie haben zu oft gefunden, daß ihr Publikum einen Lichtbildvortrag über, sagen wir einmal Keramik, mit demselben ungehemmten Enthusiasmus hinnehmen wird, den es erst vorige Woche einer Vorlesung über den modernen türkischen Roman gezollt hat. Und in ihren Tagebüchern tauchen immer häufiger Eintragungen auf, wie »keine Rettung mehr!«, oder »Buffalo!«, oder »Ich bin geschlagen«, bis sie schließlich nicht ein Wort mehr schreiben können. Und am ganzen Körper bebend, vorzeitig gealtert, mit Augen wie Bouletten in Sand, werden sie von hilfreichen artigen Busenfreunden (der verschiedensten Arten und Busen) die Laufplanke des heimwärtsfahrenden Ozeandampfers hinaufbugsiert, und die Freunde klatschen sie auf den Rücken, heben sie wieder auf, stecken ihnen Flaschen, Sonette, Zigarren und Adressen in die Taschen, veranstalten eine Abschiedsfeier in ihrer Kabine, heben sie abermals auf, und sind kichernd und jappend verschwunden, doch nur um am Hafen auf ein neues Schiff von Europa und eine neue Ladung frischer grüner Vortragsreisender zu warten.

Da fahren sie dahin, jedes Frühjahr, von New York nach Los Angeles: Exhibitionisten, theatralische Publizisten, Polemiker, theologische Rhetoriker, historische Wichtigtuer, Ballettomanen, Weltinnenraum-Architekten, Windbeutel, große Tiere und Schwindler; Männer mit einer Leidenschaft für Briefmarken, Männer mit einer Leidenschaft für Beefsteak, Männer auf der Jagd nach Millionärswitwen, Männer mit Elefantiasis des Rufes (kleinwinzige Geister, aber mit gewaltigem Gepäck), Autoritäten für Gas, Bischöfe, Bestseller, Redakteure auf der Suche nach Schriftstellern, Schriftsteller auf der Suche nach Verlegern, Verleger auf der Suche nach Dollars, Existentialisten, berufene Physiker mit auserwählten Atomkernsprüchen, Leute von der BBC, die sprechen, als ob sie die Marmorfriese der Akropolis von Athen im Mund hätten, wetterfahneneidige Philosophen, berufsmäßige Iren (sehr geistergeschichtlich), und leider auch dicke Dichter mit dünnen Gedichtbänden. Und seht auch in dem zungenschlagenden

Strom die großen monokeltragenden Männer, die nach Sattelseife und Klubsesseln riechen und ein erlesenes Gemisch von Whisky und Fuchsblut atmen, mit den großen vorstehenden Hauern der oberen Klassen und mit Graftschaftsschnurrbärten, Erscheinungen, die vermutlich in England erfunden und dann ausgeschickt wurden, um in der Welt für das Witzblatt PUNCH Reklame zu machen, und die nun in Frauenvereinen über ausgefallene Themen sprechen, wie etwa »Die Geschichte der Ätzkunst auf den Shetlandinseln«. Und die metallisch dröhnenden eisig-unverfrorenen Mannweiber mit Wellblechdauerwellen und Nilpferdhäuten, die kommen und sich selbst als typisch britische Hausfrauen ankündigen, um vor reichen nerzbemäntelten Fleischmustern des amerikanischen Matronenbestandes Vorträge über die Ungerechtigkeit des englischen Gesundheitswesens zu halten, über die verbrecherische Faulheit der Bergarbeiter und die deutliche Wahrnehmbarkeit von Schwanz und Hörnern an Mr. Aneurin Bevan, und über die Angst aller rechtschaffenen Leute in England, abends allein auszugehen, wegen der organisierten Legionen halbwüchsiger Totschläger, gegen die die Polizei machtlos sei, weil die herrschende Regierung sich weigere, sie mit Pistolen auszustatten und jeden jugendlichen Übeltäter ohne Unterschied der Anklagepunkte kurz und klein zu schlagen.

Und dort zittern und zähneklappern auch, schüchtern und wider Willen in ihr Schicksal getrieben, jene britischen Autoren, die das Unglück hatten, nach Jahren ereignisloser vergessener Arbeiten einen einzigen schlechten Roman zu schreiben, der auf beiden Seiten des Atlantischen Ozeans enorm populär wurde. Daheim hatte sie das erste Heranbranden des Erfolges mit bescheidener Genugtuung erfüllt. Ein, zwei literarische Bankette stiegen ihnen süß und süffig zu Kopfe wie der Spülwassersherry, der vor diesen Banketten serviert wurde; und als das liebliche Geld üppig gerollt kam, da begannen sie auf ihre verschwommene Schriftstellerweise zu träumen, wie sie sich vielleicht aufs Land zurückziehen und Wespen züchten würden (oder waren es Bienen?), und nicht ein einziges lausiges Wort mehr schreiben würden. Doch dann kamen die Revolverjungen der literarischen Agenten und die bewaffneten Spitzel der Verleger: »Sie *müssen* in die Staaten hinüber, persönlich vorsprechen! Ihr Roman haut die drüben einfach um! Wundert uns auch gar nicht. Sie müssen eine Reise durch die Staaten machen, Vorträge halten, besonders den Frauen.« Und die schüchternen harmlosen Schriftsteller, die es nie gewagt haben, irgendwem Vorträge zu halten, von Frauen ganz zu schweigen – sie haben Angst vor Frauen, sie verstehen Frauen nicht, sie schreiben über Frauen wie über Geschöpfe, die es nie wirklich gegeben hat, und die Frauen verschlingen das nur so –, diese Mimosenpflanzen schreien auf: »Aber worüber sollen wir denn Vorträge halten?«

»Über den englischen Roman.«

»Ich lese keine Romane.«

»Große Frauen in der schönen Literatur.«

»Ich interessiere mich weder für schöne Literatur noch für Frauen.«

Und dennoch, sie werden dahingeweht, erster Klasse, in den plüschenen Eingeweiden der *Queen Victoria*, mit einer Liste von Verpflichtungen, so lang wie eine New Yorker Speisekarte oder eine halbe Stunde über einem Buch von Charles Morgan, und bald verlieren sich ihre zierlichen goldfischkalten Händchen im großen klebrigen allgemeinen Händedruck eines Rudels allumfassender Gastgeberinnen. Ich glaube übrigens, es war Ernest Raymond, der Autor von *Tell England*, der einmal eine Reise zu den amerikanischen Frauenvereinen unternahm und in jeder kleinen Stadt, wo er haltmachte, von der reichsten, umfangreichsten und pelzigsten verfügbaren Dame beherbergt und verpflegt wurde. Einmal stieg er in irgendeiner kleinen Station aus und wurde, wie gewöhnlich, von einem enormen Auto abgeholt, das mit einem dicken Geschäftsmann mit Hornfassung, der genau so aussah wie ein dicker Geschäftsmann mit Hornfassung im Film, und seiner kuchenbreiten Perlengattin gefüllt war. Ernest Raymond saß neben ihr hinten im Auto, und los gings; der Gatte chauffierte. Unverzüglich fing sie an zu betonen, wie ungeheuer entzückt sie und ihr Gatte und das Komitee seien, ihn als Sprecher in der Frauenliga für Literatur und Gesellschaft begrüßen zu dürfen, und sie machte ihm Komplimente über seine Bücher. »Ich glaube nicht, daß ich je in meinem Leben so viel Genuß von einem Buch gehabt habe, wie von *Hauptmann Sorrell und sein Sohn*«, sagte sie. »Was Sie nicht alles von der Natur des Menschen wissen! Ich glaube, Sorrell ist einer der schönsten Charaktere, die jemals in der Literatur geschildert wurden.«

Ernest Raymond ließ sie weiterreden und starrte verlegen vor sich hin. Alles, was er sehen konnte, waren die drei Doppelkinne, die ihr Gatte hinten im Nacken trug. Weiter und weiter sprach sie und rühmte *Hauptmann Sorrell und sein Sohn* in den höchsten Tönen, bis er es nicht länger ertragen konnte. »Ich bin ganz Ihrer Meinung«, sagte er. »Wirklich ein schönes Buch. Aber leider habe ich es gar nicht geschrieben. Ein alter Freund von mir hat es geschrieben, Mr. Warwick Deeping.«

Und der dicke doppelkinnige Gatte mit Hornfassung sagte, ohne sich von seinem Lenkrad umzudrehen: »Wieder mal reingefallen, Emily!«

Seht auch die nörgelnden andern, die unter Geschwätz und Girlanden von einem Kulturgeiernest zum andern herumgereicht werden: Die einen preisen die englische Lebensweise an und verdammen die amerikanische Lebensweise, während sie sich durch sie durchschlürfen und -schmatzen; die andern lassen die Theorien des Surrealismus wiederaufleben, zum Wohle abgelegener provinzieller weiblicher Hörerscharen, die gar nicht wissen, daß der Surrealismus tot ist, weil sie nie im Leben gewußt haben, daß er je gelebt hat. Andere wieder halten eine Vorlesung über etruskische Steinmasken und Schatzhäuser vor einem Publikum von Steinmasken und Geldhäusern in Boston. Und dort, mitten im klebrigsten Gedränge der Vortragenden, auf einem Kontinent, der schwarz von Klubs ist, dort also fahren auch die ausländischen Dichter dahin, katarrhleidende Troubadours, lyrische Einnachtsfliegen, dollarwütige Nachtigallen, Postanweisungsdichter aus der alten Heimat, und ich mitten unter ihnen, um die Wette dröhnend mit den schlechtesten.

Sind wir da – frage ich mich – aneinander vorübergegangen, *en passant*, ganz ohne es zu wissen? Der eine glänzenden Auges, mit sauberen, weißen Vorlesungen und einer Seele, die er noch sein eigen nennen durfte, voller Spannkraft nach Westen hin, zu seinem einträglichen Untergang in den großen Staatsuniversitätsfabriken, und der andere auf dem Rückweg, zerknüllt und mit Eselsohren wie seine Handvoll Gedichte und seine sorgfältig maschinegeschriebenen Stegreifglossen. Mir ist um beide leid. Da geht der eine, noch unbefleckt, in seinem Pullman-Stolz, spielt, Donnerwetter, mit einem überdimensionalen Schokoladenkeks, wird von einer dicken Zigarre geraucht und reitet hinaus, in die weiten offenen Flächen der Gesichter seiner wartenden Zuhörerschaft. Er führt, abgesehen von seinem literarischen Gepäck, einen neuen dynamischen Rasierapparat mit sich, eben erst auf dem Markt, gekauft in New York, der auf den bloßen Druck eines Daumens hin funktioniert, aber den Daumen bis auf den Knochen entzweischneidet. Er hat auch eine Dose mit neuem Rasierschaum, die mit dem anderen unblutigen Daumen in Betrieb gesetzt wird und nicht nur das Gesicht, sondern das ganze Badezimmer bedeckt und dann, augenblicklich erstarrend, eine arktische Eiszapfenhöhle bildet, aus der ihn erst zwei Hotelpagen mit mißbilligenden Gesichtern befreien können; und natürlich ein Nylonhemd. Er kann es, so glaubt er treuherzig den Reklameanzeigen, selbst im Hotel waschen, über Nacht zum Trocknen aufhängen und es am Morgen anziehen, ohne es zu plätten. (In meinem Fall war wirklich kein Plätten nötig, denn, wie jemand grausam im Druck bemerkt hat, ich sah ohnehin wie ein ungemachtes Bett aus.)

Er wird auf der Station von einer ernsthaften kurzgeschorenen Kolonne riesiger Studenten markig willkommen geheißen, die alle mit Netz, Notizbuch, Giftfläschchen, Nadel und Etikett auf den Schmetterling Kultur Jagd machen, jeder mit mindestens sechsunddreißig furchtbar weißen Zähnen, und er wird hinwegbetreut, mit gewichtiger Behutsamkeit, wie eine schwachsinnige reiche Tante mit geringen Lebensaussichten. Hinein in ein Auto, in dem er eine kurze Strecke von bloß 70 oder 80 km in dichtbrecherischem Tempo dahingefahren wird und während der Fahrt ihre Annahme, daß er schwachsinnig sei, bestätigt, indem er auf die herzhaften Fragen, welche internationale Konferenz Stephen Spender denn augenblicklich besuche, oder was die Einstellung englischer Dichter zu den Arbeiten eines berühmten Amerikaners sei, dessen Namen er weder gekannt noch verstanden hat, zusammenhanglose Antworten in übertrieben englischem Akzent gibt. Er wird dann einer kleinen Gesellschaft von höchstens einigen hundert Leuten vorgestellt, die alle der Meinung sind, was ein Vortragender brauche, ehe er aufs Podium stolpere, seien gerade genug Martinis, um ihn wieder vom Podium herunterstolpern zu lassen. Und, fest an sein explosives Glas geklammert, tut er alsbald in einem Schwall von Unwissenheit und Geläufigkeit mit verächtlicher Gebärde die Dichtung jener mannweiblichen literarischen Damen ab, die drei Namen haben und auf Bestellung, wie ein Kellner Spaghetti serviert, eine Art Wortektoplasma erzeugen, nur um schließlich herauszufinden, daß die feurigste dieser Damen, eine wohlhabende Jägerin kleiner schäbiger Löwen, wie er selbst einer ist, die den Busch des mittleren Westens mit scharf eingestellten Ohren und ebensolchem Gewehr durchstreift, gerade heute abend seine Gastgeberin ist. Von seinem Vortrag selbst bleibt ihm wenig im Gedächtnis, nur der Applaus und vielleicht ein, zwei Fragen: »Ist es wahr, daß die jungen englischen Intellektuellen wirklich psychologisch sind?« Oder: »Ich trage immer meinen Kierkegaard in der Tasche. Und was tragen Sie?« Spät in der Nacht in seinem Zimmer füllt er eine Seite seines Tagebuches mit einem verworrenen, aber beißenden Bericht über seine erste erledigte Verpflichtung. Er faßt die höhere Erziehung Amerikas in einen einzigen Absatz zusammen, der morgen sinnlos sein wird, und ergibt sich dem Schlummer, in dem er unverzüglich von einer Mrs. Mabel Frankincense Mehaffey mit einem Tablett voll Martinis und lyrischen Versen durch lange schwarze Dickichte gejagt wird. Und der andere, der glückliche Dichter fährt bekleckert zurück nach New York, das er zuerst nur für einen Haufen von Schafen, die nie schlafen, gehalten hat, das ihm aber jetzt, nach den magengeschwürigen Beschwerden eines Vortragsreisefrühlings, ein Hafen dünkt, behaglich wie Zwieback, kühl wie ein Eisschrank, und sicher wie die Wolkenkratzer.

Laugharne

Hin und wieder, hinauf und hinab, hoch und trocken, Mann und Junge, habe ich jetzt seit fünfzehn Jahren oder Jahrhunderten in dieser zeitlosen, schönen, verrückten, verzückten Stadt gewohnt, in diesem fernen, siebenschläfernden, wichtigen Ort mit seinen Reihern, Kormoranen (die hier Entenböcke heißen), mit seinem Schloß, mit seinem Friedhof, seinen Seemöwen, Geistern, Gänsen, alteingesessenen Feindschaften, Schaudermärchen, Skandalen, Kirschbäumen, Geheimnissen, Dohlen in den Schornsteinen, Fledermäusen in den Oberstübchen der Türme, Skeletten in den Schränken, Wirtshäusern, Schlammkuhlen, Muscheln, Flundern und Brachvögeln, mit seinem Regen und seinen menschlichen und oft allzumenschlichen Geschöpfen. Und obgleich ich noch immer von Grund auf ein Fremder bin, werde ich doch kaum jemals mehr auf der Straße gesteinigt, und ich kann mich rühmen, mehrere von den Einwohnern und sogar einige von den Reihern beim Vornamen nennen zu dürfen.

Nun leben manche Leute in Laugharne, weil sie in Laugharne geboren sind und keinen guten Grund hatten, wegzuziehen. Andere zogen erst eigens her, aus einer Anzahl merkwürdiger Gründe, aus so weit entfernten und so unwahrscheinlichen Orten wie Tonypandy, oder sogar aus England. Und sie sind jetzt von den Eingeborenen aufgesogen worden. Einige sind im Dunkeln in die Stadt gekommen und sofort verschwunden, und man kann sie manchmal in bangen schwarzen Nächten hören, wie sie in leerstehenden verfallenen Häusern Lärm schlagen, aber vielleicht sind es auch nur die weißen Eulen, die dicht nebeneinander atmen, wie Gespenster im Bett. Andere sind fast ganz sicher hergekommen, um der internationalen Polizei zu entgehen, oder gar ihren Frauen; und dann gibt es hier auch die, die noch immer nicht wissen und auch nie mehr wissen werden, weshalb sie überhaupt da sind. Man kann sie jeden Tag der Woche sehen, wie sie langsam, benommen die Straße auf und ab wandern wie walisische Opiumesser, halb schlafend, in einer schweren staunenden Betäubung. Und einige kamen auch so wie ich, kamen einfach eines Tages nur für einen Tag, und gingen nie mehr weg, stiegen aus dem Omnibus aus und vergaßen wieder einzusteigen.

Was für einen Sinn, wenn überhaupt einen, unser Dasein in diesem zeitlosen, milden, beschwichtigenden Eiland von Stadt hat, mit seinen sieben Wirtshäusern, seinem einzigen tatsächlich besuchten Bethaus, einer Kirche, einer Fabrik, zwei Billardtischen, einem Bernhardiner (ohne Kognak), einem Polizisten, drei Flüssen, einer See, die zu Besuch kommt, einem Rolls-Royce, der Bratkartoffeln mit Fisch verkauft, einer Kanone (aus Gußeisen), einem Kanzler (aus Fleisch und Blut), einem Hafenbüttel, einem Danny Ray und einem bunten Durcheinander verschiedenster Vögel; da ist es nun einmal, und ein zweites Mal gibt es so etwas sonst nirgends.

Aber wenn man in einem Dorf oder einer Stadt in der Umgebung sagt, daß man aus diesem einzigartigen, aus diesem verführenden, alten, verlorenen Laugharne kommt, wo einige Leute schon in den Ruhestand zu treten beginnen, bevor sie noch zu arbeiten begonnen haben, und wo längere Reisen von etlichen hundert Metern oft nur zu Fahrrad unternommen werden, dann, ja, dann rücken die Vorsichtigen gleich ein Stück weit ab, und es wird geflüstert und geseufzt und unter dem Tisch angestoßen, und bewegliche Gegenstände werden schnell entfernt.

»Gehen wir lieber, bevor noch der Wirbel losgeht«, hörst du.
»Laugharne, das ist der Ort, wo sie mit Bootshaken raufen.«
»Alle Frauen dort haben Schwimmhäute an den Füßen.«
»Vorsicht, der böse Blick!«
»Dort darf man nie bei Vollmond hingehen!«

Die sind alle nur neidisch. Sie beneiden Laugharne darum, daß es sich nur um seine eigenen seltsamen Angelegenheiten kümmert; um seine kluge Verachtung für alle Eile; um seine Großzügigkeit, mit der es die Narrheiten anderer hinnimmt, weil es doch selbst schon so viele reife laut pfeifende Narrheiten hat. Sie beneiden es um seine Inselfederbettatmosphäre, um seine Philosophie, daß in hundert Jahren ohnehin alles eins sein wird. Sie sind ungehalten, daß Laugharne in ihren Augen so unrecht haben und es sich dabei doch so wohlsein lassen kann. Und aus Neid und Empörung verschreien sie es als märchenhaft faules kleines hexensabbatruhiges Narrenhaus am Meer. Und ist es das wirklich? Natürlich nicht die Spur! Hoffentlich nicht, wenigstens.

Rückreise

SPRECHER
Es war ein kalter weißer Tag auf der Hauptstraße, und nichts hielt den schneidenden Wind ab, der vom Hafen her kam, denn wo die würfelig untersetzten und hohen Warenhäuser die Stadt vor der See geschützt hatten, dort lagen ihre zerbombten flachen Gräber, mit Schnee als Marmor und mit Zäunen als Grabsteinen. Hunde, behutsam wie Katzen in einer Lache, stapften über die verschwundenen Gebäude, als hätten sie Handschuhe an den Pfoten. Jungen tollten, hell und laut rufend, über eine eingeebnete Drogerie und einen Schuhladen, und ein kleines Mädchen mit einer

Männermütze warf einen Schneeball in einen kalten verlassenen Garten, der einmal *Die Kanne und Flasche des Prinzen von Wales* gewesen war. Ich konnte aus der Stadt den schneeumhüllten Hügel aufsteigen sehen, den man früher nie ordentlich hatte sehen können, und die gepuderten Felder der Dächer von Miltonterrasse und Watkinsstraße und Fullers Zeile. Mit Fischkörben, Netztaschen, Regenschirmen, Teufelsmützen, Pelzschuhen, blauen Nasen, blaubraunen Lippen, Scheuklappen gleich Brauereipferden, Wolltüchern, Fäustlingen, Galoschen, eingewickelt in alles bis auf die Katzendecke, knirschten Rudel von einkaufenden Frauen durch das kleine Lappland der ehemals grauen, schäbigen Straße, husteten und standen Schlange und sehnten sich nach heißem Tee, während ich frierend und früh an jenem bissigbösen Februarmorgen meine Suche kreuz und quer durch die Stadt Swansea begann. Ich ging ins Hotel. ›Guten Morgen‹.

Der Portier in der Hall antwortete nicht. Für ihn war ich einfach ein weiterer Schneemann. Er wußte nicht, daß ich jemand suchte, nach vierzehn Jahren, und er scherte sich auch nicht drum. Er stand und zitterte, und er starrte durchs Glas der Hoteltür auf die Schneeflocken, die vom Himmel herabgesegelt kamen wie sibirisches Konfetti. Die Bar machte gerade erst auf, aber ein Kunde schnaubte und fröstelte schon an der Theke, ein volles Glas halbgefrorenes Tawewasser in seiner wettergeschützten, dick vermummten Hand. Ich sagte guten Morgen, und das Barmädchen, das die Theke so emsig polierte wie ein seltenes wertvolles Stück Swanseaporzellan, sagte zu ihrem ersten Kunden:

BARMÄDCHEN

Schon den Film im Elysium gesehen, Mr. Griffiths? Schnee, was. Sind Sie mit dem Fahrrad heraufgekommen? Montag sind unsere Rohre geplatzt...

SPRECHER

Bitte, ein Seidel Bitter.

BARMÄDCHEN

Ein richtiger kleiner Teich in der Küche. Gummistiefel muß man tragen, wenn man ein Ei kochen will. Ein Schilling vier, bitte...

KUNDE
Dahier erwischts mich, wenns so kalt ist...

BARMÄDCHEN
... und acht Pence Wechselgeld, das ist Ihre Leber, Mr. Griffiths. Schon wieder über den Kakao hergefallen, was...?

SPRECHER
Könnten Sie mir vielleicht sagen, ob Sie sich an einen Freund von mir erinnern können? Er ist immer hierhergekommen, vor einigen Jahren. Jeden Morgen, so um diese Zeit.

KUNDE
Ja, genau hier erwischts mich. Ich weiß nicht, was erst wäre, wenn ich nicht mein Band tragen tät!...

BARMÄDCHEN
Wie heißt er denn?

SPRECHER
Der junge Thomas war es.

BARMÄDCHEN
Eine Menge Thomases kommen her. Das ist hier so eine Art Zuhause für sie, wenn sie sich zu Hause nicht zu Hause fühlen; hab' ich nicht recht, Mr. Griffiths? Wie schaut er denn aus?

SPRECHER *(langsam)*
Er wird so 17 oder 18 sein...

BARMÄDCHEN
... Ich war auch einmal 17...

SPRECHER
... und übermittelgroß. Ich meine übermittelgroß für Wales, 1 Meter 68$^{1}/_{2}$. Dicke Lippen, Stupsnase, mausbraune Locken; ein Vorderzahn ausgebrochen, als er im Wirtshaus *Zur Nixe* in Mumbles ein Spiel Hund und Katze gespielt hat. Spricht ziemlich geziert, dickköpfig, kann einem alles mögliche einreden, schneidet

ein bißchen auf. Knickerbockerhosen, tipptopp, aber kein Frühstück, Sie kennen ja den Typ; Gedichte von ihm waren gedruckt im *Herold von Wales*. Eins war über eine Freiluftaufführung von *Elektra* im Garten von Mrs. Bertie Perkins in Sketty. Hat in der Oberstadt gewohnt; so einer, der geschwollen daherredet, eine Art ländlicher Bohemien mit einer Künstlerkrawatte mit einem Mordsknoten. Er hat sie aus dem Halstuch von seiner Schwester gemacht, nie hat sie herausgekriegt, wo es hingekommen ist, und ein flaschengrün gefärbtes Krickethemd hat er getragen. Ein vielredender, ehrgeiziger, kraftprotziger, prätentiöser junger Mann; und auch so eine Art Maulwurf: wühlerisch und wählerisch.

BARMÄDCHEN

Wie sich das nur anhört! Was wollen Sie denn *so* einen überhaupt finden; möcht ich doch nicht mit der Feuerzange anrühren! Hab ich recht, Mr. Griffiths? Freilich, man kann nie wissen. Ich weiß noch, ein Mann ist hergekommen mit einem Affen. Hat ein halbes Glas für sich bestellt und ein volles für den Affen. Und war nicht einmal ein Italiener. Hat walisisch gesprochen wie ein Prediger.

SPRECHER

Die Bar füllte sich. Beschneite Geschäftsbäuche zwängten ihre Uhrketten an den Schanktisch. Schwarze runde Geschäftsmelonen, die jetzt feucht und weiß waren wie ein Weihnachtspudding in seinem Musselintuch, schlugen Wellen vor den dunstbeschlagenen Spiegeln. Die Stimme des Handels hallte streng durch die Schankstube:

ERSTE STIMME

Kalt genug für Sie, was?

ZWEITE STIMME

Und was machen Ihre Wasserrohre, Mr. Lewis?

DRITTE STIMME

Noch so ein Winter, und es ist aus mit mir, Mr. Evans.

VIERTE STIMME

Ich hab die Grippe.

ERSTE STIMME

Einen Doppelten für mich!

ZWEITE STIMME

Für mich auch!

BARMÄDCHEN

O.K., Baby!

KUNDE

Ich glaube, ich erinnere mich an einen, wie Sie ihn beschrieben haben. Sowas kanns ja nicht zweimal geben; hoff ich wenigstens! Der hat als Berichterstatter gearbeitet. Unten in den *Drei Laternen* hab ich ihn öfters gesehen. Hat schon ganz schön einen gehoben.

[Vertraulich.]

SPRECHER

Wie siehts denn jetzt aus in den *Drei Laternen*?

KUNDE

In den *Drei Laternen*? Überhaupt nicht. Die sind nicht da. Weg. Nichts, mein Lieber. Erinnern Sie sich noch an Ben Evans sein Kaufhaus? Ist doch gleich nebenan. Und Ben Evanses gibts auch nicht mehr.

[Verklingt.]

SPRECHER

Ich ging aus dem Hotel hinaus, in den Schnee, und ging die Hauptstraße hinunter, vorbei an den flachen weißen Wüsten, wo alle die Läden gewesen waren, Eddershaws Möbel, Currys Fahrräder, Kleiderhaus Donegal, Doktor Scholls Fußklinik, Burton-Anzüge, W. H. Smith: Buch- und Papierhandlung, Boots Drogerie, Leslies Store, Upsons Schuhe, *Der Prinz von Wales*, Tuckers Fischhandlung, Stead & Simpson – alle die Läden zerbombt und verschwunden. Vorbei an dem Loch im Raum, wo Hodges & Clothiers gewesen waren, die Schloßstraße hinunter, vorbei an den unsichtbaren Läden meiner Erinnerung, an Prices Fünfzig-Schilling-Anzüge, Crouch, dem Juwelier, Potter-Gilmore-Kostüme, Evans Juwelen, Masters Ausstattungen, *Stil und Mantel*,

Lennards Stiefel, *Formfest*, Kardoma-Café, R. E. Jones, Schneider Dean, David Evans, Zuckerbäcker Gregory, Bovega, Burtons, Lloyds Bank, und *nichts*. Und dann in die Tempelstraße eingebogen. Dort hatten die *Drei Laternen* gestanden; der alte Mac in seiner Ecke wie ein hoher Magistrat, und dort hatte auch der junge Thomas gestanden, den ich suchte, dort in der Ecke an Freitag-Zahltagabenden, mit Freddie Farr Half Hook, Bill Latham, Cliff Williams, Gareth Hughes, Eric Hughes, Glyn Lowry, ein Mann unter Männern mit stutzerhaft schiefem Hut; dort in diesem behaglichen selbstzufriedenen exklusiven, aus König Edwards Zeiten stammenden Allerheiligsten des besten Bitterbiers...

[Wirtshausgeräusche im Hintergrund.]

ALTER BERICHTERSTATTER
Weißt du noch, wie ich dich zum ersten Mal in die Totenhalle hinuntergenommen hab, junger Thomas? Er hat noch nie vorher 'nen Toten gesehen gehabt, Jungens! Bloß den alten Ron an einem Samstagabend. ›Wenn du ein richtiger Zeitungsmensch sein willst‹, habe ich ihm gesagt, ›da mußt du gut eingeführt sein in den richtigen Kreisen. Da mußt du *persona grata* sein im Leichenschauhaus, verstanden?‹ Ganz hellgrün ist er geworden, sage ich euch!

ERSTER JUNGER BERICHTERSTATTER
Schaut, jetzt wird er rot!

ALTER BERICHTERSTATTER
Und als wir hinkamen, was glaubt ihr, war? Die Anstreicher waren im Leichenschauhaus, das liebe alte Heim wieder ein bißchen schön herrichten! Oben auf Leitern, die Decke zurechtflicken! Und der junge Thomas hat sie gar nicht gesehen. Seine Kulleraugen konnten nicht los von der Marmorplatte, und wie einer von den Malern oben auf der Leiter mit ganz tiefer Stimme sagt: ›Guten Morgen, Gentlemen!‹, da fährt er auf in die Luft und zum Leichenschauhaus hinaus wie ein Frettchen. Na, jetzt lacht!

BARMÄDCHEN *(abseits)*
Sie haben schon genug gehabt, Mr. Roberts. Sie haben genau gehört, was ich gesagt hab!

[Geräusch eines sanften Handgemenges.]

ZWEITER JUNGER BERICHTERSTATTER *(leichthin)*
Da geht Mr. Roberts!

ALTER BERICHTERSTATTER
Na, gar nicht schlecht! Sehr zart schmeißen sie einen raus in dieser Kneipe...

ERSTER JUNGER BERICHTERSTATTER
Habt ihr mal den jungen Thomas gesehen, wie er unten in der Vetch über ein Fußballmatch berichtet hat? Nach *Punkten* wollte er ausrechnen, wies stand!

ZWEITER JUNGER BERICHTERSTATTER
Und oben in der Mannesmann-Halle, wie er schrie: ›Gute Fußarbeit!‹; und dabei torkelten ein paar Bergarbeiter herum, ganz dösig vor Boxhieben, wie die Jumboelefanten.

ERSTER JUNGER BERICHTERSTATTER
Was hast du denn heute an Neuigkeiten aufgeschnappt, junger Thomas?

ZWEITER JUNGER BERICHTERSTATTER
Thomas mit den zwei Schreibmaschinen, der König der Nachritendetektive!...

ALTER BERICHTERSTATTER
Laß uns mal in deinen Notizblock reinschauen! *[Liest:]* Bei der Britischen Legion nachgesehen: nichts. Im Hospital nachgefragt: ein gebrochenes Bein. Versteigerung im Metropol. Mister Beynon anrufen, in Sachen Gymanfa Ganu. Lunch: Glas Bier und Fleischpastete im Singleton mit Mrs. Giles. Basar in der Bethesda-Kapelle. Schornsteinfeuer in der Tontinestraße. Sonntagsschule in Walters Road macht einen Ausflug. In Skewen proben sie den *Mikado*... Mensch! Lauter große Sensationen! Titelseite!
[Verklingt.]

SPRECHER
Die Stimmen von vor vierzehn Jahren hingen schweigend im Schnee und in den Ruinen, und durch den fallenden Wintermorgen

ging ich weiter, durch die weiße verwüstete Stadtmitte, wo einmal ein sehr junger Mann, den ich kannte, herumgewühlt hatte, zwitscherkeck wie ein Spatz, nach den Brosamen und Abfällen, nach dem Kleingeld einer Stadt. In der Nähe des Gebäudes der *Abendpost,* nicht weit vom Trümmerrest des Schlosses, hielt ich einen Mann an, dessen Gesicht mir bekannt vorkam, wie von vor langer Zeit. Ich sagte: ›Ich wüßte doch gern, ob Sie mir sagen können...‹

PASSANT

Ja?

SPRECHER

Er spähte unter den Decken seiner Schals und unter den Schneeballen seines gestrickten Taucherhelms hervor wie ein Eskimo mit schlechtem Gewissen. Ich sagte: ›Ob Sie mir sagen können, ob Sie jemand gekannt haben, den man den jungen Thomas nannte. Er hat für die *Abendpost* gearbeitet und einen Überrock getragen, manchmal mit dem karierten Futter nach außen, so daß man auf ihm Riesenschach hätte spielen können. Er trug auch eine selbstbewußte Woodbinezigarette...‹

PASSANT

Was meinen Sie mit selbstbewußter Woodbinezigarette?

SPRECHER

›... und eine schiefe Schweinepastete mit einer Pfauenfeder auf dem Kopf. Und er hat immer versucht, wippend zu gehen wie ein richtiger Sensationsgeier, sogar dann, wenn er nur von einer Versammlung der *Büffel von Gorseinon* Bericht zu erstatten hatte.‹

PASSANT

Ach, den!? Der schuldet mir noch zweieinhalb Schilling. Ich habe ihn schon nicht mehr gesehen, seit es das alte Kardoma-Café nicht mehr gibt. Damals war er kein Berichterstatter. Kam eben erst von der Mittelschule. Er und Charlie, Charlie Fisher – Charlie hat jetzt einen Schnauzbart – und Tom Warner und Fred Janes, alle haben sie Milchkaffee getrunken und um die Wette diskutiert.

SPRECHER

Worüber denn?

PASSANT
Über Musik und Dichtung und Malerei und Politik, Einstein und Epstein, Strawinsky und Greta Garbo, Tod und Religion, Picasso und Mädchen...

SPRECHER
Und dann?

PASSANT
Kommunismus, Symbolismus, Kricket und Bradman, Braque, das Wachkomitee, freie Liebe, freies Bier, Mord, Michelangelo, Pingpong, Ehrgeiz, Sibelius und Mädchen...

SPRECHER
Ist das alles?

PASSANT
Wie Dan Jones die großartigste Symphonie komponieren würde, und Fred Janes das fabelhafteste, das allergenaueste Bild malen, und Charlie Fisher die größte Forelle fangen und Vernon Watkins und der junge Thomas die kochendsten Gedichte schreiben würden, wie sie alle Glocken von London läuten und die Stadt hochnehmen würden wie so ein Mädchen...

SPRECHER
Und dann nachher?

PASSANT
Ach, das Zischen der Zigarettenstümpfe in den Milchkaffeeresten, und das Klimpern und Schnickschnacken der morgenjungen grünschliefrigen Kaffeehauseidechsen, wenn sie über Augustus John, Emil Jannings, Carnera, Dracula, Amy Johnson, Probeehe, Taschengeld, das Meer in Wales, die Stars in London, den Gorilla King-Kong, Anarchie, Wettschießen, T.S. Eliot und Mädchen sprachen... Brrr, ist das eine Kälte!

SPRECHER
Und weiter lief er, in den derwischtanzenden Schnee hinein, ohne Guten Morgen oder Adieu, eingehüllt in seine Winterwollsachen wie ein Mann in die Insel seiner Taubheit, und ich hatte das

Empfinden, daß er vielleicht gar nicht stehengeblieben war, um mir von einem weiteren verflossenen Stadium in der Laufbahn des Jungen zu erzählen, dem ich auf der Spur war. Das Kardoma-Café war dem Schneeboden gleichgemacht, die Stimmen der Kaffeetrinker, Dichter, Maler und Musiker in ihrem ersten Flaum waren verloren in den willigen oder widerwilligen Flug der Jahre und der Flocken.

Die Collegestraße hinunter ging ich dann, vorüber an den unsichtbaren Läden meiner Erinnerung, an Langleys, Castle Zigarren, T. B. Brown, Pullars, Aubrey Jeremiah, Goddard Jones, Richards, Hornes, Marles, Pleasance & Harper, Star-Zubehör; dann Sidney Heath, das Wesley-Bethaus, und *nichts*... Meine Suche führte mich durch Wirtshaus und Arbeitsplatz und Café zurück zur Schule.

[Verklingende Schulglocke.]

SCHULMEISTER
Ach ja, ja, ich entsinne mich seiner gut,
obwohl ich nicht weiß, ob ich ihn jetzt erkennen würde:
Keiner wird jünger, und besser wird auch kaum einer,
und Jungen werden so ziemlich die Männer, die man voraussah,
obwohl manchmal natürlich die Schnurrbärte einen verwirren,
und man es schwer findet, seine Erinnerung an einen kleinen,
nicht zu sauberen Lausbuben, der vergeblich versucht, sich von
        Hausarbeiten zu drücken,
mit einem feurigen medaillenbehängten Feldwebel zu vereinen,
der drei Kinder hat, oder mit einem geschiedenen Bücherrevisor;
und es ist schwer zu begreifen,
daß irgendein kleiner zerzauster rebellischer Junge, dessen einziger
        Anspruch
auf Ruhm in seiner Klasse sein unbestrittenes Recht war,
auf die Meisterschaft im Weitspucken Anspruch zu erheben,
heute vielleicht mein eigener Bankdirektor sein kann.
Ach ja, ich entsinne mich seiner genau, des Jungen, den Sie da
        suchen.
Er sah aus wie die meisten Jungen, nicht besser, nicht klüger oder
        manierlicher,
er schwindelte, schrieb ab, verschüttete Tinte, klapperte mit dem
        Pult und

vertat seine Schulstunden ganz wie die schlechtesten Schüler.
Er konnte schmieren, ausweichen, grinsen, sich winden, jammern,
            wehklagen,
aufschneiden, zudringlich sein, rot werden, schwindeln, nichts-
            sagende Antworten geben,
er konnte stammeln, improvisieren, und alles mögliche vorschützen,
gekränkte Würde oder gerechte Empörung, als sei ihm das
            angeboren.
Trübselig und widerwillig am Mittwoch, wenn halbtags frei war,
mußte er nachsitzen, für irgendein kleines Verbrechen
in Turnlehrer Vogels Stunde, dem sie witzig den Spitznamen
Oiseau, und er war ein regelmäßiger Gast   [gaben
der strafweisen Extraklassen, versteckte sich im Waschraum vor
            der Algebrastunde,
wurde, als er noch neu war, von größeren Jungen in die
Büsche am unteren Spielplatz geworfen, und warf dann selber
Neue in die Büsche am unteren Spielplatz,
als er schon größer war.
Bei den Schulgebeten rutschte er hin und her,
er unterbrach selbstgefällig
mit den altbekannten unehrerbietigen Worten unsere Morgen-
er half den Rhabarber des Schuldirektors zertreten,   [hymne,
er war der Dreiunddreißigste in Sphärischer Trigonometrie,
und, wie man erwarten kann, Redakteur des Schulmagazins.

SPRECHER

Das Schulgebäude ist zerstört, die hallenden Korridore sind ver-
brannt, wo er gekritzelt und geschmiert und in den langen grünen
Tagen gegähnt und auf die Glocke und auf das In-den-Hof-Ren-
nen gewartet hat: die Schule auf dem Hügel von Mount Pleasant
hat ihr Aussehen und ihre Methoden verändert. Bald, sagen sie,
wird es vielleicht überhaupt nicht mehr die Schule sein, die er ge-
kannt und geliebt hat, als er ein Junge war, an dem nichts gut
war als einzig und allein das Blut in seinen Adern: Bomben ha-
ben die Namen aus der Schulhalle ausgelöscht und die einge-
schnitzten Initialen aus dem zerbrochenen Holz gebrannt. Aber
die Namen bleiben. Welche Namen der Toten kannte er? Wen
von den ehrenvollen Toten auf der Ehrenliste der Schule kannte
er vor so langer Zeit? Die Namen der Toten im lebendigen Her-

zen und Kopf bleiben für immer. Wen von allen Toten kannte er?

[Friedhofsglocke.]

STIMME

Evans, K. J. Bazzard, F. H.
Haines, G. C. Beer, I.. J.
Roberts, I. L. Bucknell, R.
Moxham, J. Tywford, G.
Thomas, H. Vagg, E. A.
Baines, W. Wright, G. ...

[Glocke verklingt.]

SPRECHER
Dann lavierte ich den schneeblinden Hügel hinunter; eine neunstürmige Katze schwänzelte und geißelte vom Meer her, und weiß und daunenbedeckt im erstickenden Gestöber stapften Menschen an mir vorbei, hinauf und hinunter, wie umherstreichende Federbetten. Und ich watete durch die knöchelhohe fußtiefe eine einzige Wolke, die die Stadt mit weißem Schaum bedeckte, in die eingeebnete Gowerstraße mit ihren dahingeschmolzenen Gebäuden, und die lange Helenengasse entlang. Nun führte mich meine Suche zurück zum Strand.

[Sachtes Geräusch des Meeres.]

SPRECHER
Nur zwei lebende Wesen standen auf der Promenade, in der Nähe des Kriegerdenkmals, und schauten hinaus auf das windzerschmissene Kristallglasmeer: Ein Mann in einem zerfressenen Schal und einer Jagdmütze, und ein zorniger Hund von gemischter Herkunft. Der Mann bebte vor Kälte, schlug die bloßen blauen Hände aneinander und wartete, daß ihm die See oder der Schnee irgendein Zeichen geben sollten. Der Hund schrie das Wetter an und heftete seine blutunterlaufenen Augen auf die vorspringende Steilküste von Mumbles. Aber als der Mann und ich miteinander sprachen, verzichtete der Hund aufs Wort. Er heftete seine Augen auf mich und machte mich für den Schnee verantwortlich. Der Mann sprach aufs Meer hinaus. Jahrein, jahraus, bei jedem Wetter, einmal am Tag und einmal in der Nacht kam er und sah aufs

Meer hinaus. Er kannte alle die Hunde und die jungen und alten Männer, die kamen, um das Meer zu sehen, die auf dem Sand liefen oder herumhüpften oder sich am Rande der Wellen hinbeugten, als untersuchten sie einen wilden weiten rollenden Mülleimer. Er kannte die Liebespaare, die sich in die Sandhügel legten, und die marschierenden Mannweiber, die ihre Terrier anbrüllten wie Tigerbändiger, und die diskutierenden Männer, deren Arbeit in dieser Welt es war, der großen Arbeit des Meeres zuzusehen. Er sagte:

PROMENADEMANN

Ach ja, ja. Erinnern tu mich gut an ihn, aber keinen Namen hab ich nicht gewußt. Ich weiß keine Namen nicht, von keinem von den Sandjungen. Die wissen ja auch nicht, wie ich heiß. So vierzehn, fünfzehn Jahre alt, sagen Sie, mit einer kleinen roten Mütze? Und unten an der Mündung vom Viviansbach hat er meistens gespielt? Er hat unter den Eisenbahnviadukten herumgestanden, sagen Sie, und sich an der Bahnstrecke unnütz gemacht und auf die alte See hinausgerufen. Auf den Dünen soll er sich herumgetrieben und die Öltanker und Schlepper und Bananenschiffe aus dem Hafen kommen gesehen haben. Er hat gesagt, er wird davonlaufen und zur See gehen, hat er gesagt? *Ja, ich weiß!* Am Samstagnachmittag ist er hinuntergegangen ans Meer, wenn es weit zurückgewichen ist zur Ebbezeit, und hat den Nebelhörnern zugehört, wenn er auch die Schiffe nicht sehen konnte. Und an Sonntagabenden nach der Kapelle ist er immer mit seinen Spießgesellen auf der Promenade herumspaziert und hat hinter den Mädchen hergepfiffen.

MÄDCHEN *(kichernd)*

Weiß deine Mutter, daß du nicht zu Hause bist? Geh schon weg; hör auf uns nachzulaufen!

[Ein zweites Mädchen kichert.]

MÄDCHEN

Du, sag du nur kein Wort nicht, Hetty! Tust ihn sonst nur ermutigen. Nein, ich danke Ihnen schön, Musje Frechdachs, mit Ihrem piekfeinen Kristallglasakzent und dem Herrn Papa seinen Hut! Ich will keinen Spaziergang in keinen Sanddünen nicht machen. *Was* haben Sie gesagt? Da hör zu, Het! hör ihm nur zu, der hat ein Wörterbuch verschluckt! Nein, ich will mit niemand nicht in keiner Allee im Mondschein gehen, verstanden!? Und Kinderverführerin bin ich auch keine nicht! Ich hab Sie in die Schule gehen sehen in der Terrassenstraße, Monsieur Augenblinzler, mit Ihrem kleinen Schulranzen und Ihrer roten Mütze und überhaupt. Was!? Sie haben mich gesehen mit meinem ... Nein, das ist nicht wahr! Hetty! Gib acht auf deine Brille! Hetty Harris, du bist grad so arg wie die! Also, geh doch endlich weg und mach deine Hausübungen, verstanden?! Nein, nicht ich! Ich bin niemandes Hausübung nicht! Hetty Harris, untersteh dich nicht und laß ihn! Nein, so eine Frechheit!... Also schön, aber nur bis ans Ende von der Promenade, verstanden? Aber nicht einen Schritt weiter...

PROMENADEMANN

Ach ja, ich hab ihn gut gekannt. Ich hab ihn zu Tausenden gekannt.

SPRECHER

Sogar jetzt, auf dem gefrorenen Strand vor den Klippen, schlitterte ein schriller ferner Jungenschrei, ganz wie von dem Jungen, den ich suchte, über das Glas der Bachmündungen, und wurde zurückgeworfen wie ein Schneeball, vom Himmel und von seinem eigenen Echo. Dann ging ich meinen Weg weiter, fort vom Meer, die Brynmillterrasse hinauf, und bog in die Glanbrydan Avenue ein, wo Bert Trick einen Krämerladen gehabt und in der Küche bei Sandwiches und Gelee und Blancmange der herrschenden Klasse den Untergang angedroht hatte. Und ich kam zu den Läden und Häusern der Oberstadt. Hier in dieser Nachbarschaft hatte die Reise dessen, den ich durch seine Vergangenheit verfolgte, begonnen.

[Alte Piano-Kinomusik im Hintergrund.]

ERSTE STIMME

Da stand damals das Flohkino, wo er den skalpierenden Indianern mit Jack Basset seine Kriegsrufe entgegenschmetterte, und sein Piffpaff den Donnerbüchsen der Pferdediebe.

SPRECHER

Jackie Basset, gefallen.

DRITTE STIMME

Da war einmal Mrs. Fergusons Laden, die die besten Lutschbonbons und Überraschungstüten für einen Groschen verkaufte, und auch eine Art süßen Klebstoff.

ERSTE STIMME

In den Feldern hinter Cwmdonkin Drive machten die Murrays Jagd auf ihn und auf alle Katzen.

ZWEITE STIMME

Jetzt kein Feuer mehr, wo die Lagerfeuer der Geächteten brannten und die paradiesischen Kartoffeln in der Asche rösteten.

DRITTE STIMME

Im Graig am Fuße des Stadthügels war er ein einsam jagender Wildtöter, der die Wölfe jagte (oder die Kaninchen) und den Stamm der roten Sioux (oder die Brüder Mitchell).
[Kinomusik verklingt, Kinderstimmen rezitieren im Hintergrund die Namen der Grafschaften von Wales.]

KINDERSTIMMEN

Pembroke,
Cardigan,
Carmarthen,
Glamorgan ...

ERSTE STIMME

In der Mirador-Schule hat er lesen und rechnen gelernt. Wer hat die häßlichsten Bastuntersätze gemacht? Wer hat das Wasser in Joyces Galoschen geschüttet, jeden Morgen verläßlich wie die Schuluhr? Am Nachmittag, wenn die Kinder artig waren, lasen sie laut aus dem Struwwelpeter, aber wenn sie schlimm waren, dann saßen sie allein im leeren Klassenzimmer und hörten von oben her die ferne, furchtbar traurige Musik der späten Klavierstunde.
[Die Kinderstimmen verklingen, die Klavierstunde geht im Hintergrund weiter.]

SPRECHER

Und ich ging hinauf, durch die weiße Allee, in den Cwmdonkin-Park, und der Schnee segelte immer noch, und die kindische einsame nachklingende Musik fingerte weiter im plötzlich sanftgewordenen Wind. Die Abenddämmerung schlug ihre Falten um den Park, wie ein zweiter, dunkler Schnee. Bald würde die Glocke läuten, zum Zeichen, daß die Tore geschlossen wurden, obwohl der Park ohnehin leer war. Der Parkwächter machte seine weißen Rundgänge, am Reservoir entlang, wo Schwäne geglitten waren. Ich stellte ihm meine Fragen und ging neben ihm her, die schneeverhüllten Wege hinauf, vorbei an begrabenen Beeten und schwerbeladenen völlig stillen dickbepelzten vogellosen Bäumen, zum letzten Tor hin. Er sagte:

PARKWÄCHTER

Ach ja, ja; ich hab ihn gut gekannt. Er ist immer auf das Reservoirgeländer geklettert und hat nach den alten Schwänen geschmissen. Wie ein junger Ziegenbock ist er übers Gras gerannt, wo er hätte von wegbleiben sollen. Hat Zweige von den Bäumen abgeschnitten und Worte in die Parkbänke schnitzt; im Felsengarten das Moos ausgerissen, und schnippschnapp durch die Dahlien gesäbelt. Im Musikpavillon gerauft, auf die Ulmen geklettert und oben in den Wipfeln gemaunzt wie ein Uhu. In den Büschen Feuer angezündet. Auf der grünen Böschung gespielt. Ja, ja, ich hab ihn gut gekannt. Ich glaube, er war immerzu lustig. Ich hab ihn zu Tausenden gekannt.

SPRECHER

Wir hatten das letzte Tor erreicht. Die Abenddämmerung zog sich um uns und um die Stadt zusammen. Ich fragte: ›Was ist jetzt aus ihm geworden?‹

PARKWÄCHTER

Tot.

SPRECHER

Der Parkwächter sagte:

[Die Parkglocke läutet.]

PARKWÄCHTER

Tot ... Tot ... Tot ... Tot ... Tot ... Tot ...

Zweiter Teil

Wilfred Owen

Dies ist kein Buch von Helden. Die Dichtung Englands ist noch
nicht
fähig, von ihnen zu sprechen. Es ist auch kein Buch von Taten
oder Ländern,
und auch nicht von Ruhm, Ehre, Herrschaft oder Macht, nur vom
Krieg.

Vor allem geht es diesem Buch nicht um Dichtung.
Sein Thema ist der Krieg und der Jammer des Krieges.
Die Dichtung liegt im Jammer.
Und doch richten sich diese Elegien nicht an diese Generation,
    und es ist keineswegs als Trost gemeint.

Vielleicht richten sie sich an die nächste.
Alles, was der Dichter heute tun kann, ist warnen.
Darum müssen die wahren Dichter die Wahrheit sagen.

Und das ist Wilfred Owens Vorwort zu einem Band seiner Gedichte, der England und der unduldsamen Welt die Dummheit, Unnatur, Entsetzlichkeit, Unmenschlichkeit und Ununterstützbarkeit des Krieges zeigen und die heroischen Lügen entlarven sollte, so daß alle sie erleiden und sehen konnten, die Bereitwilligkeit der Alten, die Jungen zu opfern, die Gleichgültigkeit, die Trauer, die Seele der Soldaten.
Dieser Band, wie er Wilfred Owen im Schützengraben, Granattrichter und Lazarett vorschwebte, im irren Mittelpunkt der Schlacht, in der zusammengesackten und ahnungsvollen Stille des Krankenurlaubs, ist nie erschienen. Aber viele der Gedichte, die in diesen Band aufgenommen werden sollten, sind geblieben, mit all ihrer Angst, wie damals, mit ihrer fortdauernden Schönheit, ihrer offenbaren Wahrheit und ihrer unbeachteten Warnung.

Wilfred Owen wurde 1893 geboren und 1918 getötet. Mit fünfundzwanzig Jahren war er der größte Dichter des ersten großen Krieges. Vielleicht wird er in Zukunft, wenn es dann noch Menschen gibt, die lesen, – und damit will ich sagen, wenn es dann überhaupt noch Menschen gibt – als einer der großen Dichter aller Kriege betrachtet werden. Aber nur der Krieg selbst kann das Problem der endgültigen Wahrheit seiner Dichtung oder der Dichtung irgendeines anderen wirklich lösen, der Krieg oder das Aufhören der Kriege.

Und dieses Mal, da, nach den Worten eines amerikanischen Kritikers, das Weltpublikum Zeuge dessen ist, was sehr wohl der letzte Akt seiner eigenen Tragödie sein könnte, und auf Hauptdarstellern besteht, die unsinnig genug sind, einen Weltuntergang zu inszenieren, spricht die Stimme der Dichtung Wilfred Owens zu uns von den kreisenden Bühnen dreier Jahrzehnte herab mit furchtbarer neuer Bedeutung und Stärke. Wir hatten seine Dichtung nicht vergessen, aber vielleicht hatten wir uns gestattet, ihrer nur als der Stimme *einer* ganz besonderen Zeit, *eines* Ortes, *eines* Krieges zu gedenken. Nun, am Anfang dessen, was in Zukunft Geschichtsschreibern vielleicht niemals als das Atomzeitalter bekannt sein wird – aus dem einfachen Grund, daß es vielleicht keine Geschichtsschreiber geben wird –, können wir beim Wiederlesen Owens sehen, daß er ein Dichter aller Zeiten, aller Orte und aller Kriege ist. Es gibt nur einen Krieg: den Krieg von Menschen gegen Menschen.

Owen hat uns weniger als sechzig Gedichte hinterlassen, viele davon vollendete Kunstwerke, manche davon Fragmente, manche in einigen Fassungen und Korrekturen; und das letzte von all seinen Gedichten erstirbt mitten in einer Zeile: »Laß uns nun schlafen ...« Ich werde nicht versuchen, seinen kurzen Lebenslauf nachzuzeichnen, von den ersten Nachahmungen seines geliebten Keats bis zum letzten überströmenden Flüstern »Schlafen« unten in den tiefen und widerhallenden Tunnels seiner »Seltsamen Begegnung«. Das hat schon Edmund Blunden getan, mit Geschick und Liebe, in der Einführung zu seiner wahrscheinlich endgültigen Ausgabe der Gedichte. Seine gesammelten Gedichte sind ein kleines, gewaltiges Buch. Die Arbeit – und gearbeitet hat er immer an seinen Gedichten wie ein Besessener oder wie eben ein Dichter – schritt von einer schwellenden Verzierung der Sprache, von einer blendenden, aber nur geborgten Melodie und einem ehrlichen Gefühl fort zu dunklen, schweren Assonanzen und Rhythmen, zu geläuterten und ineinander verwachsenen Worten, zu zürnendem Mitleid und prophetischem Ausspruch.

Aber das alles sind nur Worte, nur meine Worte. Wir wollen ihn hören, bevor wir versuchen ihn zu sehen, zu sehen auf irgendeiner flammenerhellten Lichtung auf den Schlachtfeldern Frankreichs und der Erde. Dieses Gedicht heißt »*Ausgesetzt*«.

I.

Unsere Hirne schmerzen in mitleidlos eisiger Ostwinde
                              Klammern...
Müd halten wir uns wach, denn die Nacht ist voll Stille...
Leuchtkugeln verwirren unseren Sinn für die Stelle.
Die Posten, bestürzt von der Ruhe, flüstern, klamm und
    Doch nichts geschieht.   [beklommen...

Wir wachen und hören den irren Wind am Stacheldraht zerrn,
Wie Männer, die zuckend verrecken in seinen Dornenhecken.
Im Norden der Artillerie endloses Flackern und Hacken,
Wie eines anderen Krieges ferner, gedämpfter Zorn,
    Was tun wir hier?

Des Tagesanbruchs Elend wird langsam bitter und groß...
Wir wissen: Krieg geht weiter, Regen näßt, Wolken tropfen.
Im Osten sammelt der Morgen seine traurigen trüben Truppen,
Greift wieder an in Reihen um Reihen zitternden Graus,
    Doch nichts geschieht.

Auf einmal streichen Kugeln da und dort durch die Stille,
Nicht tödlicher als die Luft, die schaudert schwarz vor Schnee,
Im Fluß der Flocken, die fliegen dort und da
Und tanzen im Wind und bleiben an keiner Stelle...
    Doch nichts geschieht.

II.

Blasse Flocken, verzagt und heimlich, tasten nach unserm Gesicht
Wir hocken in Löchern, gelehnt an vergessne Träume, vom Schnee
                                              gestellt

Und schauen tief in Gräben voll Gras. So dösen wir, sonnegestillt
Von Blütenblättern bedeckt, dorthin, wo die Amsel uns sucht.
 Ist's, daß wir sterben?

Unsre Geister ziehn langsam heim, dort flackert Kaminfeuerbrunst,
Dunkelrot Schlackenjuwelen, und Heimchen zirpen und tönen.
Die harmlosen Mäuse freun sich viel Stunden: das Haus gehört
 ihnen.
Läden und Türen sind alle geschlossen: geschlossen für uns –
 Wir kehren zurück zu unserem Sterben.

Weil wir glauben, sonst könnten freundliche Feuer nicht brennen,
Noch Sonnen je scheinen gut auf Kind oder Feld oder Frucht.
Dem unbesiegbaren Frühling Gottes gilt unsere Furcht:
Dazu sind wir geboren, dazu liegen wir hier bei den Würmern.
 Denn Gottes Liebe scheint zu sterben.

Heut nacht breitet sich Sein Frost auf den Schlamm und uns selber
Runzelt Stirnen stier und läßt Hände erstarren zu Fängen.   [aus.
Die Totengräber-Patrouille, Spaten in zittrigen Fingern,
Hält vor halbbekannten Gesichtern. All ihre Augen sind Eis. –
 Doch nichts geschieht.

Wer hat das geschrieben? Ein Junge von 23 oder 24 Jahren, in bequemen Verhältnissen geboren und erzogen, ernsthaft, literaturbeflissen, scheu, nie zuvor etwas Rauherem »ausgesetzt« als einer Überfahrt über den Ärmelkanal, mit einer Vorliebe für Endymion und frische Luft, bisher Studienhelfer an der Universität. Kurz zuvor, in Briefen an seine Mutter von der Somme im Jahre 1917, in jenem höllischen Winter, hat er noch geschrieben: »Es ist ein großes heldisches Gefühl, in Frankreich zu sein, und ich bin durchaus guten Mutes.« ... Oder er schrieb von seinen Kameraden: »Die rauheste Gesellschaft hartgesottener Sünder, in die ich je gepfercht wurde.« Als er zum ersten Mal die Kanonen hörte, schrieb er: »Es war ein Ton nicht ohne etwas Erhebendes.«

Und *dieser* junge Mann, der zuerst so konventionell, so sehr im Einklang mit seinen vorgefaßten Ideen von »Kampfesruhm« und ähnlichem Zeug reagiert hatte – Ideen, die er sehr bald darauf zerfetzen und zu Schlacken verbrennen sollte, – war es, der dieses

Gedicht geschrieben hat. Es war dieser junger Mann in Stahlhelm und Lederwams, in Fausthandschuhen, Gummistiefeln, im frierenden Regen der überfluteten Schützengräben, im Schlamm, der kein Schlamm war, sondern ein Riesenkrake aus saugendem Lehm, der die *»Hymne für die todgeweihte Jugend«* schrieb:

> Die sterben wie das Vieh. Was Totenglocken!?
> Nur der Kanonen ungeheurer Zorn,
> Nur stotternde Gewehre ohne Stocken
> Stammeln ihr hastiges Stoßgebet dort vorn.
>
> Kein Spott für sie, kein Läuten und kein Beter
> Und keine Trauerstimme. Chöre nur:
> Granatenchor: schrill jaulendes Gezeter,
> Und dann Trompetenruf von trüber Flur.
>
> Wer hält auf ihren Weg der Kerzen Schein?
> Nicht Knabenhände. Nein, in euren Blicken
> Soll heiliges Licht zum Abschied ihnen nicken.
>
> Der Mädchenstirnen Weiß soll ihnen Bahrtuch sein,
> Statt Blumen soll man zärtlich an sie denken,
> Und jede Dämmerung soll Schleier für sie senken.

Darin liegt kein Widerspruch. Der lerneifrige, gesunde junge Mann mit seiner Liebe zur Dichtung, wie wir ihn gegen den sicheren Hintergrund der Schule, der Universität und seiner Aufgaben als Studienhelfer sehen, ist genau derselbe, wie der düstere aber strahlende, selbstlose, entlarvende aber auch erhebende, unendlich zarte, demütige, aufgewühlte Seher und Verkünder der Hymne für die todgeweihte Jugend und für sich selbst. Es ist kein Unterschied, nur daß ihm die Welt geschehen ist. Und, wie Yeats einmal gesagt hat, alles geschieht in einem Lodern von Licht.

Die Welt war ihm geschehen. All ihr Leiden bewegte sich um ihn her und in ihm. Und sein intensives Mitgefühl für alle menschliche Furcht, für alle Angst und allen Schmerz und alles Leid erhielt die Stimme einer Posaune. Er wußte, so sicher, als wären ihm die Worte mit lauter Stimme verkündet worden, und das waren sie auch, obwohl sie die Worte der Wunden waren, von der Gestalt der Toten und von der Farbe des Blutes; er wußte, daß er allein unter den Menschen stand, um ihr Fürsprecher zu werden in ihrem Todeskampf, um die Mauern der Unwissenheit, des Hochmuts, der Kanzel und des Staats zu zerbrechen. Er stand da wie jedermann im Niemandsland:

Es ist wie der ewige Ort des Zähneklapperns; der Pfuhl der Verzweiflung konnte nicht Platz finden in einem seiner Kraterlöcher, die Feuer von Sodom und Gomorra könnten ihm keine Kerze entzünden – kein Licht, um einen Weg nach Babylon, der Gefallenen, zu finden.

Und aus diesem Erlebnis heraus schrieb er das Gedicht »*Größere Liebe*«.

Rote Lippen sind nicht so rot
Wie diese Stellen an Steinen, die die Engländer küßten im Tod.
Der Liebenden zartes Beisammensein
Scheint Schande neben dieser Liebe rein.
Liebste, dein Auge ladet nicht mehr ein
Wenn ich die Augen seh, an meiner Statt verloht.

Dein Körper, der zart sprießt,
Zittert nicht zart, wie Glieder dolchgespießt
Die rollen, rollen außer Rand und Band
Von Gott nicht mehr erkannt,
Bis ihrer Liebe Brand
In letzter Brüchigkeit des Todes schließt.

Dein Mund singt nicht so schön,
Ob er auch raunt wie Wind in Giebelhöhn,
Er ist nicht wunderbar
Nicht zart und abendklar
Wie ihre Lippen (uns nun unhörbar)
Seit Erde stopft der Münder Notgestöhn.

Herz, du warst niemals heiß,
Nicht groß, voll, wie ein Herz voll heißen Bleis.
Ist blaß auch deine Hand:
Blasser ich fand
Sie, die dein Kreuz durch Hagel ziehn und Brand.
Wein, du darfst weinen, denn du rührst nicht ihren Kreis.

Es war unmöglich für ihn, die Austeilung des Leides an sich vorübergehen zu lassen. Er konnte von keiner Wunde aussagen, die nicht seine eigene war. Er hatte so viele Tode zu sterben, und nur ein so kurzes Leben, in dem er sie alle erleiden mußte. Es hat keinen Sinn, sich vorzustellen, was aus Owen geworden wäre, wenn er weitergelebt hätte. Owen mit 26 oder 27 Jahren, ausgesetzt der Hysterie und den explodierten Werten eines falschen Friedens. Oder Owen heute, 53 Jahre alt, und die halbe Welt hungernd. Über Lebensalter und über Gedichte kann man nicht verallgemeinern. Die Gedichte eines Menschen, wenn sie gut sind, sind immer älter als er selbst, und manchmal sind sie alterslos. Wir wissen, daß die Form und die Struktur seiner Gedichte sich immer rastlos verändert hätte, wenn auch der Zweck hinter Struktur und Form sicher unabänderlich geblieben wäre. Owen hätte immer technische Experimente gemacht, wäre immer tiefer und tiefer zur endgültigen Intensität der Sprache vorgestoßen: zu den Worten hinter den Worten. Dichtung ist ihrer Natur nach ein Experiment. Alle dichterischen Antriebe treiben zur Schaffung eines Abenteuers. Und Abenteuer ist Bewegung. Und das Ende jedes Abenteuers ist ein neuer Antrieb, wieder zur Schöpfung vorzudringen. Wenn Owen weitergelebt hätte, hätte er niemals aufgehört zu experimentieren; und so mächtig war der Antrieb hinter seinem Werk, und so verwoben seltsam seine ständig wachsende Meisterschaft der Worte, daß er nie aufgehört hätte, das Werk seiner Zeitgenossen zu beeinflussen. Wäre er am Leben geblieben, so wäre die englische Dichtung heute anders. Die Entwicklung der Dichtung ist von Zufällen diktiert. Doch auch so ist er einer der vier Größten mit den tiefsten Einflüssen auf die Dichter, die nach ihm kamen. Die drei anderen sind Gerard Manley Hopkins, W. B. Yeats mit seinem Spätwerk, und T. S. Eliot.

Aber wir müssen zurückkehren, zurück von unseren Vermutungen, Verallgemeinerungen und Abstraktionen, zu Owens Dichtung selbst. Zum kurzen tapferen Leben, und zu den bleibenden Worten. Im Lazarett, wo er als »Fall von Neurasthenie« geführt wurde, beobachtete und erfuhr er die Martern der lebendig Toten, und er hat ihre »Philosophie« in dem furchtbaren Gedicht »*A Terre*«, festgehalten.

(Die Philosophie vieler Soldaten)

Setz dich aufs Bett. Bin voll Schrapnell und blind.
Vorsicht! Nein, ich geb keinem mehr die Hand.
Meine Arme meutern gegen mich – die Schlingel.
Die Finger zappeln wie zehn faule Bengel.
Soldatisch wollt ich draufgehn; doch nein, danke!
Man stirbt am Krieg wie an 'ner andern Kränke.
Verband liegt auf den Augen mir wie Münzen.
Meine Medaillen? Ja, daß sie nicht blinzeln!
Die bunten Orden? Meine eigene Haut
Geschunden rot vom Buckel. (Reim drauf heut!)

Kurz leben, aber lustig!? – Liebe Zeit!
Wir sagten früher: Nicht alt und zittrig sein ...
Doch nun? ... Auch kahl und fett sein, wär noch schön!
Wenn ich auch nur ein Spott der Kinder blieb,
So hört' ich ihre Witze doch! ... Ich glaub,
Ein eigenes Kind könnt ich nur dreinhaun lehren,
Krieg, Schießen, Jagd, nur wehtun und vertieren ...
Ja, das hab ich gelernt, – und Geld verdienen!
Hätt ich doch fünfzig Jahr noch, wie die deinen!
Sag mir, wie lang? Gott! Wärs doch nur *ein* Jahr,
Nur *ein* Jahr Luft, ich wollt sonst gar nichts mehr.
Ein Frühling nur, ist das zu viel? zu lange?
Der Frühlingswind, er fände meine Lunge
Mir wüchsen Beine, neu wie Flieder, bald!
Mein Bursch ist lahm, doch hör, wie fest der brüllt!
Wenn ich schon weg bin, kann er das noch lang!
Hier in dem Mumiensarg wünsch ich: wenns ging,
Möcht ich ihm später gern die Dielen fegen.
Auch ohne freien Tag wärs ein Vergnügen:
Auch Schmutz ist schön und ist mir nicht zuwider.
Schmutzhand ist besser als die Hand aus Moder,
Toter als hier die Sonnenstäubchen heut,
Kälter als Staub auf sonnenbrauner Haut.
Wär ich doch Schornsteinfeger, schwarz wie Stadt!
Trüg ich doch Mist, anstatt es selbst zu sein.
O Leben, Leben! Luft! Ratte im Graben,

Nicht schlimmer als unsres ist ein Rattenleben!
Wie die sich nachts im Keller sicher fühlen...
Die schießt man nicht zu Krüppeln, eh sie faulen!
Tote Menschen beneiden die lebenden Milben im Käs'
Oder gute Bakterien sogar um ihren Genuß,
Die teilen sich und finden nie den Tod.
Am besten habens Blumen, in der Tat:
»Ich werd Natur sein, eins mit Pflanzen, Steinen«
Sagt Shelley... Shelley könnt nicht einmal stöhnen!
Der dümmste Tommy liebt schon den Vergleich;
Du kennst das Wort: »Wir stemmen Blumen hoch!«
So werde Korn mein Fett, mein Saft soll blühn,
Auch Totenseife nützt des Lebens Plan.
Wird wohl der Boche je Menschensuppe brau'n?

Auch das einmal, wenn...
      Freund, mir ist gewiß
Viel wohler bei den Blumen, die ihr Gras
Friedlicher teilen – und den Regenguß.
Sanft wie vor Zeiten streichelt mich dann Wasser
Und nichts als Sonne kann mich mehr berühren.
Schrapnells krepieren? Ich werd sie nicht hören,
Und zuck ich auch, so werd ichs doch nicht wissen.
Verlach nicht meiner Seele armen Trost!
Ich weiß, Soldaten wächst die Seele meist
Erst wieder, wenn sie grün sind: Gras und Baum...
Sonst läßt man sie hier lieber doch daheim...

Sie ist ein Schmerzlein, langt nach deiner Brust,
Steigt schluchzend auf zur Kehle, leicht verweht
Von andern Seufzern und von frischern Winden.

Trag meinen weinenden Geist, bis ihm der Durst vergeht
Nach Blut, das übrig blieb in diesen Wunden.

Ihn zu sehen, in seiner flammenerhellten Umgebung, gegen den Hintergrund der nun zernarbten und kraterzerklüfteten Kriegslandschaft, zitternd im Schnee unter dem schneidenden Wind, gefangen in einer gefrorenen Wüste, oder in einem Schlammofen weinend, daß seine »Sinne verkohlt sind«, das heißt einen Mann sehen, der zu redender Einmauerung verurteilt ist. Er begräbt seinen zerschmetterten Kopf in seine eigenen versengten Hände und ist selbst der Priester, der den Klagegesang leitet, der Selbstmörder, der Sonnenuntergang. Er ist das, was alle anrührt. Er ist die Glocke der Kirche des zerbrochenen Leibes. Er schreibt Liebesbriefe nach Hause, für die Toten, die nicht lesen und schreiben können. Unwissend, unbekümmert, unglücklich wie alle anderen blutbedeckten Soldaten ist er ihr Wortführer, von den Granaten zur Rede aufgerüttelt, obwohl vielleicht niemand versteht. Er ist es zufrieden, der Prophet zu sein, der nichts gilt in des Todes eigenem Land: Denn Ruhm war, wie er gesagt hat, das letzte Gebrechen, nach dem ihn gelüstete.

Keines von den Gedichten, die Sie hier gehört haben, wurde zu Owens Lebzeiten veröffentlicht. Er sah wenig oder nichts von seinen Werken in Druck. Aber ich will nicht den Eindruck erwekken, als habe er immer in intellektueller Einsamkeit geschrieben, oder als habe er seine Gedichte mit sich herumgetragen wie dunkle Geheimnisse, die man nicht mitteilen kann. Siegfried Sassoon hat beschrieben, wie eines Tages, in einem Sanatorium für »Granatenschockfälle«, wie man sie damals nannte, Owen, den er nicht kannte, in sein Zimmer kam, mit einem Exemplar von Sassoons eben veröffentlichten Gedichten, und ihn schüchtern um sein Autogramm bat. Und Sassoon und Owen sprachen über Gedichte. Sassoon dozierte einigermaßen, wie er selbst berichtet, und sprach etwas gönnerhaft zu diesem bescheidenen schüchternen jungen Mann. Und Owen gab ihm, als er ging, einige Gedichte und bat ihn, ob er sie sich ansehen und ihm sagen wolle, ob sie brauchbar seien. Und Sassoon sah, daß sie gut waren. Und das sahen auch einige andere Dichter und Literaturkenner, an die Sassoon sie schickte. Und so wurden Vorbereitungen getroffen, sie als Buch zu veröffentlichen. Owen hat dieses Buch nie gesehen.

Es gibt viele Aspekte von Owens Leben und Arbeit, die ich überhaupt nicht berührt habe. In diesen Gedanken und Notizen zwischen seinen Gedichten habe ich mich nur um eines bemüht, und das steht auch in den Gedichten selbst. Owens Worte haben mir, und ich hoffe und weiß, auch Ihnen, gezeigt, was die Haltung im Unglück war, die er wählte, ohne deswegen erst eine intellektuelle Wahl zu treffen. Aber bedenken Sie, Owen war nicht ein

»weiser Mann«, wenn man darunter einen versteht, der für sich seinen eigenen wahren Glauben entdeckt hat, den einzig richtigen Weg. Er glaubte, daß es keinen einzig richtigen Weg gibt, weil alle Wege von Abzweigungen und Furchen und Fallgruben der Unwissenheit und Ungerechtigkeit und Gleichgültigkeit zerrissen sind. Er selbst war nicht zuversichtlich, und er mißtraute sich selbst. Er mußte im Unrecht sein: ungeschickt, oft manieriert, unklar, ratlos. Wie zuletzt jeder einzelne Mensch, mußte er den ganzen Krieg ganz allein auskämpfen. Er verlor, und er gewann. In einem Brief gegen Ende seines Lebens und seiner vielen Tode zitierte er Rabindranath Tagore: »Wenn ich von hier gehe, soll dies mein Scheidewort sein, daß das, was ich gesehen habe, unüberbietbar ist.«

Er wurde am 4. November 1918 getötet. Dies ist sein letztes, unvollendetes Gedicht, das nach seinem Tod unter seinen Papieren gefunden wurde: »*Seltsame Begegnung*«

> Mir war, als hätt mich's aus der Schlacht geholt
> In einen alten Schacht, tief, längst gehöhlt
> Aus vom Titanenkampf zerfetzten Steinen.
> Doch dort auch fand ich sie im Schlaf schwer stöhnen
> Oder im Tod?... zu tief, daß man sie störte.
> Dann stieß ich sie. Einer sprang auf und starrte,
> Erkennen jämmerlich in stieren Augen,
> Die Hände hoch, die armen, wie zum Segen.
> Sein Lächeln zeigte mir die ganze Halle:
> Sein totes Lächeln zeigte mir die Hölle.
> Von Qual war sein Gesicht verätzt, gebläht,
> „Doch floß von oben hier herab kein Blut,
> In diesen Schlund drang kein Geschützlärm her...
> »Freund«, sagt' ich, »'s ist kein Grund zur Klage hier.«
> »Nein«, sprach er, »nur die Jahre weggerafft,
> Das Hoffnungslossein: was in dir noch hofft,
> War auch m e i n Leben: ich ging jagen, wild,
> Und nach der wildesten Schönheit der Welt,
> Die nicht im Aug still liegt, im Flechtenhaar,
> Sondern die Zeit verhöhnt, die fließt daher,
> Und trauert, wenn sie trauert, mehr als hier!
> Denn viele hätten sonst mit mir gelacht,

Und meine Tränen hätten ihre Frucht
Getragen, die nun stirbt: Die Wahrheit, ungesagt,
Vom Jammer des Krieges, vom Jammer, den Krieg zeugt,
Wenn Menschen zufrieden mit unserem Abfall darben
Oder unzufrieden blutig aufbrausend verderben.
Sie werden springen, wie die Tigerin anspringt,
Schritt halten, wo ein Volk vom Fortschritt abschwenkt ...
Mut war mein, und ich hatte Heiligkeit,
Weisheit war mein, ich hatte Herrlichkeit:
Nicht mitzugehn den Rückschritt dieser Welt
In eitle Burgen mit Gräben, doch nicht umwallt.
Hätt' dann viel Blut der Kriegswagen Räder verklebt,
Ich hätte sie aus reinem Quell gelabt
Mit Wahrheiten zu tief für Alltagsschmutz:
Freigebig vergossen hätt' ich meinen Schatz:
Doch nicht aus Wunden, nicht in Krieges Kot.
Auch ohne Wunden stand auf Stirnen Blut! ...
Ich bin der Feind, den du erschlugst, mein Freund.
Wie hier im Dunkel sahst du gestern fremd
Durch mich hindurch und stachst mich durch die Kehle ...
Ich wehrte mich, doch ich war klamm vor Kälte ...
Laß uns nun schlafen ...«

Walter de la Mare als Prosaschriftsteller

»Ich sag halt immer: Solang du kannst, bleib auf dieser Seite vom Grab! Laß dieses Loch in Frieden. Und warum? Denn es ist zwar schon so, daß du eines schönen Tages dort hinunter mußt, aber solang du hier oben bist, kannst du niemals so ganz sicher sein, was da nicht alles von dort herauskommen könnte.

Dort wird es keine Trennungen geben – hab ich sie leiern gehört bei ihren Gottesdiensten, wie die Misteldrosseln im Frühling. Ich glaub nur, sie vergessen dabei, daß es dort vielleicht die eine oder andere gewaltig unangenehme *Begegnung* geben könnte. Und wie ist es denn überhaupt mit diesem anderen Ufer? Ich glaub immer, es gibt so eine Art Fähre, die auf diesem Fluß hin- und herfährt.

Und das Zurückkommen, ja, das hängt davon ab, *wozu du zurückkommen willst.*«

So brummt ein alter, ziemlich kleiner Mann, eingehüllt in einen sehr achtunggebietenden Mantel, der mindestens zwei Nummern zu groß für ihn ist, in einem dunklen Winkel des nur von einem Kaminfeuer erhellten Stationswartezimmers in Walter de la Mares unbehaglicher Geschichte *Crewe*.

Wie viele von dem Heer der unangenehmen Gespenster, von der anderen Seite der rasiermesserscharfen Schneide, aus dem falschen Zimmer, aus dem vollgepfropften Grab, aus dem herumvagabundierenden Hernach, aus ihren schlauen Löchern, kriechen herüber und in die schäbigen Wartezimmer, die kribbelnden Eisenbahnzüge, die gaslampenerhellten spätviktorianischen Teelokale, die selbst die Farbe von gesottenem Tee haben, wo auf die Seele heruntergekommene Fremde ihre Geschichten aneinanderstückeln, und lassen Tropfen um Tropfen die Schatten ihrer grauen oder schwarzen, verlorenen und verschwommenen unterweltlichen Geheimnisse fallen. Die Gespenster Mr. Walter de la Mares verbreiten zwar ihren Dunst und reißen aus und sind manchmal in alten Häusern zur dafür bestimmten üblen Stunde bei ihrem ansteckenden Treiben zu hören, aber zu sehen bekommst du sie nicht. Nur besteht keine Sicherheit, daß nicht sie dich sehen.

Und erinnerst du dich in einer seiner Geschichten der Vogelscheuche, die mit einem Mal auftaucht, in einem Kornfeld hinter einem Haus, wo sich vor kurzem ein Mann erhängt hat:

»›Kommt Ihnen die Luft um diese Vogelscheuche herum nicht irgendwie komisch vor?‹ fragte ich ihn. ›Sonderbar komisch, sozusagen als ob sie zitterte?‹ ›Das ist die Hitze‹, sagte er, aber seine Lippen zitterten.«

Und die entsetzliche Vision der Maske eines Gesichtes und Kopfes, die auf Mr. Blooms Kissen liegt. Und die besudelten unsichtbaren Anwesenheiten, die durch das Schlachthaus von Seatons aufgedunsener gräberentleerender Tante sickern. Hier in diesem Haus und in all den anderen durchtränkten, von Totengeschichten erfüllten Häusern, über deren Korridore und Treppen die Vergangenheit pfeift und in deren großen Spiegeln du hinter dir einen langen Gang angedeuteter Gesichter siehst, und in deren hohen Betten du Laken und Albtraum mit einem unberührbaren, verschrobenen Bettgenossen teilst, oder mit dem stotternden Echo eines Geräusches, von dem du wünschst, daß es nie angefangen hätte, sind die meisten Dinge, die geschehen, ganz alltäglich, oder doch *fast* ganz alltäglich, und außerdem schäbig. Es sind Häuser, die in der Zeit aufgehängt sind und in denen die Zeitlosigkeit ausbricht.

Walter de la Mares *erste* Kindheitswelt ist gerade so »phantasmagorisch« und »einsam« wie die Hans Andersens, aber selten so grausam – oder so lebendig. Wir kommen zu der Erkenntnis, daß eine gewaltige mythologische Entfernung diese Welt, wo Kay und Gerda für immer atmen, von jener trennt, in der die Einsamskinder von de la Mares großen Geschichten ihren Träumen, ihrer Liebe und ihren Überraschungen nachgehen. Das Land, dessen Behausungen, dessen große schläfrige Wiesen, von Märzmorgen blau und bedrängt und trübe, dessen ferne kalte Türme und Turmspitzen von Wolken oder Hügeln, dessen Täler und gebannte Bannwälder, dessen graugrüne Talschluchten und mistelverzweigte und mit tiefer Brunnenkresse bewachsene Alleen die Kinder seiner ersten Geschichten bevölkern, unsicher machen und begleitet von schwerer Musik bei Nacht durchgleiten und durchirren, ist ein Land der Bücher. Hans Andersens Gestalten bewegen sich in einer Magie, die bis dahin noch nicht zusammengereimt, geschildert oder niedergeschrieben war, sondern die erst in diesem Augenblick durch ihre eigene liebliche Bewegung geschaffen wird und nur dazu da ist, von ihnen selbst bewohnt zu werden. Dagegen ist die Welt, zum Beispiel in *Henry Brocken*, der ersten von de la Mares langen Geschichten, durch die der bezauberte Knabe auf seiner sanften Rosinante streift, aus den Bäumen und Wettern, aus den Mooren, Morgen und Abenden, Hainen, Hügeln, Sonnen, Sternen und Gärten geschriebener, erinnerter Worte zusammengesetzt, aus Bunyans Allegorie und Swifts Satire, aus der Dichtung eines Wordsworth, Herrick, Shakespeare, Poe und Keats. Hier trifft der verliebte Henry Brocken im Bibliotheksland, tief verschlungen in die Umstrickungen des Nekromantischen Balls, seine Lucy Gray, Jane Eyre, Julia, Elektra, Dianame, Anthea, Nick Bottom, Dornröschen, Gulliver, die Schöne Dame ohne Gnade, und Annabell Lee. Aber überreich verziert, entfernt und verwurzelt in »Grübelgespinste«, dieses verschwommene Lieblingswort, bleibt das Abenteuer nichts als Schatten. Henry Brocken ist ein sternäugiges Märchenbuchlied, gesungen auf einem geborgten Gaul.

Die Fabelerde besteht aus Wolken. Die Wolken sind Spiegelungen und Echos von Meereswogen, die sich wieder auf andere Worte reimen. Zwar selten nur niedlich oder erkünstelt, ist diese Geschichte doch zu oft traurig-süß und monoton.

Als aber Walter de la Mare fortfuhr zu schreiben, fuhren auch seine Kinder fort zu wachsen. Sie wuchsen nicht zu jungen Leuten heran, sondern zu Kindern. Sie verloren jenes verloren taufeuchte Staunen, und wenn sie sich bewegten, obwohl immer noch auf seltsamen Wegen, so raschelten sie nicht mehr wie die Seiten eines alten Buches, die in einer von einer Lampe erhellten braunen Bücherstube von einer blassen, fast gebrechlichen, aber tintenfleckigen Hand umgeblättert werden. »Heimwehkrank«, »weltverloren«, »verirrt und schweigend« – diese Worte wurden seltener gebraucht, wenn auch die Sehnsucht nach der »traurigen Heiterkeit« der Vergangenheit, die Einsamkeit, die Stille und der Wahn immer noch blieben.

Es war Walter de la Mares Sinn für die ganz natürliche Sonderbarkeit und Unmittelbarkeit der Kindheit zu verdanken, daß aus der tapetenschweren und *unnatürlichen* »Ferne« eines *Henry Brocken* eine Geschichte wie *Der Mandelbaum* auftauchte, zutiefst bewegt und bewegend.

Nicholas im *Mandelbaum* ist, um Forrest Reid zu zitieren, »der erste eines ganzen Geschlechtes von seltsamen, launischen, intelligenten, gefährlich sensitiven und unendlich lebendigen kleinen Jungen«. In späteren Geschichten trägt er einen anderen Namen, ist älter oder jünger, trauriger oder lustiger, von dunklerer List oder kälterer Unschuld getragen, einmal verstrickt und verfangen in Dornenhecken der Liebe, ein andermal kritisch und distanziert, von einem leichten Lächeln umspielt, trotz Furcht und bösen Fährnissen; aber immer sind seine Augen die gleichen. Durch diese Augen sehen wir die erstaunlichen Systeme, die unvorhersagbare Ordnung eines Lebens am Rande seiner eigenen Antwort, oder bebend auf giftiger Schwelle.

Nur bei unwesentlichen Anlässen kommen Walter de la Mares Kinder miteinander in Berührung. Fast immer sehen wir sie in ihren Beziehungen zu ungewöhnlichen, abseitigen Männern und Frauen. Und auch von diesen Kindern sind es nur die kleinen Jungen, die wirklich werden. Die kleinen Mädchen leben in einer entfernten und noch gebrechlicheren Vergangenheit.

Eine »*noch* gebrechlichere« Vergangenheit; denn der Vergangenheit, den alten Tagen, dem alten Eisen und den alten Weisen, hält er immer die Treue, alten Häusern und Landschaften, alten Sitten, Düften und Farben. Seine Kinder lungern, staunen und nehmen wahr. Seine Männer und Frauen leiden, lieben und werden von Geistern verfolgt, seine Wetter brechen herein, seine Toten hinter der Täfelung verwehen und entgleiten, und alles in einer Zeit und an einem Ort vor seiner eigenen Geburt. Sein ländliches Leben ist das, von dem seine Mutter noch wußte, daß ihre Mutter ihr davon erzählt hatte, und von dem sie ihm erzählte, als er ein Kind war. Die Kindheitserinnerungen seiner Phantasie gehören alle einer zeitlosen Vergangenheit an, die vor seiner eigenen liegt.

Walter de la Mares Geschichten erschienen zuerst um 1900. Einer der ersten Kritiker, der den erwachenden Genius erkannte, war Francis Thompson. In all den Jahren seither hat de la Mare lange und kurze Geschichten geschrieben, für Kinder, über Kinder, für erwachsene Männer und für tote Männer, für die Ungeborenen und für seinen Lebensunterhalt, für nichts, und für die beste Belohnung, unschuldig und mit großem und tiefem Können, zum Vergnügen und zum Spaß, für das Leid und für sich selbst.

Seine Einflüsse? Sir Thomas Browne, de Quincey, *Ecclesiastes,* Henry James, Emily Brontë, Stevenson, Poe, Traherne. Und dann später vielleicht Julien Green. Sein Stil? Der zeigt sich in seinen Geschichten. Ganz im Anfang war er, glaube ich, blumenreichen und überschwenglichen Worten zugetan; er verwendete viele Schablonen, aber es waren immer die rechten. Es war eine Spur von Altjüngferlichkeit, sogar für einen jungen Mann, in seiner Haltung zur Liebe von Mann und Frau. Das ländliche Grauen war ein klein wenig zu idyllisch, so daß man nicht das Gefühl hatte, draußen im Holzverschlag sei irgendwas faul, sondern nur, daß unter den Wollkörbchen in der guten Stube fürwahr der Teufel los sei. Zeit und Schauplatz seiner Geschichten? Irgendwo im ländlichen England, sagen wir irgendwann nach 1830 und knapp vor dem nächsten Leben. In seinen reiferen dramatischen Geschichten über erwachsene menschliche Beziehungen bedient er sich oft einer Art von zusammengerolltem Monolog, der zuweilen an den Geist eines auf dem Festland gestrandeten Joseph Conrad erinnert, der hinter einem Blumentopf mit Farnen hervorspricht. Eine Schwäche seines Prosastils, die sich in seinen Gedichten nie zeigt, war eine gewisse Verdickung des Gefüges wie dicke Tunke. Und seine kultivierte Sprache, die, gerade wenn sie einfach schien, reicher denn je an Kunstmitteln und Anklängen war, paßte meines Achtens nicht gut zur mehr oder minder einfachen Geschichte, oder zu grotesken Märchen. Seine wirklichen Feen sind etwa so liebenswürdig wie der Vampir Dracula. Und sein Thema ist immer das unmittelbare Drohen seelischer Gefahr.

Sir Philip Sidney

Unter den Argumenten der *Verteidigung der Poesie* steht, daß der Dichter der größte Lehrmeister des Wissens ist, denn er lehrt kraft einer göttlichen Ergötzlichkeit.

»Denn«, schrieb Sir Philip Sidney, »nicht nur zeigt er den Weg, sondern er eröffnet auch einen so süßen Ausblick auf diesen Weg, daß er männiglich verlocken wird, denselben zu betreten. Gibt er dir doch, gleich als führte deine Reise durch einen anmutigen Weinberg, von Anfang an eine volle Traube voll von solchem Vorgeschmack, daß du begierig wirst weiterzuschreiten. Er fängt nicht mit dunklen Definitionen an, die den Rand mit Glossen verunzieren und das Gedächtnis mit Zweifel beladen, sondern er naht sich dir mit Worten, in ergötzliche Maße gefügt, und entweder von der bezaubernden Kunst der Musik begleitet, oder doch für sie bereit; und zudem kommt er fürwahr mit einer Geschichte zu dir, mit einer Geschichte, welche die Kinder vom Spiele fernhält und die alten Männer von ihrem Winkel am Kamin.«

Die *Defence of Poesie* – die Verteidigung der Poesie, ist eine Verteidigung des Lebens der Phantasie, eine Verteidigung der Pflicht und der Freude des einzelnen Dichters, der unter den Menschen inmitten der kreisenden Welt lebt, die zu seinen Lebzeiten so wenig Zeit für ihn hat. Manchmal melancholisch, oft Abstand wahrend, stolz und diplomatisch, oft zart und leidenschaftlich, unabdingbar ehrlich, übte er auf alle, die ihm begegneten, seinen gewichtigen Zauber aus. Er sann ernstlich über sich nach und fand sich erfreulich oder anrüchig, je nachdem, wie der Wind der Liebe wehte und das Leben am Hof Königin Elisabeths gefährlich wurde oder schlaff, flatterhaft oder degradiert, je nachdem, wie eine seichte Justiz erbebte, wie Abenteurer mit falschen Karten rund um die wirkliche reiche brüllende Welt segelten.

Schon als er ein Kind war, in Penshurst oder in Wales, merkten seine Eltern, wie ernst ihr Knabe sei, und »ermahnten ihn, guter Dinge zu sein«. Schon als Kind, rühmt Fulke Greville ihm nach, sei er »von solcher Festigkeit des Sinnes, von so lieblichem und anmutigem Ernst gewesen, daß seine Anmut und seine Achtung viel reiferen Jahren voraus war«. Sir Philip Sidneys Mutter war die Tochter John Dudleys, des Herzogs von Northumberland, der für seinen Anteil daran, daß Lady Jane Grey den Thron von England bestiegen hatte, enthauptet wurde. Diese kurze Episode brachte Tod und Verheerung über seine gesamte mütterliche Verwandtschaft. Sidney kann nie vergessen haben, was ihm seine Mutter erzählt haben muß: Jene Lady Mary Sidney, die Königin Elisabeth pflegte, als sie an den Blattern darniederlag, und die dabei selbst an der Seuche erkrankte, so furchtbar, daß sie selbst zu Hause immer eine Maske trug. Er kann nie vergessen haben, daß Guildford Dudley, der Bruder seiner Mutter, Jane Grey geheiratet hatte, daß sie, auf dem Weg als Königin ausgerufen zu werden, in ihrem Kleid aus grünem Samt so zart und klein war, daß man sie auf sehr hohe Kothurne stellte, damit sie größer aussehen solle. »Sie war 16, Guildford war ein sehr großer, starker Junge mit hellem Haar, der ihr viel Aufmerksamkeit erzeigte.« Auf dem Weg zum Schafott hielt sie ein Gebetbuch in der Hand und trug ein schwarzes Kleid.

Sidneys Vater, Sir Henry, war der tüchtigste Gouverneur von Irland unter Königin Elisabeth. Er schrieb an seinen kleinen Sohn, der damals die Schule zu Shrewsbury besuchte, folgende kluge Ratschläge:

»Nur selten trink Wein, zuweilen aber doch, auf daß Du nicht, so Du einmal plötzlich trinken mußt, unversehens in Glut geratest.

Sei höflich an Gebärden und freundlich gegen alle, und erzeige jedem Deinen Respekt nach Maß der Würde der Person; denn nichts gewinnt so viel um so geringen Preis.

Erzeige Dich fröhlich, denn Du schlägst aus Deines Vaters Art, so Du Dich nicht an Körper und Geist in bester Verfassung und fähig zu jedwedem Tun findest, just wenn Du am fröhlichsten bist. Laß aber Deine Fröhlichkeit frei sein von aller Verschrobenheit und von beißenden Worten gegen andere.«

Drei wichtige Ereignisse aus Sidneys Knabenzeit gehören zu dem wenigen, was wir von ihm wissen: Er und Fulke Greville, der später so viel und so ergreifend über ihn schrieb, kamen am gleichen Tag auf die Schule zu Shrewsbury. Das war im Jahr 1564.

1566, mit zwölf Jahren, erhielt er Virgils Gedichte geschenkt. Und im Sommer jenes Jahres wurde er von seinem Onkel, dem Earl von Leicester und Kanzler der Universität, von Shrewsbury nach Oxford entboten. Dort sah er zum ersten Mal Königin Elisabeth in ihrem für seine jungen Augen unkomplizierten Glanz. Sidney war als Kind von charmanter und anmutiger Erscheinung, wie Thomas Moffett in seinen kürzlich entdeckten und übersetzten *Nobilis* und *Lessus Lugubris* bezeugt.

Er war »ausgestattet mit reichen Gaben der Natur, mit einer starken und fast männlichen Stimme, und in jeder Hinsicht mit einer umfassenden, absoluten Vollkommenheit des Geistes wie auch des Körpers. Wenn er als Dreijähriger den Mond erblickte, mit reinen Händen und bedecktem Kopf, so pflegte er zu ihm zu beten und ihm andächtige Ehrfurcht zu erweisen«. Davon handelt Sir Philip Sidneys Sonett:

> Wie traurigen Schritts du, Mond, zum Himmel ziehst,
> Wie schweigend, mit wie bleichem Antlitz dort?
> Was mag es sein, daß selbst am Himmelsort
> Der Schütze prüfend scharfe Pfeile schießt?
>
> Ja! wenn mein liebeskundig Aug erschließt,
> Was dein Blick sagt, so weiß ich es sofort:
> Ich seh in dir schmachtender Liebe Hort,
> Ich fühl wie du, der gleiches Los genießt.
>
> Drum sag mir, Mond, da wir Gefährten sind,
> Gilt auch bei euch Treu nur als Torheit noch?
> Sind dort die Schönen stolz, wie hier man's findt?
> Sehn sie sich gern geliebt und schmähen doch
>
> Die Liebenden, wenn die ihr Herz verzehrt?
> Wird Undank auch als Tugend dort geehrt?

Der Earl von Leicester, damals der Günstling der Königin, sorgte dafür, daß sein Neffe vorteilhaft gekleidet sein solle, wenn er der Königin begegne. Er kaufte ihm einen Damastmantel mit Samtbesatz, ein Wams aus purpurnem und grünem Taft, ein blaues Lederkoller, nelkenfarbene Beinkleider und weiß-grün-blaue Schuhe. Und so sah er Elisabeth in Oxford einziehen, gekleidet in scharlachrote Seide und Gold, mit einem Kopftuch von gesponnenem Gold. Und nach einigen Geschichtsschreibern saß sie auf einem hohen goldenen Sitz, auf einem offenen Karren, den Maultiere zogen.

Im Jahre 1572, mit 18 Jahren, erhielt er die Bewilligung der Königin zu einer zweijährigen Reise nach dem Kontinent.

Im Gefolge des Earls von Lincoln ging er zuerst nach Paris. »Ein ernsthafter, zarter und wohlgestalter Junge.« Oder, wie sein Onkel Leicester in einem Brief an Walsingham, den Botschafter in Frankreich, schrieb: »Jung und ungeschliffen.« Nach Geburt, Erziehung und Neigung ein überzeugter und eifriger Protestant, war er bei dem anarchischen Vorabend der Bartholomäusnacht zugegen, als – man weiß nicht wieviel – Tausende von Protestanten den Tod fanden. In Frankfurt wohnte er in der Werkstätte des vielbelesenen Druckers Andreas Wechel, wo er den gelehrten protestantischen Streitredner Hubert Languer traf. Ihm verdankt er, wie er gestand, all seine Kenntnisse der Literatur und des rechten Glaubens. Er besuchte Straßburg, Wien, Venedig, Genua, Florenz, Padua (wo er Astronomie, Geometrie, Physik und Griechisch lernte), er unternahm eine Reise nach Polen und kehrte wieder heim. Leicester brachte ihn sogleich an den Hof, nach Greenwich, wo Elisabeth damals im Alter von 42 Jahren, wie Sidney schrieb, »schon etwas vorgerückt an Jahren« war. Er wurde in den Künsten eines Höflings unterwiesen. Er war in Kenilworth, im blendenden, wellenschlagenden, musikerfüllten Sommer des Jahres 1575, wo unvergeßliche Feste für die Königin gefeiert, Maskeraden und Feuerwerke, Laute und Zither und Spinett gespielt sowie Zweikämpfe und Lanzenstechen ausgetragen wurden, wo Bärenhetzen und Rauhnachtstänze, Turniere und Wasserspiele stattfanden, und wo man aus großen silbernen wappengezierten Humpen Claret und Weißwein trank.

1576 fuhr er mit dem Earl von Essex zu seinem Vater nach Irland und kämpfte gegen die sumpfigen und widerborstigen Iren, die nicht wie er der Meinung waren, daß das englische Gesetz das gerechteste und angenehmste in aller Welt sei.

Dort starb Essex und hinterließ für Sidney diese Nachricht: »Sagt ihm, ich war in keiner Sache gegen ihn, sondern wünsche ihm alles Gute und dies so sehr, daß ich wünsche, er möge meine Tochter ehelichen, wenn Gott ihrer beider Herzen also bewegt. Ich nenne ihn Sohn; er ist so weise, so tugendhaft und so gottesfürchtig, daß er, so er auf dem eingeschlagenen Weg beharrt, so berühmt und würdig sein wird, wie nur je ein Edelmann, den England hervorgebracht.«

Die Tochter von Essex war Penelope Devereux, die *Stella* der Sonette. Das Leben bei Hof daheim in England erwies sich als kostspielig und erniedrigend. Dann kam seine Entsendung als Botschafter an den kaiserlichen Hof in Österreich, prunkvoll und unwichtig. Was er vor allem wollte, war, der Sache der protestantischen Religion zu dienen. Die Königin bot ihm keine Gelegenheit dazu. Sein Onkel, Leicester, fiel in fast tödliche Ungnade, als die Königin seine geheime Ehe entdeckte. Die Königin selbst stand im Begriff, einen unseligen Ehebund mit dem Hause Anjou einzugehen. Sidney schrieb für sie seinen charmanten »Diskurs an Ihre Königliche Majestät«, in dem er an die heikle Angelegenheit rührte und artig versuchte, ihr davon abzuraten. Dafür erhielt er keinen Dank. Er forderte den widerwärtigen Earl von Oxford zum Zweikampf heraus. John Stubbs, der eine Flugschrift verfaßt hatte, in der die Gefühle der einfachen Leute gegen Elisabeths Ehepläne ausgesprochen wurden, wurde verurteilt, die rechte Hand, die diese Schrift geschrieben hatte, unter dem Holzhammer und Metzgerbeil des Henkers zu lassen. Und Sidney war glücklicherweise so deprimiert vom Leben in London, daß er sich von der Arbeitslosigkeit bei Hofe in die Gesellschaft seiner Schwester nach Wilton House zurückzog, in den Bereich von Zweigicht und Tal, nach Wiltshire, um dort sein *Arcadia* zu schreiben.

Wilton war zur Zeit Heinrich VIII. unter Anleitung Hans Holbeins begonnen worden und wurde in der Zeit Edward VI. für den ersten Earl von Pembroke vollendet. Der Garten von Wilton, wie Sir Philip Sidney ihn kannte und liebte, ist auf einem alten Druck zu sehen. Da sieht man die Beete mit ihren Blumenbordüren und mit ihren vier Fontänen, die großen Blumenbeete, und jenseits die kleine Terrasse. Da sind die Baumgruppen, durch die der Fluß Nader fließt, die Statuen des Bacchus und der Flora und schattige Haine und große Teiche mit Springbrunnen und Säulen und zwei Kronen, die oben auf dem sprühenden Wasser tanzen; und ein Garten mit Gemüse und Obstbäumen; und das große Oval mit dem Messinggladiator, und noch mehr Haine und grüne Wandelgänge, Säulenhallen, und eine Terrasse, deren Treppen Meerungeheuer sind. Dies war das vollkommenste Haus, der vollendetste Garten, um eine arkadische Romanze zu schreiben, voll von Zauberkünsten und vermummten Prinzen, voll von Morden, Schäfern, Lustbarkeiten, Elixieren und mancherlei Arten der Liebe. Diese ungeheuer komplizierte Geschichte in Prosa, unterbrochen von Liedern und Zwiegesprächen in gebundener Rede, trägt die Widmung »Für meine teure Frau und Schwester, die Gräfin von Pembroke«. »Hier hast Du nun (teuerste aller Frauen, und Würdigste, die Teuerste zu sein!) dieses mein müßiges Werk, das, fürchte ich (wie der Spinne Gewebe), tauglicher erscheinen wird, hinweggefegt als zu irgendeinem anderen Ende getragen zu werden.«

Doch sein *Arcadia* war kein Filigrangewebe von Worten, sondern eine gewaltige Tapete, ein Gobelin, gewoben um zu verblüffen und das Licht abzuhalten. Da ist alles Ornament, Schauer, Schauspiel und Glanz, Festzug und Prunk und verschwenderische Vielfalt, Rüschen, Spitzenwerk, Gold und Juwelen, Paradox, Wortgeklingel, Personifizierung. Da wimmelt es von Beschreibungen, von Naturszenerien und ethischen Reflexionen, von Schlachten und Turnieren und den Schafsgesängen trauriger Schäfer, und alles verschwimmt schön ineinander und ertrinkt in triumphierender Länge.

Er hatte eine Theorie der Dichtung geschrieben, und nun versuchte er sich im poetischen Experiment; er ließ sich »freie Bahn im Sternkreis seines eigenen Witzes«.

Die Girlanden lassen ihre allzu windigen Köpfe hängen, die Farben laufen und verfließen, das Füllhorn ist voller Löcher; Reime hängen überreich an der Stirne des schmelzenden Monuments. Wie selten gibt es klare ruhige Augenblicke in dieser reichen Wüste von stillstehender Zeit. Diese Zeilen vielleicht, oder sind auch sie zu zierlich?

»Der Bote sputete sich und fand Argalus in einem Schlosse, das sein eigen war, in einem Gemach mit der schönen Parthenia sitzen. Er las in einem Buch die Geschichten von Herkules, sie bei ihm, wie um ihn lesen zu hören. Dieweil aber seine Augen auf das Buch blickten, blickte sie auf seine Augen und hielt ihn zuweilen mit einer artigen Zwischenfrage an, nicht sowohl, um von einem Zweifel befreit zu werden, als um ihm Anlaß zu geben, sie anzublicken. Ein glückliches Paar, er voller Freude an ihr, sie voller Freude an sich, aber an sich nur, weil sie sich seiner erfreute.«

Und die berühmte Beschreibung des Wasserspaniels. Und die überaus boshafte Zeile, die von einigen Kritikern als Ausspruch ritterlicher Loyalität erklärt wurde:

»Denn sie war Königin, und deshalb schön.«

Aber nur in seiner Sonettfolge *Astrophel und Stella* ist er als großer Dichter zu sehen. Diese Sonette wurden 1591 veröffentlicht, fünf Jahre nach seinem Tode. Nash sagt von ihnen: »Diese Tragikomödie der Liebe ist bei Sternenlicht aufgeführt.«

Die Sonette sind an Penelope Devereux gerichtet, deren Vater wollte, daß Sidney sie heiraten solle. Sie beginnen mit Eleganz und Schaustellung von Gefühl; Gedichte mit dem Gehaben von Höflingen, die die Livree der Liebe tragen. Es sind Gedichte *über* Liebe, aber die Liebe ist nicht *in* ihnen. Sie richten Ansprachen *an* die Liebe, aber sie sprechen nicht *aus ihr heraus*. Die Entzückungen sind fast leichthin erarbeitet, die Verzweiflung ist fast ebenso leicht wieder abgetan. Es sind die vollendetsten Übungen für einen Mann, der im Begriff steht zu lieben. Und dann heiratete Penelope, und Sidney hatte sie verloren, und die Sonette waren nicht mehr Übungen für einen dichterischen Anlaß, sondern Dichtung selbst, gellend und brennend:

Ich konnte! – Unheilswort – ich konnte (weh!)
Und wollte nicht und mocht mein Glück nicht sehn;
Bis höllennacht-umhüllt ich jetzt ihn seh,
Den Himmels-Tag, den blind ich ließ entgehn.

Zerreiß dich, Herz, daß dir nur Recht geschäh!
Kein Paris raubte dir deine Helen',
Nicht List noch Macht stahl deine Freude jäh,
Kein höheres Los ließ dir dein Los geschehn.

Nein, nur mir selbst, mir selbst schlug ich den Schlag!
Und zuviel Einsicht nun verurteilt mich,
Daß ichs um unser beider Willen trag:
Was merkte nicht am steigenden Morgen ich
(Gestraftes Aug!) so schönen Tag zuvor?!
Wär ich gewesen klug, oder ein Tor!

In diesen Sonetten sehen wir, für uns mitten in der Bewegung angehalten, eine ganze Prozession der Leidenschaften, körperlich und geistig, die ihren Lauf durch Wut und Verzweiflung nimmt, durch Mitleid mit sich selbst, erneuerte Hoffnung, Verzückung, Mondscheinträume, schwarze Angst und blendendhelle Gewißheit des endgültigen Verlustes.

Es gibt einige Lieder unter den Sonetten. Im achten Lied tötet Stella sachte seine Hoffnung, sie zu besitzen,

> In einem Hain von Schatten weich,
> Wo Vögel sangen freudereich,
> Zeigt junger Mai sich bunt und grün,
> Mit neuem Duft die Blumen blühn...

Beim Sturm auf Zutphen in den Niederlanden, am 2. Oktober 1586, wurde Sir Philip Sidney von einer Musketenkugel in die Hüfte getroffen. Von seinem qualvollen Weg zurück ins Lager wird berichtet: »Durstig vom übermäßigen Verluste seines Blutes rief er nach einem Trunk, welcher ihm sogleich dargereicht ward. Als er aber die Flasche an den Mund führte, sah er einen armen Soldaten, den sie dahintrugen, und der auf dem gleichen Feste seine letzte Mahlzeit genommen hatte, die Augen entsetzlich nach der Flasche verdrehen. Sir Philip, der dessen innewward, setzte die Flasche wieder vom Munde ab, ohne zu trinken, und reichte sie dem armen Mann mit den Worten: ›Deine Not ist größer als meine.‹«

Die Operationen an seiner Wunde waren langwierig und schmerzhaft. »Als sie anfingen, seine Wunde zu verbinden, gab er ihnen diesen Auftrag und Rat: Nämlich daß sie, solange er bei Kräften sei, sein Leib frei von Fieber und sein Geist noch fähig, es zu ertragen, ohne Zögern ihre Kunst walten lassen mögen, und schneiden, und bis auf den Grund suchen.«

Sie ließen ihre Kunst walten, und er wurde nach Arnheim gebracht. Dort litt er. Er magerte zum Skelett ab. Die Schulterknochen brachen durch die Haut.

»Eines Morgens, da er die Laken aufhob, um seinem Leib Erfrischung und Erleichterung zu gönnen, nahm er einen gar üblen Geruch wahr, der ihm anders dünkte als der der Öle und Salben.« Fäule hatte eingesetzt.

Acht Tage nach seiner Verwundung sandte er nach Geistlichen vieler Nationalitäten, und sie beteten mit ihm.

Er forderte Musik.

Er diktierte sein Testament.

Er schrieb einen langen lateinischen Brief.

Er verabschiedete sich von seinem Bruder.

Ganz nahe dem Tode sagte er: »Ich würde die Freude meines Gemüts nicht geben, und sei es auch um die Herrschaft dieser Welt.«

Der Mangel an komischen Schriftstellern
(Auszug aus einer Funkdiskussion)

Der heutige Zustand der Welt läßt die meisten Schriftsteller empfinden, daß sie ehrlicherweise nicht »komisch« über sie schreiben können. (War die Welt schon je so, daß man das konnte?) Vielleicht sagen sie: Können wir die angenehm komischen kleinen Eigenheiten einzelner Menschen herausgreifen, das Lachhafte und Linkische, das ungewollt Ungeschickte, das Liebe und Läppische und Täppische, den einfaltsgepinselten Tölpel, den Schnösel, den Schnickschnack, den unsinnigen alten Adam, wenn wir doch täglich als gesellschaftliche Wesen dem Ungeschlacht, dem Griesgram und Geizkragen gegenüberstehen, dem Kujon, dem wahnsinnigen neuen Atom? Da lobe ich mir die Haltung des alten Chronisten Pepys: »Freitag, den 12. Aufgestanden, fanden unsere Bettstatt gut, aber verwanzt, welches uns ergötzte...«

Komische Autoren können nicht erwarten, daß die menschliche Gesellschaft eigens ihretwegen komisch sein soll. »Servieren Sie auch Frauen in Ihrer Bar?« »Nein«, sagte der Barmann, »Sie müssen schon Ihre eigenen mitbringen.« Und für einen komischen Schriftsteller ist die Gesellschaft immer lustig, sogar, oder sogar ganz besonders, auf ihrem Totenbett. Leute, die in offene Aufzugsschächte hineinspazieren, von Löwen verspeist werden, das schaukelnde Trapez um Haaresbreite verfehlen, sind die alltäglichen Lieblingsgegenstände des komischen Zeichners. Und der Anblick der menschlichen Gesellschaft, wie sie lang hinklatscht, und die Aussicht, daß unsere Kultur selbst flötengeht, bieten den Schriftstellern die Möglichkeit jeder beliebigen Spielart des Gelächters. »Es ist irgend etwas in diesem Hause«, sagt die Frau eines komischen Schriftstellers in einer der *John-Silence*-Geschichten von Algernon Blackwood, »was ihn daran hindert, die Dinge komisch zu finden.« Es ist, weiß Gott, auch in *unserem* Hause genug los, um Peacocks Prinz Seithennyn die Lust an einem guten Tropfen zu verleiden. Aber das hindert einen Schriftsteller nicht, aus der tragischen Katastrophe dieser unserer Umwelt seine eigene große komische Welt zu gestalten. »Den Besten mangelt alle Überzeugung, und die Schlechtesten sind voll von leidenschaftlicher Intensität«, schreibt Yeats. Aber der gewichtige, urteilfällende, senatorenhafte, seelenbesitzende Mensch, aufrecht auf seinen zwei Bauklötzchen, ist noch immer ein überdimensionaler Spaß. Ein Mensch im Zustand der Liebe macht eine praktische Katze lachen. Ein Mann an der Macht macht Engels vor Lachen weinen ...

W. W. Jacobs war einer der präzisesten, lustigsten und prägnantesten Schriftsteller der Zeit König Edwards. Sein Dialog ist so adrett und schlau und sparsam und gestrafft, wie die gefinkelten und auf Gattenfang eingerichteten Fabeln seiner Geschichten. Da finden sich in einer, ich möchte sagen, komischen Welt kleineren Formats, all die Landrattenträume der Urlaubsmatrosen, die Visionen einer ganzen Tasche voll Galans in Schankstuben mit drallen Bardamen. Hier finden sich die verwickelten Mißlichkeiten des Lebens rivalisierender Seeleute; dräuende, unbezahlte, nudelwalkerbewehrte Hauswirtinnen; freier Rauchtabak, heimliches Bier, und das Dösen, und das Ankreiden. Hier sind alle verheirateten Frauen Megären, alle Witwen sind rundlich und gemütlich und haben sich eine Kleinigkeit beiseite gelegt, alle unverheirateten Mädchen sind neckisch und mysteriös, alle Männer ohne Ausnahme sind Schurken oder Narren, oft beides, und befassen sich einzig und allein mit Projekten, betreffend Geld und Frauen, und wie man sie erlangt, beziehungsweise wieder verliert.

Von Stephen Leacock lese ich nur die *Sonnenscheinskizzen einer kleinen Stadt,* denn nur dort hat Leacock seiner Phantasie ein *Heim* geschaffen, einen »Ort«, an dem *seine* Menschen geboren werden und sterben konnten, lieben, hinfallen, philosophieren, sich die Haare schneiden lassen, von der Leber weg reden oder die Beine von sich strecken.

(Calder Marshall fragte:) Entspricht nicht P. G. Wodehouse ganz und gar deiner Definition einer komischen Welt?

(Dylan Thomas antwortete:) Diese kinnlosen, trübbebrillten, eselhaften, gamaschenbewachsenen Drohnen wurden in Bausch und wappengekröntem Bogen aus den Erinnerungen an die Zeit der weißen Mäuse und der wirklich guten Gesellschaft entlehnt, aus der geisterhaften Kutschenvergangenheit des geldstrotzenden Dandy und des Bühnentürstehers. Manche Leute haben Jeeves gern, aber ich bitte, mich zur Gegenseite zu zählen. Was mich betrifft, so habe ich für die scharfe Würze eines Gentlemans Gentleman nichts übrig.

Eine wirklich komische, erdichtete Welt muß *zur gleichen Zeit* leben wie die Welt, in der wir leben.

Und woraus besteht heutzutage unsere komische Literatur? Aus lustigen Spalten in englischen Zeitungen, Gedankenparaden der Unter-dem-Strich-Jungen. Und dazu kommt die mühsam erarbeitete, witzlose, launenhaft übergewichtige Leichtfertigkeit jener nationalen Einrichtung Englands, jenes Armenhauses der Ideen, die der *New Yorker* einmal statt *Punch* paunch (Schmerbauch) genannt hat. Die besten *Bücher* aber, oder doch fast alle die besten modernen komischen Bücher, sind von Amerikanern.

James Thurber, S. J. Perelman, Frank Sullivan und Robert Benchley haben alle für dieses großartige Familienblatt *New Yorker* geschrieben, aber sie haben nichts miteinander gemein als ihre Überlegenheit gegenüber den modernen englischen komischen Journalisten.

Es ist immer noch unmöglich, die scheuen und verdutzten introspektiven Aufsätze, Fabeln und fabelhaften Erinnerungen Thurbers, sein geducktes Grauen vor dem mechanischen Krimskrams, den militanten Neurosen, den allgegenwärtigen Weibern, den demokratischen Fallstricken und bösen Großindustrieschreckgespenstern dieses modernen amerikanisierten Zeitalters mit irgend etwas sonst zu vergleichen. Es ist unmöglich, ihn mit der glatten Groucho-Marx-Lustigmacherei S. J. Perelmans zu vergleichen, einzuschulen und zu klassifizieren, der wie ein Hollywoodreklamechef nach der Lektüre von James Joyce, Amanda Ross, Krafft-Ebing, Doktor Spooner, E. E. Cummings schreibt, nicht zu vergessen der Lektüre von Sam Goldwyns oberstem Reklamefritzen in einem Zustand übermäßiger Spannung in einem türkischen Bad unter der persönlichen Leitung Deans, des menschlichen Berges. Aber Thurber, Sullivan, Perelman, Benchley, alles ausgezeichnete komische Schriftsteller, sind alle Essayisten. Mir aber geht es um konstruktive komische Schriftsteller, die wirkliche Geschichten schreiben. Ich möchte ohne dick aufgetragenes Auf-die-Schultern-Klatschen, ohne das Hallogerülps der in Tweed gekleideten, pfeifewiederkäuenden, humpengurgelnden, gewerbsmäßigen literarischen Komödianten, ohne das Anstoßen und Gekicher, ohne das binseweise Winseln des Kritikers einfach das Lachen in Büchern haben, den Anblick und den Geruch und den *Schall* des Lachens. Und der fast einzige Laut, den ich in den Geschichten höre, erinnert mich immer an den Klang der Uhr in Frances Cornfords Gedicht:

> Ich dacht', sie sprach mit jedem Klang:
> Ich bin so krank, so krank, so krank.
> Tod, wart nicht lang, nicht lang, nicht lang,
> Nicht lang, nicht lang, nicht lang, nicht lang.

Das englische Fest der gesprochenen Dichtung

Viele Leute haben ein Bedürfnis, ihre Begeisterung mit anderen zu teilen. Das findet seinen Ausdruck oft in einem Verhalten, das man freundlich als »angeben« bezeichnet. Es ist Schauspielern und Dichtern eigen, Politikern und anderen Trapezkünstlern. Manche Leute, die Gedichte lesen, mögen einige davon so gern, daß sie ihre Vorliebe nicht für sich behalten können. Sie sind es nicht zufrieden zu sagen: »Kennen Sie de la Eliots *Wüstenfremdling* oder W. H.

Housmans *Ein Hund unter dem Galgen*? Ist das nicht, oder besser gesagt, sind die nicht einfach großartig?« Doch nein, sie müssen unbedingt sagen: »Hören Sie sich das doch einmal an!« und müssen das großartige Gedicht laut herunterleiern. Manchmal mögen sie das Geräusch ihrer eigenen Stimme gern. Sie finden, daß die Worte der Gedichte, die ihnen vertraut und angenehm sind, wenn sie sie herunterleiern, eine überraschend angenehme Fremdartigkeit erhalten, wenn sie laut geschrien werden, zermalmt, gekrönt, mit dem Kainzeichen oder dem Feuer eines Keanspans ausgestattet werden. Bekannten Worten wachsen Flügel; Druck springt und schießt auf; die Stimme entdeckt das Gehör des Dichters; es stellt sich heraus, daß sein Gedicht auf einem Blatt Papier nur ein halbes Gedicht ist. Und die Sprecher sehen die Unzulänglichkeit ihrer bisher schweigenden Interpretation ein und lernen manchmal die Kunst des lauten Vorlesens. Das heißt, sie befassen sich damit, die Gedichte zu lernen, die sie auswendig im Kopf, im Herzen und auf der Zunge trugen. Sie schreiben dieses Papiergeräusch, das ein Gedicht ist, in ihre Brust und in ihre Kehle und lassen es wieder los. Sie finden, daß gute Dichter besser sind als sie, die Leser, vorher dachten, und das erweckt stärkste Gefühle in ihnen, und sie geraten in unbeschreibliche Aufregung. Und dann kommen auch einige von diesen Lesern und wollen anderen alles zeigen, was sie versäumt haben, indem sie Lyrik stumm gelesen haben, und sehen sich nach einem Zuhörerkreis um. Die eigenen Familien, ebenso wie die eigenen Länder, lassen ihre Propheten nicht gelten, aber es ist entehrend, einen Versesprecher im eigenen Hause auszupfeifen. Zeigt mir den Familienkreis, der stillschweigend dasitzt, während ein Sohn oder eine Tochter mit ungeschicktem Eifer ein lyrisches Gedicht totmartert, und ich will das ganze Epos *Hudibras* vor einer Wochenendversammlung eines Junggesellenzirkels vortragen. Diese Leser können niemals unmittelbar ins Nachtprogramm eindringen, vorbei am Wachposten der Künstlerleibgardisten, und den ungleichmäßigen Tenor tibetanischer Opern oder die Schlachtfront der Spinette stören. Sie können nur in ihren Behausungen Gesellschaften zum Sprechen von Versen gründen. Wer aber hört da schon zu, außer anderen Verselesern, die bloß darauf warten, daß sie aufhören. Wo können Leute, die brennend gern Gedichte laut vorlesen, das auch wirklich tun? Nämlich vor einer sachverständigen, enthusiastischen und im allgemeinen altruistischen Hörerschaft?

Das Oxforder Fest der gesprochenen Dichtung wurde vor zwanzig Jahren gegründet und wuchs unter der Liebe und Fürsorge des verstorbenen Laurence Binyon heran. Das Fest fand bis zum Ausbruch des letzten, nie zu wiederholenden Krieges in Oxford statt. Jetzt wird es in London gefeiert, aber das Komitee und seine Anhänger hoffen bald nach Oxford zurückkehren zu können. Das Fest der gesprochenen Dichtung wird von Dichtern organisiert. Fast alle Schiedsrichter sind Dichter. Dichter, das heißt Männer, die sich redlich mit irgendeiner anderen Arbeit plagen, um sich redlich mit der Arbeit plagen zu können, die sie wirklich lieben, wenn sie frei sind und nicht arbeiten. Die Schiedsrichter des Fests: kühl (besonders jetzt), unpersönlich, voller Sachkenntnis, reif, erhaben; kompromißlose, unbestechlich-unbeirrbare, asketische ferne Geschöpfe, die (wenn das die Teilnehmer am Wettbewerb nur wüßten, und ich spreche da nur von den männlichen Schiedsrichtern) dasitzen und in ihrem schwitzenden Ruhm an Kricket und Gefrorenes und schöne Beine denken und ihre kleinen Herzen hochaufschlagen fühlen, inmitten von so vielen sommergeblümten Kleidern, hellen Lächeln, ungestümen jungen Menschen, hohen Absätzen, umrauscht von Unternehmungsgeist, Parfüm und Erde. Man wird vielleicht denken, daß ich mir gestatte frivol zu sein, obwohl es sich doch wirklich um ein sehr ehrliches, gewissenhaftes und überaus sachkundiges Fest handelt. Aber schließlich ist es ja doch ein Fest. Es ist nicht einfach ein kalter Wettbewerb. Es dauert alljährlich vier Tage, und man kann es genießen. Wir alle genießen es, Teilnehmer am Wettbewerb, Schiedsrichter, Nörgler, Zuhörer, jeder und jede. Dieses Jahr kamen über 300 Leute aus dem ganzen Land, die aufstanden und vorlasen, Marlowe, Tennyson, Sidney Keyes, Pope, hauptsächlich weil sie gern Gedichte laut vorlesen und weil hier der rechte Ort und die Zeit war, sie vorzulesen, ohne Einschränkungen und ohne Protest. Das ist kein Ball der überfeinerten freundlichen Naserümpfer, sondern ein Fest der unverkniffenen, unverkorksten gesunden Menschen mit Stimme. Wenn ein Wettkampfteilnehmer nicht vorliest, dann hört er oder sie zu, wie andere lesen, und er hört mit sachkundigem Wohlwollen zu.

Ich will nicht behaupten, daß alle Leser erstklassig sind. Es ist ein Fest und ein Wettkampf von Amateuren, nicht ein freier Tag für erfolgreiche Exhibitionisten in Ausübung ihres Berufes. Viele der Teilnehmer würden gern Berufsschauspieler, Rezitator, Radiosprecher werden, einige wenige sind es vielleicht. Wie alles, was etwas wert ist, ist auch dieses Fest voll von Schwächen. Ich glaube besonders, daß die Rezitatoren das Recht haben sollten, den Text der Gedichte, die sie zum besten geben, wirklich mitzubringen. Ich fand, als ein langes Gedicht vorgetragen wurde, daß einige der Wettbewerber ihre Darbietung recht störend verlangsamten, denn sie mußten zuviel im Gedächtnis behalten und sorgten sich allzu deutlich um die nächste Strophe. Ich fand auch, daß einige der »Entscheidungen« zu vorschnell getroffen werden mußten, so daß die lauwarme aber abgeschliffene Vortragstechnik bessere Aussichten hatte als eine ehrliche, warme, aber zögernde und vielleicht gelegentlich irregehende Leistung. Viele Vortragende waren auch von den augenfälligeren Vorlesekrankheiten beeinträchtigt, von den starken Zischlauten, von der theatralischen Stimme, jener gekünstelten Betonung, die sowohl den Rhythmus erdrosselt als auch den Sinn auf den Kopf schlägt. Da war die »tote Stimme« zu hören: eine Sprechweise, die so tut, als wolle sie die Wichtigkeit der platten Übertreibung, des Scheuens vor jeder großen Emotion herausarbeiten, dies aber nur, weil es an wahrer Fähigkeit zu geben fehlt. Dann das schöne Lächeln statt der schönen Stimme: die Zumutung eines geheimen zwinkernden Einverständnisses zwischen Sprecher und Hörer. Jene Haltung: »*Wir* wissen es ja, nur die Andern nicht.« Es gab auch, wenngleich selten, das *Spielen* des gesprochenen Wortes, die erlernte, aber niemals gültige Geste, die etwas illustrieren will, was nicht illustriert werden kann, außer durch Kadenz, Gehalt oder Temperament einer Zeile. Man sah das Absuchen des Horizonts mit aufgerissenen Augen, und die mechanische Handarbeit erheuchelter Leidenschaft, wie wenn ein Sopran eine Ziege melkt.

Aber das alles war sehr selten. Jeder fast, fast jeder Einzelne, genoß dieses Fest, wie man es seit zwanzig Jahren genossen hat. Kein Schwindel, keine Kunstschulstimme und keine Tennisgesellschaftsstimme, kein behaarter Sonderling mit Jägerhemden-Singsang oder mit einem Maibaumakzent, und kein Neues-Leben-Getue mit Henna und großen Armreifen. Und das Vortragsniveau war überaus hoch. Gedichte sind in Zeilen geschrieben, und wenn man die Augen zumachte, was manchmal schwer war, konnte man ohne Kreischen von Bremsen hören, wo die Zeilen aufhörten. Ja, man konnte es wirklich hören.

Vom Vorlesen eigener Gedichte

Um für heute abend etwas zum Vorlesen auszuwählen, habe ich mir siebzig von meinen Gedichten angesehen, und noch etliche überzählige. Dabei fand ich, daß viele von ihnen wirklich überzählig und etliche vielleicht Gedichte waren. Ich beschloß dann, keines von denen zu wählen, die mir auch heute noch ziemlich absonderlich scheinen, sondern mich an einige zu halten, die ein wenig zu jenem Zustand und Zweck hinstreben, den ich ihnen – glaube ich – schon damals zugedacht hatte, als ich hochnäsig und andächtig in kleinen Zimmern in Wales zu schreiben begann.

Denn ich rede mir gern ein, daß die Gedichte mit der beschränktesten Eigenart sich unter meinen frühesten finden und daß die späteren ausladender und tiefer sind. Doch kann mich darin die Zeit, falls sie sich dafür interessiert, widerlegen und gar noch herausfinden, daß vielleicht das Gegenteil wahr ist, oder daß beide Meinungen falsch sind.

Worauf es aber ankommt, ist, daß ich mich an den ersten Ansporn, der die meisten der früheren Gedichte hervortrieb und -pumpte, nicht erinnern kann. Sie sind mir auch noch zu nahe, mit ihren gewaltsam aufstampfenden schwarzen und grünen Rhythmen, als explodiere ein sehr junger Schutzmann. Weil sie mir noch so nahe sind, kann ich den Ansporn nicht aus dem gedruckten Beweismaterial rekonstruieren. Meine Interpretation dieser Gedichte – wenn das kein zu gewichtiges Wort dafür ist, sie einfach vorzulesen und zu versuchen, dabei eine Vorstellung von ihrem Klang und ihrer Gestalt zu vermitteln – könnte also nur ein Nachplappern dessen sein, was ich einmal zu sagen hatte.

»Und alles, was der Vorleser seiner eigenen Gedichte zu erreichen hoffen kann«, heißt es, »ist, seine eigene Erinnerung an den ursprünglichen Antrieb zu vermitteln, der seinen Gedichten zugrunde lag, und dabei vielleicht, und sei es auch nur für einen

Augenblick, die innere Bedeutung der Worte auf den bedruckten Seiten zu vertiefen.«

Wie ich doch wünschte, dem von ganzem Herzen zustimmen zu können, geschweige denn, es selbst zu erreichen! Aber, ach, die Gefahr! Denn was der Vorleser seiner eigenen Gedichte so oft tut, ist, sie zu versüßlichen oder zu melodramatisieren und eine einzelne Wendung unter den Ängsten zerreißen oder unter den Schrekken erzittern zu lassen, von denen er sich einbildet, daß sie sie gezeugt haben.

Natürlich gibt es noch eine andre Art Vorleser; den, dem es gelingt, durch ausgeklügelte Plattheit, halbe Distanziertheit und fast herablassende Unterbetonung beim Vortrag seiner eigenen Gedichte den Eindruck zu erwecken, er wolle damit eigentlich sagen: Große Dinge, die aber nur mich etwas angehen.

Daß ich zu der sehr gefährlichen ersten Gruppe von Vorlesern gehöre, wird Ihnen beim Zuhören nur allzu klar werden.

Das erste Gedicht heißt nach seiner ersten Zeile: *Es war Einer voll Gnaden*.

Es war Einer voll Gnaden

Es war Einer voll Gnaden
Seltner als Radium,
Gemeiner als Wasser, grausamer als Wahrheit.
Kinder, verbannt aus der Sonne
Kamen zu seinem Munde
Um den goldenen Ton erschließen zu hören die Klarheit;
Gefangene von Wünschen sperrten ihre Augen
In die schlüssellosen Kerker seiner lächelnden Schweigen.

Es sagt der Kinder Wort
Aus verlorenem Wüstenort,
Es sei Rast zu halten in seiner sicheren Unrast Bereich.
Wenn der hindernde Mensch zuletzt
Mensch, Tier und Vogel verletzte
Duckten wir unsere Ängste in jenem mordenden Hauch,
Zu schweigen, zu schwelgen in Schweigen, wenn die Erde laut
               wurde rings,
In Horsten und Zufluchtsorten des ungeheuren Schreins.

Da wars ruhmreich zu horchen
In seiner Tränen Kirchen,
Unterm Flaum seines Armes seufztest du wenn er schlug;
O du dessen Träne nicht fiel
Wenn ein Mensch starb am Boden vor dir
Warfst eine Freudenträne in die unirdische Flut
Und deine Wange lag an einer wolkenförmigen Muschel:
Nun bist nur du und ich allein im Dunkel.

Brüder, geschwärzt und stolz, schrein
Winterumklammert zu zwein
Zu diesem ungastlichen hohlen Jahr hinauf:
Ach wir die weinten nie
Wenn wir auch hörten wie
Habsucht den Nachbar schlug und warf in Brand sein Haus,
Nur klagend nisteten in himmelblauer Wand,
Brechen nun Riesentränen um den Sturz den keiner kennt,

Um jener Häuser Legen,
Die nicht unsre Knochen pflegten,
Um Tode Einziger die wir nie erfuhren,
Seht, allein durch unsre Hände
Ziehn mit unsrem Staub nun Fremde
Ein durch unsres unbetretnen Hauses Türen.
Verbannt in uns wecken wir Liebe, sacht,
Ungeballt, seidig-rauh, waffenlos, die alle Felsen bricht.

Das nächste Gedicht handelt von einer Mutter und ihrem Kind, das gerade geboren werden soll. Es ist kein erzählendes Gedicht, auch keine Debatte, sondern eine Folge von einander widersprechenden Bildern, die durch Mitleid und Gewalt zu einem unversöhnten Aufsichnehmen des Leidens führen: des Leidens der Mutter *und* des Kindes. Dieses Gedicht ist dunkel genannt worden. Ich weigere mich zu glauben, daß es dunkler ist als Mitleid, Gewalt oder Leiden. Weil es aber ein Gedicht ist, und nicht eine ganze Lebenszeit, ist es mehr komprimiert:

Krümmt mein Kopf einem Haar nur den Fuß

»Krümmt mein Kopf einem Haar nur den Fuß,
Stau den flaumigen Knochen zurück! Bockt der unangestochene
                                                                      Ball
Meines Atems auf einem Strahl, laß die Blasen platzen im Fall!
Lieber fallen gehenkt am Hals von dem Wurm aus Strängen
Als auf dem geschlagenen Schauplatz schlechte Liebe zu zwingen.

Alle Worte im Spiel passen in deinen Hahnenkampfring:
Ich durchsuche die Wälder voll Fallen mit dem Handschuh an
                                                            einer Laterne,
Peck, spring und tanz auf dem Springbrunnen, drück vor der Zeit
                                                            mich,
Eh ich geduckt das Gespenst überrenn mit dem Hammer, auf Luft
Licht stoß und blutig mach einen Raum voller Leute.   [und

Ist mein geducktes äffisches Kommen grausam,
Wüt mich zurück ins Zeughaus: meine Hand fasere auf
Und vernäh die tiefe Tür! Das Bett ist bös, eine Kreuzstatt.
Tut mein nahender Schädel weh, verbieg meine Richtung zum
                                                            Bogen:
Laß die reiterlos schlaffe Gestalt durch neun abmagernde Monate
                                                                      fliegen!«
»Nein! Ich wollte nicht um Christi blendendes Bett,
Auch um Perlmutterschlaf unter weichen Stäubchen und Lockungen
                                                                        nicht,
Daß ich meine Tränen und deinen eisernen Kopf, mein Liebes,
                                                                      nicht hätt!
Stoß, meine Tochter, mein Sohn! Stoß dich frei! Nein, das geht
                                                              nicht, nein, nein,
Auch nicht, wenn das schwere himmlische Heer aller Wasser bricht.

Nun dein Erwachen, aus meiner Lust wie aus einer Höhle gestoßen
Zur Kindheit, auf ewig unfrei, Erwachen zu Angst und Aas,
Du mein verlorenes Lieb, verstoßen aus gutem Haus!
Den Weg von des Grabes Rand läuft das Korn daher und dahin
                                                                    alle Straßen
Und hat Stimme und Haus, und dort und da mußt du liegen und
                                                                        schrein.

Rast wahllos im für den Rost bestimmten Korn,
An der Brust, die mit Meeren versorgt ist. Rückweg wird keiner
                                                                    sein,
Nicht auf fetter Straßen Wogen noch auf des Gerippes mageren
                                                                    Wegen.
Das Grab und mein ruhiger Leib sind versperrt für dein Kommen
                                                                    wie Stein,
Und der endlose Anfang der Kindwunder duldet offen.«

Seine eigenen Gedichte verlesen heißt immer die Katze aus dem Sack lassen. Vielleicht haben Sie schon immer Stücke eines Gedichts im Verdacht gehabt, überladen zu sein, zu gewaltsam oder dumm, und dann, mit einem Mal, von des Dichters eigenen Lippen, wird Ihr Verdacht zur Gewißheit. Wie er eine Zeile verzögert, um sie zu genießen, weil er sich erinnert, wieviel Mühe es ihn damals gekostet hat, sie genau so zu machen; und das ausgerechnet in dem gleichen Augenblick, in dem Sie finden, daß diese Stelle Härte und Tempo braucht. Faucht oder miaut die Katze denn besser, wenn sie von ihrem ursprünglichen Eigentümer – oder sogar von ihrem Vater, dem Katerdichter – aus dem Sack gelassen wird, als wenn das ein anderer tut, der sie nicht selbst hineingesteckt hatte? ...

Gedicht im Oktober

Es war mein dreißigstes Jahr gen Himmel
Das wachte auf als ich hörte vom Hafen und Nachbarwald
    Und vom muschelgeteichten und reiher-
        Gepriesterten Strand
        Des Morgens Locken
Mit Gebeten des Wassers und Rufen der Seemöwe und der Krähe
Und dem Pochen von Segelbooten an die netze-verfitzte Wand
        Daß ich gehe
            Ohne zu stocken
    Durch die noch schlafende Stadt hinaus ins Land.

Mein Geburtstag fing an mit den Wasser-
Vögeln und Vögeln geflügelter Bäume die flogen meinen Namen
    Über den Bauernhöfen und über den weißen Rossen

Und ich stand auf
Im Regenherbst
Und ging hinaus in einen Schauer all meiner Tage.
Flut wars und der Reiher tauchte als ich den Weg nahm
Über die Grenze
Und die Tore
Der Stadt beim Erwachen der Stadt sich schlossen.

Ein Frühling voll Lerchen in einer kollernden
Wolke und Straßenrandsträucher wimmelnd von singenden
Amseln und die Oktobersonne
Sommerlich
Auf des Hügels Kuppe,
Da waren linde Lüfte und süße Sänger mit einem Mal
Gekommen am Morgen durch den ich ging und lauschte
Dem regenauswindenden
Wind der blies kalt
Im Wald tief unter mir im Tal.

Fahler Regen über dem schwindenden Hafen
Und über der seenassen Kirche schneckenklein
Mit ihren Hörnern im Dunst und über dem Schloß
Eulenbraun:
Doch alle Gärten
Des Frühlings und Sommers blühten in großen Sagen
Jenseits der Grenze und unter der Wolke voll Lerchen.
Dort konnt ich mit Staunen
Meinen Geburtstag
Vertun – doch das Wetter wendete sich um.

Es wendete sich ab von dem heiteren Lande
Und die andere Luft und den blauen veränderten Himmel entlang
Strömte es wieder als Wunder von Sommer
Voll Äpfeln
Birnen und roten Beeren
Und in der Wendung sah ich so deutlich eines Kindes
Vergessene Morgen als es mit der Mutter den Gang
Durch die Parabeln
Des Sonnenscheins ging
Und durch die Legenden der grünen Kapellen

Und durch die zweimal erzählten Felder der Kindheit daß seine
                                                            Tränen
Meine Wangen brannten und sein Herz in meinem sich regte.
  Das waren die Wälder der Fluß und die See
      Wo ein Knabe
      Im horchenden
Sommer der Toten die Wahrheit von seiner Freude sagte
Flüsternd den Bäumen und Steinen und Fischen in der Flut.
  Und das Geheimnis
      Lebte und klang
Noch immer weiter in Wasser und Singvogelsang.

  Und dort konnte ich meinen Geburtstag
Verstaunen. Aber das Wetter wendete sich und die wahre
  Freude des lange toten Kindes sang brennend klar
      In der Sonne.
      Es war mein dreißigstes
Jahr gen Himmel das dort stand im Sommermittag
Ob auch unten die Stadt belaubt voll Oktoberblut lag.
  O daß meines Herzens Wahrheit
      Gesungen werden mag
Auf diesem hohen Hügel auch noch in einem Jahr.

Das nächste Gedicht, das ich Ihnen vorlese, ist das einzige, das ich je unmittelbar über das Leben und den Tod eines einzelnen wirklichen Menschen geschrieben habe, den ich selbst kannte, und nicht über die vielen vielen Leben und Tode, ob ich die nun, wie in meinen ersten Gedichten, in der ungestümen Welt meines eigenen Ich gesehen hatte, oder, wie in den späteren Gedichten, im Krieg, im Schmerz und in den großen Löchern und Winkeln der allumfassenden Liebe.

Nach dem Begräbnis
(Zum Andenken an Ann Jones)

Nach dem Begräbnis, dem Maulesellob und -gewieher,
Dem Windwehn von Segellangohren, dem gedämpften Zehen-
                                              [spitztripp

Und Trapp des glücklichen einen Fußes mitten
Durch dick und dünn des Grabes, verhängten Lidern, Zähnen in
 Schwarz,
Nach speichligen Augen, nach Salzteichen in den Ärmeln,
Nach dem Morgengeklatsch des Spatens der weckt den Schlaf und
 der fest
Einen trostlosen Jungen rüttelt, der sich die Kehle durchneidet
Im Dunkel des Sarges und dürres Laub fallen läßt,
Das einen Knochen ans Licht bricht mit Jüngstem Gerichtstagshieb;
Nach dem Schmaus von tränengestopfter Zeit und Disteln in einem
Mit ausgestopftem Fuchs und abgestandenem Farn, [Zimmer
Steh ich um dieses Andenkens willen allein
In den wimmernden Stunden bei der toten, buckligen Ann,
Deren verkapptes Springbrunnenherz einst in Tümpeln fiel
Auf die dürren Welten von Wales und jede Sonne ersäufte
(Obwohl das für sie ein Ungeheuer von Bild ist, blindlings
Vergrößert vom Lob; ihr Tod war ein stiller Fall;
Sie würde nicht wollen, daß ich in die heilige
Flut ihres Herzensruhms sinke; sie läge stumm und tief
Und brauchte keinen Druiden ihres zerbrochenen Leibes).
Doch ich, Anns Barde an einem erhöhten Herd, ruf alle
Meere zur Andacht, daß Anns holzzüngige Tugend
Lalle wie eine Läutboje über den hymnenden Köpfen
Und zu Boden beuge die Wände der farnig-füchsischen Wälder,
Daß ihre Liebe singe und schwinge durch eine braune Kapelle,
Ihr verbogener Geist sei gesegnet mit vier sich kreuzenden Vögeln.
Ihr Fleisch war mild wie Milch, doch dies Denkmal gen Himmel
Mit wilder Brust und gesegnetem riesigem Schädel
Ist geschnitten aus ihr in einem Raum mit einem nassen Fenster
In einem lichterloh flennenden Haus in dem krummen Jahr.
Ich weiß, ihre gewaschenen demütig-sauren Hände
Liegen mit ihrem Glauben im Krampf; ich hör
Ihr abgeschabtes Flüstern, ein feuchtes Wort, ihr durchlöchertes
 Denken;
Ihre Faust von Gesicht starb geballt um ein rundes Schmerzen-
 gestöhn;
Und die gemeißelte Ann ist ein Jahrsiebzig aus Stein.
Diese in Wolken getauchten marmornen Hände, dies monumentale
Argument aus gehauener Stimme, Geste und Psalm,

Das bestürmt mich immerzu über ihrem Grabe bis einst
Die ausgestopfte Lunge des Fuchses zuckt und ruft: Liebe
Und der stolzierende Farn legt Samen aufs schwarze Gesims.

Walisische Dichter

Die Stellung des Dichters – wenn Dichter überhaupt Stellungen haben müssen, abgesehen von der aufrechten Stellung – die Stellung des Dichters also, der in Wales oder von walisischen Eltern geboren ist, aber englische Gedichte schreibt, wird heute von vielen Leuten unnötig und auf banale Art erschwert. Es gibt eine Anzahl von jungen Walisern, die englisch schreiben, die aber, weil sie leidenschaftlich auf ihrer walisischen Nationalität bestehen, eigentlich walisisch schreiben müßten. Aber entweder können sie nicht walisisch schreiben, oder wegen der begrenzten Absatzmöglichkeiten walisischer Werke wollen sie es nicht und erwecken dann oft den Eindruck, daß ihr Englischschreiben nur eine Herablassung sei, ein Zugeständnis an den Einfluß und die Allgegenwart einer tyrannischen Fremdsprache. Zu denen gehöre ich nicht.

In der Zeit von 1622, dem Geburtsjahr Henry Vaughans, bis zum Jahr 1944, als Alun Lewis starb, gibt es nicht mehr als ein halbes Dutzend wirklich wichtige walisische Dichter, die englisch schrieben, doch gab es viele fähige und charmante Leute, die sich einer Feder gut zu bedienen wußten. Ich kann weiter nichts sagen, als daß Waliser von Zeit zu Zeit außerordentlich gute Gedichte in englischer Sprache geschrieben haben. Ich möchte eigentlich annehmen, das kommt daher, daß sie vor allem gute Dichter waren und sind, und nicht gute Waliser. Was zählt, ist die Dichtung, geschrieben in der Sprache, die für den Dichter die natürlichste ist, und nicht des Dichters Weltteil, Land, Insel, Rasse, Klasse oder politische Überzeugung.

Henry Vaughan

Vor Vaughan gab es eine großartige Dichtungstradition in walisischer Sprache. Dafydd-ap-Gwilym zum Beispiel, ein Zeitgenosse Chaucers, gilt bei den meisten Kennern der keltischen Literatur als diesem ebenbürtiger Dichter. Vaughan, der aus uralter walisischer Familie kam und in England erzogen wurde, hat ap-Gwilyms Gedichte ganz bestimmt gekannt. Aber er ahmte das überschwengliche Bardentum jenes großen höfischen Dichters keineswegs nach, sondern leitete seinen Stil und seine Themen von George Herbert her. Er schrieb zu einer Zeit, in der ein Dichter Stil und Inhalt wirklich von einem anderen ableiten und dennoch originell bleiben konnte. Er las und liebte auch die Dichtung John Donnes, aber am meisten liebte er sie, wo er sie im Werk Herberts gespiegelt und verwandelt sah. Für Vaughan war die Welt »nichts Geringeres als ein Schleier des Ewigen Geistes, dessen Gegenwart in jeglichem, und sei es auch in dem kleinsten Teile, gespürt werden kann«. Der heutige Leser wird ihn vielleicht nicht als mystischen Theologen schätzen, sondern als wunderbaren Dichter einzelner Verse, als einen Magier der Intervalle. Er wird an einzelne ungewöhnliche Zeilen denken, und nicht so sehr an ganze, noch ungewöhnlichere Gedichte. Vielleicht zum Beispiel an diese Zeilen aus einem Gedicht über das Grab:

> Ein Nest von Nächten, und ein düstres Haus,
> Wo Schatten brauen und der Wolkenkraken
> Sitzt auf der Sonne Stirn jahrein, jahraus,
> Und nichts bewegt sich ohne Totenlaken.

Oder ein einzelnes Bild:
> ... Sterne nicken ein und schlafen
> Und spinnen durch finstere Luft einen feurigen Faden.

Oder diese Stelle aus dem *Tag-Frühling:*
> Früh, als die Finsternis noch fröhlich war,
> Und, sternvergoldet, mehr als Tag sogar,
> Erhob sich grün das unsterbliche Reis,
> Der Erde keusche Ros', des Himmels Lilie weiß,
> Und neigte vor dem Vater ganz allein
> Das hochgebenedeite Antlitz sein.

Und hier eine von den vielen großartigen Anfangszeilen:
> Gestern sah ich der Ewigkeit Gesicht
> Als riesigen Ring von endlos reinem Licht.

Aber ich habe ein ganzes Gedicht ausgewählt, in dem sich die Gestalten seiner echten und intensiven Gesichte in einer wilden und doch unweigerlich geordneten heiligen Landschaft bewegen:

Die Nacht

Von jungfräulichem Schrein bist du umhegt,
Vom Schleier, der vor deinem Mittag schont,
Daß dich der Mensch sieht und dich doch erträgt,
    Wie Glühwurm nachts den Mond.
Der weise Nikodemus sah solch Licht
Und kannte dran bei Nacht des HERRN Gesicht.

Voll Segen gläubig, er!
Der in der blinden Augen dunklem Land
Die heilenden Schwingen sah, ersehnet sehr,
    Als GOTT erstand,
Und der, was keiner sonst vollbracht,
Sprach mit der Sonne in der Mitternacht.

Wie er dich fand in totenstiller Stund,
Wer sagt mir, wo?
Aus welchem heilig abgelegnen Grund
    Wuchsest du, Blume, so
Daß unserer Gottheit Fülle in dir liegt
In deinen beneideten Kelch geschmiegt?

Kein goldner Thron der Ehrn,
Kein staubig toter Cherub statt aus Stein,
Nur Seine guten Taten hielten meinen HERRN
    Aufrecht allein,
Wo Bäum und Sträucher wachten und voll Fragen
Ihn sahn, indes die Juden schlafend lagen.

Lieb Nacht, Weltniederlag!
Schranke geschäftiger Narrn und trüber Dinge,
Ruhbett der Seel, der Geister stiller Tag,
    Drein keiner Unruh bringe

Du CHRISTI Betezeit und Bahn,
Deine Stunden kündt der Himmel an.

   GOTTS suchend stiller Flug
Wenn meines HERREN Haupt voll Tau ist, all
Sein Haar vom Wasser der Nacht ist feucht genug,
   Du, Seines Rufens Schall,
Du, Seines Pochens Zeit, der Seele stumme Wachen,
Da Geister Jagd auf ihresgleichen machen.

   Wärn all' mein laut', schlimm' Tag
Ruhig, ohn Spuk, gleichwie dein dunkles Zelt
In dessen Stille nur der Engel Flügelschlag
   Und Stimme manchmal fällt,
Dann wollt im Himmel ich das ganze lange Jahr
Verweilen, und nicht wandern hier fürwahr.

   Doch lebend, wo die Sonn'
Alle Ding' weckt, daß sie, umirrend, stumpf
Sich selbst und andre machen, lauf auch ich davon
   Zu jedem Sumpf,
Und dieser Welt Irrlicht des Tags führt dann
Mich schlimmer, als ich in der Nacht gehn kann.

   Es ist in GOTT – es heißt –
Ein tief, doch blendend Dunkel! Wie man gar
Sagt: spät und dämmrig ist es; denn der Geist
   Der Menschen sieht nicht klar.
Käm doch die Nacht, in der ich lichterlos
Unsichtbar leben dürft in Seinem Schoß!

EDWARD THOMAS

Von Edward Thomas, der 1917 in Frankreich gefallen ist, bis zu Alun Lewis, der 1944 in Indien starb, entstand eine ganze neue Literatur von Gedichten, die von Walisern geschrieben wurden. Ich glaube aber nicht, daß diese Dichter irgend etwas miteinander gemein hatten außer Liebe zur Dichtung und zu ihrem eigenen Land. Ihre dichterischen Quellen waren nicht die gleichen, wenigstens nicht in nennenswertem Maß. Edward Thomas zum Beispiel liebte sein ganzes jämmerlich kurzes und viel zu oft trauriges Leben lang das überaus englische Werk eines Thomas Hardy, die Gedichte von John Clare, dem Bauern aus Northamptonshire, und William Barnes, den Dichter von Dorset. Immer liebte er die sattbraunen Ställe und Koppeln des Malers George Morland und die liebevollen Landschaften des alten Crome. Er liebte die Felder, die Wälder, die gewundenen Landstraßen, er kannte tausend ländliche Dinge: die Regendiamanten auf den Grashalmen, die geisterhaft weiße Blüte der Petersilie, Maus und Zaunkönig und Rotkehlchen, die ersten Veilchen in jedem Jahr, die Misteldrossel, die Holunderbeeren, liebte die Hagebutten, die Haselnußstauden, frischgemähtes Heu, den Ruf des Kuckucks, den unberührten Tau, Kirchen, Friedhöfe, Farmen, Kuhställe, Kinder, Wildgänse, Pferde in der Sonne. Edward Thomas war, wie Walter de la Mare gesagt hat, ein treuer und einsamer Liebhaber jenes Liebenswerten, das die meisten von uns nicht lieben, und das hat ihn viel gekostet. Und als er schließlich in Flandern getötet wurde, zerbrach ein so reiner und unverfälschter Spiegel Englands, daß nirgends eine klarere und zartete Spiegelung zu finden ist als in seinen Gedichten.

Hier eines von diesen Gedichten, das er in Wales geschrieben hat:

Mutter, die Wurzel dieser kleinen gelben Blume
Zwischen den Steinen schmeckt nach Chinin.
Seltsam sind heut die Klippen, die Sonne so hell,
Und der Heuschreck an seiner Nähmaschin'
So fleißig. Da war einer auf meiner Hand, Mutter, such!
Ich liege so still. Da ist einer auf deinem Buch!

Doch was Seltsameres muß ich sagen, drum laß
Dein Buch dem Heuschreck, liebe Mutter mein! –
Wie ein grüner Ritter auf dem Markt, auf dem bunten Platz –
Und horch mit mir! Hörst du, was ich mein,
Weit draußen? Der Schaum dort schlägt Locken dann und wann
Und hebt einen weißen Arm wie ein Mädchen dann.

Fische und Möwen läuten nicht. Es kann keine Kirche
Und keine Kapelle sein von Devon bis hierher,

Mit glockenläutenden Fischen oder Möwen. Doch horch nur:
Irgendwo oben im Himmel oder unten im Meer!
»'s ist die Glocke, mein Sohn, in der Bucht, die im Wellengang
Auf der Boje klingt. Die hat heut einen schönen Klang.«

Was Schöneres hört ich noch nie, Mutter! Nein, in ganz Wales
Ich möcht gern liegen, dort unten, wo es schäumt, [nicht.
Tot, aber hören den Klang der Glocke
Und sicher wissen, daß die Mutter oft kommt
Und sich ausruht und zuhört und sich freut.
Wenn das sein könnt, wär ich glücklich heut.

W. H. Davies

W. H. Davies (1871-1940) wurde in Monmouthshire geboren und kam sehr jung zu einem Rahmenmacher in die Lehre. Er durchstreifte als Vagabund Amerika, überquerte vielmals auf Viehfrachtern den Atlantik und war in England Hausierer und Straßensänger. Völlig arm und allein, gebildet nur durch das, was er zufällig in den Slums der großen Städte zu lesen fand, begann er plötzlich Gedichte zu schreiben, die geradewegs von Robert Herrick herzustammen schienen. Vom ersten bis zum letzten waren seine vielen, vielen Gedichte immer frisch, einfach und selbstsicher. Auch in seinen leichtesten Versen war etwas Unabänderliches. In seinen winzigsten Betrachtungen der Welt um uns lag einmalige Beobachtung.

Seine berühmtesten Gedichte handeln von Vögeln, Wolken und Tieren, von der Fahrt der Planeten und der Jahreszeiten, vom Abenteuer des Kommens und Gehens des einfachen Tages und der einfachen Nacht. Aber ich habe zwei seiner weniger bekannten Gedichte ausgewählt, die ihn vielleicht vielen in einem neuen Licht zeigen werden, doch deshalb nicht weniger sorgfältig gerecht und liebevoll als in den Gedichten, in denen seine Königsreiher, seine Rotkehlchen, seine kleinen Buckligen im Schnee, alle die Einwohner seiner winzigen, reinen Welt ihre geheimnisvollen Wege gehen, am Himmel und auf der Erde, die er beide so sehr geliebt hat.

Die Untersuchung

Ich tat den Schwur zu forschen gut,
Leidenschaftslos und sachlich nur,
In Sachen *Tod der Ada Wright*,
So helf' mir Gott! – ich tat den Schwur.

Und als ich ging, den Leichnam sehn –
Viermonatskind, es starb so jung –
Dacht ich es wog wohl sieben Pfund
Und war kaum mehr als ein' Fuß lang.

Ein Auge zu, mit gelbem Lid,
Zu auch der Mund, der lächelt' lind,
Das linke Aug offen, das glänzte hell –
Es schien ein kluges kleines Kind.

Und als ich das eine Auge sah,
Da wars als hätte es gesagt und gelacht:
»Woran ich starb, weißt du doch nie,
Vielleicht hat die Mutter mich umgebracht.«

Drauf ging ich in den Gerichtssaal zurück
Und hörte der Mutter Aussage dann –
Ein Kind der Liebe, meinte sie –
Und lächelte uns erklärend an.

»Meine Herren Geschworenen«, sprach sodann
Zu uns der Beamte, »dies Kindlein da,
Das fand durch Unfall seinen Tod.«
Die Mutter lächelte; wir sagten: »Ja.«

Und ich sah des Kindes eines Aug,
Und mir war, als hätt es gesagt und gelacht:
»Woran ich starb, weißt du doch nie.
Vielleicht hat die Mutter mich umgebracht.«

Die Büste

Als ich ins Weite zog hinaus,
Da ließ ich eine Frau im Haus,
Daß sie den Staub fernhalten müßte,
Von Büchern, Bildern und meiner Büste.

Als ich zurückkam, lag Willkommen
In ihrem Blick, sie sprach beklommen,
Und alles stand an seinem Ort
So rein und klar wie sie selber dort.

Doch dann nahm ich's genauer wahr:
Staub lag auf meiner Büste Haar,
Auch Brau'n und Nase weiß bekränzt – –
Die Lippen nur warn blank umglänzt.

Die Zeit verging, da ging auch sie.
Doch wie das war, vergeß ich nie:
Wie ein harter Mund einst rein blieb und schön,
Durch Lippen, die küßten ungesehn.

IDRIS DAVIES

Idris Davies verbrachte einen großen Teil seines Lebens in Armut und ungünstigen Umständen. Das hat ihn nie zornig gemacht, wenigstens nicht in seinen Gedichten. Aber aus den Bergwerkstälern von Süd-Wales kamen Dichter, die anfingen, in einem Geist des leidenschaftlichen Zornes über die Ungleichheit in unserer Gesellschaft zu schreiben. Sie schrieben nicht von den Wahrheiten und Schönheiten der natürlichen Welt, sondern von den Lügen der Häßlichkeit des unnatürlichen Gesellschaftssystems, unter dem sie arbeiteten, oder, während der zwanziger und dreißiger Jahre, noch häufiger nicht einmal Arbeit fanden. Sie sprachen in rauhen zornigen Rhythmen von dem Wales, das sie kannten: von den Schlackenhalden, von den schlangestehenden Arbeitslosen, von den halsstarrigen bankrotten Dörfern, von den Kindern, die auf den Halden nach Kohle suchten, von den schäbigen Parzellen der Bergarbeiter, vom billigen Kino, von den Hunderennen, von den stillgelegten Steinbrüchen, den rostenden Fördermaschinen, den hageren Bethäusern mit ihren Wellblechdächern mitten im Ruß, von den Hauern, die im angeschnittenen Flöz hocken, den Wirtshäusern, den Woolworth-Kaufläden, den Pastoren und den Zigeunern, von Silikose, vom kleinen Moskau oben jenseits der Berge, von der Fabrik mit ihrem eingedellten Dach und ihrem Schornstein ohne Rauchfahne, von der grauen Steinstraße, vom Fluß und seinem Abschaum, von den Männern, die als Bündel aus Mützen und Fausthandschuhen vor dem düsteren Arbeitsamt und der Leihbücherei standen.

Von diesen Dichtern ist Idris Davies vielleicht der einzige, der versucht hat, die Gewalt, die in ihm war, in wirkliche Gedichte zu fassen. Und er erreicht oft lyrische Einfachheit, die aber seinen Haß gegen das Unrecht nicht weniger grimmig macht. In manchen seiner Gedichte bringt er es sogar über sich, mit einer Art trauriger Leichtherzigkeit von seinen Leuten und von seinem Land zu schreiben, zum Beispiel in dem Gedicht »Er wird nicht mehr reden von jenen Tagen...« In seinem Gedichtband »Gwalia Deserta« ist ihm auch ein sehr einfaches und ergreifendes Lied geglückt:

> O gib mir was, gib mir!
> Weinen die Glocken von Rhymney.
>
> Wirds denn je besser werden?
> Schrein die braunen Glocken von Merthyr.
>
> Ist der Schachtherr was Besondres?
> Sagen die schwarzen Glocken von Rhondda.
>
> Wer bringt den Bergmann um das Seine?
> Schrein die grimmigen Glocken von Blaina.
>
> Euch zu plündern sind sie willig!
> Sagen die Glocken von Caerphilly.
>
> Mit Zähnen und mit Krallen
> Laut von Neath die Glocken schallen.
>
> In Südwales kanns Herz euch brechen,
> Sagen die rosa Glocken von Brecon.

Auch Gott mags nicht mehr ansehn,
Sagen die feuchten Glocken von Swansea.

Vor Gericht stellt sie sofort!
Schrein die Glocken von Newport.

Dann wär alles recht artig,
Sagen die grünen Glocken von Cardiff.

Was bedrückt euch, Schwestern, ei?
Singen die silbernen Glocken von Wye.

GLYN JONES

Glyn Jones, derzeit Schulmeister, ist einer der wenigen jungen Waliser, die heute englische Gedichte schreiben, zugleich aber wirklich die eigentliche walisische Dichtung von Grund auf kennen. Er hat in mehreren englischen Gedichten versucht, die sehr schwierigen Metren der alten walisischen Barden zu verwenden. Diese Kunstformen beruhen zum großen Teil auf Assonanz, Alliteration und äußerst komplizierten Binnenreimen. In den Händen der wenigen, die versucht haben, sich dieser Kunstmittel im Englischen zu bedienen, war das Ergebnis nur eine Verzerrung, Einzwängung und Verdunkelung des natürlichen Genius der englischen Sprache. Aber wenn Glyn Jones sich nicht mit diesen Versuchen befaßt, die für an englische Gedichte gewohnte Ohren unweigerlich ungeschickt und verschroben klingen müssen, dann kann er mit solcher Sicherheit schreiben, wie im folgenden Gedicht, in dem man den Einfluß von D. H. Lawrence erkennen kann, besonders in der letzten Strophe. Es heißt *Esyllt* (= Isolde):

Er klettert unseren Hang herunter, da steigt mein Falke,
Steuert schweigend hinauf über fünf leeren Feldern,
Ein weiches, sonnengebürstetes Braun um die Schultern,
Und schwebt in weiten Kreisen auf starr gebreiteten Schwingen.
Ihre Schatten schneiden: in neuen weichen gelbroten Jagdschuhn
Bricht mein Geliebter durchs knackende Rankenwerk.

Der stille dornbuschzischende Hügel brennt von des goldenen
　　　　　　　　　　　　　　　　　　　　　　　　　Ginsters
Auswitterndem Quarz. Jeder Strauch, den er streift, vergießt Tau.
Seltsam, zuletzt die Trennung war niemals traurig,
Sondern unwirklich, wie meine versprochenen Jahre,
Schwächer spürbar als diese silbrige Schneckenschriftspur,
Die hier stark in der Sonne auf Steine gekritzelt ist.

Warum wollte ich oft heftiger aufschrein
Gegen sein Fortgehn, wenn er mein Fleisch nur verließ
Für eine Nacht? Wenn er gegangen war
Heiß aus der Mutter Küche, und meine Kämme
Auf dem Tisch lagen unter der Lampe, und der Wind
Klapperte mit den Türen des Schuppens drüben im Hof.

ALUN LEWIS

Alun Lewis fand durch einen Unfall den Tod, im Jahr 1944, als Soldat in Indien. Drei der besten (vielleicht wird man in einer späteren, stilleren Zeit finden, daß es *die* besten waren) Dichter, die in den beiden großen Kriegen dieses Jahrhunderts geschrieben haben, waren Edward Thomas, Wilfred Owen und Alun Lewis. Thomas und Owen wurden fünfundzwanzig Jahre alt, Lewis achtundzwanzig. Alle drei waren Waliser. Über Nationalcharakter habe ich bei dieser Gelegenheit nichts zu sagen. Lewis war einer, der heilte und erleuchtete, demütig vor seinen eigenen Geständnissen, überwältigt vom ewigen Geständnis der Liebe, das von den verachteten und verurteilten Bewohnern der rings um ihn zerbröckelnden Welt abgelegt wurde. Er schrieb:

Ich habe keinen Wunsch mehr, zu gestalten
Die alten Beziehungen, die Liebe, erfüllt
Oder verdummt, oder die Gabe zu leiden.
Ich will auch nicht alles schön sagen, was Dichter schon sagten
Vom einen oder andern der alten Zwänge,
Denn nun sind die Zeiten alle versammelt zur Beichte.

Und immer demütig, niemals als Priester, sondern als ihr Diener hörte er diese Beichte. Wie Wilfred Owen wußte er, daß im Krieg die Dichtung im Jammer liegt, im Mitleid. Und wie Owen konnte er sich nie über das Mitleid stellen, sondern mußte ihm

Sprache verleihen, wie in diesem Zitat aus einem unvollendeten Stück, in dem Sacco, der Genosse Vanzettis, aus dem Gefängnis an seinen Sohn schreibt:

> Was dich betrifft, so denk dran, daß im Spiel
> Des Glücklichseins du nicht alleinstehn darfst,
> Denn Glück ist, daß du teilnimmst an den Festen.
> Auch darin sei ein Mann, wie du begrüßt
> Das Leid, das dein Gesicht als Kind schon schmal macht.
> Und wenn du kämpfen mußt, sei nicht beunruhigt.
> Nur Narren glauben, Leben geht nach Maß,
> Narren, und Töchter auch aus reichem Hause.
>
> Halt mit dir Maß, doch altbacken vor Vorsicht
> Oder vor Zweifel werde nie. Ich wünschte
> Du sähst mich morgen vom Elektrischen Stuhl
> Hinuntergleiten. Dran könntest du denken
> Und nie, mein Sohn, unseres Kampfes Preis
> Am Ausgang messen wie ein armes Weib.
> Doch deinen Schlaf stör ich mit keinem Albtraum.
> Du sahst so glücklich aus in deinem Bett...
>
> Doch hab ich weder Kraft, noch Zeit für alle
> Diese Gedanken. Einer schon genügt,
> Das All zu füllen. So; ich laß das Schreiben...
> Ich hoffe dieser Brief trifft dich gesund an,
> Mein Sohn du, mein Genosse! Grüße mir
> Inez, und Mutter, und auch meine Freunde.
> Auch Bartolo schickt seinen Gruß an euch.
>
> Ich hätte besser, einfacher geschrieben,
> Nur dreht sich mir der Kopf jetzt wie ein Kreisel
> Und meine Hand ist zittrig... Ach, ich bin so schwach...

Wales und der Künstler

Zu viele Künstler aus Wales, die ihren dauernden Wohnsitz in, sagen wir einmal, London aufschlagen, beginnen sich fast sofort bis zur Unkenntlichkeit zu anglisieren. (Freilich gilt das nicht nur für Künstler. Ich kenne einen Friseur aus Wales in London, der so haarsträubend energisch daran gearbeitet hat, seinen Akzent loszuwerden, daß er sich jetzt anhört wie ein Mann, der den marmornen Parthenonfries aus dem Britischen Museum im Mund hat.) Diese anglisierten Waliser äffen das dunkle »a« nach. Sie verleugnen die walisische Sprache, gleichgültig ob sie sie kennen oder nicht. Durch herablassendes Erzählen von komischen, nicht ganz klaren Geschichten von Dai und Evans aus den alten Tälern, verdienen sie sich in Gesellschaft kultureller Speichellecker, die sich ihrerseits wieder zu ihnen herablassen, jämmerliche Dinners und Runden von abgestandenen Getränken. Sie fallen auf die allerneuesten »ismen« herein, arglos wie junge Hunde auf Gummiknochen. Mit ihrer spanielhaften Anhimmelei und ihrer Unkenntnis der Tradition, die sie unweigerlich zum Experiment zwingt, bestätigen sie den Verdacht nichtwalisischer experimenteller Künstler, daß alle Waliser Schwindler seien, besonders aber walisische Künstler. In Ausstellungen, Konzerten, auf Cocktailparties finden sie sich an den dicken, horngefaßten Rändern, wo sie ihren natürlichen Eifer erdrosseln, um ein, zwei halbverschluckte geringschätzige Worte fallen zu lassen und mit wissender Blasiertheit die Gemälde, die Musik, die Gäste, ihren Gastgeber abzutun, wobei sie ihre Stimmen in ein Korsett schnüren, daß ja kein Tonfall von walisischem Enthusiasmus auftrillern oder herauskollern kann. »Genohgenomm«, sagen sie, »bin ich in Cwmbwrla geboren, aber Soho ist besser für meine Gouaches.« Sie errichten im näselnden nieselnden London ihr eigenes kleines Talmi-Wales, eine Exilregierung von enteigneten Intellektuellen, die nicht ihr Land, sondern ihren Intellekt verloren haben.

Und sie kehren von längerer Zeit zu Zeit heim, wie Leutseligmacher, um ihre festeingefahrenen alten Freunde von oben herab zu behandeln und auf die Schultern zu klopfen und amüsiert nach dem Weg zu dieser Straße und jenem Gebäude zu fragen, als wüßten sie ihn nicht mitten in der Nacht. Sie kehren heim, um mit allen Magneten ihres Snobismus die Vornamen und die Anzahl der Frauen alternder Maler aufzulesen, die Stammlokale aufsteigender Dichter, das intime Verhalten der berühmten Musiker, die sie gar nicht kennengelernt haben, und um in ihren Taschen und Mündern ihre ausländischen Pennys, Ansichten und Wortbetonungen klimpern zu lassen.

Und auf der anderen Seite bleiben zu viele walisische Künstler zu lange daheim, in Wales, Riesen in der Finsternis hinter dem Dorfbrunnen, Pygmäen in der völkerlosen Sonne, die neidisch ihre vergifteten Pfeile auf die Künstler anderer Länder abschießen, statt zu versuchen, das Niveau der Kunst ihres eigenen Landes zu heben, indem sie sich ordentlich hinter ihre eigenen Worte, Farben und Melodien hermachen.

Und zu viele Künstler in Wales verbringen zuviel Zeit mit Debatten über die Stellung des Künstlers in Wales.

Es gibt nur eine Stellung für einen Künstler, ganz gleich wo: aufrecht.

Über Dichtung

Ja, auch ich bin der Meinung, daß Varietéchansons, »music-hall songs«, gute Dichtung sein können. Das gleiche gilt für Klapphornreime, für Limericks, gleichgültig, ob sie in den Salon oder in die Wirtsstube passen. Aber ich glaube, Werbetexte und dergleichen waren nie gute Dichtung. Ich glaube, Stephens, Sie machen sich über meine (verhältnismäßige) Jugend einfach lustig. Die junge Generation wurde früher von der älteren leichtfertig genannt. Jetzt nicht mehr. Wir sind es jetzt, die die Leichtfertigkeit der Älteren bemängeln. Ich komme mir so ähnlich vor wie das kleine Mädchen auf einem Bild von Max Beerbohm, das Matthew Arnold eine pedantische Rüge erteilt: »Warum, Onkel Matthew, ach, warum willst du nicht immer völlig ernst sein?« Ich bin ganz dafür, daß man diesen Unsinn von der Ernsthaftigkeit aus seiner Haltung zu Gedichten wegläßt. Ich hasse die ehrfurchtserstickte Stimme und die barhäuptige Haltung genau so wie Sie, Stephens. Ich mag aber nicht den doppelten Bluff, der da meint: »Ich bin eine der Ruinen, die Cromwell ein wenig zerdrosch«, sei bessere Dichtung als, sagen wir zum Beispiel das ernsthafte und heute unmoderne Werk eines Cowper oder Francis Thompson. Es ist eben nur eine ganz andere Art Dichtung.

Fast alles, was man über Dichtung sagt, ist so wahr und wichtig wie alles andere, was irgendwann irgendwer gesagt hat. Manche Leute reagieren *körperlich* auf die Magie der Dichtung, das heißt auf die Augenblicke authentischer Offenbarung, auf die Querverbindung der Menschen untereinander; darauf, daß auf höchster Ebene die persönliche Erfahrung wieder geteilt wird. Solche Menschen sagen, sie finden, daß es in ihren Tränendrüsen zuckt, oder daß die Kopfhaut sie juckt oder das Rückgrat sie kitzelt, und daß sie irgendwo irgendein verschwommenes Gefühl haben: »Ja, das ist es!« Andere behaupten, daß ihre »rein ästhetische Emotion« durch gewisse Assonanzen und Alliterationen wachgerufen worden sei. Und manche sind es zufrieden, bloß zu sagen: »Gott, es bewegt sich«, ganz wie sie das von den ersten Kinematographenbildern gesagt haben. Und das tut es natürlich, bei Gott, wirklich, denn das ist nur ein anderes Wort für die Magie, die aller Definition spottet.

Die Magie in einem Gedicht kommt immer von ungefähr. Kein Dichter würde intensiv der komplizierten Kunst des Dichtens nachgehen, hoffte er nicht, daß sich plötzlich der Zufall der Magie ereignen werde. Er *muß* Chesterton beipflichten, daß das richtig Wunderbare an den Wundern ist, daß sie manchmal wirklich geschehen. Und das beste Gedicht ist jenes, dessen erarbeitete unmagische Teile an Struktur und Intensität an diese Augenblicke des magischen Zufalls am nächsten herankommen...

Und auch das ist noch zu sagen: Dichten ist für einen Dichter die lohnendste Arbeit auf Erden. Ein gutes Gedicht ist ein Beitrag zur Wirklichkeit. Die Welt ist nie mehr, was sie war, wenn man sie einmal um ein gutes Gedicht vermehrt hat. Ein gutes Gedicht hilft Form und Sinn des Weltalls verändern, und hilft jedermanns Wissen um das eigene Ich und die Welt rundum erweitern...

Ich glaube, es gibt einen umgekehrten Snobismus – und einen Anflug von schlechter Logik –, der darin besteht, daß man stolz darauf ist, daß die Gedichte, die man geschrieben hat, sich schlecht verkaufen. Selbstverständlich will nahezu jeder Dichter seine Gedichte von möglichst vielen Leuten gelesen wissen. Ein guter

Handwerker stellt seine Arbeiten nicht in die Dachkammer. Und Verachtung für die Öffentlichkeit, die aus potentiellen Lesern besteht, ist Verachtung für die tiefste Nützlichkeit deiner eigenen Kunst. Glaube nur einige Zeit, daß du es nicht nötig hast, gelesen zu werden, und du wirst finden, daß es wirklich so kommen kann: Niemand wird das Bedürfnis fühlen, deine Verse zu lesen, denn sie sind nur für dich allein geschrieben, und die Öffentlichkeit wird keinen starken Antrieb verspüren, in so eine exklusive Gesellschaft uneingeladen einzubrechen. Außerdem, wenn du von der Arbeit deiner Zeitgenossen keine Notiz nimmst, so bedeutet das, daß du einen ganzen lebenswichtigen Teil der Welt, in der du lebst, vernachlässigst. So raubst du notwendigerweise deiner eigenen Arbeit ihre Lebenskraft, verringerst ihre Spannweite und ihre Möglichkeiten, und bist schon heute tot, noch während du schreibst.

Und schließlich ist ein Dichter nur für einen geringfügigen Bruchteil seines Lebens ein Dichter. Ansonsten ist er ein Mensch, zu dessen Verantwortlichkeiten es gehört, nach besten Kräften zu wissen und zu fühlen, was alles um ihn her und in ihm vorgeht, so daß seine Dichtung, wenn er sie dann schreibt, sein Versuch sein kann, den Gipfelpunkt menschlicher Erfahrung auf dieser sehr sonderbaren und im Jahre 1946 anscheinend der Hölle zusteuernden Erde zu gestalten.

Ein Blick aufs Meer

Die englische Originalausgabe
A PROSPECT OF THE SEA
erschien 1955 bei J. M. Dent & Sons Ltd. London

Erster Teil

Ein Blick aufs Meer

Es war Hochsommer, und der Junge lag im Korn. Er war glücklich, weil er nichts zu tun hatte und weil das Wetter heiß war. Er hörte das Korn über seinem Kopf hin und her schwanken, und das Lärmen der Vögel, ihr Pfeifen aus den Zweigen der Bäume, die das Haus versteckten. Er lag lang auf dem Rücken und starrte hinauf in den ununterbrochen blauen Himmel, der über den Rand des Korns niederfiel. Der Wind nach dem warmen Vormittagsregen roch nach Kaninchen und Kühen. Der Junge dehnte sich wie eine Katze und legte die Arme hinter den Kopf. Jetzt ritt er auf dem Meer, schwamm durch die goldenen Kornwellen, glitt am Himmel entlang wie ein Vogel; in Siebenmeilenstiefeln sprang er über die Felder; er baute ein Nest im sechsten der sieben Bäume, die mit ihren Händen von einem hellen, grünen Hügel herüberwinkten. Und jetzt war er ein Junge mit zerzaustem Haar: träge stand er auf und wanderte aus dem Korn zum Flußstreifen am Hang. Er steckte die Finger ins Wasser und machte spielend eine Meereswoge, daß die Kieselsteine kollerten und die Gräser zitterten. Seine Finger standen aufrecht wie zehn Turmpfeiler im vergrößernden Wasser, und ein Fisch mit weißem Kopf und schlagendem Schwanz schwamm durch die Turmtore ein und aus. Während der Fisch durch die Tore ein und aus schwamm, zu den Kieseln und auf dem bewegten Flußbett, dachte er sich eine Geschichte aus. Da gab es eine ertrunkene Prinzessin aus einem Weihnachtsbuch; ihre Schultern waren gebrochen und ihre beiden roten Zöpfe wie die Saiten einer Fiedel über ihren gebrochenen Hals gezogen; sie war in einem Fischnetz gefangen, und die Fische zupften an ihrem Haar. Er wußte nicht mehr, wie die Geschichte endete, wenn es überhaupt je ein Ende geben konnte für eine Geschichte, die keinen Anfang hatte. Erwachte die Prinzessin zu neuem Leben und stieg sie wie eine Meerjungfrau aus dem Netz, oder kam ein Prinz aus einer anderen Geschichte und spannte die Zöpfe ihres Haars und bog ihre Schulterknochen zu einer Harfe, auf der er immer und ewig an den Höfen des königlichen Landes die toten, schwarzen Weisen zupfte? Der Junge ließ einen Stein über das grüne Wasser hüpfen. Er sah ein Kaninchen laufen und warf einen Stein nach seinem Schwanz. Ein Fisch sprang nach den Mücken, und eine Lerche schnellte aus der grünen Erde. Es war der beste Sommer seit den ersten Jahreszeiten der Welt. Er glaubte nicht an Gott, aber Gott hatte diesen Sommer gemacht, voll blauer Winde und Hitze und Tauben im Hauswäldchen. Auf den fernen Hügeln ohne Namen gab es keine Schornsteine, nur die Bäume, die dort standen wie Frauen und Männer, die sich an der Sonne freuten; keine Kräne oder Kohlenhalden waren zu sehen, nur die namenlose Ferne und der Hügel mit den sieben Bäumen. Ihm fielen keine Worte ein zu sagen, wie wunderbar der Sommer war, oder das Gurren der Waldtauben, oder das träge wehende Korn im halben Wind vom Meer am Ende des Flusses. Es gab keine Worte für den Himmel und die Sonne und das Sommerland: die Vögel waren gut, und auch das Korn war gut.

Er ging quer durch das gute Feld und kletterte den Hügel hinauf. Unter dem unschuldigen Grün der Bäume, aus dem heraus Amseln der Sonne zuflogen, starb die Geschichte von der Prinzessin. An diesem Nachmittag gab es kein Meer, das sie ertränken und an den Zöpfen ziehen konnte; das Meer hatte gewogt und war verschwunden, und es hatte einen Hügel zurückgelassen, ein Kornfeld und ein verstecktes Haus. Groß wie der erste niedrige Baum kletterte sie aus dem siebenten Baum herunter und stand vor ihm in einem zerrissenen Kattunrock. Ihre nackten, braunen Beine waren über und über zerkratzt, um ihren Mund waren Beerenflecken, ihre Fingernägel waren schwarz und abgebrochen, und ihre Zehen guckten durch die Gummischuhe. Sie stand auf einem Hügel, der war nicht größer als ein Haus; aber das Feld unten und der glänzende Flußstreifen waren so klein, als wäre der Hügel ein Berg gewesen, der über einem einzigen Halm, über einem einzigen Wassertropfen aufstieg. Die Bäume um das Bauernhaus waren Späne zum Feuermachen, und die Jarvisgipfel und der hohe Cader dahinter bis an den Rand von England waren Maulwurfshügel und Steinschatten in der stillen, sechs Spannen langen Ferne. Aus dem ersten Schatten starrte der Junge hinab auf den verschwindenden Fluß, auf das Korn, das in den Boden zurückgeweht wurde, auf die hundert Hausbäume, die zu einem einzigen Stengel zusammenschrumpften, und auf die vier Ecken des gelben Feldes, die sich zu einem Quadrat schlossen, das er mit seiner Hand bedecken konnte. Er sah das vielfarbige Land einlaufen wie einen Rock in der Wäsche. Dann sprang ein neuer Wind von dem bißchen Wasser am Ende des Flußtropfens auf und blähte das Hügelfeld zu seiner vollen Größe, und der eine Stengel, der das Haus verdeckte, wurde in hundert Bäume gespalten. Das geschah in einer halben Sekunde.

Amseln flogen wieder aus den höchsten Ästen, in einer Wolke wie ein Kegel: kein Ende nahm der schwarze dreieckige Vogelzug zur Sonne; von Hügel zu Sonne stieg lautlos die geflügelte Brücke; dann erhob sich wieder ein Wind, und diesmal vom richtigen, endlosen Meer herauf, und brach der Brücke das Rückgrat. Wie Rebhühner fielen die ganz gewöhnlichen Vögel in einem Schauer zur Erde.

Alles geschah in einer halben Sekunde. Das Mädchen in dem zerrissenen Kattunrock setzte sich ins Gras und kreuzte die Beine, ein wirklicher Wind von nirgendwoher hob ihr den Rock, und bis zur Hüfte war sie braun wie eine Haselnuß. Der Junge, der immer noch zaghaft im ersten Schatten stand, sah die zerbrochene Ferienprinzessin zum zweiten Mal sterben, und an ihrer Statt saß ein Landmädchen auf dem lebendigen Hügel. Wer hatte Angst gehabt vor ein paar Vögeln, die aus den Bäumen flogen, und vor einem plötzlichen Glanz der Sonne, der Fluß und Feld und die Ferne zu Füßen des Hügels so klein gemacht hatte? Wer hatte ihm erzählt, daß das Mädchen so groß wie ein Baum war? Sie war nicht größer und nicht seltsamer als die blumigen Mädchen, die sonntags im Hundetal Picknick machten.

»Was hast du oben im Baum gemacht?« fragte er sie, verlegen, daß er angesichts ihres Lächelns geschwiegen hatte, und plötzlich schüchtern, als sie sich bewegte, daß sich das Gras unter ihr geknickt und grün zwischen ihren braunen Beinen aufrichtete. »Hast du Nester gesucht?« sagte er und setzte sich zu ihr. Aber auf dem geknickten Gras im siebenten Schatten sprang sein erster Schrecken vor ihr wieder auf wie eine Sonne, die aus dem Meer zurückkommt, das sie versenkt hatte, und verbrannte seine Augen bis auf den hohläugigen Schädel und sträubte ihm das Haar. Der Fleck auf ihren Lippen war Blut, nicht Beerensaft, und ihre Nägel waren nicht abgebrochen, sondern seitlich geschärft: zehn schwarze Scherenklingen, bereit, ihm die Zunge abzuschneiden. Wenn er laut nach seinen Onkeln in dem versteckten Haus rief, dann würde sie neue Tiere erschaffen, die ersten Tiger in Wales; und sie würde sie aus dem nur eine Viertelstunde entfernten Wald herwinken, damit sie ihn umsprangen und ihn in die Hände bissen; in der Luft würde sie neue Vögel erschaffen, die würden pfeifen und seine Hilferufe wegzwitschern. Er saß sehr still zu ihrer Linken und hörte, wie das Herz in ihrer Brust jeden Sommerton ertränkte. Da wuchs jedes Blatt des Baumes, der sie überschattete, und wurde so groß wie ein Mann; die Rillen der Baumrinde waren Kanäle und Flüsse, so breit wie ein großes Schiff; und das Moos auf dem Baum und der scharfe Kreis von Gras unten um seinen Stamm waren plötzlich die Samtdecken aller grünen Wiesen des ganzen Landes, die es zusammengeweht hatte, dicht an dicht, Hecke an Hecke. Auf dem Hügel, der so groß war wie die Welt, und dessen Bäume den Himmeln gleich die Wetter hochhielten, neigte sie sich jetzt im großgewordenen Sommerwetter zu ihm hin, daß er nur ihr dichtes rotes Haar und nicht das Kornfeld und auch nicht das Haus seiner Onkel sehen konnte; und Himmel und ferner Hügelkamm waren Lichtpunkte in den Pupillen ihrer Augen.

Das ist der Tod, sagte der Junge zu sich selbst, die Schwindsucht und der Keuchhusten und die Steine in einem drin... und wie einem das Gesicht stehenbleibt, wenn man im Spiegel zu viele Gesichter schneidet. Ihr Mund war ganz nahe bei seinem. Ihre langen Zeigefinger berührten seine Augenlider. Das ist eine Geschichte, sagte er zu sich selbst, von einem Jungen, der in den Ferien von einer, die auf einem Besen ritt, geküßt wurde; die flog von einem Baum auf einen Hügel, der seine Größe veränderte wie ein Frosch, wenn er wütend wird; die streichelte seine Augen und legte ihre Brust an die seine; und als sie ihn geliebt hatte, bis er starb, da trug sie ihn in ihrem Inneren fort zu einer Höhle in einem Wald. Aber wie alle Geschichten mußte auch diese sterben, als sie, die gekommen war, ihn küßte; jetzt war er ein Junge in den Armen eines Mädchens, und der Hügel erhob sich über einen wirklichen Fluß, und die Gipfel mit ihren Bäumen nach England zu waren so, wie sie einst Jarvis gekannt hatte, als er vor einem Jahrhundert ein halbes Jahrhundert lang mit seinen Geliebten und seinen Pferden dort umherzog.

Wer hatte Angst gehabt vor einem Wind, der aus dem Licht kam, das nun das kleine Land schwellte? Das Stückchen Wind in der Sonne war wie Wind in einem leeren Haus; aus den Stubenecken machte er Berge und füllte den Dachboden mit einem Gedränge von Schatten, die durch das Dach brachen; durch die Landkorridore raste er mit hundert Stimmen, jede neue Stimme lauter als die vorige, bis die letzte Stimme zu Boden polterte und das Haus von Geflüster erfüllt war.

»Woher bist du?« flüsterte sie ihm ins Ohr. Sie nahm ihre Arme weg, saß aber immer noch eng bei ihm, ihr Knie zwischen seinen Beinen, ihre Hand auf seinen Händen. Wer hatte Angst gehabt vor einem sonnenverbrannten Mädchen, das nicht größer war und auch nicht seltsamer als die blassen Mädchen daheim, die Babys bekamen, bevor sie verheiratet waren?

»Ich bin aus dem Amman-Tal«, sagte der Junge.

»Ich habe eine Schwester in Ägypten«, sagte sie, »die wohnt in einer Pyramide...« Sie zog ihn näher an sich heran.

»Man ruft mich ins Haus zum Tee«, sagte er.

Sie hob ihren Rock bis zur Hüfte.

Wenn sie mich liebt, bis ich sterbe, sagte der Junge zu sich selbst unter dem siebenten Baum auf dem Hügel, der nicht drei Minuten lang gleich blieb, dann wird sie mich in ihrem Inneren forttragen; sie wird davonlaufen, so schnell, daß ich in ihr klappere, zu einer Höhle in einem Wald, zu einer Höhlung in einem Baum, wo mich mein Onkel nie mehr findet. Das ist die Geschichte von einem Jungen, der gestohlen worden ist. Sie hat ein Messer in meinen Bauch gerannt und mir den Magen umgedreht.

Sie flüsterte ihm ins Ohr: »Ich werde auf jedem Hügel ein Baby haben; wie heißt du, Amman?«

Der Nachmittag lag im Sterben; träge, namenlos trieb er gen Westen durch die Insektenschwärme im Schatten; über Hügel und Baum und Fluß und Korn und Gras zum Abend hin, der im Meer Gestalt annahm; er wehte davon; er wurde weggeweht aus Wales, in einem Wind, in den langsamen, blauen Körnern, wie ein Wind voller Träume und Arzneien; mit der Ebbe der Sonne hinunter zur grauen, singenden Küste, wo die Vögel der Arche Noah mit Büschen im Schnabel vorübersegeln und sich über die rissigen Sandburgen ein Morgen und ein Morgen türmt.

So strich sie ihre Kleider zurecht und schob sich das Haar aus der Stirn, als der Tag zu sterben begann; sie drehte sich auf die linke Seite, unbekümmert um die tiefe Sonne und die dunkler werdenden Fernen. Der Junge erwachte vorsichtig zu einem noch eigenartigeren Traum, einer Sommervision, breiter als die einzige schwarze Wolke, die in der unversehrten Mitte auf einem Turmpfeiler aus Licht schwebte. Er trat hervor aus der Liebe durch einen Wind voll wühlender Messer und eine Grotte voll fleischweißer Vögel, hinaus auf einen neuen Gipfel: dort stand er wie ein Stein, der dem Wehen der Sterne die Stirne bietet und das feierliche Gehaben des Meerwindes von sich abgleiten läßt; ein harter, zorniger Junge auf einem Erdhügel inmitten eines Landabends; er reckte die Brust vor und sprach harte Worte zur Welt. Aus der Liebe heraus kam er marschiert, mit hocherhobenem Kopf durch eine Höhle zwischen zwei Türen, in einen Aussichtssaal mit einem eisernen Blick über die Erde. Er trat ans letzte Geländer vor dem pechschwarzen Raum; wenn auch die Erde schnell im Kreis rollte, so sah er doch jede Ackerfurche, Tierfährte und Menschenspur, jeden einzelnen Wassertropfen, jeden Kamm, jede Krone und Federzier, jeden Krähenfuß und jede Unterschrift von Staub und Tod, und jeden Zeitschatten: von Eisfeld zu Eisfeld sah er, von den Meeresrändern zu den Meeresmitten, sah den ganzen apfelförmigen Ball unter dem metallenen Geländer jenseits der lebendigen Türen. Er sah durch den schwarzen Daumenabdruck einer Menschenstadt hindurch bis zu dem versteinerten Daumen eines einstmals lebendigen Wiesenmenschen; durch die Gras- und Kleeversteinerung des Landabdrucks sah er hindurch zur ganzen Hand einer vergessenen, unter Europa ertrunkenen Stadt; durch den Handabdruck sah er hindurch zum Arm eines Reiches, das zerbrochen war wie Venus; durch den Arm zur Brust, von der Geschichte zum Schenkel, durch den Schenkel im Dunkel zur ersten Fußspur des Westens zwischen dem Dunkel und dem grünen Eden; und der Garten stand unertrunken, diese nächste Minute lang und in alle Ewigkeit, stand aufrecht unter Asien in der Erde, die im beginnenden Abend ihrer eigenen Musik dahinrollte. Als Gott schlief, da hatte er eine Leiter erklettert, und der Raum drei Sprünge über der letzten Sprosse war gedeckt und gedielt mit den lebendigen Seiten des Buches aller Tage; die Seiten waren Gärten, und die gebauten Worte waren Bäume, und Eden wuchs über ihm auf zu Eden, und Eden wuchs durch die untere Erde hinab nach

Eden, ein endloser Gang aus Ästen und Vögeln und Blättern. Der Junge stand auf einem Hang, der war nicht breiter als der Spielraum der Liebe in der Welt, und hinter seinen Schultern küßten sich die beiden Pole. Er stolperte vorwärts wie Atlas, setzte sich langbeinig über die eiserne Aussicht hinweg, lief durch die Höhle der Messer und die gekenterten Riesenauswüchse der Zeit zum Hügel auf dem Feld hin, das unter dem Raum in den Wolken über den Gärten, die immer mehr wurden, nur ein kleines Strichlein gewesen war.

»Wach auf«, sagte das Mädchen in sein Ohr; die eisernen Schriftzeichen waren in ihrem Lächeln zerbrochen, und Eden schrumpfte in den siebenten Schatten ein. Sie sagte ihm, er solle ihr in die Augen sehen. Er hatte gedacht, ihre Augen seien braun oder grün, aber sie waren meerblau mit schwarzen Wimpern, und ihr dichtes Haar war schwarz. Sie fuhr ihm durchs Haar und legte seine Hand tief in ihre Brust, so daß er wußte, die Spitze ihres Herzens war rot. Er sah in ihre Augen, aber die machten aus der Sonne einen runden Spiegel, und als er rasch wegrückte, sah er durch die durchsichtigen Bäume hindurch; sie konnte aus jedem Baum einen langen Kristall machen und das Hauswäldchen in einen Schleierflor verwandeln. Sie sagte ihm ihren Namen, aber noch während sie sprach, hatte er ihn schon vergessen; sie sagte ihm ihr Alter, und das war eine neue Zahl. »Sieh mir in die Augen«, sagte sie. Es war nur eine Stunde bis zur wirklichen Nacht, die Sterne kamen heraus, und der Mond war bereit. Sie nahm seine Hand und führte ihn im Lauf zwischen den Bäumen hindurch über den Kamm des taubenetzten Hügels, über die blühenden Nesseln und die geschlossenen Strohblumen, über die Stille ins Sonnenlicht und in das Getöse eines Meeres, das an Sand und Steine brandete.

Der Hügel in seinem Schirm von Bäumen: zwischen den Feldern landeinwärts und dem landwärts rollenden Meer, zwischen der Nacht auf dem Wald und dem fleckigen Strand, der gelb in der Sonne lag; zwischen dem verschwindenden Korn auf zehn trockenen Meilen Ackerlandes und den goldenen Einöden, wo der gespaltene Sand über Felsen leckte, da stand der Hügel zwischen der Zeit und über einer geheimen Wurzel. Der Hügel in zwei Scheinwerferkegeln: von hinten schien der Mond auf sieben Bäume, und die Sonne eines seltsamen Tages wanderte im sprudelnden Vordergrund über das Wasser. Der Hügel zwischen einer Eule und einer Seemöwe: der Junge hörte zwei Vogelstimmen, als braune Flügel durch die Zweige kletterten und die weißen Flügel vor ihm auf den Meereswellen flatterten. »Schuhuh, schuhuh! Geh nicht auf Abenteuer aus!« Jetzt befahlen ihm die Möwen, die im Himmel schwammen, weiterzulaufen über den warmen Sand, bis das Wasser ihn in seine Wellen nahm und der Gischt rundum an ihm zerrte wie ein Wind und eine Kette. Sie hatte ihre Hand in der seinen, und sie rieb ihre Wange an seiner Schulter. Er war froh über ihre Nähe, denn die Prinzessin war zerbrochen, und das ungeheuerliche Mädchen war in einen Baum verwandelt, und das beängstigende Mädchen, das das Land in einen Taumel von Größer und Kleiner stürzte und ihn aus der Liebe hinaus in das wolkige Haus trieb, blieb allein zurück im Kreis des Mondes und in den sieben Schatten hinter dem Schirm von Bäumen.

Es war heiß an jenem Morgen im unerwarteten Sonnenschein. Ein Mädchen in einem Kattunrock legte ihren Mund an sein Ohr. »Wer von uns läuft schneller zum Meer?« sagte sie, und ihre Brüste hüpften auf und nieder, als sie mit wild fliegendem Haar vor ihm hinrannte bis an den Rand des Meeres, das nicht aus Wasser gemacht war, und bis zu den kleinen donnernden Kieseln, die in Millionen Stücke zerbrachen, als das trockene Meer höher stieg. Entlang der glänzenden Schwemmlinie, vom Horizont her, wo die gewaltigen Vögel segelten wie Boote, aus den vier Ecken der Windrose, heraufschwellend durch die Unkrautbeete, heranschmelzend vom Orient her und von den Tropen, aufsteigend durch die Eishügel und Walfischgefilde, durch die Gänge des Sonnenuntergangs und Sonnenaufgangs, durch die Salzgärten und Heringsfelder, die Wasserwirbel und Felsstrudel, aus den Rinnsalen in den Bergen, herab über die Wasserfälle – so kam es heran: ein weißgesichtiges Menschenmeer, die furchtbare, tödliche Zahl der Wellen, die See aller Jahrhunderte, auf die der Hagel vor Christi Geburt niedergeprasselt war, die den Sturmwind von morgen erlitt – – mit den Stimmen der ganzen Welt brach sie herein über den endlosen Strand.

»Komm zurück! Komm zurück!« rief der Junge das Mädchen.

Sie lief achtlos weiter über den Sand und ging im Meer verloren. Nun war ihr Gesicht ein weißer Wassertropfen im waagrechten Regenfall, und ihre Glieder waren weiß wie Schnee, verloren in der weißen, wandelnden Flut. Nun war das Herz in ihrer Brust eine kleine rote Glocke, die in einer Woge läutete, ihr farbloses Haar war ein Saum auf dem Schaum, und ihre Stimme leckte über das Fleisch- und Beinwasser.

Wieder rief er, aber sie hatte sich unter die ein- und ausströmenden Leute gemengt. Deren Flut wurde von einem schweren Mond angezogen, der nie seine Rundung verlor. Die langen Meergebärden der Leute waren bedächtig, die flachen Hände winkten, die Köpfe waren erhoben, die Augen in den Maskengesichtern starr nach einer Richtung gewandt. Ach, wo im Meer war sie jetzt?

Unter den Weißlichen wanderte sie, und unter den Korallenäugigen. »Komm zurück! Komm zurück, Liebste! Lauf heraus aus dem Meer!« Unter den wallfahrenden Wellen. Die Glocke in ihrer Brust läutete über dem Sand.

Er rannte zum gelben Fuß der Dünen hin und rief dabei über seine Schulter: »Lauf heraus aus dem Meer!« In dem einst grünen Wasser, wo die Fische schwammen, wo die Möwen ruhten, wo die leuchtenden Steine auf der Waage des grünen Meerbodens gewetzt und gewiegt wurden, wenn Schiffe schwer über die Handelsstraßen dahindampften und die irren, namenlosen Tiere hinunterkamen, um das Salz zu trinken. Unter den messenden Menschen. Ach wo war sie jetzt? Das Meer war verloren hinter den Dünen. Er stolperte weiter über Sand und Sandblumen, wie ein blinder Junge in der Sonne stolpert. Die Sonne entwischte und hielt sich hinter seinen Schultern.

Es war einmal vor langer Zeit eine Geschichte, die hatte die Wasserstimme geflüstert; die wehte das Echo heraus aus den Bäumen in den goldenen Mulden hinter der Küste, die scharrte am Holz, bis die Vögel mit ihrem feinen Gehör und alle die Tiere gesprungen kamen. Aus einem Fenster in der Flut flog ein Rabe an ihm vorbei zum blinden Windturm, der im Zorn von morgen erbebte wie eine aus Unwettern und Wolkenfetzen gemachte Vogelscheuche.

»Es war einmal«, sagte die Wasserstimme.

»Geh nicht mehr auf Abenteuer aus«, sagte das Echo.

»Sie läutet im Meer eine Glocke für dich.«

»Ich bin die Eule und das Echo: du gehst nie mehr zurück!«

Auf einem Hügel am Horizont stand ein alter Mann und baute ein Schiff, und das schräge, vom Meer gespiegelte Licht warf einen heiligen Berg aus Schatten auf die dreistöckigen Verdecke und auf die Bretter aus dem Morgenland. Und durch den Himmel, aus den Beeten und Gärten, über den weißen Absturz aus Federn hinab, über die lauten Kämme und Mulden und aus den Höhlen im Hügel trieben die wolkigen Gestalten von Vögeln und Tieren und Insekten in das behauene Tor. Eine Taube mit einem grünen Blütenblatt folgte dem Flug des Raben. Kühler Regen begann zu fallen.

Die Zitrone

An einem frühen Morgen unter dem Lichtbogen einer Lampe, vorsichtig, schweigend, in weißem Kittel und Gummihandschuhen verpflanzte der Arzt den Kopf einer Katze auf den Rumpf eines Huhnes. Das katzenköpfige Geschöpf schwankte auf seinen Beinen in einem gläsernen Haus; obwohl es aus seinen geschlitzten Augen in die Welt starrte, sah es nichts; das Flattern eines fremden Pulses war unter seinem Fell und seinen Federn; und als es den rechten Fuß, der neben der Glaswand stand, hob, schwankte es nach links. Wenn man das Geschlecht eines Hundes verändert, dann schreit er wie eine Hündin in der Brunftzeit und beschnuppert erstaunt die blinden Jungen, die man ihm hinlegt. Solch ein seltsamer Hund mit eingepflanztem Eierstock heulte in seinem Käfig. Der Arzt legte das Ohr ans Glas und hoffte auf einen neuen Ton. Die Sonne wehte durch die Fenster ins Laboratorium, und das Licht des Windes hatte die Farbe der Sonne. Mit Musik in den Ohren bewegte er sich zwischen seinen Phiolen und Flaschen voll Leben umher. Die Verstümmelten waren still, die Neugeborenen in den Kaninchenkäfigen sogen freudig die hygienische Luft in ihre Lungen ein. Das Wiesel am Fenster würde morgen eine Geschwulst im Ohr bekommen, aber heute hüpfte es noch in der Sonne.

Der Hügel war so groß wie ein Berg, und das Haus schwoll an wie ein Hügel auf dem höchsten Gipfel. Das Haus, das zu viele Zimmer hatte, hatte auch ein Zimmer für die wilden Eulen und einen Keller für das Ungeziefer, das sich auf dem sauberen Stroh vermehrte und fett wurde wie Kaninchen. Die Menschen in dem Haus gingen um wie zu viele Gespenster zwischen den mit weißen Tüchern bedeckten Tischen, begegneten einander auf den Korridoren und bedeckten ihre Augen aus Angst vor einem neuen Fremdling, oder scharten sich manchmal im großen Saal zusammen und fragten einander, wie die Neugeborenen genannt werden sollten. Eines nach dem andern verschwanden die Gesichter, aber immer war eines da, um an die Stelle eines anderen zu treten, eine Frau mit einem Kind an der Brust oder ein blinder Mann aus der großen Welt. Alle hatten sie die Schlüssel des Hauses.

Es war ein Knabe unter ihnen, der den Namen des Hauses trug. Er war der Sohn des Hauses, das ein Hügel genannt wurde, und spielte mit den Schatten in den Korridoren und schlief in der Nacht in einem Zimmer hoch oben, durch Fensterläden von den Sternen getrennt. Aber die Leute des Hauses schliefen im Angesicht des Mondes, hörten die Möwen vom Meer, den Lärm der Wogen, die auf dem Sand brandeten, wenn der Wind vom Süden wehte; sie schliefen mit offenen Augen.

Der Arzt erwachte mit den Vögeln; an jedem Morgen sah er die Sonne in gefärbtem Wasser aufgehen, und der Tag, gleich den Gewächsen in seinen Tiegeln, wurde heller und stärker, wenn die wachsenden Stunden den Regen oder Sonnenschein und die Teilchen des Winterlichtes von sich abfallen ließen. Wie er es gewohnt war, wandte er sich an diesem Morgen vom Fenster, wo das Wiesel hüpfte, dem Leben hinter Glas zu. Mit unsterblicher Ruhe, mit dem niemals endenden Anfang eines Lächelns, das keine Mutter mit dem Mund ihrer Milch entblößt, beobachtete er, wie die Jungen an ihren Müttern und an seinen Geschöpfen sogen und leckten, wie die Neuausgebrüteten flatterten, und wie die Vögel, die gefüttert wurden, ihre Schnäbel öffneten. Er war die Macht und das Messer, das den Lehm schnitt, er war das Geräusch und die Substanz, denn er schuf eine Hand aus Glas, eine Hand mit Adern, und nähte sie auf das lebendige Fleisch, und sie erstarkte in der Wärme des falschen Lichtes, und die Glasnägel wuchsen und wurden lang. Leben floß in seinen Fingern, floß in der Hitze seiner Säuren, floß auf der Oberfläche seiner siedenden Kräuter. Er hatte den Tod in tausend Pulvern; er hatte ein Kruzifix aus Dampf gefrieren lassen; alle die großen Chemien der Welt, die Geheimnisse der Materie – »Seht«, sagte er laut, »ein Brandmal auf der

Stirne eines Frosches, wo zuvor kein Brandmal und kein Frosch war« – hatten für ihn in seinem Zimmer im obersten Stockwerk des Hauses kein Geheimnis.

Das Haus war das einzige Geheimnis. Alles geschieht in einer Glut von Licht; das Tasten der blinden Hände eines Knaben an den Wänden des Korridors war eine Bewegung von Licht, wenn auch die letzte Kerze am oberen Ende der Treppe trübe wurde und die Linien des Lichtes zu Füßen der versperrten Türen plötzlich fortgenommen wurden. Nant, der Knabe, war nicht allein; er hörte ein Kleid rascheln, eine Hand unter seiner eigenen auf der Tünche der Wand scharren. »Wessen Hand?« fragte er leise. Dann floh er in panischem Schrecken über die finsteren Teppiche hinab und rief lauter: »Nein, gib mir keine Antwort!« »Deine Hand«, sagte die Dunkelheit, und Nant blieb stehen.

Der Tod war zu lang für den Arzt, und die Ewigkeit nahm zu viel Zeit in Anspruch.

Ich war in einem Traum dieser Knabe, und ich stand angewurzelt still und wußte, daß ich allein war, und wußte, daß die Stimme meine eigene war und die Dunkelheit nicht der Tod der Sonne, sondern das dunkle Licht, das von den Wänden der fensterlosen Korridore zurückgeworfen wurde. Ich streckte meinen Arm aus, und er verwandelte sich in einen Baum. An jenem frühen Morgen, unter dem Lichtbogen einer Lampe, erzeugte der Arzt eine neue Säure und quirlte sie im Kreis, immer rundum, mit einem Löffel, und sah, wie sie sich in ihrem Becher färbte und dann durch die Temperaturveränderung die Farbe von Wasser annahm. Es war die stärkste aller Säuren und verbrannte die Luft, aber sie kämpfte sich süß wie Sirup durch seine Finger und brannte nicht ein bißchen. Vorsichtig und schweigend hob er den Becher und öffnete die Türe eines Käfigs. Das war eine neue Milch für die Katze. Er schüttete die Säure in eine Untertasse, und das katzenköpfige Geschöpf glitt herab, um zu trinken. Ich war in einem Traum dieser Katzenkopf: ich trank die Säure und ich schlief ein; ich wachte im Tod auf, aber dort vergaß ich den Traum und bewegte mich weiter als anderes Wesen im Ebenbild des Knaben, der vor der Dunkelheit Angst hatte. Und mein Arm war nicht mehr der Ast eines Baumes, und wie ein Maulwurf hastete ich vom Licht fort zum Licht hin. Einen einzigen blinden Augenblick lang war ich ein Maulwurf, der mit Kinderhänden in der Erde von Wales etwas aufwühlte oder sich hinunterwühlte; ich weiß nicht mehr, ob es das eine oder das andere war. Ich wußte, daß ich träumte, aber plötzlich erwachte ich zum harten, wirklichen Fehlen des Lichtes in den Korridoren des Hauses. Es war niemand da, um mich zu führen; der Arzt, der Fremdling im weißen Kittel, der in seinem Turm voller Vögel eine neue Logik schuf, war mein einziger Freund. Nant rannte zum Turm des Arztes hin, über Wendeltreppen und eine zerbrochene Leiter hinauf, las bei Kerzenschein ein Zeichen, das sagte *Nach London* und nach der Sonne; so kletterte er in meinem Ebenbild und ich in seinem, und wir waren zwei Brüder, die kletterten.

Der Schlüssel hing an einer Kette an einem Ring an meinem Gürtel. Ich öffnete die Tür und fand den Arzt, wie ich ihn immer fand. Er starrte durch die Wände eines Glaskäfigs. Er lächelte, aber achtete nicht auf mich, der hundert Sekunden lang nach seinem Lächeln und nach seinem weißen Kittel gelechzt hatte. »Ich habe dem Tier meine Säure gegeben, und es ist gestorben«, sagte der Arzt. »Und nach zehn Minuten ist die tote Henne aufgestanden und auf ihren eigenen Füßen gestanden. Sie hat sich an dem Glas gerieben wie eine Katze, und ich habe ihren Katzenkopf gesehen. Das waren zehn Minuten Tod.«

Ein Sturm zog herauf, schwarzen Leibes, vom Meer her, und brachte Regen und zwölf Winde, um die Hügelvögel vom Angesicht des Himmels zu verjagen; der Sturm, der schwarze Mann, der Pfeifer vom Meeresgrund und vom Rand der Fischsteine, der Donner, der Blitz, die mächtigen Kiesel, sie alle stiegen auf; wie eine Krankheit, eine Nachgeburt, die aus dem Bauch von Unwettern aufsteigt; verrückt wie ein Nebel, der aufsteigt; der Antichrist auf einer Meerflamme oder einem Dampfkruzifix stieg auf und zog sich den Regen an; weil die Säure stärker war, stieg der sich mehrende Sturm in der Farbe des Zornes auf; ganz und gar unheilschwanger, unheilig felsenhändig.

Das war die Außenwelt.

Und die Schatten, die mit Schwimmhäuten und gespaltenen Hufen im Haus umgingen, mit den Rücken von Vögeln; die verschrobenen, verschobenen Schatten, die eine Frau in jeder Hand trugen, hatten keine Substanz, die sie werfen konnten. Und die Schaumpferde des Außenmeeres kletterten wie die Füchse auf den Hügeln. Das, was Nant und den Doktor hielt, der Knochen eines Pferdekopfes, der Ochse und der schwarze Mann, die aus dem Bild aus Lehm aufstiegen, das war die Innenwelt. Das war die Innenwelt, in der die Säure stärker wurde und der Tod in der Säure zehn Tage zur toten Zeit hinzufügte.

Immer noch sah mich der Arzt nicht. Ich, der ich der Arzt in einem Traum war, der fremdländische Logiker, der Vogelmacher, vertieft in die Säure, daß sie stärker werde, und in die Suche nach Vergessenheit, hob bald den Becher an meinen Mund, als der Sturm heraufzog. Donner krachte, als ich trank; und als er fiel, kam auf dem Wind der Blitz herüber.

»Es ist ein toter Mann im Turm«, sagte eine Frau zu ihrer Begleiterin, als sie an der Türe des großen Saals standen.

»Es ist ein toter Mann im Turm«, sagten die Echos in den Ecken, und ihre Stimmen erhoben sich im ganzen Haus. Auf einmal war ein dichtes Gedränge im großen Saal, und die Menschen des Hauses bewegten sich durcheinander und fragten nach den Namen der Neugeborenen.

Nant stand neben dem Arzt. Nun war der Arzt tot. Es gab einen Korridor, der zum Turm der Zehn Tage Tod führte, und dort tanzte eine Frau allein, mit den Händen eines Mannes auf ihren Schultern. Und bald gesellten sich zu ihr die Jungfrauen, nackt bis an die Hüften, und machten die Bewegungen des Tanzes; sie tanzten auf die offenen Türen der Korridore zu, standen schwerelos in den Eingängen; sie tanzten vier Schritt auf die Türen zu, und dann tanzten sie vier Schritt zurück. Im langen, großen Saal tanzten sie zur Feier des Toten. Das war der Tanz der Lahmen, der Blinden und der Halbtoten, das der Tanz der Verleugnung der Toten, das der Tanz der Kinder, der grabesernsten Mädchen, die bis zur Hüfte entblößt waren, das der Tanz der Träumer, der offenäugigen und nackten Mohnköpfe, die sich im Schlaf bewegten. Der Arzt lag tot zu meinen Füßen. Ich kniete nieder, um seine Rippen zu zählen, um seinen Unterkiefer zu heben, um den Säurebecher aus seiner Hand zu nehmen. Aber die tote Hand war starr.

Da sagte eine Stimme bei meinem Ellenbogen: »Öffne die Hand.« Ich bewegte mich, um der Stimme zu gehorchen, aber eine leisere Stimme sagte mir ins Ohr: »Laß die Hand starr werden.« »Schlag die zweite Stimme.« »Schlag die erste Stimme.« »Öffne die Hand.« »Laß die Hand starr werden.« Ich schlug mit der Faust auf beide Stimmen ein, und Nants Hand verwandelte sich in einen Baum.

Zu Mittag war der Sturm stärker; den ganzen Nachmittag lang schüttelte er den Turm und riß die Schieferplatten vom Dach; er kam vom Meer und von der Erde her, von den Meeresgründen und von den Wurzeln der Wälder. Ich konnte nichts hören als die Stimme des Donners, der die zwei getroffenen Stimmen ertränkte; ich sah den Blitz den Hügel hinaufschreiten, einen bunten, gegabelten Mann, der mich durch die Turmfenster blendete. Und immer noch tanzten sie, in den frühen Abend hinein. Der Sturm wurde stärker, und immer noch tanzten die halbnackten Jungfrauen auf die Türen zu. Das war der Tanz der Feier des Todes in der Innenwelt.

Ich hörte eine Stimme über dem Donner sagen: »Die Toten sollen begraben werden.« Dies war nicht der immerwährende Tod, sondern ein Tod von Tagen; dies war ein Schlaf ohne Herz. »Wir begraben die Toten«, sagte die Stimme, die mein Herz hörte, das Kurze und das Ewigwährende. Der Sturm, der vorn auf dem Wind saß, maß die Entfernungen der Stimme ab, aber ein toter Punkt im Regen erlaubte den zwei kämpfenden Stimmen neben mir, mich zur Hand und zur Säule zurückzurufen. Ich zog die erstarrende Hand hoch, öffnete die Finger und hob den Becher an meinen Mund. Als das Glas mich brannte, kam ein Pochen an der Türe und ein Schrei von den Menschen des Hauses. Sie, die den Körper des Neugestorbenen suchten, behelligten die Türe. Mein Knabenherz brach. Rasch blickte ich auf den Tisch hinüber, wo eine Zitrone auf dem Teller lag. Ich machte ein Loch in die Haut der Zitrone und goß die Säure hinein. Dann fuhr der Sturm der dunklen Stimmen und des Pochens nieder, und die Turmtüre brach in ihren Angeln. Der Tote wurde gefunden. Ich kämpfte zwischen den Schultern der eintretenden Fremden, überließ sie ihrem Plündern, wendelte mich die Treppe hinunter und eilte durch die Korridore, die Zitrone an meiner Brust verborgen.

Nant und ich waren Brüder in dieser wilden Welt, weit von den Grenzdörfern, vom Meer, das England in seiner Hand hält, von den hochgebauten Kirchtürmen und den ungefressenen Gräbern unter ihnen. Als ein Einziger, mit einem Kopf und zwei Füßen, liefen wir durch die Gänge und Hallen und sahen keine Schatten und hörten nichts von den bösen Heimlichkeiten des Hauses. Die Zimmer waren leer von Bösem. Wir sahen uns nach einem Teufel in den Ecken um, aber die Geheimnisse der Ecken waren die unseren. So liefen wir weiter, voll Furcht vor unseren Fußtritten, jubilierend im Pochen des Blutes, denn der Tod war an unserer Brust geborgen, eine scharfe Frucht, ein volles, gelbes Gewächs, das die Form seiner Haut hatte. Nant war ein einsamer Läufer und ein halbes Entsetzen zurück, ging meinen eigenen Weg, den Weg des Lichtes, das über dem Hügel von Cathmarw und dem schwarzen Tal anbrach. Und er ging seinen eigenen Weg und kletterte allein eine Steintreppe zum letzten Turm hinauf. Er legte seinen Mund an ihre Wange und berührte ihre Brustwarze. Der Sturm starb, als sie ihn berührte.

Er schnitt die Zitrone entzwei, mit den Scheren, die von der Schnur ihres Rockes niederbaumelten.

Und der Sturm zog herauf, als sie tranken.

Das war das Kommen des Todes in der Innenwelt.

Nach dem Jahrmarkt

Der Jahrmarkt war vorbei, die Lichter in den Schießbuden wurden ausgelöscht, und die hölzernen Pferde standen still in der Dunkelheit und warteten auf die Musik und das Summen der Motoren, die sie in Trab setzen würden. Eine nach der andern wurden die Karbidlampen in jeder Bude ausgedreht und die Tücher über die kleinen Spieltische gezogen. Die Leute gingen nach Hause, und in den Fenstern der Wohnwagen schien Licht.

Niemand hatte das Mädchen bemerkt. In ihren schwarzen Kleidern stand sie neben dem Karussell, hörte die letzten Schritte auf dem Sägemehl und die letzten Stimmen, die in der Ferne erstarben. Dann, ganz allein auf dem verlassenen Platz, umgeben von hölzernen Pferdegestalten und billigen Schaukelschiffen, suchte sie eine Stelle zum Schlafen. Einmal da, einmal dort hob sie die Zeltleinwand, die die Schießbuden mit ihren Kokosnüssen einhüllte, und spähte in die warme Dunkelheit. Sie hatte Angst, den Schritt hinein zu machen, und wenn eine Maus über die auf dem Boden verstreuten Hobelspäne huschte, oder wenn das Zelttuch knarrte und ein Windstoß es tanzen ließ, rannte sie weg und versteckte sich wieder beim Karussell. Einmal trat sie auf die Bretter, die Schellen am Hals eines Pferdes klirrten und waren still; sie wagte nicht wieder zu atmen, ehe alles wieder ruhig war und die Dunkelheit den Lärm der Schellen vergessen hatte. Dann ging sie hin und her und sah sich verstohlen nach einem Bett um, in jeder Gondel, unter jedem Zelt. Aber nirgends, nirgends auf dem ganzen Jahrmarkt gab es eine Stelle, wo sie schlafen konnte. Da war es zu still, dort wieder hörte sie Mäuse. In der Ecke des Zeltes der Sterndeuterin lag Stroh, aber es bewegte sich, als sie es berührte; sie kniete daneben nieder und streckte die Hand aus; sie fühlte die Hand eines Babys auf ihrer eigenen.

Nun gab es keine Stelle mehr, also wendete sie sich langsam den Wohnwagen am Rand des Feldes zu und fand alle bis auf zwei dunkel. Sie wartete, umklammerte ihre leere Handtasche und fragte sich, bei welchem der Wohnwagen sie sich trauen sollte zu stören. Endlich entschloß sie sich, an das Fenster des kleinen, schäbigen Wagens zu klopfen, der am nächsten stand, und auf Zehenspitzen sah sie hinein. Der fetteste Mann, den sie je gesehen hatte, saß drinnen vor dem Ofen und röstete eine Scheibe Brot. Sie pochte dreimal an die Scheibe und versteckte sich dann im Schatten. Sie hörte ihn oben zur Trittleiter kommen und rufen: »Wer? Wer?« Aber sie wagte nicht zu antworten. »Wer? Wer?« rief er wieder.

Sie lachte über seine Stimme: die war so dünn, wie er fett war.

Er hörte ihr Lachen und drehte sich dorthin, wo die Dunkelheit sie verbarg. »Erst klopfst du«, sagte er, »dann versteckst du dich, dann lachst du.«

Sie trat in den Lichtkreis; sie wußte, daß sie sich nicht mehr zu verstecken brauchte.

»Ein Mädchen«, sagte er. »Komm rein und tritt dir die Füße ab.« Er wartete nicht, sondern zog sich in seinen Wohnwagen zurück, und sie konnte nichts tun, als ihm die Leiterstufen hinauf in den engen Raum folgen. Er saß wieder da und röstete die gleiche Scheibe Brot. »Bist du drinnen?« fragte er, denn er saß mit dem Rücken zu ihr.

»Soll ich die Tür zumachen?« fragte sie und machte sie zu, bevor er noch antwortete.

Sie setzte sich auf das Bett und sah ihn an, wie er das Brot röstete, bis es anbrannte.

»Ich kann besser rösten als du«, sagte sie.

»Glaub ich gern«, sagte der fette Mann.

Sie sah zu, wie er die verkohlte Brotscheibe auf einen Teller neben sich legte, eine andere Scheibe nahm und auch die vor den Ofen hielt. Sie verbrannte sehr schnell.

»Laß mich das für dich rösten«, sagte sie. Schwerfällig gab er ihr die Gabel und den Brotlaib.

»Schneid eins ab«, sagte er, »röst es und iß es.«

Sie setzte sich auf den Stuhl.

»Sieh mal die Delle, die du in mein Bett gemacht hast«, sagte der fette Mann. »Wer bist du eigentlich, daß du einfach hier reinkommst und mein Bett eindellst?«

»Ich heiße Annie«, sagte sie ihm.

Bald war das ganze Brot geröstet und mit Butter bestrichen, und so stellte sie den Teller in die Mitte des Tisches und rückte zwei Stühle zurecht.

»Ich esse meins auf dem Bett«, sagte der fette Mann. »Du iß hier.«

Als sie mit ihrem Abendbrot fertig waren, schob er seinen Stuhl vom Bett zurück und starrte sie über den Tisch hin an.

»Ich bin Der Fette Mann«, sagte er. »Ich komm aus Treorchy; die Wahrsagerin nebenan ist aus Aberdare.«

»Ich hab nichts zu schaffen mit dem Jahrmarkt«, sagte sie, »ich bin aus Cardiff.«

»Ja, das ist schon eine Stadt«, nickte der Fette Mann. Er fragte sie, warum sie weggegangen sei.

»Geld«, sagte Annie.

Dann erzählte er ihr vom Jahrmarkt und den Orten, in denen er gewesen war, und von den Leuten, die er kennengelernt hatte. Er sagte ihr sein Alter und sein Gewicht und die Namen seiner Brüder, und wie er seinen Sohn nennen werde. Er zeigte ihr ein Bild des Hafens von Boston und die Photographie seiner Mutter, der Gewichtestemmerin. Er erzählte ihr, wie in Irland der Sommer aussah.

»Ich bin immer ein fetter Mann gewesen«, sagte er, »und jetzt bin ich Der Fette Mann; keiner kommt an mich ran, was Fett angeht.« Er erzählte ihr von einer Hitzewelle in Sizilien und vom Mittelmeer. Sie erzählte ihm von dem Baby im Zelt der Sterndeuterin.

»Das sind wieder die Sterne gewesen«, sagte er.

»Das Baby wird sterben«, sagte Annie.

Er öffnete die Tür und ging hinaus in die Dunkelheit. Sie sah sich um, rührte sich aber nicht; sie fragte sich, ob er einen Polizisten holen gegangen sei. Das wäre nicht das Wahre, wenn der Polizist sie zum zweiten Mal erwischte. Sie starrte durch die offene Tür in die unwirtliche Nacht und zog ihren Stuhl näher zum Ofen.

»Besser in der Wärme erwischt werden«, sagte sie. Aber sie zitterte, als sie den Fetten Mann kommen hörte, und preßte die Hände auf ihre dünne Brust, als er die Stufen heraufkletterte wie ein wandelnder Berg. Durch die Dunkelheit konnte sie ihn lächeln sehen.

»Sieh, was die Sterne gemacht haben«, sagte er und brachte in seinen Armen das Baby der Sterndeuterin herein.

Annie hielt das Kind an sich geschmiegt, und es weinte an der Brust ihres Kleides; dann erzählte sie dem Fetten Mann, welche Angst ihr sein Weggehen gemacht hatte.

»Was sollt' ich denn mit einem Polizisten?«

Sie sagte ihm, daß der Polizist sie suche. »Was hast du denn getan, daß dich ein Polizist sucht?«

Sie antwortete nicht, sondern hielt das Kind dichter an ihre ausgezehrte Brust. Er sah, wie mager sie war.

»Du mußt essen, Cardiff«, sagte er.

Dann fing das Kind an zu weinen. Aus einem kleinen Jammern wuchs seine Stimme zu einem Sturm der Verzweiflung. Das Mädchen wiegte das Kind auf dem Schoß hin und her, aber nichts konnte es besänftigen.

»Hör auf! Hör auf!« sagte der Fette Mann, und die Tränen nahmen zu. Annie bedeckte es mit Küssen, aber es brüllte weiter.

»Wir müssen irgendwas tun«, sagte sie.

»Sing ihm ein Wiegenlied.«

Sie sang, aber das Kind mochte ihr Singen nicht.

»Da gibt's nur eins«, sagte Annie, »wir müssen mit ihm aufs Karussell.« Die Arme des Kindes um ihren Hals, stolperte sie die Stufen hinunter und lief auf den verlassenen Jahrmarkt zu, hinter ihr her keuchend der Fette Mann.

Zwischen den Zelten und Buden hindurch fand sie den Weg zur Mitte des Platzes, wo die hölzernen Pferde standen und warteten, und erkletterte einen Sattel. »Stell den Motor an!« rief sie. Von weitem war zu hören, wie der Fette Mann die altertümliche Maschine anwarf, die den ganzen Tag lang die Pferde zu hölzernem Galopp antrieb. Sie hörte das stoßweise Summen der Motoren; die Bretter klapperten unter den Pferdebeinen. Sie sah den Fetten Mann an ihrer Seite auftauchen, den Haupthebel umlegen und in den Sattel des kleinsten der Pferde klettern. Als das Karussell sich in Bewegung setzte, langsam erst und langsam schneller werdend, hörte das Kind an der Brust des Mädchens zu weinen auf und klatschte in die Hände. Der Nachtwind fuhr ihm durchs Haar, die Musik schrillte ihm in den Ohren. Rundumher sausten die Pferde und übertönten die Schreie des Windes mit dem Schlagen ihrer Hufe.

Und so fanden die Männer aus den Wohnwagen sie: den Fetten Mann und das Mädchen in Schwarz mit einem kleinen Kind in den Armen, auf ihren mechanischen Rossen im Kreis wirbelnd zur immer lauter anschwellenden Musik der Orgel.

Der Besucher

Seine Hände waren müde, obwohl sie die ganze Nacht lang auf seinen Bettüchern gelegen hatten und er sie nur zu seinem Mund und zu seinem wilden Herzen hin bewegt hatte. Die Venen liefen, ungesund blaue Ströme, ins weiße Meer. An seiner Seite dampfte Milch aus einer angeschlagenen Tasse. Er roch den Morgen und wußte, daß Hähne im Hof die Köpfe zurückwarfen und die Sonne ankrähten. Was waren die Tücher rund um ihn, wenn nicht die einhüllenden Laken der Toten? Was war die Uhr mit der geschäftigen Stimme, die zwischen Photographien seiner Mutter und seiner toten Frau erklang, wenn nicht die Stimme eines alten Feindes? Die Zeit war so gnädig, die Sonne auf sein Bett scheinen zu lassen, und so gnadenlos, die Sonne von der Uhr davonschlagen zu lassen, wenn die Nacht heraufzog und er das rote Licht und die klare Wärme noch mehr brauchte.

Rhianon war Wärterin eines Toten und setzte den angeschlagenen Rand der Tasse an eine tote Lippe. Herz konnte das keines sein, was unter den Rippen schlug. In den Toten schlagen keine Herzen. Während er dagelegen hatte, bereit für Meßband und Säure, hatte Rhianon ihm die Brust aufgeschnitten, mit einem Buchmesser, hatte das Herz herausgenommen, hatte die Uhr eingesetzt. Er hörte sie zum dritten Mal sagen: »Trink die gute Milch«, und er fühlte die Milch sauer über seine Zunge rieseln und ihre Hand seine Stirne liebkosen und wußte, daß er nicht tot war. Er war ein lebender Mensch. Viele Meilen weit flossen die Monate in die Jahre, rund um die trockenen Tage.

Callaghan würde heute dasitzen und mit ihm sprechen. Er hörte in seinem Hirn die Stimmen Callaghans und Rhianons miteinander kämpfen, bis er schlief, und er schmeckte das Blut von Worten. Seine Hände waren müde.

Er grübelte über seinen langen, weißen Körper und merkte, wie die Rippen an beiden Seiten hervorstanden. Diese Hände hatten andere Hände gehalten und einen Ball hoch in die Luft geworfen. Nun waren sie tote Hände. Er konnte sie in sein Haar winden und konnte sie, ohne etwas zu spüren, auf seinem Bauch ruhen lassen oder sie im Tal zwischen Rhianons Brüsten verlieren. Es lag nichts dran, was er mit ihnen tat oder zeigte, sie waren so tot wie die beiden Zeigerhände, mit denen die Uhr ihre Stunden anzeigt, und auch sie bewegte ein Uhrwerk.

»Soll ich die Fenster zumachen, bis die Sonne wärmer ist?« fragte Rhianon.

»Mir ist nicht kalt.«

Er würde ihr sagen, daß die Toten weder Kälte noch Wärme spüren, daß Sonne und Wind seine Hüllen niemals durchdringen konnten. Aber sie würde auf ihre freundliche Art lachen und würde ihn auf die Stirne küssen und zu ihm sagen: »Was hast du denn, Peter? Eines Tages wirst du wieder frisch und munter sein.«

Eines Tages würde er auf den Jarvishügeln herumgehen wie der Geist eines Knaben und würde die Leute sagen hören: »Dort geht der Geist von Peter, dem Dichter, der schon jahrelang tot war, bevor sie ihn begruben.«

Rhianon zog die Bettücher zurecht, daß sie seine Schultern bedeckten, gab ihm einen Gutenmorgenkuß und nahm die angeschlagene Tasse weg.

Ein Mann mit einem Pinsel hatte eine Rippe aus Farbe unter die Sonne gezeichnet und hatte viele Kreise um den Kreis der

Sonne gemalt. Der Tod war ein Mann mit einer Sense, aber an diesem Sommertag würde kein lebender Halm niedergemäht werden.

Der Kranke wartete auf seinen Besucher. Peter wartete auf Callaghan. Sein Zimmer war eine Welt in einer Welt. Eine Welt in ihm ging rundum, und eine Sonne ging in ihm auf, und ein Mond fiel. Callaghan war der Westwind, und Rhianon blies die kalten Schauer des Westwinds weg wie ein Wind von Tahiti.

Er ließ seine Hand auf seinem Kopf ruhen, Stein auf Stein. Nie war die Stimme Rhianons so fern gewesen wie bei ihren Worten, daß die saure Milch gut sei. Was war sie als eine Geliebte, die irr zu ihrem Geliebten sprach unter einem Sarg von Kleidern? Jemand in der Nacht hatte ihn umgestülpt und ausgeleert, alles ausgeleert, bis auf ein falsches Herz. Das unter dem Rippenpanzer gehörte nicht ihm, nicht ihm gehörte das Ticken einer Vene im Fuß. Seine Arme konnten nicht mehr ihre Bewegungen machen und konnten auch keinen Kreis um ein Mädchen schlagen, um sie vor Wind und Räubern zu schützen. Es gab nichts Ferneres unter der Sonne als seinen eigenen Namen, und Dichtung war eine Schnur von Worten, auf eine Bohnenstange gereiht. Mit den Lippen rundete er einen kleinen Tonball zu irgendeiner Form und sprach ein Wort.

Es gab kein Morgen für tote Männer. Er konnte nicht denken, daß nach der nächsten Nacht und ihrem Schlaf das Leben wieder aufsprießen würde wie eine Blume durch die Risse eines Sarges.

Sein Zimmer um ihn her war ein geräumiger Ort. Aus ihren Rahmen sahen die lügenhaften Ebenbilder von Frauen auf ihn nieder. Das da war das Gesicht seiner Mutter, dieses fast gelbe Oval, umrahmt von altem Gold und spärlich werdendem Haar. Und neben ihr die tote Mary. Wenn auch Callaghan noch so hart blies, die Mauern um Marys Tod würden niemals fallen. Er dachte an sie, wie sie gewesen war, erinnerte sich an ihren Peter, ihren süßen; an Peter und an ihre lächelnden Augen.

Er erinnerte sich, daß er seit jener Nacht vor sieben Jahren nicht mehr gelächelt hatte; seit jener Nacht, in der sein Herz so gewaltig in ihm gezittert hatte, daß er zu Boden gefallen war. Die Kraft war wiedergekommen im unglaublichen Sonnenuntergang. Über die Hügel und über das Dach gingen die breiten Monde, und der Sommer kam nach dem Frühling. Wie hatte er überhaupt gelebt, als Callaghan noch nicht mit einem großen Schrei die Waben der Welt wegblies, sondern Millicent ihren Zauber und ihre Liebe um ihn gebreitet hatte?

Aber die Toten brauchen keine Freunde. Er spähte über den umgedrehten Sargdeckel hinweg. Steif und starr stierte ihm ein Mann aus Wachs entgegen. Er nahm die Groschen von diesen toten Augen und schaute in sein eigenes Gesicht.

»Vermehrt euch, Pappe an Pappe«, hatte er geschrien, »bis ich eure gekleisterten Hütten mit einem einzigen Stoß aus meinen Lungen niederblase!« Als Mary gekommen war, war nichts von einem Tag zum andern gewesen als die Gottheit, die er rund um sie gebaut hatte. Sein Kind in ihrem Schoß hatte Mary getötet. Er spürte seinen Körper zu Dunst werden, und Männer, die leicht wie Luft gewesen waren, schritten mit metallenen Hufen durch ihn hindurch und weiter.

Er begann zu rufen: »Rhianon, Rhianon! Jemand war da und hat mich in die Seite getreten. Tropf, tropf, fließt mein Blut in mir! Rhianon«, so rief er.

Sie eilte die Treppe hinauf, und wieder und wieder wischte sie ihm mit dem Ärmel ihres Kleides die Tränen von den Wangen.

Er lag still, und der Morgen wurde reif und wuchs zu einem edlen Mittag heran. Rhianon ging ein und aus, und ihr Kleid – er roch es, als sie sich über ihn beugte – roch nach Klee und Milch. Mit neuem Staunen folgte er ihren kühlen Bewegungen rings durch das Zimmer, dem Schwung ihrer Hände, als sie die tote Mary in ihrem Rahmen abstaubte. Mit solchem Staunen, dachte er, folgen die Toten den Bewegungen der Lebenden und sehen das Blühen unter der lebendigen Haut. Sie müßte singen, wie sie da vom Kamin zum Fenster geht und alles zurechtrückt, oder sie müßte summen wie eine Biene an der Arbeit. Aber wenn sie gesprochen hätte, oder gelacht, oder mit dem Fingernagel ans dünne Metall der Kerzenleuchter angestoßen wäre und einen Glockenton daraus aufgeweckt hätte, oder wenn das Zimmer plötzlich voll von Vogellauten gewesen wäre, dann hätte er wieder geweint. Es behagte ihm, auf die unbewegten Wogen der Bettücher niederzusehen und sich als Insel zu fühlen, irgendwo in der Südsee. Auf dieser Insel voll reicher und wundersamer Pflanzen hingen die Samen, die zu Früchten geworden waren, von den Bäumen und fielen, kleiner als Äpfel, in den pazifischen Winden zu Boden, um unten zu liegen und den Sommerschnecken Quartier zu gewähren.

Und in seinen Gedanken an die Insel irgendwo in den Höhlungen des Südens fiel ihm Wasser ein, und er sehnte sich nach Wasser. Rhianons Kleid umraschelte sie mit dem sanften Geräusch von Wasser. Er rief sie zu sich und berührte den Busen ihres Kleides und fühlte das Wasser auf seinen Händen. »Wasser«, sagte er zu ihr, und er sagte ihr, wie er als Junge auf den Felsen gelegen hatte und seine Finger kühle Figuren auf die Oberfläche der Tümpel gezeichnet hatten. Sie brachte ihm Wasser in einem Glas und hielt ihm das Glas in Augenhöhe hin, so daß er das Zimmer durch eine Wand von Wasser sehen konnte. Er trank nicht, und sie stellte das Glas neben ihn. Er stellte sich die Kühle unter dem Meer vor; jetzt, an einem Sommertag kurz nach Mittag, wünschte er wieder, daß sich das Wasser ganz um ihn schließen solle, daß er keine Insel mehr sein solle, die über das Wasser aufragt, sondern ein grüner Ort unter den Wellen, der eine blendende Höhle umstarrt. Er dachte an einige kühle Worte und machte eine Zeile über einen Olivenbaum, der unter einem See wuchs. Aber der Baum war ein Baum von Worten, und der See reimte auf ein anderes Wort.

»Setz dich und lies mir vor, Rhianon.«

»Wenn du gegessen hast«, sagte sie und brachte ihm Essen.

Er konnte nicht denken, daß sie in die Küche hinuntergegangen war und mit ihren eigenen Händen sein Essen zugerichtet hatte. Sie war gegangen und mit Speisung zurückgekehrt, so einfach wie eine Jungfrau aus dem Alten Testament. Ihr Name bedeutete nichts, er war ein kühler Klang. Sie hatte einen sonderbaren Namen aus der Bibel. So eine Frau hatte den Körper gewaschen, nachdem er vom Baum abgenommen war, mit kühlen, geschickten Fingern, die die Löcher der Wunden berührten wie zehn Segnungen. Er konnte zu ihr schreien: »Leg ein süßes Kraut unter meinen Arm! Mit deinem Speichel mach du mich duftig!«

»Was soll ich dir vorlesen?« fragte sie, als sie endlich neben ihm saß. Er schüttelte den Kopf. Es war ihm gleich, was sie las, solange er sie nur sprechen hören und an nichts denken konnte als an den Tonfall ihrer Stimme.

»Oh, sachte mag ich legen mich, und sachte ruhn mein Haupt
Und sachte schlafen den Todesschlaf und sachte hören die
Stimme
Von ihm, der in dem Garten geht zur Abendzeit.«

Sie las weiter, bis der Wurm auf dem Lilienblatt saß.

Der Tod lag wieder auf seinen Gliedern, und er schloß die Augen. Es gab keine Erholung von den Schmerzen und auch nicht von den Figuren des Todes, die ihren vertrauten Geschäften nachgingen, sogar im Dunkel seiner schweren Augenlider.

»Soll ich dich wachküssen?« sagte Callaghan. Seine Hand lag kalt auf Peters Hand.

»Und alle Aussätzigen küßten sich«, sagte Peter, und dann wunderte er sich, was er damit gemeint hatte. Rhianon sah, daß er ihr nicht mehr zuhörte, und ging auf Zehenspitzen fort.

Callaghan war alleingeblieben, beugte sich über das Bett und legte seine weichen Fingerspitzen auf Peters Augen. »Nun ist es Nacht«, sagte er. »Wo sollen wir heute nacht hingehn?«

Peter öffnete die Augen wieder, sah die ausgebreiteten Finger und die Kerzen, die glühten wie die Köpfe von Mohnblumen. Eine Angst und ein Segen lagen über dem Zimmer.

Die Kerzen dürfen nicht ausgeblasen werden, dachte er. Licht muß sein, Licht, Licht, Licht. Docht und Wachs dürfen nie niederbrennen. Den ganzen Tag und die ganze Nacht lang müssen die drei Kerzen wie drei Mädchen an meinem Bett erröten. Diese drei Mädchen müssen mich schützen.

Die erste Flamme tanzte und ging aus. Über die zweite und dritte Flamme machte Callaghan seinen grauen Mund spitz. Das Zimmer war finster. »Wo sollen wir heut nacht hingehn?« sagte er, aber wartete auf keine Antwort, sondern zog die Decken vom Bett und hob Peter in seinen Armen hoch. Sein Mantel lag feucht und süßlich auf Peters Gesicht.

»Ach, Callaghan, Callaghan«, sagte Peter, den Mund ins schwarze Tuch gepreßt. Er spürte die Bewegungen von Callaghans Körper, die straffen Muskeln, und die Muskeln, die nachgaben; die Rundung der Schultern, den Aufschlag der Füße auf den rasenden Erdball. Ein Wind, der unter dem Ton und Lehm der Erde hervorkam, fegte zu seinem verborgenen Gesicht auf. Erst als die Zweige der Bäume über seinen Rücken kratzten, erkannte er, daß er nackt war. Um nicht laut aufzuschreien, preßte er seine Lippen fest über einer feuchten Hautfalte zusammen. Callaghan war auch nackt, nackt wie ein kleines Kind.

»Sind wir nackt? Wir haben unsere Knochen und unsere Organe, unsere Haut und unser Fleisch. Ein Band von Blut ist in dein Haar geflochten: fürchte dich nicht. Du hast ein Gewebe von Adern um deine Lenden.« Die Welt jagte an ihnen vorüber, der Wind flaute zu nichts ab und wehte die Früchte der Schlacht unter den Mond. Peter hörte die Lieder von Vögeln, aber es waren keine Lieder, wie er sie aus den Kehlen der Vögel auf dem Fenstersims seines Schlafzimmers gehört hatte. Die Vögel waren blind.

»Sind sie blind?« fragte Callaghan. »Sie haben Welten in ihren Augen. Es ist weiß und schwarz in ihrem Pfeifen. Fürchte dich nicht. Es sind helle Augen unter ihren Eierschalen.«

Plötzlich hielt er an, mit dem federleichten Peter in seinen Armen, und ließ ihn leise auf einen Ball aus grüner Erde nieder. Zu seinen Füßen lag ein Tal, das weit in die Ferne zog, mit seiner Last von lahmen Bäumen und Gras; in die Ferne, wo der Mond an einer Nabelschnur von der Finsternis niederhing. Aus den Bäumen zu beiden Seiten kam das scharfe Knacken von Flinten, und die Fasane fielen wie ein Regen. Aber bald war die Nacht still und machte die Drücker der gefallenen Zweige weich, die unter Callaghans Füßen zerknackt waren.

Peter wußte, daß sein Herz krank war, führte eine Hand an seine Seite, aber spürte keine Spur von schützendem Fleisch. Die Spitzen seiner Finger umklirrten leise das strömende Blut, aber die Adern waren unsichtbar. Er war tot. Nun wußte er, daß er tot war. Der Geist Peters, unsichtbar um den Geist des Blutes geflochten, stand auf seinem Erdball und staunte die zerfressene Nacht an.

»Was ist das für ein Tal?« sagte Peters Stimme.

»Das Jarvistal«, sagte Callaghan. Auch Callaghan war tot. Kein Knochen und kein Haar erhob sich mehr unter dem gleichmäßig fallenden Frost.

»Das ist kein Jarvistal.«

»Das ist das nackte Tal.«

Der Mond, der die Kraft seiner Strahlen verdoppelte und abermals verdoppelte, erhellte die Rinden und Wurzeln und Äste der Jarvisbäume, die geschäftigen Läuse im Holz, die Formen der Steine und die schwarzen Ameisen, die unter ihnen dahinzogen; die Kiesel in den Bächen, das geheime Gras, die nimmermüden toten Würmer unter den Halmen. Aus ihren Löchern in den Flanken der Hügel kamen die Ratten und Wiesel, weißhaarig im

Mondlicht, und vermehrten sich und kämpften miteinander, während sie abwärts eilten, hinab, um ihre Zähne in die Kehlen der Rinder zu schlagen. Und kaum fielen die Rinder ausgesogen zu Boden und die Wiesel eilten davon, da kamen alle Fliegen vom Dünger der Felder aufgeflogen, kamen wie ein Nebel heran und ließen sich auf die Talhänge nieder. Da stieg vom geschundenen Tal der Geruch des Todes auf und blähte die bergigen Nüstern im Gesicht des Mondes.

Nun fielen die Schafe, und die Fliegen machten sich über sie her. Die Ratten und die Wiesel, die um ihr Fleisch kämpften, fielen eines nach dem andern verwundet nieder, und die Flöhe der Schafe stierten aus ihrem Haar. Für Peter war es nur eine kleine Weile, bis die Toten, abgenagt bis auf die symmetrischen Knochen, vom Wind unter die Erde gefegt wurden, der lauter und härter wehte als das Fallen der fetten Fliegen ins Gras. Nun lösten der Wurm und der Totenkäfer die Fasern der Knochen, arbeiteten an ihnen, hell und präzise, und die Kräuter aus den Augenhöhlen und die Blumen auf den verschwundenen Brüsten erblühten in den Farben des toten Lebens frisch auf ihren Blättern. Und das Blut, das geflossen war, floß über den Boden hin, stärkte die Grashalme und brachte in seinem Lauf in den Mund des Frühlings die windgepflanzten Samen zum Aufgehen. Plötzlich waren alle Bäche rot von Blut; zwanzig gewundene Adern, da und dort über allen zwanzig Feldern, stockten mit ihren geronnenen Kieseln.

Peter in seinem Geist schrie laut vor Freude. Es war Leben im nackten Tal, Leben in seiner eigenen Nacktheit. Er sah die Bäche und das schlagende Wasser, sah, wie die Blumen aus den Toten hervorschossen und die Halme und Wurzeln vom Strom des vergossenen Blutes in ihrer Kraft verdoppelt wurden.

Und die Bäche standen still. Staub der Toten wehte über den Frühling, und der Mund wurde erstickt. Staub lag über den Wassern wie dunkles Eis. Licht, das bewegt und alläugig gewesen war, gefror in den Mondstrahlen.

Leben in dieser Nacktheit, spottete Callaghan neben ihm, und Peter wußte, daß er mit dem Geist eines Fingers niederzeigte auf die toten Bäche. Aber während er sprach und während sich die Form, die Peters Herz in der Zeit des berührbaren Fleisches angenommen hatte, des Pochens eines Entsetzens bewußt war, brach ein Leben aus den Kieseln hervor, wie die tausend Leben, die in den Körper eines Knaben eingehüllt sind, aus dem Schoß. Die Bäche flossen wieder ihres Weges, und das Licht des Mondes schien in neuem Glanz auf das Tal und vergrößerte die Schatten des Tals und zog die Maulwürfe und Dachse aus ihrem Winter hervor in die todlose Mitternachtsjahrzeit der Welt.

»Das Licht kommt über den Hügel«, sagte Callaghan und hob den unsichtbaren Peter in seine Arme. Wirklich, die Morgendämmerung brach weit über der Jarviswildnis an, die immer noch nackt unter dem sinkenden Mond lag.

Als Callaghan die Hügelkämme entlang lief und in die Wälder hinein und über ein jubelndes Land hin, dessen Bäume mit ihm mitliefen, schrie Peter laut vor Freude.

Er hörte Callaghans Lachen wie das Prasseln eines Donners, das der Wind aufnimmt und verdoppelt; es war ein Schreien im Wind und eine Bewegung unter der Oberfläche der Erde. Einmal unter den Bäumen und das andere Mal auf den Wipfeln der wilden Bäume liefen Peter und sein Fremdling um die Wette gegen den Morgenhahn. Über und unter den fallenden Zäunen des Lichtes kletterten sie und schrien.

»Hör den Hahn!« rief Peter, und die Bettücher rollten herauf bis an sein Kinn.

Ein Mann mit einem Pinsel hatte unten im Osten eine rote Rippe gezeichnet. Der Geist eines Kreises, der den Kreis des Mondes umgab, wirbelte durch eine Wolke. Peter ließ seine Zunge über seine Lippen gleiten, die sich wundersam mit Fleisch und Haut bekleidet hatten. In seinem Mund war ein sonderbarer Geschmack, als ob er am Abend der vorigen Nacht, vor dreihundert Nächten, den Kopf einer Mohnblume ausgedrückt und getrunken und dann geschlafen hätte. In den Tiefen seines Gehirns war das alte Gerücht von Callaghan. Vom Morgengrau bis zum Abendgrau hatte er vom Tod geredet, hatte gesehen, wie die Kerze eine Motte einfing, hatte das Lachen, das nicht sein eigenes Lachen gewesen sein konnte, in seinen Ohren läuten gehört. Der Hahn krähte wiederum, und ein Vogel pfiff wie eine Sense durch den Weizen.

Rhianon trat mit lieblichem bloßem Hals ins Zimmer.

»Rhianon«, sagte er, »halt meine Hand, Rhianon.«

Sie hörte ihn nicht, sondern stand über seinem Bett und starrte ihn mit unzerbrechlicher Trauer an.

»Halt meine Hand«, sagte er. Und dann: »Warum ziehst du das Tuch über mein Gesicht?«

Die Feinde

Es war Morgen auf den grünen Flächen des Jarvistals, und Mr. Owen jätete das Unkraut von den Rändern seines Gartenweges. Ein großer Wind zerrte an seinem Bart, die Pflanzenwelt brauste unter seinen Füßen. Eine Krähe hatte sich am Himmel verloren und krächzte nach ihrem Männchen, aber das Männchen kam nicht wieder, und die Krähe flog mit einer Klage im Schnabel gen Westen. Mr. Owen, der sich aufgerichtet hatte, um seine Schultern auszuruhen und einen Blick auf den Himmel zu werfen, beobachtete, wie dunkel die Schwingen gegen die rote Sonne schlugen. In ihrer zugigen Küche grämte sich Mrs. Owen über der Suppe. Früher einmal hatte das Tal nur die Rinder beherbergt; die Farmburschen waren von den Hügeln herabgekommen, um die Rinder mit ihrem Hohageschrei zum Melken zu treiben; aber kein Fremder hatte das Tal betreten. Mr. Owen, der einsam durch das Land wanderte, hatte es am Ende eines späten Sommerabends zufällig entdeckt, als die Rinder schweigend dalagen und der Bach, der es teilte, über die Kiesel dahinschwatzte. Hier, dachte Mr. Owen, will ich ein Häuschen bauen, einstöckig, inmitten dieses Tals, eingerahmt von einem Garten. Und er merkte sich genau den Weg, den er längs der sich windenden Hügel gekommen war, und kehrte zurück zu seinem Dorf und zu Mrs. Owens Fragen. So kam es, daß in den grünen Feldern ein einstöckiges Haus gebaut wurde; ein Garten wurde gegraben und gepflanzt und ein niedriger Zaun rings um den Garten errichtet, um die Kühe vom Gemüse fernzuhalten.

Das war am Anfang des Jahres gewesen. Nun waren Sommer und Herbst darüber hingegangen; der Garten war aufgeblüht und abgestorben; auf dem Unkraut lag Rauhreif. Mr. Owen bückte sich wieder und säuberte den Gartenweg, und der Wind neigte die Köpfe der nahen Gräser und machte aus jedem grünen Mund ein Orakel. Geduldig erdrosselte Mr. Owen das Unkraut, die Wurzeln kamen hoch und führten Krieg im umliegenden Erdreich; Insekten rührten sich in den Löchern, wo Unkraut gewuchert hatte, aber als sie zwischen seinen Fingern starben, hinterließen sie keine Flecken. Ihr Sterben machte ihn müde, das Fallen des Unkrauts machte ihn noch müder. Die Wurzeln kamen hoch, die billigen grünen Köpfe fielen nieder.

Mrs. Owen, die in die Tiefen ihres Kristalls blickte, hatte die Suppe weiterbrodeln lassen, ohne ihr zu Hilfe zu kommen. Die Kugel wurde dunkel, dann hell: in ihrem Inneren rührte sich ein Regenbogen. Der Kristall wurde wie eine Sonne, dann erkaltete er wieder wie ein Polarstern; so strahlte er in den Falten ihres Kleides, wo sie ihn liebevoll hielt. Die Teeblätter in ihrer Tasse hatten beim Frühstück einen dunklen Fremden angekündigt. Was würde der Kristall ihr sagen? Mrs. Owen war voller Erwartung.

Die Wurzeln kamen hoch, und ein gekrümmter Wurm, gestört vom tastenden Wühlen der Finger, wand sich blind in der Sonne. Auf einmal füllte das Tal all seine Mulden mit dem Wind, mit der Stimme der Wurzeln, mit dem Atem der unteren Himmelsschichten. Nicht nur eine Alraune schreit; alle ausgerissenen Wurzeln haben ihre Wehrufe; jedes Unkraut, das Mr. Owen aus dem Boden zog, schrie wie ein Baby. Im Dorf hinter dem Hügel brauste jetzt sicher der Wind und führte die Kleider auf den Leinen in den Gärten zu seltsamen Tänzen. Und Frauen, in deren Leibern es sich formte, würden jetzt, über ihre dampfigen Zuber gebeugt, ein neues Pochen fühlen. Das Leben würde weitergehen, in den Adern, in den Knochen und im Fleisch, das sie miteinander verbindet; das alles hatte seine eigenen Zeiten und sein wechselndes Wetter, geradeso wie das Tal, das das Haus rings mit dem Fleisch des grünen Grases umschloß.

Der Kristall ließ vor Mrs. Owen seine Toten aufstehen wie ein offenes Grab. Sie starrte auf die Lippen von Frauen und die Haare von Männern, die sich auf dem Angesicht der Kristallwelt zu einem Muster verschlangen. Aber plötzlich wurden die Muster weggewischt, und sie konnte nichts sehen als die Formen der Jarvishügel. Ein Mann mit schwarzem Hut ging die Wege hinab in das unsichtbare Tal unten. Kam er noch näher, dann würde er in ihren Schoß fallen. »Dort auf den Hügeln geht ein Mann mit einem schwarzen Hut«, rief sie zum Fenster hinaus. Mr. Owen lächelte und jätete weiter.

Um diese Zeit verlor Ehrwürden Mr. Davies den Weg; er war fast den ganzen Vormittag daran gewesen, ihn zu verlieren; jetzt aber hatte er ihn endgültig verloren und stand beunruhigt unter einem Baum am Rand der Jarvishügel. Ein großer Wind stieß durch die Zweige, und eine große graugrüne Erde bewegte sich schwankend unter ihm. Wo immer er hinsah, stürmten die Hügel himmelan, und wo immer er sich vor dem Wind verstecken wollte, ängstigte ihn die Dunkelheit. Je weiter er ging, desto seltsamer wurde die Landschaft um ihn her; sie erhob sich zu ungeahnten Höhen und fiel dann wieder hinab in ein Tal, nicht größer als seine Handfläche. Und die Bäume schritten aus wie Menschen. Durch einen göttlichen Zufall erreichte er den Rand der Hügel gerade, als die Sonne die Mitte des Himmels erreichte. Er stand unter einem Baum und sah hinab in das Tal, und die weite Welt schaukelte von Horizont zu Horizont. In den Feldern stand ein kleines Haus mit einem Garten. Das Tal umbrauste es, der Wind sprang es an wie ein Boxer, aber das Haus stand still. Mr. Davies kam es vor, als wäre das Haus von einem großen Vogel aus einem Dorf herausgetragen und genau in die Mitte des ungestümen Alls gesetzt worden.

Aber beim Abwärtsklettern über die schroffen Grate und über den Hang verlor er seinen Platz in Mrs. Owens Kristallkugel. Eine Wolke wehte an die Stelle seines schwarzen Hutes, und unter der Wolke schritt ein sehr altes Gespenst dahin, eine Gestalt aus Luft, mit festgefrorenen Sternen im Bart und einem Sichelmond als Lächeln. Mr. Davies, dem die Steine die Hände zerkratzten, wußte davon nichts. Er war alt, er war trunken vom Wein des Morgens, aber was da aus seinen Wunden hervorquoll, das war menschliches Blut.

Auch Mr. Owen, mit dem Gesicht am Boden und den Händen um den Hals des schreienden Unkrauts, wußte nichts von der Verwandlung im Kristall. Er hatte gehört, wie Mrs. Owen das Kommen des schwarzen Hutes prophezeit hatte, und er hatte gelächelt, wie er über ihren Glauben an die Mächte der Finsternis immer lächelte. Auf ihren Ruf hin hatte er aufgeblickt, und lächelnd hatte er sich wieder dem klareren Ruf des Bodens zugewandt. »Vermehret euch, vermehret euch«, hatte er zu den Würmern gesagt, die er beim Graben ihrer Kanäle gestört hatte, und er hatte die braunen Würmer in der Mitte durchgeschnitten, auf daß die Hälften sich vermehren und ihr Leben über den Garten ausbreiten und ihren Giftweg hinaus auf die Felder und in die Bäuche der Rinder nehmen sollten.

Davon aber wußte Mr. Davies nichts. Er sah einen bärtigen jungen Mann fleißig über die Gartenerde gebeugt; er sah, daß das Haus mit dem ans Fenster gepreßten Gesicht einer blassen jungen Frau hübsch aussah. Also nahm er seinen schwarzen Hut ab und stellte sich als der Pfarrer eines etwa zehn Meilen entfernten Dorfes vor.

»Sie bluten«, sagte Mrs. Owen.

Mr. Davies' Hände waren wirklich blutbedeckt.

Als Mrs. Owen sich um die Wunden des Pfarrers gekümmert hatte, setzte sie ihn in den Lehnstuhl beim Fenster und machte ihm eine Tasse starken Tee.

»Ich habe Sie auf dem Hügel gesehen«, sagte sie, und er fragte sie, wieso sie ihn gesehen habe, denn die Hügel waren hoch und weit entfernt.

»Ich habe gute Augen«, sagte sie.

Er zweifelte nicht daran. Ihre Augen waren die seltsamsten, die er je gesehen hatte.

»Es ist ruhig hier«, sagte Mr. Davies.

»Wir haben keine Uhr«, sagte sie und deckte den Tisch für drei.

»Sie sind sehr freundlich.«

»Wir sind freundlich zu denen, die zu uns kommen.«

Er fragte sich, wie viele zu dem einsamen Haus in dem Tal kamen, aber er stellte ihr keine Fragen, aus Angst vor dem, was sie antworten würde. Er vermutete, daß diese Frau nicht ganz geheuer sei und daß sie das Dunkel liebte, weil es dunkel war. Er war zu alt, um nach den Geheimnissen der Dunkelheit zu fragen, und jetzt, in seinem zerrissenen und nassen schwarzen Anzug, die Hände gebunden mit den Verbänden dieser fremden Frau, jetzt fühlte er sich älter denn je. Die Winde des Vormittags hätten ihn zu Boden wehen können, und der plötzliche Einbruch der Dunkelheit hätte ihn geblendet. Der Regen hätte durch ihn hindurchgehen können, so wie er durch den Körper eines Geistes hindurchgeht. Ein müder, weißhaariger, alter Mann, saß er unter dem Fenster, fast unsichtbar gegen die Fensterscheiben und das weiße Tuch des Lehnstuhls. Bald war das Essen fertig, und Mr. Owen kam ungewaschen aus dem Garten.

»Soll ich das Tischgebet sprechen?« fragte Mr. Davies, als alle drei um den Tisch saßen.

Mrs. Owen nickte.

»O Herrgott, allmächtiger, segne diese unsere Speise«, sagte Mr. Davies. Im Weiterbeten blickte er auf und sah, daß Mr. und Mrs. Owen die Augen geschlossen hatten. »Wir danken Dir für den Überfluß, den Du uns beschert hast.« Und er sah, daß die Lippen von Mr. und Mrs. Owen sich leise bewegten. Er konnte nicht hören, was sie sagten, aber er wußte, daß die Gebete, die sie sprachen, nicht seine Gebete waren.

»Amen«, sagten alle drei zusammen.

Mr. Owen, voller Stolz bei seinem Essen, beugte sich über den Teller, wie er sich über das wehklagende Unkraut gebeugt hatte. Draußen vor dem Fenster war der braune Leib der Erde, war die grüne Haut des Grases und waren die Brüste der Jarvishügel; ein Wind war dort, von dem das Tier Erde fröstelte; und eine Sonne, die den Feldern den Tau weggetrunken hatte, schwitzte Schöpfung aus den Poren der Bäume, und die Sandkörner an weitentfernten Küsten, über die das Meer hinrollte, würden sich vermehren. Er spürte die rauhe Nahrung auf seiner Zunge; es war ein Sinn in der Schwarte des Fleisches und ein Zweck im An-den-Mund-Heben der Nahrung. Mit plötzlicher Genugtuung sah er, daß Mrs. Owens Kehle bloß war.

Auch sie war über ihren Teller gebeugt, aber sie ließ die Zähne ihrer Gabel an seinen Rändern knabbern. Sie aß nicht, denn die alten Mächte waren über sie gekommen, und sie wagte nicht den Kopf zu heben, weil ihre Augen so grün waren. Sie erkannte am Ton, aus welcher Richtung im Tal der Wind blies; sie erkannte den Stand der Sonne an der Kurve der Schatten auf dem Tischtuch. Wie gerne hätte sie jetzt ihren Kristall genommen, um in ihm die Streifen der Dunkelheit zu sehen, die dieses Winterlicht zudeckten. Aber in ihren Gedanken sammelte sich eine Dunkelheit, die sog alles Licht ihrer Umgebung ein. Zu ihrer Linken war ein Geist; mit all ihrer Kraft sog sie das körperlose Licht ein, das sich um ihn bewegte, und vermischte es mit ihrem dunklen Gehirn.

Mr. Davies fühlte sich wie ein Mann, der von einem Vogel ausgesogen wird, Verödung in seinen Adern, und erzählte in einem süßen Delirium von seinen Abenteuern auf den Hügeln: wie es kalt gewesen sei und windig, und wie die Hügel auf und nieder gingen. Er hatte sich verirrt, sagte er, und hatte einen dunklen Zufluchtsort gefunden, der Schutz bot vor den Unholden des Windes; aber die Dunkelheit hatte ihn geängstigt, und er war wieder über die Hügel gewandert, wo ihn der Vormittag umherwarf wie ein Schiff auf dem Meer. Wohin er auch ging, war er im Freien verweht oder in den engen Schatten geängstigt worden. Es gab keinen Ort, sagte er mitleidig, wo ein alter Mann hingehen konnte. Er liebte seinen Pfarrhof, und so hatte er auch das Land ringsum geliebt, aber die Hügel hatten unter seinen Füßen nachgegeben oder ihn in die Luft gestoßen. Und er liebte seinen Gott, und so hatte er auch die Dunkelheit geliebt, wo die Menschen von altersher das dunkle Unsichtbare angebetet hatten. Aber nun waren die Hügelhöhlen voller Gestalten und Stimmen, die ihn verspotteten, weil er alt war.

»Er hat Angst vor der Dunkelheit«, dachte Mrs. Owen, »vor der wunderschönen Dunkelheit.« Mit einem Lächeln dachte Mr. Owen: »Er hat Angst vor den Würmern in der Erde, vor der Paarung im Baum, vor dem lebenden Fett im Boden.« Sie blickten auf den alten Mann und sahen, daß er geisterhafter war denn je. Das Fenster hinter ihm warf einen zottigen Lichtkreis um seinen Kopf.

Plötzlich kniete Mr. Davies nieder, um zu beten. Er verstand nicht die Kälte in seinem Herzen, noch die Furcht, die ihn im Knien bestürzte, aber während er seine Gebete um Erlösung sprach, starrte er hinauf zu den umschatteten Augen Mrs. Owens und den lächelnden Augen ihres Mannes. Hingekniet auf den Teppich zu Häupten des Tisches, starrte er bestürzt auf den dunklen Geist und den groben, dunklen Körper. Er starrte und betete wie ein alter, von seinen Feinden bedrängter Gott.

Der Baum

Aus dem Haus, das weit hinübersah zu den Jarvishügeln, stieg ein Turm auf, daß die Tagvögel ihre Nester drin bauten und die Eulen ihn nachts umfliegen konnten. Vom Dorf aus leuchtete das Licht im Turmfenster wie ein Glühwürmchen durch die Scheiben. Aber erleuchtet war das Zimmer unter den Sperlingsnestern nur selten. Spinnetze waren über seine ungewaschene Decke gewebt; es starrte, hügelauf, hügelab, über zwanzig Meilen Landes hinaus, und die Winkel mit ihren Krallenspuren im Staub behielten ihre Geheimnisse für sich.

Das Kind kannte das Haus vom Dachfirst bis zum Keller. Es kannte die unregelmäßigen Rasenflächen und den Verschlag des Gärtners, wo Blumen aus ihren Töpfen hervorwucherten. Aber, soviel es auch nach Jungenart herumstöberte, den Schlüssel, der die Tür zum Turm öffnete, konnte es nicht finden.

Mit seinen Launen wechselte das Haus, und ein Rasen war das Meer oder die Küste oder der Himmel oder was immer das Kind wollte. Wenn der Rasen eine traurige Meile Meerwassers war und das Kind als Reiter auf einer abgebrochenen Blume über die Wogen dahinfuhr, dann kam vielleicht der Gärtner aus seinem Verschlag bei der Gebüschinsel. Auch der Gärtner nahm dann einen Blumenstengel und schiffte sich ein. Oder er nahm einen Gartenbesen und flog, wohin das Kind nur wollte. Er kannte jede Geschichte seit Anfang der Welt.

»Am Anfang«, sagte er, »war ein Baum.«

»Was für ein Baum?«

»Der Baum, wo die Amsel drin pfeift.«

»Ein Falke, ein Falke!« rief das Kind.

Dann blickte der Gärtner an dem Baum hoch und sah einen riesigen Falken auf einem Ast hocken, oder auch einen Adler, der sich im Wind wiegte.

Der Gärtner liebte die Bibel. Wenn die Sonne sank und der Garten voller Leute war, saß er bei einer Kerze in seinem Verschlag und las von der ersten Liebe und die Legende von Äpfeln und Schlangen. Aber am liebsten hatte er den Tod Christi an einem Baum. Bäume waren ein Zaun um ihn, und er erkannte den Wechsel der Jahreszeiten an den Schattierungen ihrer Rinde und am Drängen des Saftes durch die verborgenen Wurzeln. Seine Welt bewegte und verwandelte sich, so wie der Frühling sich durch die Äste bewegte und ihre Nacktheit verwandelte; sein Gott wuchs wie ein Baum aus der apfelförmigen Erde auf. Er gab seinen Kindern Blüte und ließ zu, daß die Stürme des Winters seine Kinder abrissen und wegbliesen. Winter und Tod wehten in einem Wind. Der Gärtner saß in seinem Verschlag und las von der

Kreuzigung und sah über die Tiegel auf seinem Fenster in die Winternächte hinaus. Ihm fiel ein, daß in solchen Nächten die Liebe versagt und daß viele ihrer Kinder abgeschnitten werden.

Das Kind verwandelte mit seinen Spielen die zerzausten Rasen. Der Gärtner rief es beim Namen seiner Mutter, ließ es auf seinem Knie reiten und sprach zu ihm von den Wundern Jerusalems und von der Geburt in der Krippe.

»Am Anfang war das Dorf Bethlehem«, flüsterte er dem Kind zu, ehe aus der dichten Dunkelheit die Glocke zum Tee läutete.

»Wo ist Bethlehem?«

»Weit weg«, sagte der Gärtner, »im Osten.«

Im Osten standen die Jarvishügel; die versteckten die Sonne, und ihre Bäume zogen aus dem Gras den Mond hoch.

*

Das Kind lag im Bett. Es beobachtete das Schaukelpferd und wünschte ihm Flügel an den Leib, so daß es aufsitzen und hoch zu Roß in den Himmel von Arabien reiten könne. Aber die Winde von Wales bliesen in die Vorhänge, und unten, auf dem unordentlichen Beet unter dem Fenster, lärmten die Grillen. Seine Spielsachen waren tot. Es begann zu weinen und hörte wieder auf, denn es fiel ihm kein Grund zum Weinen ein. Die Nacht war windig und kalt, ihm war warm unter den Bettüchern; die Nacht war groß wie ein Berg, das Kind war ein Junge im Bett.

Das Kind machte die Augen zu und starrte in eine wirbelnde Höhle, tiefer als die Finsternis im Garten, wo der erste Baum stand, auf den sich die unwirklichen Vögel gesetzt hatten. Allein und hell wie Feuer stand er da. Die Tränen liefen dem Kind zurück unter die Augenlider, als es an den ersten Baum dachte, der so nahe bei ihm gepflanzt war wie ein Freund im Garten. Es kroch aus dem Bett und ging auf Zehenspitzen zur Tür. Das Schaukelpferd auf seinen Federn machte einen Satz vorwärts und schlug das Kind in geräuschlose Flucht ins Bett zurück. Das Kind sah das Pferd an, und das Pferd war still. Wieder auf den Zehenspitzen den Teppich entlang, und es erreichte die Tür und drehte die Türklinke und lief auf den Gang hinaus. Blindlings vor sich hintastend, fand es den Weg zum oberen Ende der Treppe. Es schaute die dunklen Treppen hinab in die Halle, sah ein Heer von Schatten in und aus den Winkeln wanken, hörte jede Windung und Wendung ihrer Stimmen und stellte sich ihre Augenhöhlen und ihre abgezehrten Arme vor. Nur klein würden sie sein und verstohlen und blutlos, nicht mit unsichtbaren Panzern gerüstet, sondern nur von spinnfadenscheinigen Gewändern umhüllt. Sie wisperten, als es vorüberging, sie berührten es an der Schulter, und sie sagten ihm »Sst!« ins Ohr.

Das Kind ging die Treppe hinunter, und nicht ein einziger Schatten bewegte sich in der Halle; die Ecken und Winkel waren leer. Das Kind streckte den Arm aus, patschte mit der flachen Hand ins Dunkel und erwartete zu spüren, wie ihm ein dürrer, samtiger Kopf unter die Finger kriechen und sich wie Nebel in seine Nägel hineinschieben würde. Doch nichts. Es öffnete die Haustür, und die Schatten stoben in den Garten hinaus.

Einmal auf dem Gartenweg, war seine Angst verflogen. Der Mond hatte sich auf die ungejäteten Beete gelegt, und seine Fröste waren auf dem Rasen ausgebreitet. Schließlich kam es zum erleuchteten Baum am Ende des langen Kiesweges, zum Baum, der älter war als sogar das Wunder des Lichtes, und die Baumwanzen schliefen unter der Rinde, und die Zweige standen ihm vom Leib ab wie die erfrorenen Arme einer Frau. Das Kind berührte den Baum, er bog sich wie unter seiner Berührung. Es sah einen Stern, heller als alle anderen am Himmel, stetig über dem Turm der ersten Vögel brennen und auf nichts niederscheinen als einzig auf die blätterlosen Äste und den Stamm und die dahinziehenden Wurzeln.

Das Kind hatte an dem Baum nie gezweifelt. Zu ihm betete es nun, hingekniet auf geschwärztes Zweigicht, das der Nachtwind zu Boden geworfen hatte. Dann lief es, zitternd vor Liebe und Kälte, über den Rasen zurück, dem Haus zu.

*

Weiter im Osten war ein Idiot im Land, der ging herum wie ein Bettler. Er bettelte um sein Brot, da auf einem Bauernhof und dort vor dem Hüttentor einer Witwe. Ein Pastor hatte ihm einen Anzug gegeben. Der klatschte um seine hungrigen Rippen und Schultern und wehte im Wind, wenn er über die Felder stolperte. Aber seine Augen waren so groß und sein Hals so rein vom Schmutz des Landes, daß keiner ihm seine Bitte abschlug. Und wenn er um Wasser bat, gab man ihm Milch.

»Woher kommst du?«

»Vom Osten«, sagte er.

Da wußten sie, daß er ein Idiot war, und sie gaben ihm Essen, und dafür machte er ihnen die Höfe rein.

Als er mit einem Rechen über Dünger und zertretene Körner gebeugt stand, hörte er in seinem Herzen eine Stimme aufsteigen. Er langte in die Futterraufe der Kühe, fing im Heu eine Maus, rieb seine Hand an ihrer Schnauze und ließ sie wieder laufen.

*

Den ganzen Tag lang dachte das Kind an den Baum, und die ganze Nacht lang stand er in seinen Träumen wie der Stern über seinem Bett. Eines Morgens, gegen Mitte Dezember, als der Wind von den fernsten Hügeln ums Haus rannte und der Schnee aus den finsteren Stunden noch nicht von den Rasen und Dächern weggeschmolzen war, lief es zum Verschlag des Gärtners. Der Gärtner wollte einen zerbrochenen Rechen flicken, den er gefunden hatte. Wortlos saß das Kind ihm zu Füßen auf einer Samenkiste, sah ihm zu, wie er die Zähne des Rechens umwand, und wußte, daß der Draht sie nicht zusammenhalten würde. Es sah des Gärtners Stiefel, naß vom Schnee, die Flicken an den Knien seiner Hosen, die nicht zugeknöpften Knöpfe der Jacke und die Bauchfalten unter dem geflickten Flanellhemd. Es sah wieder die Hände an, und die machten sich mit den goldenen Drahtknoten zu schaffen. Harte braune Hände waren es, mit Erdflecken unter den zerbrochenen Nägeln und Tabakflecken vorne auf den Fingerspitzen. Nun waren die Linien im Gesicht des Gärtners fest und entschlossen, ein Mal um das andere versuchte er die eisernen Zähne zu umknoten, spürte aber nur, wie sie bei jedem Schütteln wieder unsicher am Stiel schlenkerten. Das Kind fürchtete sich vor der Stärke und vor der Unsauberkeit des alten Mannes. Aber als es den langen, dichten Bart sah, der fleckenlos und weiß wie ein Vlies war, fühlte es sich wieder sicher. Der Bart war der Bart eines Apostels.

»Ich habe zu dem Baum gebetet«, sagte das Kind.

»Du mußt immer zu einem Baum beten«, sagte der Gärtner und dachte an den Kalvarienberg und an den Garten Eden.

»Ich bete jeden Abend zu dem Baum.«

»Nur zu einem Baum sollst du beten!«

Der Draht glitt über die Zähne.

»Ich bete zu dem Baum dort.«

Der Draht riß.

Das Kind zeigte über die Glashausblumen hin auf den Baum, den einzigen unter allen Bäumen, auf dem keine Spur von Schnee lag.

»Ein Holunderbaum«, sagte der Gärtner; aber das Kind stand von seiner Kiste auf und schrie so laut, daß der nicht wieder geflickte Rechen klappernd zu Boden fiel.

»Der erste Baum! Der erste Baum, von dem du mir selbst erzählt hast! Im Anfang war der Baum, hast du gesagt. Ich hab es genau gehört«, schrie das Kind.

»Der Holunderbaum ist so gut wie ein anderer Baum«, sagte der Gärtner und senkte die Stimme, um das Kind zu beruhigen.

»Der allererste von allen Bäumen«, sagte das Kind leise.

Wieder sicher geworden durch die Stimme des Gärtners, lächelte es durch das Fenster dem Baum zu, und abermals kroch der Draht über den zerbrochenen Rechen.

»Gott wächst in seltsamen Bäumen«, sagte der alte Mann, »und seine Bäume finden ihre Ruhe an seltsamen Orten.«

Als er die Geschichte von den zwölf Stationen des Kreuzes entfaltete, winkte der Baum dem Kind mit seinen Zweigen. Eines Apostels Stimme stieg aus den verharzten Lungen.

So zogen sie ihn hinauf an einem Baum und trieben Nägel durch seinen Bauch und durch seine Füße.

Da klebte das Blut der Mittagssonne am Stamm des Holunderbaumes und machte Flecken auf seine Rinde.

*

Der Idiot stand auf den Jarvishügeln und sah ins unbefleckte Tal hinab, aus dessen Wassern und Gräsern die Morgennebel aufstiegen und sich verloren. Er sah den Tau verrauchen, er sah die Rinder in den Bach starren und die dunklen Wolken beim ersten Gerücht von der Sonne fortfliegen. Die Sonne drehte sich an den Rändern des dünnen, wässerigen Himmels wie Zuckerwerk in einem Glas Wasser. Er war hungrig nach Licht, als ihm der erste, fast unsichtbare Regen auf die Lippen fiel; er pflückte Grashalme, kostete davon und spürte, wie ihm das Grasgrün auf der Zunge lag. So war Licht in seinem Mund, und Licht war ein Ton in seinen Ohren, und das ganze Reich des Lichtes war in dem Tal, das so einen sonderbaren Namen hatte. Von den Jarvishügeln hatte er schon gewußt; ihre Umrisse erhoben sich über die Hänge des Landes, so daß man sie meilenweit sehen konnte, aber von dem Tal unterhalb der Hügel hatte ihm niemand etwas gesagt. »Bethlehem«, sagte der Idiot zu dem Tal und drehte den Klang des Wortes im Mund um und um und gab ihm allen Glanz eines walisischen Morgens. Er war Bruder der Welt um ihn her, er nippte von der Luft, wie ein neugeborenes Kind vom Licht nippt und sein Bruder ist. Das Leben des Jarvistales, das aus dem Leib des Grases und der Bäume und aus der langen Hand des Baches aufdampfte, lieh ihm neues Blut. Die Nacht hatte des Idioten Adern ausgeleert, aber der Morgen im Tal füllte sie wieder.

»Bethlehem«, sagte der Idiot zum Tal.

*

Der Gärtner hatte kein Geschenk, das er dem Kind geben konnte. So nahm er einen Schlüssel aus der Tasche und sagte: »Das ist der Schlüssel zum Turm. Am Weihnachtsabend will ich dir die Tür aufsperren.«

Bevor es dunkel wurde, kletterte er mit dem Kind die Treppen zum Turm hinauf; der Schlüssel drehte sich im Schloß, und die Tür, wie der Deckel einer Geheimkassette, öffnete sich und ließ sie ein. Das Zimmer war leer. »Wo sind die Geheimnisse?« fragte das Kind und starrte auf die staubbedeckten Balken und in die Spinnenwinkel hinein und an den bleigefaßten Fensterscheiben entlang.

»Es ist genug, daß ich dir den Schlüssel gegeben habe«, sagte der Gärtner, der glaubte, in seiner Tasche bei den Vogelfedern und bei den Blumensamen sei der Schlüssel zum Weltall versteckt.

Das Kind begann zu weinen, weil keine Geheimnisse da waren. Wieder und wieder durchforschte es das leere Zimmer, wirbelte den Staub hoch, um nach einer farblosen Falltüre auszuspähen, klopfte die ungetäfelten Wände ab und wartete auf die hohle Stimme eines Zimmers jenseits des Turmes. Es wischte die Spinnweben vom Fenster und sah durch den Staub hinaus in den schneienden Weihnachtsabend. Eine Welt von Hügeln dehnte sich weit in den abgemessenen Himmel, und die Gipfel von Bergen, die es nie gesehen hatte, kletterten hoch, um den fallenden Flocken entgegenzukommen. Wald und Felsen, weite Meere von Ödland lagen vor ihm, und eine neue Sintflut von Berghimmel, die durch die schwarzen Buchen schwemmte. Im Osten aber waren die Umrisse der namenlosen Hügelgeschöpfe und ein Nest von Bäumen.

»Wer sind die? Wer sind die?«

»Das sind die Jarvishügel«, sagte der Gärtner, »die von Anfang an da waren.«

Er nahm das Kind bei der Hand und führte es fort vom Fenster. Der Schlüssel drehte sich im Schloß.

In dieser Nacht schlief das Kind gut. Es war eine Macht im Schnee und in der Dunkelheit, es war eine unwandelbare Musik in der Stille der Sterne, es war eine Stille im hastenden Wind. Und Bethlehem war näher gewesen, als das Kind erwartet hatte.

*

Am Weihnachtsmorgen kam der Idiot in den Garten. Sein Haar war naß, und seine abgeschabten, zerfetzten Schuhe waren schwer vom Kot der Felder. Müde von der langen Reise von den Jarvishügeln und schwach vor Hunger, setzte er sich unter den Holunderbaum, wo der Gärtner ein Julscheit gerollt hatte. Er faltete die Hände und sah die Verheerung in den Blumenbeeten und das Unkraut, das am Rande der Wege wuchs und wuchs. Der Turm hob sich wie ein Baum aus Stein und Glas über die roten Dachtraufen. Als ein frischer Wind aufsprang und den Baum erfaßte, schlug er den Kragen hoch um den Hals; er blickte auf seine Hände nieder und sah, daß sie beteten. Dann überfiel ihn die Angst vor dem Garten; die Büsche waren seine Feinde, und die Bäume, die eine Allee hinunter zum Tor bildeten, hoben voll Entsetzen ihre Arme. Zu hoch war dieser Ort, er spähte hinunter auf die hohen Hügel. Zu niedrig war dieser Ort, er zitterte hinauf zu den gefiederten Schultern eines neuen Berges. Der Wind war hier zu wild, er schäumte umher in der Stille, er erhob eine alte Psalmenstimme aus den Holunderzweigen. Das Schweigen schlug hier wie ein Menschenherz. Und als er dasaß unter den grausamen Hügeln, hörte er eine Stimme, die in ihm war, aufschreien: »Warum hast du mich hierhergebracht?«

Er konnte nicht sagen, warum er gekommen war; sie hatten ihm gesagt, er solle kommen, und sie hatten ihn geführt, aber er wußte nicht, wer sie waren. Die Stimme eines Volkes stieg auf aus den Gartenbeeten, und der Regen stieß nieder vom Himmel.

»Laß mich sein«, sagte der Idiot und machte eine kleine Geste gegen den Himmel, »es ist Regen auf meinem Gesicht und Wind auf meinen Wangen.« Er war der Bruder des Regens.

So fand ihn das Kind im Schutze des Baumes, wie er die Folter des Wetters mit göttlicher Geduld ertrug und sein langes Haar fliegen ließ, wohin es wollte. Um seinen Mund lag ein trauriges Lächeln.

Wer war dieser Fremde? Er hatte Feuerbrände in den Augen, das Fleisch seines Halses unter dem hochgeschlagenen Rock war nackt. Und doch saß er mit einem Lächeln da, in seinen Lumpen, unter einem Baum am Weihnachtstag.

»Woher kommst du?« fragte das Kind.

»Vom Osten«, antwortete der Idiot.

Der Gärtner hatte nicht gelogen, und das Geheimnis des Turmes war wahr: dieser dunkle, schäbige Baum, der nur nachts funkelte, war der erste von allen Bäumen.

Aber es fragte noch einmal.

»Woher kommst du?«

»Von den Jarvishügeln.«

»Stell dich an den Baum!«

Der Idiot lächelte immer noch und stand auf, den Rücken gegen den Holunderbaum.

»Mach mit deinen Armen so!«

Der Idiot breitete seine Arme aus.

Das Kind rannte, so schnell es konnte, in den Verschlag des Gärtners, und als es wiederkam, quer über den regendurchtränkten Rasen, sah es, daß der Idiot sich nicht bewegt hatte, sondern dastand, aufrecht und lächelnd, mit dem Rücken gegen den Baum und mit ausgebreiteten Armen.

»Laß mich deine Hände anbinden!«

Der Idiot spürte den Draht, der den Rechen nicht geflickt hatte, eng um seine Handgelenke. Er schnitt ins Fleisch, und das Blut aus den Wunden fiel leuchtend auf den Baum.

»Bruder«, sagte er. Er sah, das Kind hielt silberne Nägel in seiner flachen Hand.

Die Landkarte der Liebe

»Hier«, sagte Sam Rippe, »hausen die Tiere mit zwei Rücken.« Er zeigte auf seine Landkarte der Liebe, ein Viereck von Meeren und Inseln und seltsamen Erdteilen, mit einem Wald der Finsternis an jedem Rand. Die Insel mit zwei Rücken auf der Linie des Äquators wich vor seiner Berührung zurück wie die Haut eines Aussätzigen, und das Blutmeer rundum fand in seinen Gewässern neue Bewegung. Hier brach sich am äußersten Rande der brandenden Flut der Samen an den kochenden Küsten, die Sandkörner vermehrten sich, die Jahreszeiten vergingen; der Sommer ging in väterlicher Hitze zum Herbst und zu den ersten stichelnden Schärfen des Winters hinab und ließ die Insel aus ihren Höhlungen die vier Winde formen.

»Hier«, sagte Sam Rippe und grub seine Finger in die Hügel einer kleinen Insel ein, »wohnen die ersten Tiere der Liebe.« Und hier, das wußte er, vermischte sich die Ausgeburt der ersten Liebe mit allerlei Gras, das ihr grünes Aufkeimen ölte und mit seinem eigenen Wind und Saft das erste Röcheln der Liebe nährte, das nie die Antwort seiner Nerven in den Gefährtenhalmen fand, ehe der Frühling kam.

Beth Rippe und Reuben merkten sich das grüne Meer rund um die Inseln. Es lief durch die Landrisse wie ein Junge durch seine ersten Höhlen. Unter dem Meer merkten sie die in Skelettfarbe gemalten Kanäle, die die Insel der ersten Tiere mit den Sumpfgegenden verbanden. Aus Scham vor den halbflüssigen Pflanzen, die aus dem Sumpf aufwucherten, vor den federgezeichneten Giften, von denen es im Gras wimmelte, und vor der Paarung im zweiten Schlamm erröteten die Kinder.

»Hier«, sagte Sam Rippe, »ziehen zwei Wetter.« Er zog mit dem Finger die leichteingezeichneten Dreiecke von zwei Winden nach und die Münder von zwei in die Ecke gedrängten Blasengeln. Die Wetter bewegten sich nach einer Richtung. Einzeln krochen sie über die Abscheulichkeit des Sumpfes hin, zufrieden im Schatten ihrer eigenen Regen oder Schneegestöber, im Lärm ihrer eigenen Seufzer, in den Freuden ihrer eigenen grünenden Schmerzen. Die Wetter zogen wie ein Mädchen und ein Junge durch die wogende Welt, durch den Meersturm, der unter ihnen zog und dessen Wolken sich in viele Wutausbrüche von Bewegung teilten, als sie die ungefüge Wand von Wind anstarrten.

»Kehret zurück, synthetische Verlorene Söhne und Töchter, zu eures Vaters Laboratorium und zu dem gemästeten Kalb im Probierglas!« deklamierte Sam Rippe. Er deutete die Ortsveränderung an, die Federstriche der beiden verschiedenen Wetter, die über die tiefe See zogen, und das zweite Auseinanderklaffen der Welten der Liebenden. Die Blasengel bliesen stärker, der Wind der beiden wendischen Wetter und die Schaumspritzer des einen einzigen Meeres wehten und trieben weiter und immer weiter; auf dem einzigen Strand der beiden gepaarten Länder standen die Wetter still. Sie vermischten sich untereinander als zwei nackte Türme über den zwei in zwei Körnern aus einer Million Sandkörner zusammengewachsenen Liebesleuten zu einer einzigen Kraft. Das sagten die Landkartenpfeile. Aber die Pfeile der Tinte schossen sie zurück. Zwei geschwächte Türme, naß von Liebe, zitterten sie über den Schreck ihrer ersten Vermischung, und zwei blasse Schatten wehten über das Land.

Beth Rippe und Reuben erkletterten den Hügel, der ein Auge aus Stein auf das gestreifte Tal warf. Hand in Hand liefen sie den Hügel hinab, sie sangen im Gehen und nahmen ihre Gamaschen ab, als sie das nasse Gras des ersten der zwanzig Felder erreichten. Es war ein Geist in dem Tal, der weiterrollen würde, wenn all die Hügel und Bäume, Felsen und Bäche unter dem Westtod begraben sein würden.

Hier war das erste Feld, in dem der tolle Jarvis vor hundert Jahren seinen Samen in den Bauch eines kahlköpfigen Mädchens gesät hatte, die zu Fuß aus einem fernen Land gekommen war und mit ihm in den Wehen der Liebe gelegen hatte.

Hier war das vierte Feld, ein Ort des Staunens, wo selbst die Toten ganz benebelt mit trunkenen Beinen aus ihren trockenen Gräbern aufwirbeln konnten oder wo die gefallenen Engel auf den Wassern der Ströme miteinander kämpften.

Tiefer in den Boden des Tales eingepflanzt als die blinden Wurzeln ihren Gefährten nachwühlen konnten, erhob sich aus Finsternis der Geist des vierten Feldes und zog das Tiefe und das Finstere aus den Herzen aller, deren Füße den Boden des Tales betraten, zwanzig Meilen weit und noch weiter von den Grenzen des gebirgigen Landes.

Im zehnten und mittleren Feld klopften Beth Rippe und Reuben an die Türen der ebenerdigen Häuser und fragten nach der Lage der ersten Insel, die von liebenden Hügeln umgeben sei. Sie klopften an die Hintertüre und empfingen eine gespenstige Mahnpredigt.

Barfuß und Hand in Hand liefen sie durch die zehn übrigen Felder, bis an den Rand des Idriswassers, wo der Wind nach Seetang roch und der Geist des Tales immer voll Meerregen war. Aber die Nacht kam herab, die Hand auf die Hüfte gestemmt, und Gestalten in den weiter entfernten Läuften des nunmehr nebligen Flusses zeichneten eine neue Gestalt ganz in ihre Nähe. Eine Inselgestalt, ummauert von Finsternis, eine halbe Meile flußauf. Sie sahen die Gestalt wachsen, ließen ihre Hände, die sich mit den Fingern ineinander verklammert hatten, los, zogen ihre Sommerkleider aus und liefen nackt in den Fluß hinein.

»Flußauf, flußauf«, flüsterte sie.

»Flußauf«, sagte er.

Sie trieben flußauf, und eine Strömung zerrte an ihren Beinen, aber sie kämpften gegen die Strömung an und schwammen auf die immer noch wachsende Insel zu. Dann stieg Schlamm vom Flußbett auf und sog an Beths Füßen.

»Flußab, flußab«, rief sie und kämpfte gegen den Schlamm.

Reuben kämpfte, in die Binsen verstrickt, gegen die grauen Röhrichtköpfe, die gegen seine Hände ankämpften, und folgte ihr zurück zum Rande des meerwärts verlaufenden Tales.

Aber als Beth schwamm, kitzelte das Wasser sie, das Wasser legte sich an ihre Seite.

»Meine Geliebte«, rief Reuben, erregt vom Kitzel des Wassers und von den Händen der Binsen.

Und als sie nackt auf dem zwanzigsten Feld standen, flüsterte sie: »Mein Geliebter.«

Zuerst warf die Angst sie zurück.

Naß, wie sie waren, zogen sie ihre Kleider an.

»Über die Felder«, sagte sie.

Über die Felder, auf die Hügel und auf das Hügelhaus von Sam Rippe zu liefen die Kinder wie schwach gewordene Türme, nicht mehr Hand in Hand, sondern aus der Fassung gebracht vom Schlamm und errötet über das erste Kitzeln des nebligen Inselwassers.

»Hier«, sagte Sam Rippe, »hausen die ersten Tiere der Liebe.«
In der Kühle eines neuen Morgens hörten die Kinder zu, zu verängstigt, um einander an der Hand zu halten. Wiederum berührte er den nachgiebigen Hügel oberhalb der Insel und zeigte auf die fortschreitenden Skelettkanäle, die Schlamm mit Schlamm verbanden, grünes Meer mit dunklerem, und alle Hügel und Inseln der Liebe zu einem einzigen Gebiet verbanden. »Hier paart sich das Gras, hier paart sich das Grün, und die Körper«, sagte Sam Rippe, »und die trennenden Gewässer paaren sich und werden gepaart. Die Sonne mit dem Gras und dem Grün, der Sand mit dem Wasser und das Wasser mit dem grünen Gras, sie alle paaren sich und werden gepaart, um den Erdball zu tragen und zu ernähren.« Sam Rippe hatte sich mit einer grünen Frau gepaart, wie Großonkel Jarvis mit seinem kahlköpfigen Mädchen; er hatte sich mit einem weiblichen Wasser gepaart, daß es das Kind tragen und nähren sollte, das da neben ihm errötete. Er zeigte auf die Sumpfflächen, die so nahe am ersten Tier lagen, das seinen Rücken doppelt machte, und auf die Runde der doppelten Tiere unter einem Hügel, der so hoch war wie des Großonkels Hügel, der am gestrigen Abend die Stirne gerunzelt und sich in Steine gehüllt hatte. Des Großonkels Hügel hatte den Kindern die Füße zerschnitten, denn die Laufschuhe und die Gamaschen lagen für immer verloren im Gras des ersten Feldes.

Beth Rippe und Reuben dachten an den Hügel und saßen still da. Sie hörten Sam sagen, daß der Hügel der ersten Insel beim Abstieg weich wie Wolle werde oder glatt wie Eis zum Schlittenfahren. Sie erinnerten sich an den zahmen Abstieg gestern abend.

»Zahmer Hügel«, sagte Sam Rippe, »wird wild für die, die hinaufsteigen.« Den Hügel der Heranwachsenden säumte ein weißer Wegrand von Steinen und Eis, der die Zeichen von gleitenden Füßen oder Schlitten der Kinder trug, die ihren Weg hinabnahmen. Ein anderer Weg kletterte vom Fuß aus hinauf, mit einer Linie von rotem Stein und Blut, die die Zeichen der zerrissenen Fußabdrücke der hinaufsteigenden Kinder trug. Der Abstieg war weich wie Wolle. Wenn man auf der ersten Insel versagte, dann hüllte sich der aufsteigende Hügel in ein scharfes Etwas aus Steinen.

Beth Rippe und Reuben vergaßen keinen Augenblick die buckligen Felssteine und Feuersteinsplitter im Gras, und sie wandten sich zum ersten Mal an jenem Tag einander zu. Sam Rippe hatte ihn gemacht und würde auch ihr ihre Gestalt geben, würde den Knaben und das Mädchen zusammen zu einem doppelten Kletterer machen und formen, der die Insel suchte und dort zu einer einzigen Kraft verschmolz. Wieder erzählte er ihnen vom Schlamm, aber er versetzte sie nicht in Schrecken. Und die grauen Köpfe der Binsen waren zerbrochen, so daß sie in den Händen des Schwimmers nie wieder aufquellen würden. Der Tag des Aufstiegs war vorüber. Der erste Abstieg blieb, ein Hügel auf der Landkarte der Liebe, zwei Zweige aus Stein und Oliven in den Händen der Kinder.

Synthetischer Verlorener Sohn und Tochter, so kehrten sie in jener Nacht zum Zimmer des Hügels zurück, durch Höhlen und Kammern, die zum Dach hinauliefen, sahen das Dach der Sterne und waren glücklich im Halt ihrer Hände ineinander. Dort vor ihnen lag das gestreifte Tal, und das Gras der zwanzig Felder fütterte das Vieh; das Nachtvieh bewegte sich längs der Hecken oder schlabberte das warme Idriswasser. Beth Rippe und Reuben rannten den Hügel hinab, und die zarten Steine lagen still unter ihren Füßen; rascher rannten sie die Flanke des Jarvis hinab, den Wind in ihren Haaren, den Meergeruch in ihre bebenden Nüstern geweht, vom Norden her und vom Süden, wo kein Meer war; und sie liefen langsamer und erreichten das erste Feld und den Rand des Tales und fanden ihre Gamaschen säuberlich in einem von Kühen ausgetretenen Fleck im Gras.

Sie knöpften ihre Gamaschen an und liefen durch die fallenden Halme.

»Hier ist das erste Feld«, sagte Beth Rippe zu Reuben.

Die Kinder blieben stehen, die mondbeschienene Nacht ging weiter, und eine Stimme sprach aus dem Heckendunkel.

Die Stimme sagte: »Ihr seid die Kinder der Liebe.«

»Wo bist du?«

»Ich bin Jarvis.«

»Wer bist du?«

»Hier, meine Lieben, hier in der Hecke mit einer weisen Frau.«

Aber die Kinder liefen vor der Stimme in der Hecke davon.

»Hier im zweiten Feld.«

Sie blieben stehen, um Atem zu holen. Und ein Wiesel lief quiekend über ihre Füße.

»Halt fester.«

»Ja, ich halte dich fester.«

Da sprach die Stimme: »Haltet euch fest, ihr Kinder der Liebe.«

»Wo bist du?«

»Ich bin Jarvis.«

»Wer bist du?«

»Hier, hier, ich liege bei einer Jungfrau aus Dolgelley.«

Im dritten Feld lag der Jarvismann und liebte ein grünes Mädchen, und während er sie die Kinder der Liebe nannte, lag er und liebte ihren Geist und den Geruch der Buttermilch in ihrem Atem.

Er liebte ein Krüppelweib im vierten Feld, denn ihre verrenkten Glieder ließen die Liebe länger dauern, und er verfluchte die geradegewachsenen Kinder, die ihn mit einer geradegliedrigen Geliebten im fünften Feld fanden, das das Viertel begrenzte.

Ein Mädchen von der Tigerbucht hielt Jarvis fest, und ihre Lippen zeichneten ein rotes, zersprungenes Herz auf seine Kehle; das war das sechste, wetterzerrissene Feld, wo er sich ihren beißenden Händen entwand und dabei deren Unschuld sah, zwei Blumen, die im Ohr einer Sau schwankten. »Meine Rose«, sagte Jarvis, aber die siebente Liebe roch in seinen Händen, seinen fingernden Händen, die Glamorgans Geschwür unter der achten Hecke festhielten. Eine heilige Frau aus dem Kloster von Bethels Herz diente ihm beim neunten Mal.

Und die Kinder im mittleren Feld schrien, als zehn Stimmen aufstiegen, aufstiegen und niederstiegen aus den zehn Räumen der Halbnacht und der umheckenden Welt.

Es war ganz und gar Nacht, als sie antworteten, als die Stimmen der einen Stimme leidenschaftlich auf die zweistimmige Frage antworteten, die unter den Schlägen der höher und höher steigenden und tiefer fallenden Luft läutete.

»Wir«, sagten sie, »sind Jarvis, Jarvis unter der Hecke, in den Armen einer Frau, einer grünen Frau, einer Frau so kahl wie ein Dachs, Jarvis auf den Lenden einer Nonne.«

Sie zählten die Zahl ihrer Lieben vor den Ohren der Kinder. Beth Rippe und Reuben hörten die zehn Orakel, und scheu fügten sie sich. Über die übrigen Felder, beim Geflüster der letzten zehn Geliebten, zur Stimme des alternden Jarvis, grauhaarig in den letzten Schatten, eilten sie den Wellen des Idris zu. Die Insel leuchtete, das Wasser babbelte, es war eine Bewegung von Gliedern in jedem Streich des Windes, der auf den flachen Fluß einschlug. Er zog ihr die Sommerkleider aus, und sie hielt ihre Arme, daß sie aussahen wie ein Schwan. Der nackte Knabe stand neben ihrer Schulter, und sie drehte sich um und sah ihn in die kleinen Wellen tauchen, die sie aufgepflügt hatte. Hinter ihnen entglitten die Stimmen ihrer Väter außer Hörweite.

»Flußauf«, rief Beth, »flußauf.«

»Flußauf«, antwortete er.

Nur die auf der Landkarte verzeichneten warmen Wasser liefen in jener Nacht über die Ränder der Insel der ersten Tiere, die weiß unter einem neuen Mond lag.

Die Maus und die Frau

1

Unter den Dachtraufen der Anstalt saßen Vögel, die pfiffen, daß der Frühling da war. Ein Irrer, der aus der obersten Stube wie ein Hund heulte, konnte sie nicht stören, und ihre Weisen hörten nicht auf, als er seine Hände nahe bei ihren Nestern durch die Gitterstäbe des Fensters streckte und nach dem Himmel krallte. Ein frischer Duft wehte mit den Winden rund um das weiße Gebäude und durch den Garten. Die Anstaltsbäume winkten mit grünen Händen über die Mauer hin der Welt draußen zu.

In den Gartenanlagen saßen die Patienten und sahen die Sonne oben an, oder die Blumen, oder gar nichts, oder gingen gemessenen Schrittes die Wege entlang und hörten den Kies unter ihren Füßen knirschen, mit hartem, vernünftigem Geräusch. Man hätte erwartet, dort auf den Rasenflächen Kinder in bedruckten Kleidchen spielen zu sehen, nicht zu lärmend. Auch das Gebäude sah freundlich aus, als kenne es nur die schönen Dinge des Lebens und die salonfähigen Regungen. In einem der mittleren Zimmer saß ein Kind, das seinen doppelgelenkigen Daumen mit einer Schere abgeschnitten hatte.

Ein wenig abseits des Hauptweges, der vom Haus zum Gartentor führte, hob ein Mädchen die Arme und winkte den Vögeln zu. Sie lockte die Spatzen mit kleinen Bewegungen ihrer Finger, aber es half ihr nichts. »Es muß Frühling sein«, sagte sie. Die Spatzen sangen jubilierend, dann hörten sie auf.

Das Heulen in der obersten Stube fing wieder an. Das Gesicht des Irren war dicht an das Fenstergitter gepreßt. Er riß den Mund weit auf und heulte hinauf zur Sonne, dabei lauschte er mit rücksichtsloser Aufmerksamkeit dem Tonfall seiner eigenen Stimme. Seine Augen stierten blicklos auf den grünen Garten, und als sie sich sachte wieder abwandten, hörte er die Umdrehung der Jahre. Nun gab es keinen Garten. An der Sonne schmolzen die eisernen Gitterstäbe. Wie eine Blume pulsierte ein neuer Raum und tat sich auf.

2

Er wachte auf, als es noch dunkel war, und drehte den Traum auf der Spitze seines Gehirns um und um nach allen Seiten, bis jedes kleine Symbol schwer von einer besonderen Bedeutung wurde. Aber es gab Symbole, deren er sich nicht entsinnen konnte; sie kamen und gingen so rasch unter dem Geraschel der Blätter, unter den Bewegungen einer Frauenhand, die Buchstaben an den Himmel malte, unter dem Fall des Regens und dem Summen des Windes. Er entsann sich des Ovals ihres Gesichtes und der Farben ihrer Augen. Er entsann sich des Tonfalls ihrer Stimme, aber nicht dessen, was sie gesagt hatte. Sie bewegte sich wieder müde auf und ab, immer längs des gleichen grünen Rasenlineals. Was sie sagte, fiel mit den Blättern und sprach im Wind, dessen Bruder an die Scheiben klopfte wie ein alter Mann.

Sieben Frauen waren das gewesen, in einem irren Stück eines Griechen, und jede mit dem selben Gesicht, gekrönt von dem selben Reifen aus irrem, schwarzem Haar. Eine nach der andern betraten sie das Rasenlineal, dann verschwanden sie. Sie wandten ihm das selbe Gesicht zu, unerträglich müde von dem selben Leiden.

Der Traum hatte sich verändert. Wo die Frau gewesen war, dort war eine Allee von Bäumen. Und die Bäume neigten sich vor und verschlangen ihre Hände miteinander und wurden zu einem schwarzen Wald. Er hatte sich selbst in die Tiefen dieses Waldes wandern gesehen, lächerlich in seiner Nacktheit. Er trat auf einen toten Zweig und wurde gebissen.

Dann war wieder ihr Gesicht da. Es war nichts in seinem Traum als ihr müdes Gesicht. Und die Veränderung der Einzelheiten des Traumes und die Veränderungen oben am Himmel, die Hebel der Bäume und die Zweige mit ihren Zähnen, das waren die Mechanismen ihrer Raserei. Es war nicht die Krankheit der Sünde, die auf ihrem Gesicht lag. Eher war es die Krankheit, nie gesündigt und nie Gutes getan zu haben.

Er zündete die Kerze auf dem kleinen Fichtenholztisch neben seinem Bett an. Kerzenlicht brachte die Schatten des Zimmers in Verwirrung und hob die verzerrten Schattenmänner aus den Ecken. Zum ersten Mal hörte er die Uhr. Bis dahin war er taub gewesen, taub für alles, außer dem Wind draußen vor dem Fenster und den reinen Wintergeräuschen der Nachwelt. Aber nun klang das beständige Tack-Tick-Tack wie das Herz jemandes, der in seinem Zimmer versteckt war. Nun konnte er die Nachtvögel nicht hören. Die laute Uhr ertränkte ihr Schreien, oder der Wind war zu kalt für sie und zauste ihre Federn. Er entsann sich des dunklen Haares der Frau in den Bäumen und der sieben Frauen, die über das Rasenlineal gegangen waren.

Er konnte der Vernunft nicht länger zuhören. Der Puls eines neuen Herzens schlug an seiner Seite. Zufrieden ließ er den Traum seinen Rhythmus diktieren. Oft stand er dann auf, wenn die Sonne hinuntergefallen war, und in der irren Schwärze unter den Sternen wanderte er auf dem Hügel und spürte den Wind in seinem Haar und seinen Nasenlöchern herumfingern. Die Ratten und die Kaninchen auf seinem ragenden Hügel kamen in der Dunkelheit heraus, und die Schatten trösteten sie über das Licht der rauhen Sonne. Auch die dunkle Frau war aus der Dunkelheit aufgestiegen und zog die Sterne zu Hunderten herab und zeigte ihm ein Geheimnis, das in der Nacht des Himmels höher hing und heller leuchtete als all die Planeten, die sich jenseits der Vorhänge drängten.

Er schlief wieder ein und wachte in der Sonne auf. Als er sich anzog, kratzte der Hund an der Tür. Er ließ ihn ein und spürte seine nasse Schnauze in seiner Hand. Das Wetter war heiß für einen Tag mitten im Winter. Der schwache Wind, der wehte, konnte die Schärfe der Hitze nicht lindern. Kaum öffnete er das Schlafzimmerfenster, so verzerrten die ungleichen Sonnenstrahlen seine Bilder zu den harten Linien des Lichtes.

Er versuchte, nicht an die Frau zu denken, während er aß. Sie war aus den Tiefen der Dunkelheit erstanden. Nun war sie wieder verloren. Sie ist ertrunken, tot, tot. Im reinen Glitzern der Küche, zwischen den weißen Brettergestellen, den Öldrucken von alten Frauen, den messingenen Kerzenleuchtern, den Tellern auf den Regalen und den Geräuschen des Kessels und der Uhr, war er eingekeilt zwischen den Glauben an sie und ihre Verleugnung. Nun versteifte er sich auf die Linien ihres Halses. Die Wildnis ihres Haares erhob sich über die dunkle Oberfläche. Er sah ihr Fleisch im zerschnittenen Brot; er sah ihr Blut, das immer noch durch die Kanäle ihres geheimnisvollen Körpers floß, im Quellwasser.

Aber eine andere Stimme sagte ihm, daß sie tot war. Sie war eine Frau in einer irren Geschichte. Er zwang sich, die Stimme erzählen zu hören, daß sie tot war. Tot, lebendig, ertrunken, wiedererweckt. Die zwei Stimmen schrien kreuz und quer durch sein Hirn. Er konnte es nicht ertragen, zu denken, daß der letzte Funke in ihr ausgelöscht worden sei. Sie lebt, lebt, schrien die beiden Stimmen zugleich.

Als er seine Bettücher zurechtlegte, sah er einen Notizblock und setzte sich an den Tisch, einen Bleistift bereit in der Hand. Ein Falke flog über den Hügel. Seemöwen, auf ausgebreiteten unbewegten Flügeln, schrillten am Fenster vorbei. Eine Rattenmutter in einem Loch an der Seite des Hügels nahe den Kaninchenlöchern säugte ihre Jungen, während die Sonne höher in die Wolken stieg.

Er legte den Bleistift hin.

3

Eines Wintermorgens, als das letzte Krähen des Hahnes auf den Wegen seines Gartens zu nichts erstorben war, erschien die, die so lange mit ihm gewohnt hatte, ganz im Wunder ihrer Jugend. Sie hatte danach geschrien, freigelassen zu werden und nicht mehr länger in seinen Träumen umzugehen. Wäre nicht sie im Anfang gewesen, so hätte es keinen Anfang gegeben. Sie hatte sich in seinem Bauch bewegt, als er noch ein Knabe war, und hatte sich in seinen Knabenlenden gerührt. Endlich brachte er sie, die von Anfang an mit ihm gewesen war, zur Welt. Und mit ihm wohnten ein Hund, eine Maus und eine dunkle Frau.

4

Das ist keine Kleinigkeit, dachte er, dieses Geschreibe, das da vor mir liegt. Es ist das Erzählen von einer Schöpfung. Es ist die Geschichte der Geburt. Aus ihm heraus war ein Anderes gekommen. Ein Wesen war geboren worden, nicht aus dem Schoß, sondern aus der Seele und dem kreisenden Kopf. Er war in das kleine Haus auf dem Hügel gekommen, damit das Wesen in ihm reifen und fern von den Augen der Menschen geboren werden konnte. Er verstand, was der Wind, der den Schrei der Frau aufnahm, in seinem letzten Traum geschrien hatte. »Laßt mich geboren werden«, hatte der Wind geschrien. Er hatte einer Frau das Sein geschenkt. Sein Fleisch würde auf ihr sein, und das Leben, das er ihr gegeben hatte, würde sie gehen, reden und singen machen. Und er wußte auch, daß es der Block Schreibpapier war, auf dem sie absolut gemacht wurde. Im schwarzen Kern des Bleistifts war ein Orakel.

In der Küche wusch er nach seinem Essen ab. Als er den letzten Teller gewaschen hatte, sah er sich im Raum um. In der Ecke, neben der Tür, war ein Loch, nicht größer als eine große Geldmünze. Er fand ein kleines, viereckiges Stück Blech und nagelte es über das Loch. Nun war er sicher, daß nichts hineingehen oder herauskommen konnte. Dann zog er den Mantel an und ging hinaus, hügelauf und hügelab, zum Meer hin.

Zerbrochenes Wasser von der hereineilenden Flut sprang auf und fiel in die Risse der Felsen, daß zahllose Pfützen entstanden. Er kletterte zum Halbkreis der Küste hinunter, und die Muschelhaufen zerbrachen nicht unter seinem Fuß. Er spürte das Herz an seiner Seite klopfen und wandte sich dorthin, wo die größeren Felsen gefährlich zum Gras hinaufkletterten. Dort, an ihrem Fuß, das Oval ihres Gesichtes ihm zugewendet, stand und lächelte sie. Der Gischt fegte über ihren nackten Körper hin, und der leichte Meeresschaum lief unbeachtet über ihre Füße. Sie hob die Hand. Er ging zu ihr hinüber.

5

In der Kühle des Abends wandelten sie im Garten hinter dem kleinen Haus. Mit dem Bedecken ihrer Blöße hatte sie nichts von ihrer Schönheit verloren. Sie ging mit Hausschuhen an den Füßen so anmutig wie damals, als ihre Füße nackt waren. Es lag Würde in der Haltung ihres Kopfes, und ihre Stimme war rein wie eine Glocke. Er ging neben ihr den schmalen Weg und hörte keinen Mißakkord im Durcheinanderschreien der Möwen. Sie zeigte mit ihrem Finger auf Vogel und Busch und machte ihm eine neue Schönheit in den Flügeln und Blättern sichtbar, im sauren Malmen des Wassers über den Kieselsteinen, und ein neues Leben an den toten Ästen der Bäume.

»Es ist still hier«, sagte sie, als sie dastanden und auf die See hinausblickten, und auf die Dunkelheit, die über das Land heraufzog. »Ist es immer so still?«

»Nicht, wenn die Stürme mit der Flut hereinkommen«, sagte er. »Jungen spielen hinter dem Hügel, Liebespaare gehen zur Küste hinunter.«

Der späte Abend wurde so plötzlich zur Nacht, daß dort, wo sie stand, ein Schatten unter dem Mond stand. Er nahm die Hand des Schattens, und sie liefen zusammen ins Haus.

»Es war einsam für dich, bevor ich kam«, sagte sie.

Als eine Schlacke zischend durch den Eisenrost fiel, fuhr er in seinem Sessel zurück und machte eine erstaunte Handbewegung.

»Wie leicht du zu erschrecken bist«, sagte sie. »Mich erschreckt gar nichts.«

Aber sie dachte über ihre Worte nach und sprach wieder, diesmal mit leiser Stimme.

»Eines Tages werde ich vielleicht keine Beine haben, um zu gehen, keine Hände, um etwas zu berühren, und kein Herz unter meinen Brüsten.«

»Sieh die Millionen Sterne an«, sagte er. »Sie bilden ein Muster am Himmel. Es ist ein Muster von Buchstaben, die ein Wort bilden. Eines Nachts werde ich hinaufschauen und das Wort lesen.«

Aber sie küßte ihn und beschwichtigte seine Ängste.

6

Der Irre erinnerte sich an den Tonfall ihrer Stimme, hörte von neuem ihr Kleid rauschen und sah die furchtbare Rundung ihrer Brust. Sein eigener Atem donnerte in seinen Ohren. Das Mädchen auf der Bank winkte den Spatzen. Irgendwo schnurrte ein Kind und streichelte die schwarzen Säulen eines hölzernen Pferdes, das wieherte und sich dann niederlegte.

7

Sie schliefen beisammen in dieser ersten Nacht, Seite an Seite, in der Dunkelheit, die Arme umeinander geschlungen. Die Schatten in der Ecke waren in ihrer Gegenwart zurechtgestutzt und von gefälliger Form und verloren ihre alte Unförmigkeit. Und die Sterne blickten von oben zu ihnen herein und leuchteten in ihren Augen.

»Morgen mußt du mir erzählen, was du träumst«, sagte er.

»Es wird dasselbe sein, was ich immer geträumt habe«, sagte sie, »daß ich auf einem kleinen Streifen Gras auf und ab gehe, auf und ab, bis meine Füße bluten. Siebenfach ich und meine Ebenbilder, und alle gehen sie auf und ab.«

»Das träume ich auch. Sieben ist eine Zahl in der Magie.«

»Magie?« sagte sie.

»Eine Frau macht einen Mann aus Wachs, sticht eine Nadel in seine Brust, und der Mann stirbt. Irgendwer hat einen Teufel und sagt ihm, was er zu tun hat. Ein Mädchen stirbt, du siehst sie herumgehen. Eine Frau verwandelt sich in einen Hügel.«

Sie ließ ihren Kopf an seiner Schulter ruhen und schlief ein.

Er küßte ihren Mund und ließ seine Hand durch ihr Haar gehen.

Sie schlief, aber er schlief nicht. Hellwach starrte er in die Dunkelheit. Nun war er von Entsetzen ertränkt, und die verschlingenden Wasser schlossen sich über seinem Schädel.

»Ich, ich habe einen Teufel«, sagte er.

Sie bewegte sich beim Geräusch seiner Stimme, dann war ihr Kopf wieder unbewegt und ihr Körper hingestreckt auf die Wellen des kühlen Bettes.

»Ich habe einen Teufel, aber ich sage ihm nicht, was er zu tun hat. Er hebt mir die Hand hoch, und ich schreibe. Die Worte kommen ins Leben. Also ist sie eine Frau, die von diesem Teufel kommt.«

Aus ihrem Mund kam ein zufriedenes Geräusch, sie schmiegte sich immer enger an ihn. Ihr Atem war warm an seinem Hals, und ihr Fuß lag auf dem seinen wie eine Maus. Er sah, daß sie schön war in ihrem Schlaf. Ihre Schönheit konnte aus nichts Bösem entsprossen sein. Gott, den er in seiner Einsamkeit gesucht hatte, hatte sie zu seiner Gefährtin geschaffen, wie Eva für Adam aus Adams Rippe.

Er küßte sie wieder und sah sie im Schlaf lächeln.

»Gott an meiner Seite«, sagte er.

8

Ihm war es nicht geschehen, mit Rahel zu schlafen und mit Lea zu erwachen. Die Blässe der Morgendämmerung lag auf ihren Wangen. Er berührte sie leicht mit einem Fingernagel. Sie bewegte sich nicht.

Aber es war keine Frau in seinem Traum gewesen. Nicht einmal ein Faden aus Frauenhaar hatte vom Himmel niedergehangen. Gott war herabgekommen, in einer Wolke, und die Wolke hatte sich in ein Schlangennest verwandelt. Das giftige Zischen von Schlangen hatte an das Geräusch von Wasser erinnert, und er war ertrunken. Tiefer und tiefer war er gefallen, unter grünes Gewoge und Blasen, die die Fische aus ihren Mäulern blasen, tiefer und immer tiefer hinab auf die knochigen Gründe des Meeres.

Dann hatten sich Leute bewegt, vor einem weißen Vorhang, und hatten sich zu keinem anderen Zweck bewegt, als um irres Zeug zu sagen:

»Was hast du unter dem Baum gefunden?«

»Ich habe einen Flieger gefunden.«

»Nein, nein; unter dem anderen Baum?«

»Ich habe eine Flasche mit einem Embryo gefunden.«

»Nein, nein, unter dem anderen Baum?«

»Ich habe eine Mausefalle gefunden.«

Er war unsichtbar gewesen. Es war nichts gewesen als seine Stimme. Er war quer über die Hintergärten geflogen, und seine Stimme, die sich in ein Gewirr von Radioantennen verfing, hatte geblutet, als wäre sie ein körperliches Ding. Männer in Liegestühlen horchten, wie die Lautsprecher sprachen:

»Was hast du unter dem Baum gefunden?«

»Ich habe einen Mann aus Wachs gefunden.«

»Nein, nein; unter dem anderen Baum?«

Er konnte sich kaum auf mehr als einige lose Fetzen von Sätzen besinnen, die Bewegung einer Schulter, die sich umwandte, die plötzliche Flucht oder den Fall von Silben. Aber langsam bahnte sich die ganze Bedeutung den Weg in sein Hirn. Er konnte jedes Symbol seiner Träume übersetzen, und er hob den Bleistift, daß sie alle hart und klar auf dem Papier stehen sollten. Aber die Worte wollten nicht kommen. Er glaubte das Kratzen von Samtpfoten hinter einer Wandverkleidung zu hören. Aber als er still dasaß und angespannt horchte, gab es keinen Ton.

Sie öffnete die Augen.

»Was tust du?« sagte sie.

Er legte das Papier nieder und küßte sie, ehe sie aufstanden, um sich anzuziehen.

»Was hast du geträumt?« fragte er sie, als sie gegessen hatten.

»Nichts. Ich habe geschlafen, das war alles. Was hast du geträumt?«

»Nichts«, sagte er.

9

Schöpfung kreischte im Dampf des Teekessels im Lichtschein, der Kringel auf das Porzellan warf und auf den Fußboden, den sie fegte, wie ein Kind den Fußboden eines Puppenhauses fegt. Es gab nichts an ihr zu sehen als Ebbe und Flut der Schöpfung, als den quer durch alles hindurchgehenden Schwung des Seins und Lebens im sorglosen Gefäß ihres Fleisches vom Schulterblatt zum Ellenbogen. Nach dem Schrecken, den er beim Übersetzen der Symbole gefunden hatte, konnte er nicht sagen, warum das Meer mit dem Kamm jeder Welle zu den fruchtbaren und unermüdlichen Sternen hinaufzeigte, und warum ein Bild der Fruchtbarkeit den Mond in seinem toten Lauf beunruhigte.

An jenem Abend formte sie seine Ebenbilder. Sie lieh ihm Licht, und die Lampe leuchtete trübe neben ihr, der das Öl des Lebens in jeder Pore ihrer Hand schimmerte.

Und nun im Garten fiel ihnen ein, wie sie zum ersten Mal im Garten gewandelt waren.

»Du warst einsam, bevor ich kam.«

»Wie leicht du zu erschrecken bist!«

Sie hatte mit dem Bedecken ihrer Blöße nichts von ihrer Schönheit verloren. Obwohl er ihr zur Seite geschlafen hatte, war er es zufrieden gewesen, ihre Oberfläche zu kennen. Nun entblößte er sie von ihren Kleidern und legte sie auf ein Bett von Gras.

10

Die Maus hatte auf diese Erfüllung gewartet. Sie verzog die Augen und kroch verstohlen durch den Tunnel hinter der Küchenwand, der mit Fetzen von halbgegessenem Papier bedeckt war. Verstohlen, auf winzigen, gepolsterten Pfoten, tastete sie ihren Weg durch die Dunkelheit. Ihre Nägel scharrten auf dem Holz. Verstohlen bahnte sie sich ihren Weg zwischen den Wänden, schrie das blinde Licht an, das durch die Ritzen brach und durchsägte das Blechquadrat. Der Mondschein fiel langsam in den Raum, wo die Maus bei ihrer Zerstörungsarbeit nach und nach ins Licht vorrückte. Die letzte Schranke brach nieder. Und auf den reinen Steinen des Küchenbodens stand die Maus still.

11

In jener Nacht erzählte er von der Liebe im Garten Eden.

»Ein Garten wurde gepflanzt, im Osten, und Adam wohnte darinnen. Eva wurde für ihn gemacht, aus ihm gemacht, Bein von seinem Bein, Fleisch von seinem Fleisch. Sie waren so nackt wie du am Meerufer, aber so schön wie du kann Eva nicht gewesen sein. Sie aßen mit dem Teufel, und sie sahen, daß sie nackt waren, und sie bedeckten ihre Blöße. In ihren guten Körpern sahen sie zum ersten Mal Böses.«

»Dann hast du Böses in mir gesehen«, sagte sie, »als ich nackt war. Ich wäre genau so gern nackt wie angezogen. Warum hast du meine Nacktheit bekleidet?«

»Es war nicht gut anzusehen«, sagte er.

»Aber es war schön. Du selbst hast gesagt, es war schön«, sagte sie.

»Es war nicht gut anzusehen.«

»Du hast gesagt, Evas Körper war gut. Und doch sagst du, es war nicht gut, mich zu sehen. Warum hast du meine Nacktheit bekleidet?«

»Es war nicht gut anzusehen.«

12

»Willkommen«, sagte der Teufel zum Irren. »Wirf deine Augen auf mich. Ich wachse und wachse. Sieh, wie ich mich vermehre. Sieh meinen traurigen, klassischen, starren Blick. Und die Sehnsucht, geboren zu werden, in meinen dunklen Augen. Ach, das war der beste Spaß von allen!«

»Ich bin ein Irrenhausjunge, der den Vögeln die Flügel zerreißt. Denk an die Löwen, die gekreuzigt wurden. Wer weiß, daß nicht ich es war, der die Grabtür geöffnet hat, damit Christus hinaustorkeln konnte?«

Aber der Irre hatte des Teufels Willkommen wieder und immer wieder gehört. Immer wieder seit dem Abend des zweiten Tages nach ihrer Liebe im Garten, als er ihr gesagt hatte, daß ihre Nacktheit nicht gut anzusehen sei, hatte er den Willkommen aus dem niedergleitenden Regen läuten gehört und die Worte des Willkommens ins Meer eingebrannt gesehen. Beim Läuten der ersten Silbe in seinen Ohren hatte er gewußt, daß nichts auf Erden ihn retten konnte, und daß die Maus herauskommen werde.

Aber die Maus war schon herausgekommen.

Der Irre schrie hinunter zum winkenden Mädchen, dem jetzt auf einem Ast eine Schar von Vögeln langsam näher kam.

13

»Warum hast du meine Nacktheit bekleidet?«

»Es war nicht gut anzusehen.«

»Warum denn dann, nein, nein, unter dem anderen Baum?«

»Es war nicht gut, ich habe ein Kreuz aus Wachs gefunden.«

Und als sie ihm Fragen gestellt hatte, nicht zornig, sondern erstaunt, warum er, den sie liebte, ihre Nacktheit unrein gefunden habe, da hatte er die zerbrochenen Stücke des uralten Klageliedes in ihre Fragen einbrechen gehört.

»Warum denn dann«, hatte sie gesagt, »nein, nein, unter dem anderen Baum?«

Und er hörte sich antworten: »Es war nicht gut, ich fand einen redenden Dorn.«

Wirkliche Dinge tauschten immerzu Platz mit unwirklichen, und als ein Vogel in Gesang ausbrach, hörte er die Federn tief unten in seiner Kehle rasseln.

Sie verließ ihn mit einem Lächeln, das immer noch auf einer Frage kauerte, überquerte den Streifen Hügel und verschwand ins Halbdunkel, wo das kleine Haus stand wie eine zweite Frau. Aber sie kam zehnmal zurück, in zehn verschiedenen Gestalten. Sie atmete an seinem Ohr, fuhr mit dem Rücken ihrer Hand über seinen trockenen Mund und zündete die Lampe im Zimmer des Hauses an, das mehr als eine Meile entfernt war.

Es wurde dunkler, als er die Sterne anstarrte. Wind schnitt durch die neue Nacht. Sehr plötzlich kreischte ein Vogel über den Bäumen, und eine Eule heulte im meilenfernen Wald hungrig nach Mäusen.

Es war ein Widerspruch zwischen seinem Herzschlag und dem grünen Hundsstern Sirius, einem Auge im Osten. Er legte seine Hand auf seine Augen, daß sie den Hundsstern verdeckte, und ging langsam auf die Lampe zu, die weit entfernt im kleinen Haus brannte. Und alle die vereinigten Elemente des Windes, des Meeres und Feuers, der Liebe und des Vergehens der Liebe schlossen sich zu einem Kreis um ihn.

Am Feuer, wo er sie erwartet hatte, sitzend und auf die Falten ihres Kleides niederlächelnd, saß sie nicht. Er rief ihren Namen am Fuß der Treppe. Er sah ins leere Schlafzimmer hinein und rief ihren Namen im Garten. Aber sie war fortgegangen, und das ganze Mysterium ihrer Gegenwart hatte das kleine Haus verlassen. Und die Schatten, von denen er geglaubt hatte, daß sie bei ihrem Kommen entwichen waren, drängten sich in allen Ecken und flüsterten untereinander mit Frauenstimmen. Er drehte den Docht in der Lampe klein. Als er die Treppe hinaufkletterte, hörte er die Eckstimmen lauter und lauter werden, bis das ganze kleine Haus von ihnen widerhallte und der Wind nicht zu hören war.

14

Mit Tränen in seinen Wangen und mit einem harten Schmerz in seinem Herzen schlief er ein und kam endlich dorthin, wo sein Vater in einem Alkoven saß, der in eine Wolke geschnitzt war.

»Vater«, sagte er, »ich bin durch die Welt gewandert und habe mich nach etwas umgesehen, was wert ist, geliebt zu werden, aber ich habe es weggetrieben und gehe nun von Ort zu Ort, klage über meine Häßlichkeit, höre meine eigene Stimme in den Stimmen der Feldvögel und der Frösche, sehe mein eigenes Gesicht in den durchlöcherten Gesichtern der Tiere.«

Er streckte seine Arme aus und wartete, daß Worte aus jenem alten Mund fallen mögen, der unter einem weißen, tränenvereisten Bart verborgen war. Er flehte den alten Mann an, zu sprechen.

»Sprich zu mir, zu deinem Sohn! Denk daran, wie wir miteinander auf den Terrassen die klassischen Bücher gelesen haben. Oder wie du auf einer irischen Harfe an den Saiten gezupft hast, bis die Gänse schnatternd in die Luft aufflogen, wie die Sieben Gänse des Wandernden Juden. Vater, sprich du zu mir, deinem einzigen Sohn, einem Verlorenen Sohn aus den Grünflächen der kleinen Städte, verloren in den Gerüchen und Geräuschen der großen Stadt, in der dornigen Wüste und im tiefen Meer. Du bist doch ein weiser alter Mann!«

Er flehte den alten Mann an, zu sprechen, aber als er näherkam und ihm ins Gesicht starrte, sah er die Totenflecken auf Mund und Augen und ein Mäusenest im Gewirr des gefrorenen Bartes.

Es war Schwachheit, zu fliegen, aber er flog. Und es war eine Schwäche des Blutes, unsichtbar zu sein, aber er war unsichtbar. Er überlegte, und gleichzeitig träumte er unüberlegt, kannte seine Schwäche und den Wahnsinn des Fliegens, aber hatte keine Kraft, dagegen anzukämpfen. Er flog wie ein Vogel über die Felder. Aber bald verschwand der Körper des Vogels, und er war eine fliegende Stimme. Ein offenes Fenster winkte ihm mit dem Wehen seines Vorhangs, wie eine Vogelscheuche mit ihrem zerfetzten Wehen einem klugen Vogel winkt, und zum offenen Fenster flog er hinein und setzte sich auf ein Bett zu einem schlafenden Mädchen.

»Wach auf, du Mädchen«, sagte er. »Ich bin dein Geliebter, der in der Nacht gekommen ist.«

Seine Stimme weckte sie auf.

»Wer hat mich gerufen?«

»Ich habe dich gerufen.«

»Wo bist du?«

»Ich bin auf dem Kissen neben deinem Kopf und spreche in dein Ohr.«

»Wer bist du?«

»Ich bin eine Stimme.«

»Dann hör auf, mir ins Ohr zu schreien und hüpf mir in die

Hand, daß ich dich anrühren und kitzeln kann. Hüpf mir in die Hand, du Stimme.«

Er lag still und warm in ihrer Hand.

»Wo bist du?«

»Ich bin in deiner Hand.«

»In welcher Hand?«

»Die Hand auf deiner Brust, die linke. Mach keine Faust, sonst zerdrückst du mich. Kannst du mich nicht fühlen, warm in deiner Hand? Ich bin ganz nah an den Wurzeln deiner Finger.«

»Sprich zu mir.«

»Ich hab einen Körper gehabt, aber in Wirklichkeit war ich immer eine Stimme. Wie ich wirklich bin, so bin ich in der Nacht zu dir gekommen, eine Stimme auf deinem Kissen.«

»Ich weiß, was du bist! Du bist die stille, kleine Stimme, auf die ich nicht hören darf. Man hat mir gesagt, ich darf auf diese stille, kleine Stimme, die in der Nacht spricht, nicht hören. Es ist böse, auf sie zu hören. Du darfst nicht mehr herkommen. Du mußt weggehen.«

»Aber ich bin dein Geliebter!«

»Ich darf nicht hören«, sagte das Mädchen, und plötzlich ballte sie die Hand zur Faust.

15

Er konnte in den Garten gehen, unbekümmert um den Regen, und sein Gesicht in die nasse Erde graben. Wenn er das Ohr dicht an die Erde legte, dann hörte er unter Gras und dumpfem Boden das große Herz mühsam rasseln, bevor es brach. In Träumen sagte er zu irgendeiner Gestalt: »Heb mich hoch, ich wiege jetzt nur zehn Pfund. Ich bin leichter, sechs Pfund. Zwei Pfund. Mein Rückgrat schimmert durch meine Brust durch.« Das Geheimnis jener Alchemie, die eine kleine Umdrehung der unbeständigen Sinne in einen Augenblick mit Gold im Mund verwandelt hatte, war verloren, wie ein Schlüssel im dichten Unterholz verlorengeht. Ein Geheimnis war in der Nacht verwirrt worden, und die Verwirrung des letzten Wahnsinns vor dem Grab würde sich wie ein Tier auf das Hirn niederfallen lassen.

Er schrieb auf den Papierblock, ohne zu wissen, was er schrieb, und er fürchtete sich vor den Worten, die zuletzt zu ihm aufblickten und nicht vergessen werden konnten.

16

Und das ist alles, was daran war: eine Frau war geboren worden, nicht aus dem Schoß, sondern aus der Seele und dem kreisenden Kopf. Und er, der sie aus der Dunkelheit geboren und ausgetragen hatte, liebte seine Schöpfung, und sie liebte ihn. Aber das ist alles, was daran war: ein Wunder befiel einen Mann. Er verfiel dem Wunder und liebte es, aber konnte es nicht halten, und das Wunder ging vorüber. Und mit ihm wohnten ein Hund, eine Maus und eine dunkle Frau. Die Frau ging fort, und der Hund starb.

17

Er begrub den Hund am Ende des Gartens. »Ruhe in Frieden«, sagte er zu dem toten Hund. Aber das Grab war nicht tief genug, und in der überhängenden Böschung wohnten Ratten, die den Sack zerbissen, der Sarg und Leichentuch war.

18

Auf Gehsteigen der Städte sah er die Frau lose hingehen, ihre Brüste waren fest, unter einem Mantel, auf dem die einzelnen Haare von den Köpfen alter Männer lagen, weiß auf schwarz. Ihr Leben, das wußte er, war nur ein Leben von Tagen. Ihr Frühling war mit ihm vergangen. Nach dem Sommer und dem Herbst, der ungeheiligten Zeit zwischen vollem Leben und Tod, würde Winter sein, der Furchen in ihre Reize riß. Er, der die geringsten Schattierungen aller Ursachen und Gründe kannte und alle vier Grundzeiten und Uhrzeiten des Jahres zusammen in jedem Symbol der Erde spürte, würde die Folge der Jahreszeiten von Grund auf zerstören. Winter durfte es nicht werden.

19

Stellt euch nun das alte Bildnis der Zeit vor, mit seinem langen Bart, den eine ägyptische Sonne weißgebleicht hat, mit bloßen Füßen, die das Sargassomeer gewaschen hat. Seht mir zu, wie ich den alten Tropf bearbeite! Ich habe sein Herz zum Stillstehen gebracht. Es ist zersprungen wie ein Nachttopf. Nein, das ist kein

Regen, der da fällt. Das ist das Nasse aus dem gebrochenen Herzen.

Nebensonne und Sonne scheinen am selben Himmelszelt, gemeinsam mit dem zerbrochenen Mond. Schwindlig von der Jagd der Sonne auf den Mond und angeblinzelt von so vielen Sternen laufe ich die Treppe hinauf, um wieder von der Liebe irgendeines Mannes zu einer Frau zu lesen. Ich poltere Hals über Kopf herunter, um das Loch in der Küchenwand zu sehen, groß wie eine Münze, das da aufgestochen ist, und die Abdrücke der Pfoten einer Maus auf dem Boden.

Stellt euch nun die alten Abbilder der Jahreszeiten vor. Schlagt den Rhythmus, in dem sich die alten Figuren bewegen, in Stücke, den Trott des Frühlings, den Sommergalopp, den traurigen Paßgang des Herbstes und das Schlurfen des Winters. Zerbrecht Stück um Stück die unaufhörliche Verwandlung der Bewegung zu einem spindeldürren Gehen.

Stellt euch die Sonne vor, für die ich kein Ebenbild weiß als das alte Ebenbild des durchschossenen Auges, und den zerbrochenen Mond.

20

Nach und nach wurde das Chaos geringer, und die Dinge der Welt rund umher waren nicht mehr aus ihrer eigenen Substanz herausgerissen und in die Formen seiner Gedanken geschmiedet. Eine Art Frieden fiel auf ihn nieder, und wieder war die Musik der Schöpfung hörbar, die aus Kristallwassern zitterte, aus dem heiligen Niederschwung des Himmels zum nassen Rand der Erde, wo ein Meer überfloß. Nacht kam langsam, und der Hügel stieg auf zu den unaufgestiegenen Sternen. Er drehte seinen Papierblock um und schrieb auf die letzte Seite mit deutlicher Hand:

21

»Die Frau starb.«

22

Es war Würde in solch einem Mord. Und der Held in ihm erhob sich in all seiner Heiligkeit und Kraft. Es war weiter nichts, als daß er, der sie aus der Dunkelheit hervorgebracht hatte, sie auch wieder hinwegrafftc. Und es war weiter nichts, als daß sie sterben mußte, ohne zu wissen, welche Hand aus dem Himmel den Schlag gegen sie geführt und sie niedergeschmettert hatte.

Er ging hügelabwärts mit langsamen Schritten, wie in einer Prozession, und seine Lippen lächelten dem dunklen Meer zu. Er kletterte zur Küste hinunter und wendete sich, indem er sein Herz an seiner Seite klopfen fühlte, dorthin, wo die größeren Felsen gefährlich zum Gras hinaufkletterten. Dort, an ihrem Fuß, mit dem Gesicht zu ihm, lag sie und lächelte. Meerwasser lief unbeachtet über ihre Nacktheit. Er ging zu ihr hinüber und berührte ihre kalte Wange mit seinen Nägeln.

23

Bekannt geworden mit dem letzten Weh, stand er am offenen Fenster seines Zimmers. Und die Nacht war eine Insel in einem Meer von Geheimnis und Bedeutung. Und die Stimme aus der Nacht war eine Stimme des Hinnehmens.

Und das Gesicht des Mondes war das Gesicht der Demut.

Er kannte das letzte Wunder vor dem Grab, und das Geheimnis, das die Himmel und die Erde erstaunt und umschließt. Er wußte, daß er vor dem Auge Gottes und vor dem Auge des Hundssternes Sirius versagt hatte, daß er sein Wunder nicht hatte halten können. Die Frau hatte ihm gezeigt, daß es wunderbar war, zu leben. Und nun, da er endlich wußte, wie wunderbar und wie voll Freuden das Blut in den Bäumen und wie tief der Brunnen der Wolken, mußte er seine Augen zumachen und sterben. Er machte seine Augen auf und sah zu den Sternen auf. Es war eine Million von Sternen, die das gleiche Wort buchstabierten, und das Wort der Sterne war deutlich in den Himmel geschrieben.

24

Allein in der Küche, unter den zerbrochenen Stühlen und Porzellanscherben, stand die Maus, die aus dem Loch gekommen war. Ihre Pfoten ruhten leicht auf dem Boden, der über und über mit den grotesken Figuren von Vögeln und Mädchen bemalt war. Verstohlen kroch sie ins Loch zurück. Verstohlen bahnte sie sich ihren Weg durch den Hohlraum der Wand. Es war kein Ton in der Küche, nur der Ton der Nägel der Maus, die auf Holz scharrten.

25

Unter den Dachtraufen der Anstalt pfiffen immer noch die Vögel, und der Irre, der sich an die Gitterstäbe des Fensters in der Nähe ihrer Nester klammerte, heulte zur Sonne auf.

Auf der Bank abseits des Hauptweges winkte das Mädchen den Vögeln zu, und auf einem viereckigen Stück Rasen tanzten drei alte Weiber Hand in Hand, wimmernd im Wind, zur Musik einer italienischen Drehorgel, die von der Außenwelt her über die Mauer kam.

»Der Frühling ist da«, sagten die Wärter.

Das Kleid

Sie waren zwei Tage lang kreuz und quer durchs ganze Land hinter ihm her gewesen, aber am Fuß der Hügel war er sie losgeworden; versteckt in einem goldenen Busch, hatte er sie rufen und das Tal hinabstolpern gehört. Hinter einem Baum auf dem Hügelkamm hatte er hinuntergespäht auf die Felder, wo sie umhereilten wie Hunde, wo sie mit ihren Stöcken in den Hecken stocherten und ein schwaches Geheul ausstießen, als plötzlich Nebel vom Frühlingshimmel kam und sie vor seinen Augen verbarg. Aber der Nebel war ihm eine Mutter und legte einen Mantel um seine Schultern, dort, wo sein Hemd zerrissen und das Blut auf den Schulterblättern getrocknet war. Der Nebel machte ihm warm; er hatte die Speise und den Trank des Nebels auf seinen Lippen, und er lächelte durch die mütterliche Hülle des Nebels wie eine Katze. Am anderen Hang, wo der Hügel ins Tal abfiel, schlug er sich bis unter die dichteren Bäume durch, die ihn vielleicht zu Licht und Feuer und einem Napf Suppe führen würden. Er dachte an die Kohlen, die auf dem Kaminrost zischen würden, und an die junge Mutter, die dort stehen würde, allein. Er dachte an ihr Haar. Es würde ein Nest für seine Hände sein. Er rannte zwischen den Bäumen durch und fand sich auf einem schmalen Weg. Nach welcher Richtung sollte er gehen: auf den Mond zu, oder von ihm weg? Der Nebel hatte aus dem Stand des Mondes ein Geheimnis gemacht, aber in einer Ecke des Himmels, wo der Nebel auseinandergefallen war, konnte er Sternbilder sehen. Er ging nach Norden hin, wo die Sterne waren, summte ein Lied ohne Melodie und hörte seine Füße in der schwammigen Erde steckenbleiben und wieder loskommen.

Jetzt hatte er Zeit, seine Gedanken zu sammeln, aber kaum hatte er sie zu ordnen begonnen, als in den Bäumen, die über den Weg hingen, eine Eule schrie, und er blieb stehen und blinzelte zu ihr hinauf, denn er fand eine verwandte Melancholie in ihren Tönen. Bald würde sie herabstoßen und eine Maus packen. Er sah sie einen Augenblick lang, wie sie kreischend auf ihrem Ast saß. Dann fürchtete er sich vor ihr, eilte weiter und war erst ein paar Meter weit in die Dunkelheit gegangen, als sie mit einem neuen Schrei fortflog. Der arme Hase, dachte er, denn das Wiesel wird ihn trinken. Die Straße stieg an zu den Sternen, und die Bäume und das Tal und die Erinnerung an die Gewehre verblaßten hinter ihm.

Er hörte Schritte. Ein alter Mann trat regenglänzend aus dem Nebel.

»Gute Nacht, Sir«, sagte der alte Mann.

»Keine Nacht für den vom Weibe Geborenen«, sagte der Irre. Der alte Mann pfiff und eilte halb laufend auf die Bäume am Straßenrand zu.

»Sags nur den Bluthunden, kicherte der Irre, der den Hügel hinaufstieg, sags nur den Bluthunden! Und schlau wie ein Fuchs ging er auf seinen eigenen Spuren zurück bis dorthin, wo der nebelige Weg sich in drei Richtungen teilte. Zum Teufel mit den Sternen, sagte er und ging der Dunkelheit zu.

Die Welt war ein Ball unter seinen Füßen; sie stieß im Laufen an seine Füße; sie fiel nieder, da kamen die Bäume herauf. In der Ferne heulte der Hund eines Wilderers mit dem Fuß im Fangeisen, und er hörte es und lief noch schneller, denn er dachte, der Feind sei ihm auf den Fersen. »Duckt euch, Jungs, duckt euch!« rief er, aber mit der Stimme eines Mannes, der auf einen fallenden Stern zeigt.

Plötzlich fiel ihm ein, daß er seit der Flucht noch nicht geschlafen hatte, und er hörte zu laufen auf. Jetzt waren die Wasser des

Regens zu müde, um die Erde zu peitschen, im Fallen brachen sie auseinander und wehten im Wind umher wie die Körner des Sandmanns. Wenn er dem Schlaf begegnete, würde der Schlaf ein Mädchen sein. Während der letzten zwei Nächte, im Gehen oder im Laufen quer durch das leere Land, hatte er von ihrer Begegnung geträumt. »Leg dich nieder«, würde sie sagen, würde ihm ihr Kleid geben, um darauf zu liegen, und würde sich an seiner Seite ausstrecken. Gerade als er so geträumt hatte und die kleinen Zweige unter seinen laufenden Füßen ein Geräusch gemacht hatten wie das Rascheln ihres Kleides, hatte in den Feldern der Feind geschrien. Er war fort und fort gelaufen und hatte den Schlaf immer weiter hinter sich gelassen. Manchmal war da eine Sonne, ein Mond, und manchmal unter einem schwarzen Himmel hatte er den Wind hochgenommen und niedergeworfen, ehe er weiterkonnte.

»Wo ist Jack?« fragten sie in den Gärten des Hauses, das er verlassen hatte. »Oben auf den Hügeln, mit einem Schlächtermesser«, sagten sie und lächelten. Aber das Messer war fort, gegen einen Baum geworfen, in dem es immer noch bebte. Es war keine Hitze in seinem Kopf. Er lief immer weiter und heulte um Schlaf.

Und sie, allein im Haus, nähte ihr neues Kleid. Es war ein helles Landkleid mit Blumen am Leibchen. Nur noch ein paar Stiche waren nötig, dann würde es fertig zum Tragen sein. Gefällig würde es sich an ihre Schultern schmiegen, und zwei von den Blumen würden aus ihren Brüsten wachsen.

Wenn sie mit ihrem Mann am Sonntagmorgen über die Felder ging und hinab ins Dorf, dann würden sich die Jungen die Hand vorhalten und ihr zulächeln, und alle Witwen würden die Köpfe zusammenstecken, wie das Kleid auf ihrem Bauch saß. Sie schlüpfte hinein und sah im Spiegel über dem Kamin, daß ihr neues Kleid noch hübscher war als sie es sich vorgestellt hatte. Es machte ihr Gesicht blasser und ihr langes Haar dunkler. Sie hatte es tief ausgeschnitten.

Ein Hund hob den Kopf und heulte. Eilig wandte sie sich ab von ihrem Spiegelbild und zog die Vorhänge fester zu.

Draußen in der Nacht suchten sie nach einem Irren. Er hatte grüne Augen, sagten sie, und hatte eine feine Dame geheiratet. Sie sagten, er habe ihr die Lippen abgeschnitten, weil sie Männern zulächelte. Sie holten ihn ab, aber er stahl ein Messer aus der

Küche und verwundete seinen Wärter und brach aus in die wilden Täler.

Von weitem sah er das Licht in dem Haus und stolperte hinauf zum Rand des Gartens. Den kleinen Zaun darum sah er nicht, fühlte ihn nur. Der rostende Draht schabte an seiner Hand, und das nasse, abscheuliche Gras kroch ihm bis über die Knie. Und als er erst durch den Zaun gelangt war, kamen ihm die Heerscharen des Gartens entgegengestürzt, die blumenköpfigen und die körpererstarrenden Fröste. Er hatte sich die Finger aufgerissen, während die alten Wunden noch naß waren. Wie ein Blutmann kam er aus der Dunkelheit der Feinde auf die Stufen. Er sagte flüsternd: »Laß sie nicht auf mich schießen.« Und er öffnete die Tür.

Sie war in der Mitte des Zimmers. Ihr Haar war unordentlich herabgefallen, und drei der Knöpfe am Ausschnitt ihres Kleides waren offen. Was heulte nur der Hund so? Geängstigt von dem Heulen und den Gedanken an die Geschichten, die sie gehört hatte, schaukelte sie auf ihrem Stuhl. Was wurde aus der Frau? fragte sie sich im Schaukeln. Sie konnte sich keine Frau ganz ohne Lippen denken. Was wurde aus Frauen ohne Lippen, fragte sie sich.

Die Tür machte kein Geräusch. Er trat ins Zimmer, versuchte zu lächeln und hielt ihr die Hände hin.

»Ach, du bist zurückgekommen«, sagte sie.

Dann drehte sie sich auf ihrem Stuhl um und sah ihn. Sogar um seine grünen Augen herum war er voller Blut. Sie hob ihre Finger an den Mund. »Nicht schießen«, sagte er.

Doch die Bewegung ihres Armes zog den Ausschnitt ihre Kleides auseinander, und er starrte voll Verwunderung ihre weite, weiße Stirne an, ihre angstvollen Augen und Lippen, bis hinab zu den Blumen auf ihrem Kleid. Bei der Bewegung ihres Armes tanzte das Kleid im Licht. Sie saß vor ihm, von Blumen bedeckt. »Schlafen«, sagte der Irre. Und er kniete nieder und legte seinen verwirrten Kopf auf ihren Schoß.

Die Obstgärten

Er hatte geträumt, daß hundert Obstgärten an der Straße zum Küstendorf in Flammen ausgebrochen waren; und den ganzen windlosen Nachmittag lang schossen Flammenzungen durch die Baumblüte. Als an jedem Zweig plötzlich eine kleine rote Wolke wuchs, waren die Vögel aufgeflogen; aber als beim Steigen des Mondes und beim Landeinwärtsschwingen des eine Meile entfernten Meeres die Nacht herabkam, blies ein Wind die Feuer aus, und die Vögel kamen wieder. Er war ein Apfelgärtner in einem Traum, der endete, wie er begonnen hatte: mit der Hand einer Frau, halb Fleisch, halb Geist, die auf die Bäume zeigte. Sie flocht die blonden und die dunklen Strähnen ihres Haars ineinander und lächelte über die Apfelfelder hinweg einer schwesterlichen Gestalt zu, die an der Mauer des Gemüsegartens in einem kreisrunden Schatten stand; aber die Vögel flogen hinab auf die Schultern ihrer Schwester, ohne Furcht vor dem Vogelscheuchengesicht und der kreuzhölzernen Nacktheit unter den Lumpen. Er gab der Frau einen Kuß, und sie küßte ihn wieder. Dann kamen die Krähen auf ihre Arme herab, als sie ihn umschlungen hielt; die schöne Vogelscheuche küßte ihn und zeigte auf die Bäume, wo eben die Flammen erstarben.

Marlais erwachte an diesem Sommermorgen, und seine Lippen waren noch naß von ihrem Kuß. Das war eine noch schrecklichere Geschichte als die Geschichten von den irrsinnigen Pfarrern im Schwarzen Buch von Llareggub, denn die Frau bei den Obstgärten und ihr Schwesterstock an der Mauer waren seine Vogelscheuchengeliebten für immer und allezeit. Was waren schon die brennenden Obstgärten des Küstendorfes und die Wolken an den Spitzen der Zweige gegen seine Liebe zu diesen vogelaufreizenden Frauen? Mochten alle Bäume der Welt plötzlich auflodern, von den Wurzeln bis zu den höchsten Blättern, er würde nicht einmal das kürzeste feurige Feld mit Wasser besprengen. Sie war seine Geliebte, und ihre Schwester mit den Vögeln auf ihren Schultern hielt ihn enger umschlungen als die Frauen von LlanAsien.

Durchs Fenster im obersten Stockwerk sah er den blaßblauen, wolkenlosen Himmel über dem Gewirr von Dächern und Schornsteinen, und die Verheißung eines herrlichen Tages in den Flüssen der Sonne. Dort stand in Schornsteingestalt sein nackter, steinerner Junge bei den drei blinden Klatschbasen, die Feuer aus ihren Schädeln bliesen und sich bei jedem Wetter wärmesuchend aneinanderdrängten. Was war das für ein Mann auf einem Dach, der seinen Wetterhahnkopf gewendet hatte, um die roten und schwarzen Mädchen oben über der Stadt anzustarren, und sie durch seine Kopfwendung in Steinsäulen verwandelt hatte? Ein Wind vom Ende der Welt hatte die Dachwandler starrfrieren lassen, als die Stadt erst eine Handvoll Häuser war; jetzt warf ein Kreis von Kohlen-Tafelhügeln, auf denen die Kinder Indianer spielten, seinen Schatten auf die schwarzen Baugründe und auf die hundert Straßen; und die stockblinden Klatschbasen standen dicht aneinandergedrängt bei seinem nackten Jungen und bei den Ziegeljungfrauen unter den ragenden Kranhügeln.

Die See floß links dahin, ein Dutzend Täler entfernt, hinter der Kette von Vulkanen und den großen Schornsteinwäldern und den zehn Kleinstädten in einem einzigen Loch. Die See traf die Küsten von Glamorgan dort, wo außerhalb des Knäuels von Dörfern nach Westen hin ein halber Berg in einem wilden Wald niederfiel, und erschütterte die Grundfesten von Wales. Aber jetzt, dachte Marlais, ist die See träge und kühl, voller Delphine; von einer grünen Mitte her fließt sie nach allen Seiten und beleckt die Landsteine; sie läßt auf dem glühenden Sand des halben Berges die Muscheln raunen, und nicht einmal die Linien der Zeit sollen die blaue Wasserfläche mit dem bodenlosen Meeresgrund vereinen.

Er dachte daran, wie die See floß: wenn die Sonne sank, drang ein Feuer ein, tief unter die flüssigen Höhlen. Während er sich anzog, erinnerte er sich an die hundert Feuer rund um die Blüten der Apfelbäume und an das ruhelose salzige Steigen des Windes, der mit dem letzten Deuten der Hand der schönen Vogelscheuche erstarb. Wasser und Feuer, See und Apfelbaum, zwei Schwestern und eine Schar von Vögeln blühten und zeigten und flogen herab, den ganzen Hochsommermorgen lang, im obersten Zimmer eines Hauses auf dem Hang über der schwarz hausenden Stadt.

Er spitzte seinen Bleistift und sperrte den Himmel aus, warf sein unordentliches Haar zurück, ordnete die Seiten einer teuflischen Geschichte auf seinem Schreibtisch und brach die Bleistiftspitze ab, bei den Worten »Meer« und »Feuer«, die er hart auf ein sauberes Blatt kritzelte. Feuer würde die vorgezeichneten

Linien nicht entzünden, nicht brennend durch die herzlosen Schriftzeichen abenteuern, noch würde Wasser über den unholden Köpfen und den ungeschriebenen Worten zusammenschlagen. Die Geschichte war tot, vom Teufel angefangen; da stand ein weißglühender Baum voller Äpfel, wo ein erfrorener Turm voller Eulen hätte schwanken sollen, in einem Wind vom Südpol her; da lagen nackte Mädchen mit Brustspitzen wie Beeren auf dem Sand in der Sonne, wo am Karibischen Meer oder am Asowschen Meer eine kalte und ruchlose Frau hätte wehklagen müssen. Der Morgen war ihm feind. Er kämpfte mit den Worten wie ein Mann mit der Sonne, und die Sonne stand zu Mittag hoch und siegreich über der toten Geschichte.

Tu einen zweifarbigen Ring aus zweier Frauen Haar um die blaue Welt, weiß und kohlschwarz gegen die sommerfarbenen Grenzen von Himmel und Gras, tu vierbrüstige Stämme an die Pole an den Enden der sommerlichen Meere, tu Augen in die Seemuschel, laß zwei Obstbäume aus einer Kohlenhalde wachsen – und des armen Marlais Morgen, der sich zum Abend neigt, wirbelt vor dir. Unter den Augenlidern, wo die inwendige Nacht durch den Grund des Schädels in die weite, erste Welt zurückfuhr, die im fernsten Auge lag, glimmten zwei Liebesbäume wie Schwestern. In der Nacht laß einen Obstgarten sprießen; eine verzauberte Frau mit einem Rückgrat wie eine Reling laß ihre Hand in den Blättern verbrennen; Mann in Flammen, eine Meile von der See, laß dir von einem Wind das Herz auslöschen: des Marlais Tod bei lebendigem Leibe in der kreisenden Niederkunft des Tages, der keine Zeit gewährt hatte, weht wieder für dich im Wind.

Es war die traurigste Welt der kreisenden Welt; und die Sterne im Norden, wo der Schatten eines Scheinmondes wirbelte, bis ein Wind den Schatten ausblies, waren die verwitterten Südgesichter. Nur die astgabelige Brust der Vogelscheuchenfrau konnte seinen Kopf wie einen Apfel tragen, auf dem weißen Holz, wo kein Wurm eindringen würde, und allein ihre gestachelte Brust konnte den Wurm im Traum unterm Augenlid ihres Herzallerliebsten durchbohren. Der richtige runde Mond schien auf die Frauen von LlanAsien und auf die von Liebe zerrissenen Jungfrauen dieser Straße.

Das Wort hängt uns zu sehr an. Er hob seinen Bleistift, so daß dessen Schatten, ein Turm aus Holz und Blei, auf das saubere Papier fiel; er befingerte den Bleistiftturm, der Halbmond seines Daumens ging auf und unter hinter der bleiernen Turmspitze. Der Turm fiel; da fiel die Stadt der Worte, da fielen die Wände eines Gedichts, die symmetrischen Buchstaben. Er merkte, wie die Schriftzeichen zerfielen, als das Licht schwand, die Sonne in einen fremden Morgen hinabfuhr und das Wort des Meeres über die Sonne rollte. »Bildnis, nichts als Bildnis«, rief Marlais und stieg durch das Fenster hinaus auf die flachen Dächer.

Rings um ihn glänzten die Schieferplatten im Rauch der vergrößerten Schornsteine und durch die Dünste des Hügels. Unter ihm, in einer Welt von Worten, mühten sich geschäftige Leute, die Zeit totzuschlagen. Tapfer in seiner Verlassenheit, kroch er bis an den Rand der Schieferplatten, um dort gefahrvoll über dem winzigen Stadtgewühl und den Lichtern der Verkehrsampel zu stehen. Dahin fuhren die Marzipanautos, gängeschaltend, bremsend, über die Kinderstubenteppiche in die Hände eines spielenden Kindes. Aber bald hatte die Höhe es ihm angetan, er schwankte, fühlte, wie seine Beine unter ihm schwach wurden und sein Schädel aufschwoll wie eine Schweinsblase im Wind. Es war das Bildnis einer Kinderstadt, das seine Pulse in Verwirrung stürzte. Staub war in seinen Augen, und Augen waren in den Staubkörnern, die von der Straße heraufstiegen. Auf den ebeneren Dächern angelangt, faßte er nach seiner linken Brust. Die hellen Magneten der Straße waren der Tod; der Wind wehte die Anziehung des Todes und die Visionen des Fallens von ihm weg. Jetzt war er von aller Furcht befreit, stark, voller Nachtmuskeln. Über die Dächer rannte er dem Mond entgegen. Da kam die weiße Mondscheibe, in einem kälteren Glanz als zuvor; umgeben von Sternengefolge zog sie die Gezeiten des Meeres an. Von einer Brüstung aus schaute Marlais ihr zu, fand ein Wort für jeden Abschnitt ihrer Reise über den ausgerichteten Himmel, nannte sie die Blasse mit dem ewig gleichen Gesicht, verwunderte sich über ihre vielen Masken. Totenmaske und Tanzmaske über ihren bergigen Zügen verwandelten den Himmel; sie kämpfte hinter einer Wolke und kam mit einem neuen Lächeln über die Wand von Wind. Bildnis; und alles war Bildnis, angefangen von Marlais, zerzaust im Wind, bis zu der schreckenerregenden Stadt; er auf den Dächern, unsichtbar für die Straße, die Straße unter ihm blind für sein wandelndes Wort. Seine Hand vor ihm war fünffingeriges Leben.

Ein Baby schrie, aber der Schrei wurde schwächer. Es ist alles eins, die laute Stimme und die stille Stimme, die ein gemeinsames Schweigen anstimmten; die verwahrloste Dame, die ihre Nase an den Scheiben plattdrückt, und die vielbetrauerte Dame. Das Wort hängt uns zu sehr an, das tote Wort. Wolke: Reim auf den letzten Schleier; sie ballt sich über Mietskasernen und bricht im kalten Regen über den Straßen der Vorstadt. Hagel fällt auf Aschenbahn und geschotterten Stein. Es ist alles eins, Regen und Makadam; es ist alles eins, Hagel und Asche, das Fleisch und der rauhe Staub. Hoch über dem Gesumm der Häuser, weit vom Himmelsland und vom gefrorenen Zaun, fragte er jeden Schatten; Mensch unter Geistern, und Geist in der Wolle: so regte er sich nach der letzten Antwort.

Aus einem Steinmund, der um diese Stunde nicht mehr rauchte, stieg unbeantwortbar die Stimme des nackten Jungen auf: ›Der da auf den Dächern irr unter uns umherirrt, an meiner kalten, ziegelroten Seite und bei den wetterhahnerstarrten Frauen; der über dieser Straße geht, der unter dem Bilde des walisischen Sommerhimmels die ganze Nacht ohne Geliebte geht, der hat zehn Städte von hier zwei Schwestern zu Geliebten. Hinter den großen Schornsteinwäldern zur Linken und zum Meer hin, da brennen seine Geliebten für ihn ohne Ende bei hundert Obstgärten.‹ Die Stimmen der Klatschbasen erhoben sich unbeantwortbar: ›Was da bei den steinernen Jungfrauen geht, das ist unser jungfräulicher Marlais, Wind und Feuer und der Feigling auf den brennenden Dächern.‹

Er trat durch das offene Fenster.

Roter Saft in den Bäumen wallte auf aus den Kesselwurzeln bis in den letzten Blütenzweig, und die Äste fielen in dieser Nacht nach dem hohlen Spaziergang wie Kerzen von den Stämmen, aber wegen der Hitze der schwefligen Grasbüschel, gelbgebrannt von der toten Sonne, konnten sie nicht sterben. Und als er dorthin flog, umkreiste er – halb Nebelschleier, halb Mensch – alle Apfelbäume längs der Straße zum Dorf am Meer in der mächtigen Mittagshitze des Morgengrauens; und wie die Sonne flußgleich über die Hügel aufging, so sank die Sonne hinter einem Baum. Die Frau wies auf die hundert Obstgärten und die schwarzen

Vögel, die sich um ihre Schwester scharten, aber ein Wind löschte die Bäume aus, und er erwachte wieder. Dies war das unerträgliche, zweite Erwachen aus einem Leben, das zu schön war, um zu zerbrechen, aber der Traum war zerbrochen. Der bei den Jungfrauen in der Nähe der Obstgärten umhergegangen war, der war eine Jungfrau, war Wind und Feuer und ein Feigling im zerstörenden Anbruch des Morgens. Aber als er sich angezogen hatte und gefrühstückt, ging er diese Straße hinauf zur Hügelspitze und wandte sein Gesicht dem unsichtbaren Meer zu.

»Guten Morgen, Marlais«, sagte ein alter Mann, der saß mit sechs Windhunden im Gras.

»Guten Morgen, Mr. David Davies.«

»Du bist sehr früh auf«, sagte der doppelte David.

»Ich geh ans Meer.«

»Ans weinfarbene Meer«, sagte der doppelte Dai.

Marlais ging mit weitausgreifenden Schritten über den Hügel nach der grüneren linken Seite und hinter dem Kreis der Stadt hinunter zum Rand des Whippet-Tals, wo die Bäume, auf ewig verkrümmt zwischen Rauch und Schlacke, am Himmel und am schwarzen Boden zerrten. Die toten Äste beteten, daß die Wurzeln die Erde hochstemmen mögen, um für die Blätter und den Geist des krachenden Holzes ein Dutzend Rinnen freizulegen, ein Loch im Tal für den maulwurfshändigen Saft, ein langes Grab für das Skelet des letzten Frühlings, das einstmals, als die stumpfen und gegabelten Hügel noch scharf und gerade waren, durch das einst grüne Land gesprungen war. Aber die Bäume des Whippet-Tals waren die Längstverstorbenen des aufgestapelten Süderlandes. Sie waren es, die unter dem zerklafterten, zerklüfteten und zerhackten Land verschwunden waren, das mit zugespitztem Daumen auf die Hügel deutete, mit diesen warnenden Fingern mit Nägeln aus schwarzen Blättern. Der Tod in Wales hatte die walisischen Toten zu diesen Talkrüppeln verkrümmt.

Der Tag war ein Vergehen von Tagen. Mittag, der Geschichtentöter und Brandstifter (die Legenden von den russischen Meeren starben, als die Bäume zu ihrem Brand erwachten), ging vorbei in allen Mittagen seit dem Fall des Menschen von der Sonne und seit dem Aufstieg der ersten Sonne auf die Zinnen des halbfertigen Himmels. Und alle Talsommer, die einst monumental rot gewesen waren und jetzt Grabsteinzüge hatten, glitzerten den ganzen

Hochsommernachmittag lang auf dem Weg zum Meer. Durch das Ahnental, wo seine Väter aus ihrem hölzernen Staub heraus und voll von Spatzen einem Hügel drohten, ging er mit stetem Schritt; am Rand des Loches, in dem LlanAsien lag, eine Stadt in einem Grab, wurde er vom Rauch der Wälder erfaßt; und wie ein Geist aus den scharf abgeschnittenen Gefilden unter dem aufgestapelten Wurzelholz stieg er hinunter auf die steigenden Straßen.

»Wohin wanderst du, Marlais?« sagte ein einbeiniger Mann bei einem schwarzen Blumenbeet.

»Zum Meer hin, Mr. William Williams.«

»Zum Meer voller Meerjungfrauen«, erwiderte Will Stelzfuß.

Marlais kam aus dem knollenkranken Tal auf einen öden Berg, durch ein schäbiges Gehölz auf ein ruppiges Feld; eine Krähe auf einem Maulwurfshügel an der Stelle, die Des Prinzen Schädel hieß, krächzte vom freien Platz in der Hölle in der dichtgedrängten Erde. Der Nachmittag brach herein, das gerodete Land wogte, und wie ein Baum oder Blitzstrahl fuhr ein Wind drein, Wurzeln zuoberst, gegabelt zwischen Rauch und Schlacke, als die Dämmerung fiel. Umringt von Echos, den glühheißen Wanderern von Stimmen, und von den Teufeln aus den gehörnten Äckern, schauderte er auf dem Grund und Boden seiner Feinde, als auf dem Nachtmahr eines Abends eine neue Nacht nahte. »Sollen die Bäume einstürzen«, sagten die staubigen Wanderer, »sollen die Felsblöcke abbröckeln, soll der Stechginster verfaulen und verschwinden und Erde und Gras verschlungen werden vom Abgrund eines Hügels, der in der Schwebe steht auf dem Grab, das nach Eden vordringt. Winde in Flammen, so werden wir durch Gruft und Sarg und Versteinerung ein Menschenhäuflein Staub in jenen Garten blasen. Wo die Schlange den Baum entzündet und aus seiner Rinde wie ein Funke der Apfel fällt, schießt ein Baum in die Höhe; eine Vogelscheuche erstrahlt auf dem Ästekreuz, und bei einem, der in der Sonne steht, erheben sich die neuen Bäume zu einem Obstgarten rings um das Kruzifix.« Zu Mitternacht lagen schon zwei Täler unter ihm; dunkel ruhten sie mit ihren zwei Städten auf den Handtellern der durchwühlten Berge. Ein Tal hielt um ein Uhr morgens den Ort Aberbabel in der Faust unter ihm. Er war kein junger Mann mehr, sondern ein sagenhafter Wanderer, eine wandernde Volksgestalt, mit einer Grille als Herz; er ging an der Kapelle von Aberbabel vorbei, nahm den kurzen

Weg durch den Friedhof über die unruhigen Grabsteine und erspähte einen rotwangigen Mann in einem Nachthemd zwei Fuß über der Erde.

Die Täler zogen vorbei; aus den Hügeln, die ins Wasser tauchten, aus den Augenblicken von Bergen kam das elfte Tal herauf wie eine Stunde. Und zeitlos trat aus dem Zwergenauge des Fernrohrs, aus dem Ring von Licht wie die Vermählung eines Kreises auf dem letzten Hügel vor der See, der Umriß der hundert Obstgärten, vergrößert im unbefleckten Abnehmen des Mondes. Dies war der Anblick, der dem Fernrohr begegnete, und die Welt, die Marlais am Morgen nach dem ersten der elf unsagbaren Abenteuer sah: Zu seinen beiden Seiten die ununterbrochenen Wände, höher als die Bohnenstangen, die sich auf dem Dach der Welt mit dem Märchen vermählten, daß sie bis zum Mond aufragten, einem Märchen von Stein und Erde und Käfer und Baum. Einen Friedhof vor ihm ging der Boden zu Ende, schoß tiefer und tiefer hinab, verlor sich mit dem Teufel im Bett des Tales, erhob sich schwankend zur Straße nach dem Meerdorf, wo die Blüten der Obstbäume über das Holz der Bootswände niederhingen und Schwesternstraßen zu den vier weißen Landspitzen liefen; eine Felsenlinie also, schnurstracks zur Hügelspitze gezogen, und die Kurve, wo sie sich krümmte, mit Bäumen gestrichelt; dann ins Tal niedertauchen, tief wie die Geschichte des letzten Feuers, das in der Kammer ein Stockwerk über dem Garten Eden brannte, und zum ersten grünen Bau nach dem roten, tiefen Fall. Tiefer und tiefer, wie ein mit Städten beklebter Stein, wie der Fluß aus einem Glas voller Orte, fiel der Hügel, der seinen Füßen Halt gab. Er war nicht mehr eine Volksgestalt, sondern Marlais, der Dichter, der über den Rand in die Zerstörung hineinschritt, die Flanke des Untergangs erkletterte, und weiter über die Hölle im Bett zur roten Linken, bis er das erste der Felder erreichte, wo die unausgebrüteten Äpfel bald Feuer schreien würden, in einem Wind von einem halben Berg her, der nach Westen ins Meer fiel. Marlais stand, ein Mann in einem Bild, wo der Mittag zur Mitte hinwehte, stand an einem Kreis von Apfelbäumen und zählte die Baumkreise, die über die schattigen Meilen auf einen Dörferhaufen zuwanderten. Er legte sich ins Gras nieder, und der Mittag fiel wundgeschlagen zur Sonne zurück; und er schlief, bis eine Handglocke über die Felder läutete. Es war ein Nachmittag ohne Wind, und die Schwester mit den blonden Haaren läutete die Glocke zum Tee.

Er war ganz nahe ans Ende der unbeschreiblichen Wanderung gelangt. Das blonde Mädchen breitete auf einem zum Meer abfallenden Feld, drei Felder und einen Zauntritt von Marlais entfernt, ein Tischtuch über einen flachen Stein. In einen von mehreren Bechern goß sie Milch und Tee, und das Brot schnitt sie so dünn, daß sie durch die weißen Scheiben London sehen konnte. Sie sah unverwandt hinüber zum Zauntritt und zur gestutzten, durchsichtigen Hecke, und als Marlais sie überkletterte, zerlumpt und unrasiert, die entblößte Brust von der Sonne verbrannt, stand sie aus dem Gras auf und lächelte und schenkte Tee für ihn ein. Das war das Ende der unsagbaren Abenteuer. Sie saßen im Gras an dem Steintisch wie Liebende bei einem Picknick, zu voll von Liebe, um zu sprechen: wunschlose Hausgeister im Schatten des Heckenwinkels. Sie hatte eine Handglocke für ihre Schwester geläutet, und sie hatte damit einen Geliebten über elf Täler hin zu sich gerufen. Ihre vielen Liebesbecher standen leer auf dem flachen Stein.

Und er, der geträumt hatte, daß hundert Obstgärten in Flammen ausgebrochen waren, sah plötzlich im windlosen Nachmittag Feuerzungen durch die Apfelblüte schießen. Die Bäume rund um sie her fingen Feuer und knisterten in der Sonne, die Vögel flogen auf, als aus jedem Zweig eine kleine rote Wolke wuchs; die Rinde fing Feuer wie Stechginster, die ungeborenen, lodernden Äpfel wirbelten blitzschnell verzehrt zu Boden. Die Bäume waren Feuerwerk und Fackeln, glosten aus dem Feuerofen der Felder zu einem brennenden Lichtbogen auf und warfen ihre gebrandmarkten Früchte wie Aschenregen auf die verkohlten Straßen und Felder nieder.

Der im windlosen Nachmittag einen Knabentraum von ihrer Hand aus Fleisch und Geist geträumt hatte, sah nun auf dem roten Höhepunkt, als die hölzernen Wurzelstufen am Eingang des Obstgartens splitterten und es den bewahrten Türmen übel erging, daß sie schwer ihre Hand erhob und auf die Bäume und Vögel zeigte. Am Himmel war ein Gestöber von Flügeln und Feuer und Vorabendwind im Niedergehen des verbrannten Tages. Als die neue Nacht gebaut war, lächelte sie, wie sie in dem kurzen, elf Täler alten Traum gelächelt hatte; schief wie Pisa lehnte die

Nacht an den westlichen Wänden; keine Posaune soll die Wände von Wales einstürzen lassen, ehe die Jüngste Musik anhebt; sie zeigte auf ihre Schwester in einem Schatten bei dem verschwindenden Garten, und die Gestalt mit dunklen Haaren und mit Krähen auf ihren Schultern erschien an Marlais' Seite.

Das war das Ende einer Geschichte, schrecklicher als die Geschichten von den Lebenden und von denen, die nicht tot sind, in den bergigen Häusern der Jarvishügel; und das unnatürliche Tal, das der Idris bewässert, ist ein Kinderland gegen dieses elfte Tal auf der Wanderung zum Meer. Ein Traum, der kein Traum war, lauerte dort; der Wind der wirklichen Welt zog herauf, um die Feuer zu löschen; eine Vogelscheuche zeigte auf die erloschenen Bäume.

Das hatte er geträumt, noch ehe das Brennen und Erlöschen der Blüten, das Steigen und das salzige Landeinwärtsschwingen des Meeres in der Nähe dieser Obstgärten kein Traum mehr war. Er küßte die beiden heimlichen Schwestern, und eine Vogelscheuche küßte ihn wieder. Er hörte die Vögel auf die Schultern seiner beiden Geliebten niederfliegen. Er sah die Astgabelbrust, das gestachelte Auge und die dürre Zweighand.

In der Richtung zum Anfang hin

Im leichten Zelt im schwingenden Feld im großen Frühlingsabend, nahe der See und dem strandkiesgesteinigten Boot mit dem Mast aus Zedernholz, dem Heck voller Schnäbel und Muscheln, einem gefalteten lachsfarbenen Segel und zwei breitflossigen Rudern; unter den Möwen, die hoch oben vorbeiflogen, im gleichen Schwarm mit Storch, Pelikan und Sperling auf dem Flug zum Ende des Ozeans und zum ersten Samenkorn eines zeitlosen Landes, das auf dem Kopf einer Sanduhr wirbelt: ein Reifen aus Federn hinab ins Dunkel des Frühlings in einem Drunterunddrüberjahr; als die Felsen in der Geschichte mit jedem Zug und gekritzelten Glied, jedem Nadelöhr, mit jedem Schatten eines Nervs und jedem Schnitt ins Herz, mit gespaltener Faser und tönernem Faden für den Wortschwall der Odyssee verzeichneten, wie das Lorbeerblatt fiel und die Eiche stürzte und der Mondstein an meuchlerischen fleischgewordenen untoten gezählten Wellen zersplitterte, wurde in der Richtung zum Anfang hin ein Mensch geboren. Und aus dem Schlaf, in dem die Mondscheibe ihn mit den Bergen in ihren Augen und mit den starken, äugigen Armen hochgehoben hatte, die hinter ihr voller Gezeiten und Finger zur umwehten See niederfallen, rappelte er sich hoch über den Rand des Abends, schwang sich in den Anfang wie eine Wildgans in den Himmel und rief seine Furien nach dem vom Wind gezeichneten Register des Grabes und der Wasser beim Namen. Wer war diese Fremde, die daherkam wie eine Hagelschloße, in Eis geschnitten, einen schneeblättrigen Seebusch als Haar und größer als ein Zedernmast; sie, um die der nordweiße Regen niederströmte und die walfischgepeitschte See von einer Fischerstadt auf der schwimmenden Insel hochgeworfen wurde bis zu den Höhlen ihres Auges? Sie war Salz und war weiß und unterwegs wie das Feld, das mit seinen Vögeln auf einem einzigen Halm um sie geschlungen war, wie der Abend, dessen Mittelpunkt im nie stillen Herzen lag; er hörte ihre Hände in den Baumwipfeln – eine Feder tauchte nieder, ihre Finger flossen über die Stimmen –, und die Welt durchlief im Ertrinken die Gesichte einer Sirenenfremden von Gras und Wassertieren und Schnee. Die Welt wurde eingesaugt bis auf den letzten Tropfen des letzten Sees; der Wasserfall des letzten Teilchens hetzte als Schaum zu Boden, als hätte der Regen vom Himmel seine Wolken kielkenternd fallen lassen wie Manna aus den weichen Bäuchen der Jahreszeiten, und der harte Hagel fiel und verbreitete und verwirrte sich in einer Wolke, halb Blume, halb Asche, oder der kammfüßige Wind der Aasvögel, der eine aus Schlamm aufgetürmte Pyramide durchwehte, oder das sanfte, sachte Treiben von mit Blättern vermengtem Dunst. Genau in der Mitte des kreisenden Zaubers war er ein Küstenmann in tiefer See, mit seinem Haar an das Auge auf dem Zyklopenbusen gebunden und mit den Saiten seiner umspülten Schenkel unter die Bänder ihrer Stimme gespannt. Weiße Bären schwammen und Matrosen ertranken beim Glasklang der Musik, die sie mit Händen und Fabeln aus seinem aufrechten Haar hämmerte und zupfte; sie zerrte sein Entsetzen an den Ohren und brachte ihn singend ans Licht durch den Wald der schlangenhaarigen, versteinernden Stimme. Über ihre eigene erstarrte Schulter zurück starrte die Offenbarung. Was war ihre Schöpfungsgeschichte: der letzte Funke des Gerichtes oder die Springflut des ersten Walfisches aus dem Wasserland? Die Brunst des Feuers am Ende vor der Aschenurne, ein hochauftanzender Totenbrand, einer versprühten Rakete noch heißer Stumpf, oder eine verlöschende Wassermütze über dem Kerzengipfel, wo der erste Frühling und seine Torheit die Schranken des Meeres überkletterten und die Schleusen und Schlösser des Gartens waren? Wer war sie, deren Bild im Wind, deren Spur auf der Klippe war, deren Echo auf Antwort pochte? Sie hatte einen Golddrosselglorienschein und Schlangenhaare. Sie regte sich im verschlingenden salzigen Feld, in der Chronik und in den Felsen, in den dunklen Anatomien und selbst im Grunde der verankerten See. Sie wütete im Schoß des Maultiers. Sie stolperte in der galoppierenden Dynastie. Sie war laut im alten Grab und hielt in der Sonne einen stillen, lebhaften Mund. Er nahm ihr ausgestoßenes Ebenbild wahr, mit eines Nachtmahrs Fuß in Gift abgedrückt und in den Wind gerahmt; den Abdruck ihres Daumens, der sich vor ihrer Hand mit einem schwimmhäutigen Schatten krümmte; die Befragung des vertrauten Echos: ›Was ist die Geschichte meiner Schöpfung; die Springflut aus Granit, die dort, wo die erste Flamme in die gemeißelte Welt geworfen ist, löscht und ertränkt, oder das Freudenfeuer mit seiner Löwenmähne jenseits der Schwelle der letzten Gruft?‹ So fuhr an jenem Abend eine einzige Stimme auf den Wellen des Lichtes und des Wassers dahin, ein einziger Gesichtszug nahm die gleitenden, wechselnden Launen an. Von dort, wo die grüngoldene Spanische Fliege der See die Spur des Tintenfisches färbt, kroch ein einziges Gift durch den Schaum, und aus allen vier Ecken der Weltkarte pustete ein einziger Blasengel in Gestalt einer Insel die Wolken hinaus auf die See.

Zweiter Teil

Weihnachtsgespräch

KLEINER JUNGE

Vor vielen, vielen, vielen Jahren, als du ein kleiner Junge warst –

SELBST

Als es noch Wölfe in Wales gab, und Vögel, so rot wie rote Flanellunterröcke an den harfenförmigen Hügeln vorbeizischten, als wir die ganze Nacht und den ganzen Tag lang sangen und schwelgten, in Höhlen, die rochen wie Sonntagnachmittage in feuchten Guten Stuben von Bauernhäusern, und als wir mit eines Pfarrers Kinnbacken auf die Engländer und auf die Bären Jagd machten –

KLEINER JUNGE

Du bist nicht so alt wie Mr. Beynon vom Zweiundzwanzigerhaus, der sich erinnern kann, wie es noch gar keine Autos gab. Vor vielen, vielen Jahren, als du noch ein Junge warst –

SELBST

Ach, ich weiß noch, wie es noch lang keine Autos gab, noch nicht einmal Räder, und auch noch keine Pferde mit Gesichtern wie Herzoginnen; wie wir noch sattellos auf den Rücken der dummen und glücklichen Hügel selber ritten –

KLEINER JUNGE

Du bist auch nicht so dumm wie Mrs. Griffiths oben in unserer Straße, die sagt, sie hält im Reservoir ihr Ohr unter Wasser und hört den Fischen zu, wie sie miteinander walisisch sprechen. Als du noch ein Junge warst, wie war denn damals Weihnachten?

SELBST

Es hat geschneit.

KLEINER JUNGE
Voriges Jahr hat es auch geschneit! Ich hab einen Schneemann gemacht, und mein Bruder hat ihn umgeschmissen, und ich hab meinen Bruder umgeschmissen, und dann haben wir unseren Tee getrunken.

SELBST
Aber das war nicht derselbe Schnee. Unser Schnee, der wurde nicht nur in weißen Tüncheeimern vom Himmel geschüttet, sondern ich glaube, er kam auch in flaumigen Umhangtüchern aus dem Boden heraus und schwamm und trieb aus den Armen und Händen und Körpern der Bäume hervor; Schnee wuchs über Nacht auf den Dächern der Häuser wie ganz reines Moos, ein Großvatermoos, und Schnee machte ein winziges Efeugerank um die Mauern und setzte sich auf den Briefträger, der die Gartenpforte öffnete, wie ein lautloses, gefühlloses Gewitter aus weißen, zerrissenen Weihnachtskarten.

KLEINER JUNGE
Hats denn damals auch schon Briefträger gegeben?

SELBST
Mit tröpfelnden Augen und kirschroten Windnasen knirschten sie auf gespreiteten erfrorenen Füßen den Hügel herauf zu unseren Haustüren und fäustlingen tapfer dran herum. Aber alles, was die Kinder hören konnten, war nur ein Glockenläuten.

KLEINER JUNGE
Du meinst, daß der Briefträger an der Tür bumm – bumm – bumm machte, und daß die Türen läuteten?

SELBST
Die Glocken, die die Kinder hören konnten, waren in ihnen drinnen.

KLEINER JUNGE
Ich hör nur Donner, manchmal; Glocken nie.

SELBST
Und Kirchenglocken gabs auch.

KLEINER JUNGE

In ihnen drin?

SELBST

Nein, nein, nein, in den fledermausschwarzen, schneeweißen Glokkentürmen, und Bischöfe und Störche zogen an ihren Glockensträngen. Und sie läuteten ihre Botschaft über die weißverbundene Stadt hin, über den gefrorenen Schaum der Hügel aus Zuckerstaub und Fruchteis, über das knisternde Meer. Es war, als bummerten alle Kirchen vor Freude unter meinem Fenster, und ihre Wetterhähne krähten Weihnachten auf unserem Zaun aus.

KLEINER JUNGE

Erzähl lieber weiter von den Briefträgern.

SELBST

Die waren ganz einfache, gewöhnliche Briefträger. Sie hatten eine Vorliebe für lange Wege und Hunde und Weihnachten und den Schnee. Sie klopften an die Türen mit blauen Fingerknöcheln –

KLEINER JUNGE

Unsere hat einen schwarzen Klopfer –

SELBST

Und dann standen sie auf der weißen Willkommen-Fußmatte unter dem kleinen schneedurchwehten Vordach und klatschten ihre Hände zusammen und keuchten und fauchten und machten Geister mit ihrem Hauch und traten von einem Fuß auf den anderen wie kleine Jungen, die hinausgehen wollen.

KLEINER JUNGE

Und dann die Geschenke?

SELBST

Und dann die Geschenke, nach dem Trinkgeld für den Briefträger, und der kalte Briefträger rutschte mit einer Rose auf seiner Knopfnase, kling-kling, die von den Teetabletts glattpolierte Schlittenbahn des frostglänzenden Hügels hinunter. Er ging in seinen eisumkrusteten Stiefeln wie ein Mann auf vereisten Mar-

morplatten des Fischhändlers; er wedelte mit seinem Sack wie mit
einem gefrorenen Kamelhöcker, bog taumelnd auf einem Fuß um
die Ecke – und, Gott helfe mir, weg war er!

KLEINER JUNGE

Erzähl lieber weiter von den Geschenken.

SELBST

Also, da gab es die nützlichen Geschenke: allesverschlingende Wolltücher aus der alten Kutschenzeit, und Fäustlinge, die für Riesenfaultiere gestrickt waren; Zebraschals aus einem Stoff wie seidener Kaugummi, den man beim Kraftziehen so ausdehnen konnte, daß sie einem bis auf die Galoschen reichten; weite Wollmützen wie bunte Teewärmer, die einem über die Augen fielen, daß man blind war; und echte Bärenfellmützen mit ihren Kaninchenschwänzen, und Balaklavahelme, gerade groß genug für die Opfer von Kopfjägern, die ein Verfahren haben, Köpfe ganz klein zusammenschrumpfen zu lassen. Dann gab es von Tanten, die immer ihre Wollsachen gleich auf der Haut trugen, wollene Unterwäsche mit Schnurrbärten und Pfeilen, so daß man sich wunderte, wieso diese Tanten überhaupt noch Haut hatten. Und einmal bekam ich auch einen kleinen gehäkelten Pferdefutterbeutel, von einer Tante, die leider nicht mehr unter uns wiehert. Und Bücher ohne Bilder, in denen kleine Jungen zwar mit vielen Zitaten gewarnt wurden, es ja nicht zu tun, aber dennoch auf Bauer Garges Teich eislaufen wollten und es auch wirklich taten und dabei ertranken; und Bücher, die mir Alles über die Wespe mitteilten, bloß nicht, warum es sie gibt.

KLEINER JUNGE

Erzähl jetzt lieber von den unnützen Geschenken.

SELBST

Am Heiligen Abend hängte ich ans Fußende meines Bettes Bessie Bunters schwarzen Strumpf, und jedes Mal nahm ich mir vor, die ganze mondhelle, schneehelle Nacht wachzubleiben, um zu hören, wie die Rentiere auf unserem Dach landen und der Stiefel mit seinem Weihnachtsgrün durch den Kaminruß herunterkommt. Aber bald wehte mir der Schneesand in die Augen, und obwohl ich den Kamin und das ganze flimmernde Zimmer anstarrte, wo der schwarze sackartige Strumpf hing, war ich doch eingeschlafen, bevor der Schornstein erzitterte und das Zimmer vor lauter Weihnachten rot und weiß wurde. Aber am Morgen, obwohl kein schmelzender Schnee aus dem Kamin auf dem Schlafzimmerboden lag, war doch der Strumpf gebläht und zum Überlaufen vollgestopft. Wenn du draufdrücktest, dann quiekte er wie eine Maus im Sack; er roch nach Mandarinen, ein kleiner, pelziger Arm hing oben drüber hinaus, wie der Arm eines Känguruhs aus seiner Mutter Bauchtasche. Wenn man den Strumpf in der Mitte hart drückte, dann schwabberte etwas; wenn man ihn noch einmal drückte, dann schwabberte es wieder. Und man konnte durch das frostbekritzelte Fenster hinaussehen auf die große Einsamkeit des kleinen Hügels. Eine Amsel saß dort still im Schnee.

KLEINER JUNGE
Hats denn nichts Süßes zum Essen gegeben?

SELBST
Natürlich gab es Süßigkeiten zum Essen. Die Eibischteigbonbons waren es ja, die im Strumpf geschwabbert hatten. Und dann gab es saure Bonbons, Sahnebonbons, weichen Zuckerhonigteig, Lakritzen, Seidenbonbons, Nußschokolade, Eisbonbons, Marzipan und walisische Schottenbonbons für die Waliser. Und Truppen von Zinnsoldaten, die, wenn sie auch nicht kämpfen wollten, doch immer davonlaufen konnten, und Wettrennspiele mit Fallen für die ganze Familie. Und *leichte Bastelspiele für kleine Ingenieure,* komplett mit Gebrauchsanweisung. Ja, wirklich leicht für einen Leonardo da Vinci! Und eine Pfeife gabs, damit der Hund zu bellen beginnt, damit der alte Mann nebenan aufwacht, damit er mit seinem Stock an die Wand klopft, damit unser Bild von der Wand fällt. Und eine Schachtel Zigaretten! Man steckt sich einfach eine in den Mund und stellt sich an die Straßenecke und wartet umsonst stundenlang, daß eine alte Dame einen ausschimpft, weil man eine Zigarette raucht; und dann grinst man und ißt sie auf. Und ganz zuletzt, in der Zehe ganz unten im Strumpf, ein Sixpennystück, wie ein silbernes Hühnerauge. Und dann hinunter zum Frühstück unter den Luftballons!

KLEINER JUNGE

Hat es auch Onkels gegeben wie bei uns im Haus?

SELBST

Zu Weihnachten gibt es immer Onkels. Dieselben Onkels! Und am Weihnachtsmorgen durchstöberte ich mit einer hundeaufstörenden Pfeife und mit Zuckerwerk die schneeumwickelte Stadt nach Neuigkeiten aus der kleinen Welt; und immer fand ich einen toten Vogel bei der weißen Bankfiliale oder bei den verlassenen Schaukeln. Vielleicht ein Rotkehlchen, und alle seine Feuer waren erloschen, bis auf eines, das immer noch rot auf seiner Brust brannte. Männer und Frauen warteten und schlapften und schaukelten aus Kirche und Bethaus zurück, mit Wirtshausnasen und windgeohrfeigten Wangen, lauter Albinos, die ihre steifen, schwarzen, kritzenden Federn gegen den unreligiösen Schnee gesträubt hatten. Mistelzweige hingen von den Gaskandelabern in allen Guten Stuben, es gab teelöffelweise Sherry und Walnüsse und Flaschenbier und Knallbonbons; und Katzen in ihren Gehpelzen bewachten die Kaminfeuer, und die hochgetürmten Feuer knisterten und spuckten und warteten auf die Kastanien und auf die Schürhaken. Etliche behäbige Männer saßen in den Guten Stuben und hatten ihre Kragen abgenommen; das waren fast sicher Onkels, die ihre neuen Zigarren ausprobierten, sie kritisch auf Armlänge von sich weghielten, wieder zum Mund zurückführten, husteten und sie dann wiederum von sich weghielten, als warteten sie auf die Explosion. Und einige wenige kleine Tanten, die in der Küche nicht erwünscht waren, übrigens auch sonst nirgends, saßen am äußersten Rand ihrer Stühle, saßen in Positur, spröde, voll Angst, zu zerbrechen, wie Tassen und Untertassen, denen die Farbe ausgegangen ist. Nicht viele Leute gingen an solchen Morgen durch die schneegepolsterten Straßen: aber immer ein alter Mann mit rehbraunem Melonenhut, gelben Handschuhen und um jene Jahreszeit mit Schneegamaschen; der machte seinen Gesundheitsspaziergang zur weißen Spielwiese hin und wieder zurück, bei jeder Witterung, vom Weihnachtstag bis zum Jüngsten Tag. Und manchmal gingen auch zwei frische, junge Männer mit großen brennenden Pfeifen, ohne Überrock, aber mit windgebauschtem Schal wortlos hinunter zur verlorenen See, um sich einen rechtschaffenen Appetit zu verschaffen, um den Rausch und die Weindünste loszuwerden, oder wer weiß, vielleicht auch, um in die Wellen hineinzugehen, bis nichts mehr von ihnen übrig sein würde als die zwei geringelten Rauchwolken ihrer unauslöschlichen Pfeifen.

KLEINER JUNGE

Warum bist du nicht nach Hause gegangen, zum Weihnachtsessen?

SELBST

Aber ich bin ja nach Hause gegangen. Ich bin immer nach Hause gegangen. Ich war grade auf dem Heimweg, Hals über Kopf; und der Bratengeruch von anderer Leute Weihnachtsessen, der Geflügelgeruch, der Brandy-, der Puddinggeruch stiegen mir alle zusammen in die Nasenlöcher; da plötzlich, aus einer schneeverbackenen Seitengasse kam ein Junge daher, ganz wie ich, mit einer Zigarette mit rosa Mundstück und mit dem violetten Andenken an ein blaues Auge im Gesicht, frech wie ein Distelfink, still vor sich hingrinsend. Ich haßte ihn auf den ersten Blick und Ton, und gerade als ich meine Hundepfeife an die Lippen führen und ihn damit vom Antlitz der Weihnachten einfach wegblasen wollte, setzte plötzlich er mit einem violetten Augenzwinkern *seine* Pfeife an *seine* Lippen und pfiff so durchdringend, so gellend, so unerhört laut, daß Glotzgesichter mit Backen voller Weihnachtsgans sich an ihre flitterbehangenen Fenster preßten, die ganze weiße widerhallende Straße lang!

KLEINER JUNGE

Was hast du zum Weihnachtsessen bekommen?

SELBST

Truthahn und brennenden Pudding.

KLEINER JUNGE

Wars gut?

SELBST

Nicht von dieser Welt!

KLEINER JUNGE

Was hast du nach dem Essen gemacht?

Die Onkels saßen vor dem Feuer, nahmen ihre Kragen ab, knöpften sich alle Knöpfe auf, falteten ihre großen, feuchten Hände über ihren Uhrketten, ächzten ein wenig und schliefen ein. Die Mütter, Tanten und Schwestern huschten hin und her, mit Terrinen in der Hand. Der Hund übergab sich. Tantchen Beattie mußte drei Aspirin nehmen, aber Tantchen Hannah, die gern Port trank, stand mitten im verschneiten Hinterhof und sang wie eine Drossel mit schwellendem Busen. Ich blies gewöhnlich Ballons auf, um zu sehen, wie groß sie sich aufblasen ließen; und dann, wenn sie platzten, und sie platzten alle, dann sprangen die Onkels auf, und es rumpelte in ihrem Bauch. Am reichen, schweren Nachmittag, wenn die Onkels wie Delphine prusteten und der Schnee fiel, saß ich in der Guten Stube unter Girlanden und chinesischen Lampions, naschte und nagte an Datteln, versuchte ein Modellkriegsschiff zusammenzubasteln, wobei ich mich an die *Anweisungen für kleine Ingenieure* hielt, und dabei kam etwas heraus, was man vielleicht für eine Tramway halten konnte, die zur See fährt. Und dann, beim Weihnachtsnachmittagstee, hatten sich die Onkels erholt und waren fröhlich bei ihrem Weihnachtsgebäck. Und die große Torte mit ihrem Zuckerguß erhob sich mitten auf dem Tisch wie ein Marmormausoleum. Tantchen Hannah versetzte ihren Tee mit Rum, weil es doch nur einmal im Jahr sei. Und dann, am Abend, gab es Musik. Ein Onkel spielte die Fiedel, ein Vetter sang ›Reif wie süße Kirschen‹, und ein anderer Onkel sang ›Die Trommel des Admiral Drake‹. Es war sehr warm in dem kleinen Zimmer. Tantchen Hannah, die beim Rübenschnaps angelangt war, sang ein Lied von verschmähter Liebe und blutenden Herzen und Tod, und dann noch ein zweites Lied, in dem sie erklärte, daß ihr Herz wie ein Vogelnest sei, und dann lachten wieder alle, und dann ging ich zu Bett. Ich sah zu meinem Schlafzimmerfenster hinaus in den Mondschein und in den fliegenden, endlosen, rauchfarbigen Schnee, und ich konnte die Lichter in den Fenstern all der anderen Häuser auf unserem Hügel sehen und aus allen Häusern die Musik in die lange, gleichmäßig fallende Nacht aufsteigen hören. Ich drehte das Gaslicht niedrig, ich schlüpfte ins Bett. Ich sagte einige Worte zur engen, heiligen Finsternis, und dann schlief ich.

KLEINER JUNGE

Aber das hört sich alles an wie ganz gewöhnliches Weihnachten!

SELBST

Das wars auch.

KLEINER JUNGE

Weihnachten, als du ein kleiner Junge warst, war also gar nicht anders als Weihnachten jetzt?

SELBST

Doch, Doch!

KLEINER JUNGE

Wieso war Weihnachten damals anders?

SELBST

Das darf ich dir nicht sagen.

KLEINER JUNGE

Warum darfst du es mir nicht sagen? Warum ist Weihnachten für mich anders?

SELBST

Das darf ich dir nicht sagen.

KLEINER JUNGE

Warum kann Weihnachten für mich nicht geradeso sein, wie es für dich war, als du noch ein Junge warst?

SELBST

Das darf ich dir nicht sagen... Das darf ich dir nicht sagen, weil jetzt Weihnachten ist.

Wie man Dichter wird

Ein Redakteur hat mich in einem Augenblick übergroßen Vertrauens aufgefordert, zu diesem Thema zu sprechen.

Denken Sie nur, was er alles statt dessen hätte vorschlagen können: Die Entfaltung der Verführungsszene bei Watts-Dunton; Charles Morgan, meine liebste Romanfigur; T. S. Eliot und die Dollarkrise; Der Einfluß von Stan Lauren und Oliver Hardy, und der Einfluß von Laurel auf Hardy. – Wie Fowler in seinem ›Englischen Sprachgebrauch‹ sagt: ›Was für Worte könnte man nicht gebrauchen, wären diese Themen nur zu erörtern und auf sie Bezug zu nehmen!‹ Aber wie ein angenagelter Schuster muß ich bei meinem Leisten bleiben.

Darf ich Ihnen sogleich klarmachen, daß ich in diesen informativ sein sollenden Notizen Dichtung nicht als Kunst oder Handwerk betrachte, als den rhythmisch-verbalen Ausdruck eines geistigen Bedürfnisses oder Dranges, sondern einzig und allein als Mittel zu einem gesellschaftlichen Zweck. Besagter Zweck besteht im Erlangen einer Stellung in der Gesellschaft, die genügend gefestigt ist, um es dem Dichter zu gestatten, jene Affektiertheiten der Rede, der Kleidung und des Benehmens, die im Anfang von so wesentlicher Bedeutung sind, abzulegen und auszumerzen; ferner in einem Einkommen, das groß genug ist, seine physischen Ansprüche zu befriedigen, wenn er nicht bereits dem Dichterübel, dem Großstadtwasserkopf, zum Opfer gefallen ist; und schließlich in der dauerhaften Sicherheit vor der Angst, noch weiterschreiben zu müssen. Ich gedenke nicht, die Frage zu stellen, geschweige denn zu beantworten: ›Ist Dichtung etwas Gutes?‹, sondern lediglich: ›Kann man das Dichten zu einem guten Geschäft machen?‹

Ich werde Ihnen zunächst – mit verschiedenen nötigen oder unnötigen Anmerkungen – einige der Haupttypen von Dichtern vorstellen, die gesellschaftlich und finanziell ›angekommen‹ sind.

Als erster, wenn auch nicht der Wichtigkeit nach, kommt der Dichter, der mit dem Vermerk ›lyrisch‹ aus dem Staatsdienst hervorgegangen ist. Er zerfällt, was seine physische Erscheinung angeht, in zwei Typen: Er ist entweder dünn, um nicht zu sagen ausgelaugt wie ein verlebter Ziegenbock, mit Lippen, so wülstig, sinnlich und einladend wie die Legeröhre eines Huhns, ferner kahl, von allzu mannhafter Geburt an. Die Augen sind klein, verkniffen und gerötet, weil er als abstoßender Jüngling in einem Dachzimmer der Provinz Bücher auf französisch las (eine Sprache, die er nicht versteht), die Stimme gleicht dem Geräusch einer Mäusekralle auf Silberpapier, die Nasenflügel sind durchsichtig, der Atem ist grau. Oder aber er ist hängebackig und struppig, mit geschwungener Pfeife und einer Nase voller Tabaksreste; aus seinen bierunterlaufenen Augen blickt ganz Sussex, seine rauhen Tweedanzüge riechen nach den Hunden, die er verabscheut; er hat eine Stimme wie ein gebildeter Airedaleterrier, der seine Vokale im Fernkursverfahren gelernt hat, und er ist ein intimer Freund Chestertons, den er nie kennengelernt hat.

Sehen wir nun, wie unser Mann es zu seiner gegenwärtigen beneidenswerten Position gebracht hat: der eines Dichters, für den das Dichten sich lohnt.

In den Staatsdienst ausgesetzt, in einem Alter, da viele unserer jungen Dichter jetzt zum Funk durchbrennen (was dem früheren Zur-See-Gehen entspricht), taucht er zuerst in den Bergen und Tälern von amtsschimmeligem Papier unter, die er in späteren Jahren so ätzend, obwohl mit schiefem, herbem Lächeln, mit einem einzigen Absatz in seinem Buch ›Um und über meine Regale‹ abtut. Nach ein paar Jahren beginnt er aus den Formularen und Akten, in denen er sein geordnetes, nagendes Dasein fristet, hervorzulugen, und mit seinen tintenbekleckten Fingern hebt er hier eine Käserinde, dort ein bißchen fallengelassenen Unrat auf. Seine Ohren sind unheimlich sentitiv: er kann hören, wie eine Büroflucht weiter ein Schreibtisch frei wird. Und bald erfährt er, daß ein Gedicht im *Beamtenanzeiger*, wenn schon nicht ein Schritt die Stufenleiter hinauf, so doch ein Zungenlecken in der Richtung ist. Und er schreibt ein Gedicht. Es handelt natürlich von der Natur; es gesteht einen Wunsch, dem grauen Einerlei des Dienstablaufs zu entfliehen und sich das einfache Leben des Landarbeiters zu eigen zu machen; ihn verlangt danach, wenn auch ohne Krach, mit den Vögeln aufzustehen; er spricht die Ansicht aus, daß nicht eine Feder, sondern eine Pflugschar seinen kleinen Kräften am besten angemessen sei; als Pantheist fühlt er sich eins mit dem Bach, dem darauf reimenden Mühlendach, dem Mildmädchen und seinen rosigen Hinterbäckchen, dem Rattenfänger und seinen rotbraunen Backen, mit Schäfern, Schweinen, Piepern, Pippinäpfeln. Man riecht das Land in seinen Versen, die Felder, die Blumen, die Achselhöhlen des Triptolemos, man riecht Scheunen, Holzfeuer, Heu und vor allem Korn, immer wieder Korn. Das Gedicht wird veröffentlicht. Ein einziges lyrisches Zitat vom Anfang muß hier genügen:

> Die dröhnende Straße schweigt!
> Schweigt, sage ich?
> Ein Flügelschlag hat gezeigt,
> Was im Spinnweb der Zeit verblich.
> Still wie der Tod ist die Luft
> Über dem grauen Stein!
> Und über der Straßengruft
> Hör' ich – Schalmei'n!
> Eine Amsel hat noch gewußt,
> Was das Dunkel erhellt:
> Sie singt ihre perlende Lust
> Vom Londoner Himmelszelt.

Kurze Zeit nach Erscheinen des Gedichtes nickt ihm auf dem Korridor Hotchkiss vom Steueramt zu, selbst Wochenenddichter, Verfasser von zwei schmalen Bändchen, hat drei Zeilen im ›Who is Who der Dichter‹ oder im Newbolt-Kalender, ferner eine ehrgeizige Frau mit Ponyfrisur und V-Ausschnitt, die in der Kunstschulschlacht gekünstelt, geschult und geschlagen wurde, einen kleinen Wagen, der stets wie von selbst nach Sussex fährt – wie einst ein Pfarrgaul, ohne denken zu müssen, zur Dorfschenke trabte – und auf dem Schreibtisch eine unvollendete Monographie über den Einfluß des Dichters Blunden auf die Form der Baumhecke.

Hotchkiss ißt zu Mittag mit Sowerby vom Zoll, der wiederum eine literarische Persönlichkeit von Bedeutung ist: er hat seine eigene wöchentliche Artikelspalte im *Will o' Lincoln's Wochenblatt*, und sein Name erscheint in der Herausgeberliste für den Klub ›Meisterwerk des Halbmonats‹ (ermäßigte Exemplare an alle Schriftsteller, und Gesamtausgabe der Werke Mary Webbs für ein Viertel des Ladenpreises zu Weihnachten); und Hotchkiss bemerkt nebenbei: »Sie haben da einen recht vielversprechenden Mann in Ihrer Abteilung, Sowerby. Den jungen Cribbe. Ich hab da eine kleine Sache von ihm gelesen: ›Mein Bruder, der Brachvogel‹.« Und Cribbes Name zieht seine kleinen, dumpfen Kreise.

Als nächstes wird er gebeten, eine ganze *Gruppe* von Gedichten zu der von Hotchkiss zusammengestellten Anthologie ›Neue Flöten‹ beizusteuern, die Sowerby mit Worten hoher Anerkennung – ›Ein rares Talent für das nachklingende Wort‹ – im *Will o' Lincoln's* rezensiert. Cribbe schickt Exemplare der Anthologie (jedes einzelne mühsam mit der Widmung versehen: ›Dem größten lebenden englischen Dichter‹) zur Huldigung an zwanzig der langweiligsten Poeten, die immer noch auf ihren Hinterbeinen stehen. Manche der Widmungsexemplare werden bestätigt. Sir Tom Knight nimmt sich einige großzügige, wenn auch benebelte Augenblicke Zeit, um ein paar Zeilen auf einen Briefbogen mit eingeprägter Helmzier zu kritzeln, den er an sich nahm, als er bei einem kurzsichtigen, aber doch nicht gar so kurzsichtigen Lord zum ersten und unwiderruflich letzten Mal das Wochenende verbrachte. »Lieber Mr. Crabbe«, schreibt Sir Tom, »über Ihren kleinen Tribut habe ich mich gefreut. Ihr Gedicht ›Notturno mit Lilien‹ könnte neben Shanks bestehen. Nur so weiter, nur so weiter! Auf dem Parnassus ist Raum.« Die Tatsache, daß Cribbes Gedicht gar nicht ›Notturno mit Lilien‹ heißt, sondern ›Deliusklänge an einer Friedhofspforte‹, stört Cribbe nicht im geringsten; vielmehr legt er den Brief sorgfältig ab, nachdem er vorher die Haarschuppen weggeblasen hat, und liegt bald darauf in den Geburtswehen des Zusammenstellens seiner Gedichte zu einem Buch mit dem Titel: ›Hänfling und Spindel‹, gewidmet ›Clem Sowerby, dem Gärtner mit den fruchtbaren Fingern im Garten der Hesperiden‹.

Das Buch erscheint. Es findet einige wohlwollende Beachtung, besonders in Middlesex. Und Sowerby, zu bescheiden, es nach einer so gefälligen Widmung selbst zu rezensieren, rezensiert es unter einem anderen Namen. ›Dieser junge Dichter‹, schreibt er, ›ist nicht – und dafür sei ihm Lob und Dank – zu modernistisch, um der hellglänzenden Quelle seiner Inspiration Ehrerbietung zu erweisen. Cribbe wird seinen Weg machen.‹

Und Cribbe macht sich auf den Weg zu seinem Verleger. Ein Vertrag wird aufgesetzt, die Verlagsanstalt Nach & Nach verpflichtet sich, seinen nächsten Gedichtband herauszubringen, unter der Bedingung, daß sie das Vorkaufsrecht auf seine nächsten neun Romane hat. Er bringt es außerdem fertig, als gelegentlicher Lektor für die Verlagsanstalt Nach & Nach engagiert zu werden, und geht nach Hause, mit einem Paket unter dem Arm, das ein Buch über die *Entwicklung der Oxfordbewegung in Finnland* von einem Major i. R. enthält, sowie drei Tragödien in Blankversen über Maria Stuart von Schottland, und einen Roman mit dem Titel: *Morgen, Jennifer.*

Nun hat Cribbe bis zu diesem Vertrag nie daran gedacht, einen Roman zu schreiben. Aber unbekümmert um die Tatsache, daß er einen Menschen nicht vom andern unterscheiden kann – für ihn sind die Leute eine einzige trübe, graue Masse, mit Ausnahme von Zelebritäten und Abteilungsvorgesetzten –, unbekümmert auch darum, daß er nicht das leiseste Interesse an dem hat, was sie tun oder sagen, außer insoweit das seine Karriere angeht, und daß der Spielraum seiner Phantasie so begrenzt ist wie der eines Eichhörnchens in einer Tretmühle, setzt er sich in Hemdsärmeln hin, lockert den Kragen, drückt das Kraut in den Pfeifenkopf und fängt an, ernstlich die Frage zu studieren, wie er am besten – ohne Vorbehalt – mit dem gewerbsmäßigen Schreiben von Romanen einen Erfolg erzielen kann. Er kommt bald zu dem Schluß, daß durch rauhbeinige Romane mit Titeln wie *Ich hab's verdient* oder *Zehn Cent der Wurf* nur kurzfristiger Absatz und kurzlebiger Ruhm erzielt wird; ebenso mit proletarischen Romanen über die Bekehrung halbseidener junger Aristokratentypen zum dialektischen Materialismus, vielleicht betitelt: *Rot ist der Regen, Alf*; und mit Romanen mit Titeln wie etwa: *Pas de trois* über dunkle, leicht hinkende Männer, die Dick Conway heißen, und ihre Liebe zu zwei Frauen, der wollüstigen Ursula Mountclare und der kleinen, schüchternen Fay Waters. Und er sieht bald, daß nur ein äußerst geringer Absatz und nur Besprechungen in den exklusivsten Monatsheften mit denkbar begrenzter Auflage daraus resultieren könnten, wenn er einen Roman schriebe, von der Art wie: *Der innere Tierkreis*, von G. H. Q. Bidet, eine schonungslose Analyse der ideologisch-gedanklichen Konflikte, die sich aus den Beziehungen zwischen Philip Armour, einem internationalen impotenten Physiker, Tristram Wolf, einem bisexuellen Bildhauer, der in Teakholz arbeitet, und Philips jungfräulicher aber dynamischer kreolischer Frau Titania, einer Dozentin für Balkanwirtschaft, ergeben, und wie diese hochgradig sensitivierten Charaktere – so sehr sie den Geist des nachsartreschen Zeitalters atmen – eine tiefgreifende Synthese miteinander eingehen, während sie um des Zusammengehörigkeitsgefühls willen gemeinsam in einer UNESCO-Klinik arbeiten.

Cribbe ist nicht auf den Kopf gefallen und erkennt schon in den Anfangsstadien seiner Untersuchung, die ihn, mit Theodolit und Atmungsgerät bewaffnet, in die finstersten Winkel des Großantiquariats Foyle führt, daß man einen Roman schreiben muß, der einen stetigen, unsensationellen Absatz in der Provinz und in den Vororten gewährleistet und sich – für alle Geschmacksrichtungen – mit der Geburt, der Erziehung, dem wirtschaftlichen Auf und Ab, den Heiraten, Trennungen und dem Sterben von fünf Generationen einer Familie von Baumwollmaklern in Lancashire beschäftigt. Dieser Roman, das erfaßt er sofort, muß einen soliden, ruhigen Titel tragen, wie *Spindel, Spule und Haspel*. Und er geht ans Werk. Aus den Besprechungen von Cribbes erstem Roman etwa diese Auswahl: ›Hier verbindet sich fundiertes Können mit gediegener Charakterzeichnung.‹ ›Handlung in Hülle und Fülle.‹ ›Sie werden mit George Stetigmann, seiner Frau Muriel, dem alten Tobias Matlock (eine köstliche Vignette) und allen Bewohnern von Haus Webschütz genau so vertraut wie mit Ihrer eigenen Familie.‹ ›Diese starrköpfigen Menschen aus Englands Norden wachsen einem ans Herz.‹ ›Echt englisch wie der Regen in Manchester.‹ ›Mr. Cribbe ist ein Bullterrier.‹ Auf den Erfolg des Romans hin tritt Cribbe dem F.E.D.E.R.-Klub bei, hält einen Vortrag über die literarische Heimatlandschaft des frühen Brett Young und wird zum regelmäßigen Rezensenten, preist jeden zweiten Roman, den er bekommt, in den höchsten Tönen (›Seine Prosa schimmert‹) und lädt jeden dritten Romanschreiber zum Essen in den Servil-Klub ein, in den er vor kurzem als Mitglied gewählt wurde.

Als die ganze Trilogie erschienen ist, steigt Cribbe – wie der Abschaum, der obenauf bleibt – in den F.E.D.E.R.-Vorstand auf, nimmt an all den Gedächtnisfeierlichkeiten für Literaten teil, die zum ersten Mal seit fünfzig Jahren wirklich tot sind, zerreißt seinen alten Vertrag und unterschreibt einen neuen, bringt einen weiteren Roman heraus, der von der Buchgesellschaft ausgewählt wird, bekommt von der Verlagsanstalt Nach & Nach eine Stellung ›in beratender Eigenschaft‹ angetragen, die er annimmt, verläßt den Staatsdienst, kauft sich ein kleines Landhaus in Buckinghamshire (›Man möchte nicht glauben, daß wir hier nur fünfzig Kilometer von London entfernt sind, wie? Sieh mal, alter Junge, der Haubentaucher dort.‹ Ein Star fliegt vorüber) und eine neue Sekretärin, die er später heiratet, weil sie blindschreiben kann. Dichten? Vielleicht ab und zu ein Sonett in der *Sunday Times*; von Zeit zu Zeit eine kleine Lyriksammlung (Gedichte waren doch meine erste Liebe, wissen Sie). Aber in Wirklichkeit schert er sich nicht mehr viel darum, obwohl es ihn dahin gebracht hat, wo er ist. Er hat es geschafft!

Und nun müssen wir uns für einen Augenblick einen ganz anderen Typ von Dichter ansehen, den wir Cedric nennen wollen. Um Cedrics Fußstapfen zu folgen (das würde er ganz reizend von Ihnen finden und würde nicht daran denken, einen Polizisten zu rufen, es sei denn, es wäre dieser schrecklich finstere Sergeant, den man manchmal am Mecklenburgh Square sieht, genau wie ein El Greco), müssen Sie zwielichtig in den Mittelstand hineingeboren sein, oder eine der richtigen Schulen besucht haben (was Sie natürlich verabscheuen müssen, denn es ist unbedingt erforderlich, von Anfang an mißverstanden zu sein), und wenn Sie dann auf der Universität anlangen, sollten Sie bereits Ihren Ruf als kommender Dichter begründet haben und womöglich so aussehen wie ein Mittelding zwischen einem Gardeoffizier und dem Sonnenjüngling eines Photographen. Sie werden vielleicht sagen: »Aber wie soll ich es anstellen, mit einem schon fertigen Ruf anzukommen, als ›Dichter, den man im Auge behalten muß‹?« (Das Dichter-Beobachten wird vielleicht in Zukunft ein genau so beliebter Sport sein wie heutzutage das Vögel-Beobachten. Und man kann sich sehr gut vorstellen, daß die Redaktionsbüros des *Dichterling* von der Nation aufgekauft und zur Schutzstätte erklärt werden.) Aber das ist eine Frage, die nicht in den Rahmen dieser nur allzu flüchtigen Notizen paßt, denn es muß angenommen werden, daß jeder, der den Wunsch verspürt, das Dichten berufsmäßig zu betreiben, noch immer gewußt hat, wie man das Zeug im Bedarfsfall produziert. Und außerdem war Cedrics Tutor am College der beste Freund seines Aufsichtslehrers. Hier also haben wir Cedric, bei den wenigen Urteilsfähigen bereits bekannt für seine feinempfundenen Gedichte von goldschimmernden Gliedern, sonnenfunkelnden Farnen und dem Ambrosia des ersten scheuen Kusses im zartgeschnitzten Filigran der Höhlen des Mondes (in Wirklichkeit die Stiefelkammer der Schule). Hier steht er, an der Schwelle des Ruhms, und ihm zu Füßen liegt hingebreitet die Welt, wie eine Strecke von Ballettomanen.

Wenn dies die zwanziger Jahre wären, dann hieße Cedrics erster Gedichtband (noch während seiner Studienzeit veröffentlicht) vielleicht ›Espen und Lauten‹. Die Gedichte wären voller Heimweh nach einem Leben, das es niemals gab. Sie wären weltmüde. (Er hat die Welt einmal durch ein Zugfenster gesehen: sie sah unwirklich aus.) Sie wären ein sorgfältig grelles Gemisch, ein geschickt an Gewesenes gemahnender Kuchen, voller Rosinen, die aus diesen und jenen angesehenen englischen Autoren und Dichtern herausgeklaubt sind, ein leicht kakophonisches Treibhaus voll exotischer Gewächse und komisch-erotischer Nippsachen, dem ich folgende typische Zeilen entnehme:

> Ein Füllhorn phallischer Schnörkelgesten
> Wellt herab an zinnoberroten Palästen,
> Fabuliert in phantastischem Sirup-Tanz;
> Quittenbrüstige Kirken, geschürzt wie Javanen,
> Fangen den Regen kirschköpfiger Bananen
> Und stampfen Sarabande unter dem Beerenglanz.

Nach einem kleinen Mißverständnis mit den Universitätsbehörden entschwand er in die Tonart Moll – ein gemachter Mann.

Wäre es in den dreißiger Jahren, so könnte der Band sehr wohl heißen: *Ich, Leuchtturm, warne* und würde aus einer von zwei Arten von Gedichten bestehen. Entweder es wären lange, laxe, leichthin-hingegossene Rhythmen, ersterbende Kadenzen und Bilder des sozialen Bewußtseins:

> Unablässig hat der konspiratorische Winter
> Den Bedürftigkeitsnachweis erbracht, jeder einzelne
> Beraubte Zweig mußte seinen tragischen Werdegang
> Belegen – doch nun:
> Sieh! das glorreiche Knospen! frühlingsfroh wie ein
>   Arbeiterumzug
> Bei der Eröffnung der neuen Turnhalle!
> Sieh! die Vollbeschäftigung der Blüten!

Oder die Sammlung wäre gewagt voll von Straßenjargon und schnoddrigen Redensarten, Schlagerfetzen, kiplingschem Wortgeklingel, gedörrten Blues:

> Wir sitzen im Dreck
> Wie die Maden im Speck –

Was weiß ich, was gestern war: morgen die Katakombe –
Laß dir's gesagt sein, Baby,
Wer wird denn verzagt sein, Baby,
Wir sitzen auf 'ner dicken, schwarzen Bombe.

Soziales Bewußtsein! Das war das Motto. In endlosen Gesprächen beim Kaffee – (›Adrian macht den besten Kaffee auf dieser ganzen unzivilisierten Insel.‹ ›Sag mal, Rodney, wo *kriegst* du bloß dieses köstliche rosa Gebäck?‹ ›Das ist mein Geheimnis!‹ ›Ach, sag mir's doch, bitte! Ich geb dir auch das Spezialrezept, das Basils alter Oberst aus Ceylon mitgebracht hat, man braucht drei Pfund Butter und eine Mangoschote‹) – redet er davon in den Uni-Ferien irgendwo hinzugehen, ›wo *wirkliches* Leben ist. Ich meine aber auch wirklich. Zum Beispiel ins Rhondda-Tal, oder irgend so eine Gegend. Ich meine, ich *weiß*, daß ich mich dort wirklich orientiert fühlen würde. Ich meine, hier stagniert alles so. Bücher, Bücher. Auf die Menschen kommt es an. Ich meine, man muß die Kumpels kennen!‹ Und er verbringt die großen Ferien bei Reggie in Bonn. Es folgt ein Band politisch gefärbter Reiseplaudereien, dessen Verheißung sich reichlich erfüllt, als er Jahre später als Literarischer Sekretär der I.K.K.M. (Internationale Kunstkammer von Morgen) auftaucht.

Wenn Cedric in den vierziger Jahren schriebe, wäre er vielleicht (so sehr, daß er den Strand vor lauter Sand nicht sehen könnte) in eine Art von apokalyptischer Eierpampe versenkt, und sein erster Band könnte heißen: *Rauschender Makrokosmos*, oder *Heliogabalus im Pfingstwunder*. Seine Gleichnisse durcheinandermischen, sein Klischee im Schlamm versenken, seine gestohlenen Symbole in schale Eselsmilch einweichen – das könnte Cedric so gut wie nur irgendeiner.

Als nächstes, London und das Rezensieren. Selbstverständlich das Rezensieren der Werke anderer Dichter. Das schlecht zu machen, ist einfach und finanziell lohnend, wenn auch nicht sofort. Das Vokabular, das ein gewissenhaft unehrlicher Rezensent von Gegenwartsdichtung lernen muß, ist begrenzt. Strömung natürlich, und Durchschlagskraft, Impasto, Bewußtsein, Zeitgeist, Einflußsphäre, im Stile von Auden, der späte Yeats, Übergangsperiode, Konstruktivismus, schematisch, genial eingesprengt – all das trägt zweifellos wesentlich dazu bei, das Lebenswerk eines jeden erwachsenen und verantwortungsbewußten Dichters kurz und bündig abzutun. Es gilt nur wenige Hauptregeln zu beachten: Wenn, sagten wir, zwei grundverschiedene Gedichtsammlungen miteinander verglichen werden, stelle man die eine gegen die andere, so als ob sie ursprünglich in reinem Wettbewerb miteinander geschrieben worden wären. ›Nach Mr. A.s subtilen, gespannten und geschlossenen dichterischen Kommentaren oder fast schon Epigrammen klingen Mr. B.s langatmige und sonore Schilderungen, bei all ihrer strukturellen Prachtentfaltung und schwingenden Orchestrierung, eigenartig hohl‹ ist ein Beispiel dieses überaus nützlichen und mühesparenden Kunstgriffs. Entscheiden Sie sich – mit aller Überlegung – für die standhafte Bewunderung eines bestimmten Dichters, ob Sie seine Gedichte nun mögen oder nicht; erheben Sie ihn zu Ihrem Privateigentum; patentieren Sie ihn; schaffen Sie sich mit ihm einen Platz an der Sonne. Bringen Sie seinen Namen ohne jeden Grund in Ihren Besprechungen an: ›Mr. E. ist leider ein Dichter, der sehr zur überschwenglichen Rhodomontade neigt (ganz im Gegensatz zu Hector Whistle).‹ ›Beim Lesen von Mr. D.s bewundernswerter, beschlagener, obwohl stellenweise holpriger Übersetzung sehnen wir uns nach der kühlen Inbrunst und der vollendeten Kunstfertigkeit Hector Whistles.‹ Achten Sie bei der Wahl Ihres Dichters darauf, nicht etwa zu wildern. Fragen Sie sich zuerst: ›Ist Hector Whistle schon von jemand anderem reserviert?‹

Lesen Sie alle anderen Besprechungen der Bücher, die Sie gerade besprechen wollen, ehe Sie selber ein Wort sagen. Zitieren Sie aus den Gedichten nur dann, wenn Sie in Zeitdruck sind; bei einer Besprechung sollte es um den Besprecher gehen, nicht um den Dichter. Hüten Sie sich davor, einen schlechten, aber reichen Dichter herunterzumachen, es sei denn, er ist als geizig bekannt, tot, oder in Amerika; denn es ist kein großer Schritt vom Rezensieren von Gedichten bis zum Herausgeben eines Magazins, und es ist gut möglich, daß der reiche, schlechte Dichter das Geld dafür hergibt.

Um zu Cedric zurückzukehren: nehmen wir an, daß er – auf Grund eines Vergleichs zwischen den Gedichten eines reichen jungen Mannes und denen Audens, zum Nachteil Audens – den Herausgeberposten bei einem neuen literarischen Magazin bekommen hat. (Unter Umständen bekommt er auch eine Wohnung.

Wenn nicht, sollte er darauf bestehen, daß das neue Magazin über ein geräumiges Büro verfügt. Dann wohnt er dort.)

Cedrics erstes Problem ist, wie er die Sache nennen soll. Das ist nicht leicht, da die meisten der Namen, die überhaupt nichts bedeuten, was eine Grundvoraussetzung für den Erfolg des neuen Projekts ist, schon benutzt worden sind: – *Horizont, Polemik, Ernte, Karavelle, Saatkorn, Übergang, Jenseits, Fokus, Rundblick, Apokalypse, Arena, Circus, Kronos, Wegweiser, Wind und Regen*, – sie alle sind schon drangewesen. Können Sie Cedrics Gehirn brodeln hören? ›Vakuum‹, ›Vulkan‹, ›Limbo‹, ›Meilenstein‹, ›Volcano, ›Erkenntnis, ›Schisma, ›Daten‹, ›Brandstiftung‹. Ja, er hats: ›Helldunkel‹. Und der Rest ist leicht: bloß noch redigieren.

Aber werfen wir noch ganz schnell einen Blick auf einige andere Methoden, das Dichten zu einem gutgehenden Unternehmen zu machen.

Das *Provinzler-Sturm* oder das Hie-Rimbaud-und-auf-sie-drauf-mit-Gebrüll!-Verfahren. Dies läßt sich nicht aus vollem Herzen empfehlen, da gewisse Vorbedingungen unerläßlich sind. Ehe Sie hinabstoßen und ins Zentrum der literarischen Tätigkeit platzen – und das heißt, wenn Sie sehr jung sind, die richtigen Kneipen, und später die richtigen Quartiere, und noch später die richtigen Klubs –, müssen Sie hinter sich einen namhaften Rumpfbestand (der Rumpf braucht nicht unbedingt einen Kopf) wilder und unverständlicher Gedichte haben. (Wie ich schon vorher sagte, ist es nicht meine Aufgabe, darzulegen, wie diese linkischen und wortreichen Ekstasen zuwegegebracht werden. Hart Crane stellte fest, daß er nur im Suff Sibelius hören mußte, um das Zeug in rauhen Mengen ausstoßen zu können. Einem Freund von mir, der seit seinem achten Lebensjahr an heftigen Kopfschmerzen leidet, fällt das Schreiben ohnehin so leicht, daß er sich Knoten ins Taschentuch machen muß, damit er daran denkt, aufzuhören. Es gibt viele Methoden, und wo ein Wille und leichtes Delirium ist, da ist auch ein Weg.) Und weiter muß dieser Dichter einen Durst und eine Konstitution wie ein salzfressendes Pony haben, eine Nilpferdhaut, grenzenlose Energie, gewaltige Einbildung, keinerlei Skrupel und – das ist das Allerwichtigste und kann gar nicht überschätzt werden – einen Wohnsitz in der Provinz, auf den er sich jedesmal zurückziehen kann, wenn er einen Nervenzusammenbruch hat.

Ich kann leider nur ganz schnell noch einige der übrigen Kategorien durchgehen.

Über den Dichter, der lediglich schreibt, weil er schreiben will, den es nicht tief bewegt, ob er veröffentlicht wird oder nicht, und der sich mit Armut und völligem Mangel an Anerkennung zu Lebzeiten abfinden kann, läßt sich hier nichts von irgendwelchem Wert sagen. Er ist kein Geschäftsmann. *Nachruhm zahlt sich nicht aus.*

Ferner zu erwähnen – und äußerst *un*empfehlenswert – sind die folgenden Spielarten:

Das Schreiben von Ulkversen, Klapphornreimen und so weiter. Großer Markt, aber wenig oder gar kein Verdienst.

Gedichte in Weihnachtsknallbonbons. Zu jahreszeitgebunden.

Gedichte für Kinder. Das bringt Sie und die Kinder um.

Nachrufe in Versen. Nur altbewährte Lieblingsfassungen werden benutzt.

Dichten als Mittel zur Erpressung (durch Langeweile). Gefährlich, denn der von Ihnen Erpreßte könnte Vergeltung üben, indem er Ihnen seine unvollendete Tragödie über den heiligen Bernhard: ›Die Reiseflasche‹ vorliest.

Und schließlich: *Gedichte an Klosettwänden.* Der Lohn ist rein psychologisch.

Ich danke Ihnen.

Die Nachgänger

Es war ein Winterabend, sechs Uhr. Dünner, trüber Regen spuckte und tröpfelte an den erleuchteten Straßenlaternen vorbei. Die Gehsteige leuchteten langgedehnt und gelb. In quiekenden Galoschen, mit hochgeschlagenen Regenmantelkragen und mit weinenden Melonenhüten und Filzhüten packten sich junge Männer aus den Büros heimwärts gegen den stichelnden Wind...

»Nacht, Mr. Macey.«

»Gehst den selben Weg wie ich, Charlie?«

»Uh, was für ein Schweineabend!«

»Gute Nacht, Mr. Swan.«...

und ältere Männer klammerten sich an die großen, schwarzen, kreisrunden Vögel von Regenschirmen, die über ihren Köpfen schwebten, und wurden davongetrieben, die gaslaternenerhellten Hügel hinauf, zu ihren sichern, heißen, hausschuhumstandenen, wetterfesten, heimischen Herden und Gattinnen, die Mutti genannt wurden, und alten, liebevollen Flohbeutelhunden und plappernden Radioapparaten.

Junge Frauen aus den Büros, die nach Parfüm und Puder und nassen Zwergkapuzen und Frauenhaar rochen, liefen kichernd Arm in Arm den zischenden Straßenbahnen nach und kreischten, wenn sie in den Pfützen, die unter Ölregenbogen zwischen den glitschigen Schienen lagen, ihre Strümpfe bespritzten.

In einem Schaufenster zogen zwei Mädchen die großen Puppen aus:

»Wohin gehst du heut abend?«

»Hängt von Arthur ab. So, da hast du sie!«

»Obacht auf ihre Hemdhöschen, Edna...«

Und wieder ein Fenster, über das die Rollbalken niederrasselten.

Ein Zeitungsjunge stand in einem Haustor und rief mit ganz leiser Stimme für keinen Menschen die Nachrichten aus:

»Erdbeben, Erdbeben in Japan!«

Wasser aus einer Dachrinne tröpfelte auf seinen Zeitungssack. Er stand in seiner eigenen Regenlache.

Ein flaches, langes Mädchen trieb, sich leise in ihr Taschentuch schneuzend, aus einem Juwelierladen und zog langsam mit einer hakenbewehrten Stange die eisernen Rollbalken nieder. Sie sah im grauen Regen aus, als weinte sie vom Scheitel bis zur Zehe.

Ein stummer Mann und eine stumme Frau, schwarzgekleidet, trugen die großen Kränze, die vor ihrem Blumenladen hingen, hinein in das parfümierte tödliche Dunkel hinter den Schaufensterlampen. Dann gingen die Lampen aus.

Ein Mann, der einen Ballon an seine Mütze gebunden hatte, schob einen Karren, der mit einem Sackleichentuch verhüllt war, in eine tote Sackgasse.

Ein Baby mit uraltem Gesicht saß in seinem Kinderwagen vor den Weinkellergrüften, still und sehr naß, und sah sich vorsichtig nach allen Seiten um.

Es war der traurigste Abend, den ich je erlebt hatte.

Ein junger Mann, den Arm um sein Mädchen, ging an mir vorbei und lachte. Und sie erwiderte sein Lachen, sie lachte schnurstracks in sein hübsches, unsympathisches Gesicht hinein. Das machte den Abend noch trauriger.

Ich traf Leslie Ecke Crimea Street. Wir waren beide ungefähr gleichaltrig: zu jung und zu alt. Leslie trug einen gerollten Regenschirm, den er nie benutzte, bloß manchmal drückte er damit auf Türklingeln. Er versuchte, sich einen Schnurrbart wachsen zu lassen. Ich trug eine karierte Schiebermütze windschief wie am Samstagabend. Wir begrüßten einander in aller Form:

»Guten Abend, altes Haus!«

»'n Abend, Leslie.«

»Pünktlich wie nur was, Junge!«

»Stimmt auffallend«, sagte ich. »Haargenau.«

Ein molliges, blondes Mädchen, das nach nassen Kaninchen roch und dem sogar der schauerliche Abend nicht das Gefühl seiner Weiblichkeit geraubt hatte, trippelte zierlich auf hohen Absätzen vorbei. Die Absätze klapperten, die Schuhsohlen spratzten.

Leslie pfiff hinter ihr her, leise und bewundernd.

»Erst das Geschäftliche«, sagte ich.

»Junge, Junge!« sagte Leslie.

»Und außerdem ist sie zu dick.«

»Ich mag sie gern üppig«, sagte Leslie, »weißt du noch, Penelope Bogan? Die war noch dazu eine verheiratete Frau.«

»Ach, komm schon endlich! Diese alte Schachtel aus dem Paradiesgäßchen! Wie stehn denn die Finanzen, Les?«

»Ein Shilling und ein Penny. Und du?«

»Halben Shilling.«

»Also wohin dann? Richtscheit und Zirkel?«

»Im Marlborough gibts gratis Käse dazu.«

Wir nahmen unseren Weg in Richtung Marlborough, wichen Regenschirmspeichen aus, wurden von unseren windknatternden Mänteln verprügelt; das dampfende Lampenlicht machte uns fleckig, und wir sahen den triefenden, windverwehten Abfall und das Straßentreibgut der Stadt, Papiere, Fetzen, Unrat, Rinden, Zigarettenenden und Pelzreste wehen und treiben und sich in den Gossen verneigen. Wir hörten die knochigen Straßenbahnen niesen und klappern und von der Bucht herauf ein Schiff tuten wie eine vom Nebel eingefangene Eule, und Leslie sagte:

»Was machen wir nachher?«

»Wir gehen wem nach«, sagte ich.

»Kannst dich noch an das Mädel oben in der Kitchener Street erinnern? Die ihre Handtasche fallen ließ?«

»Die hättest du zurückgeben sollen.«

»Es war doch nichts drin, bloß ein Stück Marmeladebrot.«

»Da wären wir«, sagte ich.

Die Schankstube des Marlborough war kalt und leer. An den feuchten Wänden hingen Aufschriften: »Singen nicht gestattet. Tanzen nicht gestattet. Glücksspiele nicht gestattet. Hausieren nicht gestattet.«

»Du, sing was«, sagte ich zu Leslie, »und ich tanz dazu, dann spielen wir Münzenhochwerfen, und ich geh mit meinen Hosenträgern hausieren.«

Die Bardame, mit goldenen Haaren und zwei goldenen Vorderzähnen wie ein wohlhabendes Kaninchen, hauchte ihre Nägel an und polierte sie an ihrer schwarzen Seidenbluse. Sie blickte auf, als wir hereinkamen, dann hauchte sie wieder ihre Nägel an und polierte sie hoffnungslos weiter.

»Man sieht, daß nicht Samstagabend ist«, sagte ich. »Abend, Fräulein! Zwei Seidel.«

»Und eine Pfundnote aus der Kasse«, sagte Leslie.

»Schick deinen Schilling her, Les«, flüsterte ich und sagte dann laut: »Man sieht gleich, daß nicht Samstagabend ist. Niemand kotzt.«

»Ist ja niemand zum Kotzen da«, sagte Leslie.

Die leberfarbige Schankstube mit ihren abblätternden Wänden sah aus, als sei nie in ihr getrunken worden. Und doch erzählten hier weitgereiste Vertreter Witze und tranken Whisky mit Soda mit fröhlichen bemalten Portwein-und-Zitronen-Damen; abgetakelte Stammgäste wurden hier in den Ecken groß und verschwommen, erfanden ihre Vergangenheiten, ihre Reichtümer, ihre Wichtigkeit und die vielen Lieben, die ihnen zuteil geworden waren. In Unehren ergraute Großmamas in mülleimerschwarzen Kleidern gackerten und schlürften; einflußreiche Niemande inspizierten die Welt. Jemand, der Ohrringe trug und Spitzen-Willi hieß, spielte auf dem verkrüppelten Piano, das wie ein Leierkasten unter Wasser klang, bis die naseweise Wirtsfrau sagte: »Nein.« Fremde kamen und gingen, vor allem gingen sie. Männer aus den Tälern kamen auf einen Sprung herein, um neun oder zehn Glas zu trinken; manchmal wurde geraucht, und immer war etwas los, irgendeine Diskussion, ein Kichern und Angeben, irgendeine Dummheit oder ein Schreck, eine Zuneigung, ein Knall und Fall, ein Streich, friedliche Zuflucht, oder irgendeine blinde Kuh, die da im Geist durch den weingeistgeschwängerten blauen Dunst dieses unbequemen, alltäglichen Nichts in der torkelnden Hinterwäldlerstadt am Ende der Eisenbahnstrecke ins Blaue flog. Aber an diesem Abend war es das traurigste Lokal, das ich je gesehen hatte.

Leslie sagte mit leiser Stimme: »Glaubst du, sie gibt uns noch eins auf Kredit?«

»Wart ein wenig, Junge«, flüsterte ich. »Wart erst, bis sie auftaut.«

Aber die Bardame hörte mich und sah auf. Sie sah glatt durch mich hindurch, durch meine kleine Lebensgeschichte zurück in das Bett hinein, in dem ich geboren war, dann schüttelte sie ihren goldenen Kopf.

»Ich weiß nicht, was das ist«, sagte Leslie, als wir im Regen die Crimea Street hinaufgingen, »aber ich fühl mich irgendwie deprimiert heut abend.«

»Heut ist der traurigste Abend in der ganzen weiten Welt«, sagte ich.

Wir blieben stehen, durchweicht und einsam, um uns die Bilder draußen vor dem Kino anzusehen, das wir den Juckzirkus nannten. Woche um Woche, seit ungezählten Jahren, hatten wir dort auf den Rändern der ungefederten Sitze gesessen, in der muffigen, aber behaglich glimmenden Dunkelheit, erst mit Lakritze und Erdnüssen, die knackten, um die Revolver auf der stummen Leinwand mit Geräuschen zu versehen, und dann später mit Zigaretten, einer ganz billigen Sorte, die einen Feuerfresser gereizt hätte, die Asche und Schlacke seines Herzens auszuhusten. »Gehn wir doch hinein und schaun wir uns Lon Chaney an«, sagte ich, »und Richard Talmadge und Milton Sills und... und Noah Beary«, sagte ich, »und Richard Dix... und Slim Summerville und Hoot Gibson.«

Wir seufzten beide.

»Ach, unsere entschwundene Jugend!« sagte ich.

Schweren Schrittes gingen wir weiter und spritzten dabei geschickt die Vorübergehenden an.

»Warum spannst du deinen Schirm nicht auf?« fragte ich.

»Er geht nicht auf. Versuch mal.«

Wir versuchten beide, und plötzlich bauschte sich der Regenschirm auf, die Speichen brachen durch den triefenden Bezug, der Wind ließ die Fetzen auftanzen; das Wrack wand sich über uns im Wind wie ein vertilgter mathematischer Vogel. Wir versuchten, ihn zusammenzufalten, aber eine bis dahin unsichtbare Speiche sprang aus seinen zerfetzten Rippen hervor. Leslie schleifte ihn hinter sich her über den Gehsteig, als hätte er ihn totgeschossen.

Ein Mädchen namens Dulcie, das unterwegs in den Juckzirkus war, kicherte »Hallo«. Wir hielten sie an.

»Eben ist etwas ziemlich Furchtbares passiert«, sagte ich zu ihr. Sie war so dumm, daß sie sogar noch im Alter von fünfzehn Jahren, als wir ihr erzählt hatten, daß ihr Strohhaar sich zu Locken ringeln würde, wenn sie Seife äße, und Leslie ihr ein Stück aus dem Badezimmer brachte, es wirklich aß.

»Ich weiß schon«, sagte sie. »Ihr habt euren Schirm zerbrochen.«

»Nein, da irrst du dich«, sagte Leslie. »Es ist gar nicht *unser* Schirm. Dieser Schirm da ist vom Dach gefallen. Greif ihn mal an«, sagte er. »Du kannst doch spüren, daß er vom Dach gefallen ist.« Sie faßte den Regenschirm vorsichtig am Griff an.

»Da ist irgendwer dort oben auf dem Dach und wirft Regenschirme herunter«, sagte ich. »Das kann etwas sehr Ernstes sein.«

Sie begann zu kichern, wurde dann aber still und ängstlich, als Leslie sagte: »Man kann nie wissen. Als nächstes wirft er vielleicht Spazierstöcke herunter.«

»Oder Nähmaschinen«, sagte ich.

»Du wart hier, Dulcie, und wir sehn mal nach, was los ist«, sagte Leslie.

Wir gingen hastig, aber vorsichtig an der Mauer entlang, bogen um eine wind- und regenumwehte Ecke, dann rannten wir davon.

Vor Rabiottis Café sagte Leslie: »Das ist nicht fair gegen Dulcie.« Wir erwähnten sie nie wieder.

Ein nasses Mädchen streifte uns. Ohne ein Wort folgten wir ihr. Sie galoppierte langbeinig durch die Inkerman Street und durch die Paradies-Passage. Wir blieben ihr auf den Fersen.

»Ich frage mich, was das für einen Sinn hat, Leuten nachzugehen«, sagte Leslie, »es ist doch irgendwie dumm. Es kommt nie was dabei heraus. Alles, was man tut, ist, daß man ihnen nach Hause nachgeht und dann versucht, zum Fenster hineinzusehen, was sie machen. Und meistens sind ohnehin Vorhänge vor. Ich wette, außer uns macht niemand sowas.«

»Kannst du nie wissen«, sagte ich. Das Mädchen bog in die St. Augustus Crescent ein, und die sichelförmig gebogene Gasse war ein einziger, weiter, lampenerhellter Dunst. »Irgendwelche Leute gehen immer andern Leuten nach. Wie wollen wir sie denn nennen?«

»Hermione Weatherby«, sagte Leslie. Er fand immer richtige Namen. Hermione hatte etwas Feenhaftes und Sehniges, sie schritt wie eine hochgewachsene Turnlehrerin mit einem Herz voller Liebe durch den stechenden Regen.

»Man kann nie wissen. Man kann nie wissen, was man herausfindet. Vielleicht wohnt sie in einem riesigen Haus mit allen ihren Schwestern –«

»Wieviel?«

»Sieben. Und alle voller Liebe. Und wenn sie heimkommt, dann ziehen sie sich alle um und ziehen Kimonos an und liegen auf Diwans, und die Musik spielt, und sie flüstern einander zu; und alles, was sie tun, ist, auf jemanden wie uns zu warten, daß er sich im Regen verirrt und in ihr Haus hineinkommt, und dann werden sie alle rund um uns schwatzen wie die Stare und auch uns Kimonos anziehen, und wir werden nie mehr herauskommen, bis ans Ende unserer Tage. Vielleicht ist es so schön und weich und lärmend wie ein warmes Bad voller Vögel...«

»Ich will aber keine Vögel in meinem Bad haben«, sagte Leslie. »Vielleicht schneidet sie sich den Hals durch; wenn sie bloß nicht die Vorhänge vorziehen. Ist mir ganz egal, was geschieht, wenns nur interessant ist.«

Sie plitschplatschte um eine Ecke in eine Allee, wo säuberliche Bäume seufzten und weinten und behagliche Fenster leuchteten.

»Ich will keine ekligen Vogelfedern im Bad haben«, sagte Leslie. Hermione ging zur Tür Nr. 13 hinein, Villa Strandblick.

»Jaja, den Strand kann man schon erblicken«, sagte Leslie, »wenn man ein Periskop hat, damit man über die Häuser wegsehen kann.«

Wir warteten auf dem gegenüberliegenden Gehsteig unter einer rülpsenden Gaslaterne, bis Hermione die Haustür geöffnet hatte; dann schlichen wir auf Zehenspitzen hinüber, den Kiesweg entlang hinters Haus, wo wir ein Fenster ohne Vorhang fanden.

Hermiones Mutter, eine rundliche, freundliche, eulenhafte Frau in einer Schürze, schüttelte eben eine Pfanne mit Kartoffelpuffern auf dem Küchenherd, daß die Puffer hüpften und sich auf die andere Seite drehten.

»Ich hab Hunger«, sagte ich.

»Ssst!«

Wir schlichen uns von der Seite her an das Fenster an, eben als Hermione in die Küche kam. Sie war alt, vielleicht sogar schon fast dreißig; und sie hatte mausbraune Haarfransen und große, ernste Augen. Sie trug eine Hornbrille und ein vernünftiges Tweedkostüm und ein weißes Hemd mit einer strengen Fliege am Kragen. Sie sah aus, als versuche sie wie eine Sekretärin in gewissen Filmen auszusehen, die nur ihre Brillen abnehmen und ihr Haar schöngemacht haben und herausgeputzt werden muß wie ein seidener Sonntagsbraten, um zu einer Herzensbrecherin zu werden und ihren Chef, den Filmstar Warner Baxter, dazu zu veranlassen, sich zu verschlucken, vor ihr auf die Knie zu fallen und sie zu heiraten. Aber wenn Hermione ihre Brille abgenommen hätte, dann hätte sie nicht mehr sagen können, ob es Warner Baxter war oder der Mann, der die Gasuhr ablesen kam.

Wir standen so nahe am Fenster, daß wir die Kartoffelpuffer zischen und spucken hören konnten.

»Hast einen guten Tag im Büro gehabt, Kindchen? Nein, so ein Wetter«, sagte Hermiones Mutter und quälte die Kartoffelpuffer in der Pfanne.

»Wie heißt denn *die*, Les?«

»Hetty.«

Alles in dieser warmen Küche, angefangen von der Teebüchse und von der alten Uhr bis zur scheckigen Katze, die schnurrte wie ein summender Kessel, war gut, langweilig und solide.

»Mr. Truscott war wieder schrecklich«, sagte Hermione und zog dabei ihre Hausschuhe an.

»Wo ist ihr Kimono?« sagte Leslie.

»Da hast du eine gute Tasse Tee«, sagte Hetty.

»Alles ist gut in diesem alten Loch«, sagte Leslie mürrisch. »Wo sind die sieben Schwestern wie junge Stare?«

Es begann noch viel stärker zu regnen. In Eimern kam es herunter auf den schwarzen Hinterhof und auf die kleine, behagliche Hundehütte von Haus, und auf uns, und auf die versteckte, verstummte Stadt, wo gerade in diesem Augenblick im sicheren Port des Marlborough das Unterwasserleierkastenpiano das Lied ›Daisy‹ anblechen und die fröhlichen, rotbemalten Weiber in ihren Portwein hineinquieken würden.

Hetty und Hermione aßen ihr Abendbrot. Zwei ertrunkene Knaben beobachteten sie neiderfüllt.

»Tu einen Tropfen scharfe Tunke auf die Kartoffelpuffer«, flüsterte Leslie, und, bei Gott, sie tat es wirklich!

»Ist denn nirgendswo was los?« sagte ich, »nirgends auf der ganzen weiten Welt? Ich glaube, was jeden Sonntag in *News of the World* steht, das ist alles glatt erfunden! Es bringt überhaupt niemand mehr wen um. Es gibt keine Laster mehr, keine Liebe, keinen Tod, keine Perlen, keine Scheidungen, keine Nerzmäntel und überhaupt nichts mehr; nicht einmal, daß jemand Rattengift in den Kakao streut...«

»Warum schalten sie nicht wenigstens Musik für uns ein«, fragte Leslie, »oder tanzen miteinander? Die haben doch auch nicht jede Nacht zwei Männer draußen im Regen stehn, die ihnen zusehn. Oder was glaubst du?«

In der ganzen tropfenden Stadt hockten kleine verlorene Leute, die nirgendwo hinzugehen und kein Geld auszugeben hatten, im Regen vor nassen Fenstern, aber nirgends geschah etwas.

»Ich krieg Lungenentzündung«, sagte Leslie.

Die Katze und das Feuer schnurrten, die Großvateruhr tickte und tackte unser Leben weg. Das Abendbrot war abgeräumt, und Hetty und Hermione, die schon seit vielen Minuten nicht einmal miteinander gesprochen hatten, so zuversichtlich und behaglich fühlten sie sich in ihrer kleinen erleuchteten Kiste, sahen einander jetzt an und begannen langsam zu lächeln.

Sie standen still in der wohlanständigen, schnurrenden Küche und sahen sich an.

»Jetzt wird was Merkwürdiges geschehn«, flüsterte ich leise.

»Jetzt fängts an«, sagte Leslie.

Den sauren, prasselnden Regen bemerkten wir nicht mehr.

Das Lächeln blieb auf den Gesichtern der beiden stillen, schweigenden Frauen.

»Jetzt fängts an!«

Und wir hörten Hetty mit dünner, geheimnisvoller Stimme sagen: »Hol doch das Album hervor, Kindchen.«

Hermione öffnete einen Wandschrank, holte ein großes Photoalbum mit steifem Deckel heraus und legte es mitten auf den Tisch. Dann setzten sie und Hetty sich an den Tisch, nebeneinander, und Hermione schlug das Album auf.

»Das ist Onkel Eliot, der in Porthcawl gestorben ist; weißt du, der den Krampf gehabt hat«, sagte Hetty.

Sie sahen Onkel Eliot liebevoll an, aber wir konnten ihn nicht sehen.

»Und das ist Martha, die das Wollgeschäft gehabt hat, an die kannst du dich unmöglich erinnern, Kindchen. Für die gabs immer nur Wolle, Wolle, Wolle und wieder Wolle. Sie wollte in ihrem Wollpullover begraben werden, im lilafarbigen, aber ihr Mann, der hat das nicht zugelassen. Der wußte, was er wollte. Der war früher in Indien! – Und das ist dein Onkel Morgan«, sagte Hetty, »einer von den Morgans aus Kidwelly, weißt du? Kannst du dich noch erinnern an ihn, damals, wie der Schnee war?«

Hermione blätterte um. »Und das ist Myfanwy, weißt du noch, die plötzlich so komisch geworden ist. Gerade als sie beim Melken war.«

»Das ist dein Vetter Jim, der Pfarrer war – bis sie ihm draufgekommen sind! Und das ist unsere Beryl«, sagte Hetty.

Aber sie sprach die ganze Zeit wie jemand, der etwas hersagt, das er gelernt hat, das er gerne gelernt hat und auswendig kann.

Wir wußten, daß sie und Hermione nur warteten.

Dann blätterte Hermione abermals um, und wir sahen an ihrem geheimnisvollen Lächeln, daß es das war, worauf sie gewartet hatten.

»Meine Schwester Katinka«, sagte Hetty.

»Tantchen Katinka!« sagte Hermione. Sie beugten sich über das Photo.

»Weißt du noch, damals in Aberystwyth, Katinka?« sagte Hetty leise. »Als wir mit dem Gesangverein den Ausflug gemacht haben?«

»Ich hab mein neues, weißes Kleid angehabt«, sagte eine neue Stimme.

Leslie umklammerte meine Hand.

»Und einen Strohhut mit Vögeln«, sagte die helle, neue Stimme.

Hermione und Hetty bewegten ihre Lippen.

»Ich hab immer gern Vögel auf dem Hut gehabt. Nur die Federn natürlich. Es war der dritte August, und ich war dreiundzwanzig.«

»Erst im Oktober warst du dreiundzwanzig, Katinka«, sagte Hetty.

»Ganz recht, mein Herz«, sagte die Stimme. »Ich war ein Skorpion. Und wir haben Douglas Pugh auf der Prom getroffen, und er hat gesagt: ›Du siehst heute aus, Katinka, wie eine Königin‹, hat er gesagt. ›Du siehst aus wie eine Königin, Katinka‹, hat er gesagt. Warum schauen diese zwei Jungen zum Fenster herein?«

Wir rannten den Kiesweg entlang und ums Hauseck und in die Allee hinein und hinaus, die St. Augustus Crescent entlang. Der Regen brüllte hernieder, um die Stadt zu ertränken. Wir blieben stehen und schnappten nach Luft. Wir sprachen nicht, wir sahen einander auch nicht an, dann gingen wir weiter durch den Regen. An der Viktoriaecke blieben wir wieder stehen.

»Gute Nacht, altes Haus«, sagte Leslie.

»Gute Nacht«, sagte ich.

Und wir gingen unserer verschiedenen Wege.

Eine Geschichte

Wenn man es eine Geschichte nennen kann. Sie hat keinen rechten Anfang oder Schluß, und in der Mitte ist auch sehr wenig. Das Ganze dreht sich um einen Tagesausflug im Kremser nach Porthcawl, und es passierte, als ich erst so groß war und viel netter als heute.

Ich war damals bei meinem Onkel und seiner Frau zu Besuch. Obwohl sie meine Tante war, war sie für mich nie etwas anderes als die Frau meines Onkels; teils, weil er so groß war und so laut herumtrompetete und so rothaarig war und jeden Zoll des heißen kleinen Hauses ausfüllte wie ein alter Büffel, der in einen Wäscheschrank eingesperrt ist, und teils, weil sie selbst so klein und flink und seidig war und nicht das leiseste Geräusch verursachte, wenn sie auf gepolsterten Pfötchen umherhuschte und die Porzellanhunde abstaubte, den Büffel fütterte und die Mausefallen aufstellte, in denen sie sich niemals fing; und war sie erst einmal aus dem Zimmer geschlüpft, um in einem Winkel zu piepsen oder auf dem Heuboden zu knabbern, dann vergaß man, daß sie je dagewesen war.

Aber er, er war immer da: ein dampfender Schiffsbauch von einem Onkel stand er in seinen Hosenträgern, die sich wie Trossen spannten, hinter dem Verkaufstisch des winzigen Ladens vorn im Haus eingezwängt und atmete wie eine Blaskapelle; oder er saß saufend und polternd in der Küche über seinem saftigen Abendessen – ein Mann, der für alles zu groß war, außer für die großen schwarzen Boote seiner Stiefel. Je mehr er aß, desto kleiner wurde das Haus; er wogte über die Möbel hinaus; die grellbunt karierte Wiese seiner Weste war, wie nach einem Picknick, mit Zigarettenstummeln bedeckt, mit Pellen, Kohlblattstengeln, Geflügelknochen, Soße; und der Waldbrand seines Haares knisterte zwischen den von der Decke baumelnden Schinken. Sie war so klein, daß sie ihn nur schlagen konnte, wenn sie auf einem Stuhl stand, und jeden Samstagabend um halb elf nahm er sie unter einen Arm und hob sie auf einen Stuhl in der Küche, damit sie ihm das Erstbeste auf den Kopf schlagen konnte, das ihr zur Hand kam, und das war immer ein Porzellanhund. Sonntags, und wenn er beduselt war, sang er in einem hohen Tenor, und er hatte schon viele Pokale gewonnen.

Von dem alljährlichen Ausflug hörte ich zum ersten Mal, als ich eines Abends auf einem Sack Reis hinter dem Ladentisch hockte, unter einer der Bauchfalten meines Onkels, und eine Anzeige für ein Schaf-Bad las, den einzigen Lesestoff, den es gab. Der ganze Laden war voll von meinem Onkel, und als Mr. Benjamin Franklyn, Mr. Weazley, Noah Bowen und Willi der Wächter kamen, dachte ich, der Laden würde platzen. Es war, als ob wir alle in einer Schublade steckten, die nach Käse und Terpentin und nach Kautabakrollen und süßen Keksen und Schnupftabak und Weste roch. Mr. Benjamin Franklyn sagte, er habe genügend Geld für den Kremser und zwanzig Kisten Hellbier beisammen, und obendrein noch je ein Pfund Sterling pro Kopf; das werde er unter die Ausflügler verteilen, wenn sie das erste Mal zur Erfrischung einkehrten, und er habe es satt bis obenhin, daß Willi der Wächter ihm dauernd hinterherlaufe.

»Den ganzen Tag, wo ich auch hingehe«, sagte er, »kommt er mir nachgezottelt wie ein einäugiger Collie. Ich hab selber einen

Schatten *und* einen Hund. Ich brauch keinen Hinz oder Kunz, der mich mit seinem dreckigen Wollschal verfolgt.«

Willi der Wächter wurde rot und sagte: »Das ist nur Öl. Ich habe ein Fahrrad.«

»Man hat schon überhaupt kein Privatleben mehr«, redete Mr. Franklyn weiter. »Ich sag euch, er bleibt mir so dicht auf der Pelle, ich trau mich nicht mal, hinten aus dem Haus zu treten, sonst sitz ich ihm womöglich auf dem Schoß. Mich wundert bloß, daß er mir nachts nicht auch ins Bett nachsteigt.«

»Frau läßt mich nicht«, sagte Willi der Wächter.

Und das brachte wieder Mr. Franklyn in Fahrt, und alle versuchten, ihn zu besänftigen, indem sie sagten: »Mach dir nichts aus Willi dem Wächter« ... »Meint's nicht bös, der alte Will' ... Er hat nur ein Auge aufs Geld, Benjie.«

»Bin ich vielleicht nicht ehrlich?« fragte Mr. Franklyn ganz erstaunt. Eine Zeitlang gab niemand Antwort, dann sagte Noah Bowen: »Du weißt doch, wie unser Ausschuß ist. Seit der Geschichte mit Bob dem Langfinger ist ihnen ein neuer Kassenwart nie mehr ganz geheuer.«

»Na, denkt ihr, *ich* gieß mir die Ausflugsgelder hinter die Binde, wie damals Bob der Langfinger?« sagte Mr. Franklyn.

»Du *könntest* ...«, sagte mein Onkel langsam.

»Ich trete zurück«, sagte Mr. Franklyn.

»Nee, nicht mit unserem Geld«, sagte Willi der Wächter.

»Wer hat Dynamit in den Lachsteich geworfen?« sagte Mr. Weazley, aber niemand achtete auf ihn. Und nach einer Weile fingen sie alle an, im dichterwerdenden Dämmer des heißen, käsigen Ladens Karten zu spielen, und jedes Mal, wenn mein Onkel gewann, blähte er sich und trompetete, und Mr. Weazley brummelte wie eine Baggermaschine, und ich sank auf der soßeduftenden Bergwiese der Weste meines Onkels in Schlummer.

Am Sonntagabend nach der Andacht in der Kapelle kam Mr. Franklyn in die Küche, wo mein Onkel und ich Sardinen mit dem Löffel aus der Büchse aßen, weil Sonntag war und seine Frau uns nicht Dame spielen ließ. Sie war auch irgendwo in der Küche. Vielleicht steckte sie in der alten Standuhr und hing an einem der Gewichte und atmete. Dann, eine Sekunde später, ging wieder die Tür auf, und Willi der Wächter schob sich ins Zimmer und drehte seinen harten Hut in den Händen. Er und Mr. Franklyn setzten sich auf das Kanapee: steif und eingemottet und schwarz saßen sie da in ihren Andachts- und Begräbnisanzügen.

»Ich habe die Liste mitgebracht«, sagte Mr. Franklyn. »Jeder Teilnehmer hat voll bezahlt. Frag nur Willi den Wächter.«

Mein Onkel setzte seine Brille auf, wischte sich seinen bärtigen Mund mit einem Taschentuch, das so groß war wie eine Landesfahne, legte seinen Sardinenlöffel hin, ergriff Mr. Franklyns Namensliste, nahm die Brille ab, um lesen zu können, und hakte dann einen Namen nach dem anderen ab.

»Enoch Davies. In Ordnung. Schön. Der hat Fäuste. Man kann nie wissen. Der kleine Gerwain. Sehr klangvoller Baß. Mr. Cadwalladwr. Recht so. Der weiß besser als meine Uhr, wann die Kneipen aufmachen. Mr. Weazley. Natürlich. War schon in Paris. Schade, daß er den Kremser so schlecht verträgt. Voriges Jahr mußten wir zwischen dem *Bienenkorb* und dem *Roten Drachen* neunmal stehenbleiben seinetwegen. Noah Bowen, ah, sehr friedlich. Zunge wie ein Turteltäubchen. Mit Noah Bowen gibts niemals Streit. Jenkins Loughor. Darf man bloß nicht auf Ökonomie bringen. Hat uns ein Schaufenster gekostet. Und zehn Maß Bier für den Polizeisergeanten. Mr. Jervis. Sehr ordentlich.«

»Er hat damals versucht, ein Schwein in den Kremser zu laden«, sagte Willi der Wächter.

»Leben und leben lassen«, sagte mein Onkel.

Willi der Wächter wurde rot.

»Sindbad der Seefahrerschenkwirt. Mit dem muß man auf gutem Fuß bleiben. Der alte O. Jones.«

»Warum den alten O. Jones«, sagte Willi der Wächter.

»Der alte O. Jones kommt immer mit«, sagte mein Onkel.

Ich sah vor mich auf den Küchentisch. Die Büchse Sardinen war verschwunden. Teufel, sagte ich im stillen, Onkels Frau ist wirklich schnell wie der Blitz.

»Cuthbert Johnny Fortnight. Also, das ist eine Nummer«, sagte mein Onkel.

»Er pfeift den Frauen nach«, sagte Willi der Wächter.

»Du auch«, sagte Mr. Franklyn, »in Gedanken.«

Schließlich genehmigte mein Onkel die ganze Liste, nur bei einem Namen stockte er und sagte: »Wenn wir keine christliche Gemeinde wären, dann würden wir diesen Bob Langfinger ins Meer werfen.«

»Das können wir in Porthcawl machen«, sagte Mr. Franklyn, und kurz darauf ging er, Willi der Wächter nur einen Zoll weiter hinter ihm her, und ihre sonntagsglänzenden Stiefel quietschten auf den Küchenkacheln.

Und dann stand plötzlich meines Onkels Frau vor der Kommode, mit einem Porzellanhund in der einen Hand. Teufel, sagte ich wieder im stillen, hat man je so eine Frau gesehen, wenn sie überhaupt eine ist. Die Lampen in der Küche waren noch nicht angezündet, und sie stand in einem Wald von Schatten, und die Teller hinter ihr auf der Kommode glänzten wie rosa und weiße Augen.

»Wenn du am Sonntag auf diesen Ausflug gehst, Mr. Thomas«, sagte sie zu meinem Onkel in ihrer kleinen, seidigen Stimme, »dann geh ich nach Haus zu meiner Mutter.«

Heiliger Bimbam, dachte ich, eine Mutter hat sie auch noch! Na, dem kahlen Mausemuttel von hundertundfünf möchte ich nicht in einer dunklen Gasse begegnen.

»Entweder ich oder der Ausflug, Mr. Thomas.«

Ich hätte mich auf der Stelle entschieden, aber es dauerte fast eine halbe Minute, bis mein Onkel sagte: »Also gut, Sarah, dann wähl ich den Ausflug, mein Schatz.« Er nahm sie unter den einen Arm, hob sie auf einen Küchenstuhl, und sie schlug ihm den Porzellanhund auf den Kopf. Dann hob er sie wieder herunter, und dann sagte ich Gute Nacht.

Während der restlichen Woche flitzte meines Onkels Frau still und flink mit ihrem fliegenden Staubwedel durchs Haus, mein Onkel blähte sich und trompetete und schwoll, und ich war vollauf damit beschäftigt, nichts Gutes im Schilde zu führen. Und dann zur Frühstückszeit am Samstagmorgen, dem Morgen des Ausflugs, fand ich einen Zettel auf dem Küchentisch. Darauf stand: »In der Speisekammer sind Eier. Zieh die Stiefel aus, bevor Du ins Bett gehst.« Meines Onkels Frau war gegangen, schnell wie der Blitz.

Als mein Onkel den Zettel sah, zupfte er seine Fahne von Taschentuch heraus und blies einen solchen Trompetensturm, daß die Teller auf der Kommode erzitterten. »Jedes Jahr dasselbe«, sagte er. Und dann sah er mich an. »Aber dieses Jahr ist es anders. Denn jetzt wirst auch *du* auf den Ausflug mitkommen müssen, und was die andern dazu sagen werden, das wag ich gar nicht zu denken.«

Der Kremser fuhr draußen vor, und als die Ausflugsteilnehmer meinen Onkel und mich sahen, wie wir uns beide zugleich aus dem Laden drückten, beide wie von der Katze geleckt und gebürstet, in unserem schönsten Sonntagsstaat, da knurrten sie wie ein ganzer Zoo.

»Bringst du einen *Jungen* mit?« fragte Mr. Benjamin Franklyn, als wir in den Kremser kletterten. Er blickte voller Grausen auf mich.

»Jungs sind widerlich«, sagte Mr. Weazley.

»Er hat keine Beiträge eingezahlt«, sagte Willi der Wächter.

»Für Jungens ist kein Platz. Jungens wird immer übel in einem Kremser.«

»Dir auch, Enoch Davies«, sagte mein Onkel.

»Könnte man ja geradesogut *Frauen* mitnehmen.«

So wie sie das sagten, waren Frauen noch ärger als Jungen.

»Besser als Großväter mitnehmen.«

»Großväter sind auch widerlich«, sagte Willi der Wächter.

»Was machen wir mit ihm, wenn wir wo zur Erfrischung einkehren?«

»Ich bin Großvater«, sagte Mr. Weazley.

»In sechsundzwanzig Minuten machen die Kneipen auf«, schrie ein alter Mann in einem Panamahut, ohne auf die Uhr zu sehen. Auf der Stelle hatten sie mich vergessen.

»Ja, der gute alte Mr. Cadwalladwr!« riefen sie, und der Kremser fuhr los, die Dorfstraße hinunter.

Ein paar eisigkalte Frauen standen in ihren Hauseingängen und verfolgten grimmig unseren Auszug. Ein sehr kleiner Junge winkte Lebewohl und bekam von seiner Mutter eine Ohrfeige. Es war ein herrlicher Augustmorgen.

Wir waren schon zum Dorf hinaus und über die Brücke und den Hügel hinauf und fuhren dem Steeplehat-Wald entgegen, als Mr. Franklyn, mit der Namensliste in der Hand, plötzlich rief: »Wo ist der alte O. Jones?«

»Wo ist der alte O?«

»Wir haben den alten O vergessen.«

»Ohne den alten O können wir nicht fahren.«

Und ob auch Mr. Weazley den ganzen Weg über zischte, drehten wir dennoch um und fuhren ins Dorf zurück, wo vor dem *Prinz von Wales* der alte O. Jones mit einer Segeltuchtasche geduldig und einsam wartete.

»Eigentlich wollte ich gar nicht kommen«, sagte der alte O. Jones, als sie ihn in den Kremser hievten und auf den Rücken klopften und zu einem Sitz hinschubsten und ihm eine Flasche in die Hand drückten, »aber zum Schluß geh ich dann doch immer mit.« Und wieder fuhren wir über die Brücke und den Hügel hinauf, und dann unter die tiefen grünen Waldbäume und die gewundene, staubige Straße entlang, und langsame Kühe und Enten flogen an uns vorbei, bis plötzlich Mr. Weazley rief: »Anhalten, anhalten! Ich hab meine Zähne auf dem Kaminsims liegen lassen.«

»Mach dir nichts draus«, sagten sie, »du wirst keinen Menschen nicht beißen«, und sie gaben ihm eine Flasche mit einem Strohhalm.

»Aber vielleicht will ich mal lächeln«, sagte er.

»Du nicht«, sagten sie.

»Wie spät, Mr. Cadwalladwr?«

»Noch zwölf Minuten«, schrie der alte Mann im Panamahut zurück, und alle fingen an, ihn zu verfluchen.

Der Kremser fuhr vor dem *Bergschaf* vor, einem kleinen, unglücklichen Wirtshaus mit einem Strohdach, das aussah wie eine an Ringelflechte erkrankte Perücke. Von einer Fahnenstange bei der Tür für »Herren« flatterte die Flagge von Siam. Daß es die Flagge von Siam war, wußte ich von Zigarettenbildern her. Der Wirt stand an der Tür, um uns mit einem gezierten Wolfslächeln zu begrüßen. Er war ein hoher, hagerer Mann mit schwarzen Fängen, einer fettigen Schmachtlocke und sprungbereiten Raubtieraugen. »Was für ein herrlicher Augusttag! sagte er und berührte seine Schmachtlocke mit einer Kralle. So muß er das Bergschaf willkommen geheißen haben, eh er es auffraß, sagte ich im stillen. Laut schwatzend drängten die Teilnehmer aus der Kutsche und in die Schankstube.

»Gib du auf den Kremser acht«, sagte mein Onkel, »paß gut auf, daß ihn niemand stiehlt.«

»Ist niemand da, der ihn stehlen könnte«, sagte ich, »nur ein paar Kühe«, aber mein Onkel trompetete schon herzhaft in der Schankstube. Ich sah die Kühe an, die auf der andern Seite der Straße standen, und die Kühe sahen mich an. Sonst gab es für uns nichts zu tun. Fünfundvierzig Minuten gingen über uns hin wie eine sehr langsame Wolke. Die Sonne schien auf die einsame Straße, auf den verlorenen, unerwünschten Jungen und die bergseeäugigen Kühe. In der dunklen Schankstube waren sie so vergnügt, daß sie Gläser zerbrachen. Ein fahrender bretonischer Zwiebelverkäufer mit Baskenmütze und Halskette aus Zwiebeln kam die Straße heruntergeradelt und hielt vor der Tür.

»Quelle un grand matin, monsieur«, sagte ich.

»Schönes Französisch! Brav, mein lieber Junge«, sagte er in der singenden Mundart unserer Gegend.

Ich folgte ihm durch den Flur und spähte in die Schankstube. Ich konnte die Ausflugsteilnehmer kaum wiedererkennen. Alle hatten die Farbe gewechselt. Runkelrübenrot, rhabarberrot, braunrot tollten sie mit lautem Hallo in dem finsteren, feuchten Loch umher, wie riesige altehrwürdige Lausejungen, und mein Onkel wogte in der Mitte, eitel roter Bart und Bauchfalten. Auf dem Fußboden lagen zerbrochene Gläser und Mr. Weazley.

»Herr Wirt, eine Runde!« rief der Bob der Langfinger, ein kleines, drückebergerisches Männchen mit hellen, blauen Augen und einem simplen Lächeln.

»Wer hat sich an den Waisenkindern bereichert?«

»Wer hat sein kleines Baby an die Zigeuner verschachert?«

»Verlaß dich auf den alten Bob, der legt dich rein.«

»Ihr müßt halt immer eure Witzchen machen«, sagte Bob der Langfinger mit einem Lächeln wie ein Rasiermesser, »aber ich verzeih euch, Jungs.«

Durch den Dunst und Stimmenlärm hörte ich: »Komm raus und schlag dich wie ein Mann!«

»Jetzt nicht, später.«

»Nein, jetzt, wo ich Wut hab.«

»Seht euch Willi den Wächter an, der ist ordentlich betüdelt.«

»Seht mal seine eigensinnigen Füße.«

»Seht mal Mr. Weazley, wie der sich da auf dem Boden breitmacht.«

Mr. Weazley stand auf und zischte wie ein Gänserich. »Der Junge da hat mich mit Absicht hingeschubst«, sagte er und zeigte auf mich an der Tür, und ich schlich durch den Flur hinaus zu den sanften, gütigen Kühen. Die Zeit umwölkte sich, die Kühe starrten voll Verwunderung, ich warf einen Stein nach ihnen, und sie wanderten verwundert fort. Dann kam mein Onkel herausgeweht, wie ein mühsam am Erdboden festgehaltener Ballon, und hinter ihm folgten schwerfällig einer nach dem andern die krakeelenden

Ausflugsteilnehmer. Sie hatten das *Bergschaf* trockengetrunken. Mr. Weazley hatte einen Kranz Zwiebeln gewonnen, den der Zwiebelverkäufer in der Schankstube verlost hatte. »Was nützen einem Zwiebeln, wenn die Zähne auf dem Kaminsims liegen?« sagte er. Und als ich durch das Rückfenster des dahindonnernden Kremsers guckte, sah ich die Schenke in der Ferne kleiner und kleiner werden. Und die Fahne von Siam an der Fahnenstange bei der Tür für »Herren« flatterte jetzt auf Halbmast.

Der *Blaue Bulle*, der *Drachen*, der *Stern von Wales*, das *Loch in der Wand*, die *Saure Traube*, das *Schäfer-Wappen*, die *Glocken von Aberdovey:* ich hatte sonst nichts zu tun in der ganzen weiten, wilden Augustwelt, als mir die Namen der Wirtshäuser zu merken, bei denen die Ausflügler haltmachten, und auf den Kremser achtzugeben. Und jedes Mal, wenn die Kutsche an einer Kneipe vorbeikam, fing Mr. Weazley an zu husten wie ein Ziegenbock und rief: »Anhalten, anhalten, ich sterbe, ich krieg keine Luft!« Und alle mußten wir wieder zurück.

Die polizeiliche Nachmittagssperrstunde bedeutete den Teilnehmern an diesem Ausflug gar nichts. Hinter verschlossenen Türen sangen sie Hymnen und spektakelten den ganzen schönen Nachmittag lang. Und als ein Polizist durch die Hintertür beim *Druiden* eintrat und sie in Bier und Chorgesang vereint dort sitzen sah, da sagte Noah Bowen: »Schscht! Das Lokal ist geschlossen!«

»Woher sind Sie?« fragte der Polizist mit zugeknöpfter uniformblauer Stimme.

Sie sagten es ihm.

»Dort hab ich meine alte Tante«, sagte der Polizist. Und sehr bald sang er mit »Sie schlafen im Hafen«.

Endlich fuhren wir wieder ab, der Kremser voller hopsender Tenöre und Bocksbeutel, und kamen an einen Fluß, der zwischen Weiden eilig dahinströmte.

»Wasser!« schrien sie.

»Porthcawl!« sang mein Onkel.

»Wo sind die Strandesel?« sagte Mr. Weazley.

Und sie taumelten hinaus, um in dem kühlen, weißen Wasser zu plantschen und zu keuchen. Mr. Franklyn, der auf den glitschigen Steinen Polka zu tanzen versuchte, fiel zweimal hinein. »Ganz einfach ist gar nichts im Leben«, sagte er mit Würde, als er ans Ufer triefte.

»Es ist kalt!« schrien sie.
»Nein, wunderbar!«
»Mild wie eine Mottenschnauze.«
»Sogar *besser* als Porthcawl!«
Und die Dämmerung senkte sich warm und zart herab auf dreißig wilde, nasse, beduselte, wasserspritzende Männer, frei von allen Sorgen der Welt am Ende der Welt im Westen von Wales. Und »Halt! Wer da?« rief Willi der Wächter eine fliegende Wildente an.

Sie hielten vor dem *Einsiedler-Nest*, um einen Schluck Rum gegen die Kälte zu trinken. »Ich hab 1898 für Aberavon gespielt«, sagte ein Fremder zu Enoch Davies.

»Lügner«, sagte Enoch Davies.

»Ich kann Ihnen Photos zeigen«, sagte der Fremde.

»Gefälscht«, sagte Enoch Davies.

»Und ich zeig Ihnen meine Mütze zu Hause.«

»Gestohlen.«

»Ich hab Freunde, die es bezeugen können«, sagte der Fremde wütend.

»Bestochen«, sagte Enoch Davies.

Auf der Heimfahrt durch die gärende, mondgesprenkelte Dunkelheit begann der alte O. Jones mitten im Kremser auf einem Primuskocher sein Abendessen zu kochen. Mr. Weazley hustete in dem Qualm, bis er blau anlief. »Anhalten, anhalten!« rief er, »ich sterbe, ich krieg keine Luft!« Alle kletterten wir hinunter ins Mondlicht. Aber nirgends war ein Wirtshaus zu sehen. So trugen sie die noch übriggebliebenen Kisten Bier und den Primuskocher und den alten O. Jones selbst hinaus, mitten auf ein Feld, und setzten sich im Kreis auf das Feld und tranken und sangen, während der alte O. Jones Schweinswürste und Kartoffelbrei kochte und der Mond über uns dahinflog. Und dort schlief ich ein, an meines Onkels gebirgige Weste gelehnt, und noch im Schlaf hörte ich, wie Willi der Wächter dem fliegenden Mond »Halt! Wer da?« zurief.

Inhalt

Unter dem Milchwald 5

Ganz früh eines Morgens

Erster Teil
　Erinnerungen an die Kindheit　89
　Ganz früh eines Morgens　95
　Weihnachtserinnerungen　100
　Erinnerung an einen Feiertag　107
　Wie man eine Geschichte anfängt　116
　Die Krumen von eines Mannes Jahr　120
　Die Festausstellung 1951　126
　Das Internationale Eisteddfod　133
　Zu Besuch in Amerika　138
　Laugharne　144
　Rückreise　146

Zweiter Teil
　Wilfred Owen　162
　Walter de la Mare als Prosaschriftsteller　173
　Sir Philip Sidney　178
　Der Mangel an komischen Schriftstellern　186
　Das englische Fest der gesprochenen Dichtung　189
　Vom Vorlesen eigener Gedichte　193
　Walisische Dichter　201
　Wales und der Künstler　213
　Über Dichtung　214

Ein Blick aufs Meer

Erster Teil
　Ein Blick aufs Meer*　219
　Die Zitrone　228
　Nach dem Jahrmarkt*　234

341

Der Besucher 238
Die Feinde* 247
Der Baum 252
Die Landkarte der Liebe 261
Die Maus und die Frau 267
Das Kleid* 284
Die Obstgärten* 288
In der Richtung zum Anfang hin 297

Zweiter Teil
  Weihnachtsgespräch 300
  Wie man Dichter wird* 308
  Die Nachgänger 320
  Eine Geschichte* 330

* Übersetzt unter Mitarbeit von Enzio von Cramon